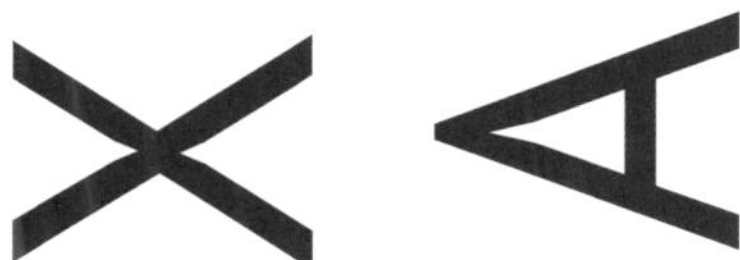

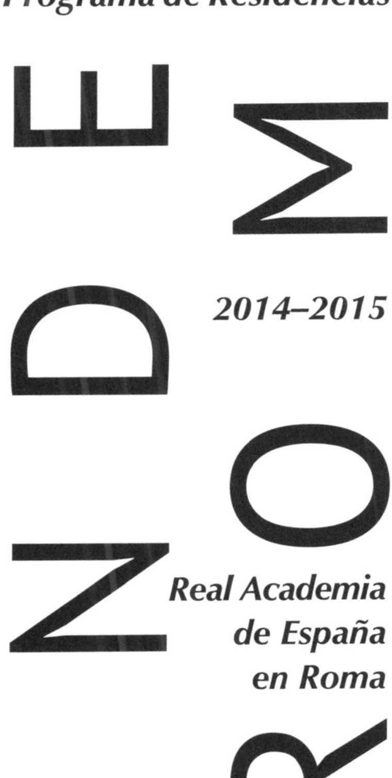

INDEX ROMA

Programa de Residencias

2014–2015

*Real Academia
de España
en Roma*

INDEX ROMA / INDEX ROMA

Artistas e Investigadores / Artists and Scholars
Adrian Silvestre, Almudena Lobera, Álvaro Ortiz, Antonella Zerbinati, Antoni Abad, Enrique Bordes, Giuseppe Vigolo, Greta Alfaro, Jesús Donaire, Joan Espasa, Joan Morey, Maria Cristina García González, Miriam Isasi, Samuel Leví, Yann Leto

Comisario/ Curator
Javier Duero

Coordinadora proyecto / Project Manager
Patricia Almeida

Coordinadora Editorial / Editorial Coordinator
Ana Rico

Autores Textos / Texts Authors
Ángel Calvo Ulloa, Carlos Sambricio, Gianluca D'Incà, Jesús Aparicio, Jordi Costa, Julio Llamazares, Leyre Goikoetxea, Lucía Vilanova, Matteo Lucchetti, Nacho París Bouza, Pedro Medina, Raffaele Gavarro, Roberto Fratini, Santiago García, Valentino Catricalà

Diseñadora Gráfica / Graphic Designer
Priscila Clementti [particula.net]

Fotógrafos / Photographers
Begoña Zubero, Leonardo Aquilino

Traductores / Translators
Versión Original Traducciones S.L
Sara Pettinari

Prensa y Comunicación / Press and Communication
RENZO

Redes Sociales / Social Media
Elisa Damiani

EDITADO POR/ PUBLISHED BY

AECID
Dirección de Relaciones Culturales y Científicas/ Direction of Cultural and Scientific Relations
Avda de los Reyes Católicos, 4
28040 Madrid

www.aecidcultura.es
www.accademiaspagna.org

Impreso por/Printed by
Agpograf

Distribuido por/ Distributed by:
La Fabrica

NIPO: 502-16-003-X

D.L. : M-4008-2016

ISBN: 978-84-8347-176-0

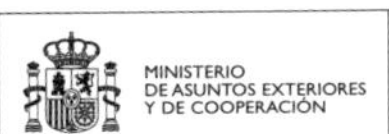
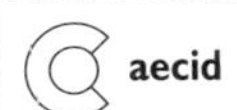
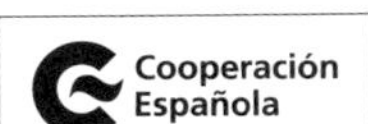
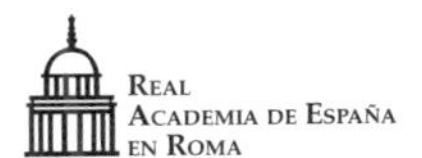
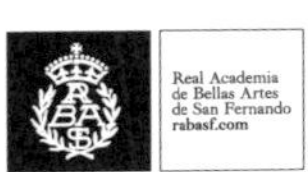
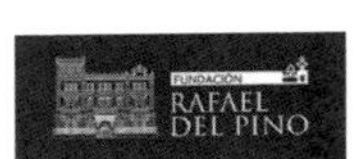

Entre octubre de 2014 y junio de 2015, en el marco de la convocatoria anual, 15 artistas e investigadores residieron en la Academia de España en Roma, con una beca de la Dirección de Relaciones Culturales y Científicas del Ministerio de Asuntos Exteriores y de Cooperación. Este catálogo presenta los trabajos que esos becarios desarrollaron durante su estancia en la Academia, y que serán expuestos, como ya es tradición, en la Real Academia de Bellas Artes de San Fernando de Madrid.

La referencia a la tradición es inevitable en la Academia de España en Roma: una institución creada en 1873, y que en sus casi 150 años de historia ha acogido y formado a centenares de creadores e investigadores de nuestro país. En la Academia, y en Roma, esos residentes han encontrado estímulo para profundizar en sus proyectos artísticos y de investigación, y para conocer (y conectarse con) otras referencias e instituciones culturales.

Ahora bien, la tradición convive en la Academia con la necesaria adaptación a una realidad cambiante, y con la apuesta por las expresiones artísticas más contemporáneas. En ese sentido, el curso 2014/2015, protagonista de INDEX, fue especialmente significativo: por primera vez, el Ministerio de Asuntos Exteriores y de Cooperación (de quien depende la Academia) decidió asignar a los becarios un presupuesto concebido específicamente para financiar los proyectos que llevaran a cabo durante su estancia.

Así, la convocatoria de becas se ha convertido en un programa de producción de proyectos homologable a los que desarrollan otros centros de creación e investigación artística de referencia dentro del contexto cultural internacional. Al amparo de ese cambio, la Academia se ha dotado de una renovada filosofía de trabajo.

La residencia en Roma queda ahora ligada a un proceso de creación e investigación, pero también a la reflexión sobre las prácticas artísticas. Al mismo tiempo, se promueve el intercambio institucional, las colaboraciones con otros espacios y la coproducción de iniciativas. Se trata, en definitiva, de preservar y ampliar el papel que juega la Academia, con sus residentes, como plataforma de proyección y promoción de nuestra cultura

Además, y siempre con el objetivo de favorecer la promoción exterior del arte español, se está haciendo un esfuerzo para favorecer la inserción de los residentes, una vez finalizada su beca, en redes internacionales relacionadas con las artes visuales, la arquitectura, el cine, el diseño y la literatura contemporánea. Un acompañamiento que pretende multiplicar el impacto que la beca puede tener en la carrera de jóvenes artistas de nuestro país.

Aunque es pronto para evaluar las implicaciones del cambio de modelo, los trabajos recogidos en INDEX evidencian que la residencia en Roma ha cumplido su objetivo esencial: fomentar la creatividad y la curiosidad de los becarios. Permiten también constatar la diversidad y la pluralidad de disciplinas, estilos, inquietudes y referencias; una diversidad que es sinónimo de vitalidad, y que enriquece a la Academia y su legado.

INDEX sirve en definitiva para mostrar que en la Academia, gracias a sus residentes, se conjugan y se combinan los más variados lenguajes artísticos, también los más contemporáneos. De esta manera, y desde la tradición, la Academia de España en Roma se renueva como espacio de creación e irradiación de nuestra cultura, y como lugar de encuentro e intercambio.

Por todo ello, el Ministerio de Asuntos Exteriores y de Cooperación quiere agradecer el esfuerzo y el trabajo de quienes han hecho posible INDEX, y de quienes contribuyen a preservar el legado de la Academia y proyectarlo hacia el futuro.

Dirección de Relaciones
Culturales y Científicas

La Real Academia de Bellas Artes de San Fernando agradece a la AECID
el patrocinio y la organización de la exposición que muestra los trabajos
realizados por los becarios en la Academia de España en Roma durante
el curso 2014-2015 y celebra que, con la reiterada acogida durante estos
últimos años de esta muestra en nuestra sede, se recupere una tradición
que se remonta al inicio histórico de los pensionados enviados a Roma por
nuestra Academia.

Desde que en el siglo XVIII se crearon estos premios, que suponían la
coronación de los estudios de los más destacados alumnos que desarrollaron su formación artística dentro de la Real Academia de Bellas Artes de
San Fernando, las obras e investigaciones que realizaban los distinguidos
durante su estancia romana no solo servían de provecho personal para su
desarrollo como artista, sino que también, mediante una exposición de estos trabajos en las aulas de nuestra Academia, los profesores los utilizaron
como estímulo y modelo para el resto de los alumnos. También de esa manera se informaba de las últimas tendencias artísticas en la capital romana.

Pasados los años y en circunstancias bien distintas, pues la Real Academia de Bellas Artes de San Fernando fue cediendo la docencia de los estudios artísticos a otras instituciones, y al recuperar la acogida de esta muestra, recogemos la esencia del objetivo que tuvieron aquellas exposiciones
didácticas. Y así, de nuevo, la Academia vuelve a "sancionar" la calidad de
los trabajos de estos becarios, a la vez que da cuenta pública a la sociedad
madrileña de su rendimiento.

No obstante, el principal valor que año tras año demuestran los trabajos
de estos jóvenes artistas, es la inagotable fuente de estímulo creativo que
continúa emanando de la Ciudad Eterna.

Fernando de Terán
Director de la Real Academia
de Bellas Artes de San Fernando

< re-pensando la institución >
Pista 34*

> *Cooperación y solidaridad son conceptos distintos. A menudo,
> cuando estamos haciendo un tipo de cooperación intrincada,
> la solidaridad no es posible. Las formas de cooperación con
> las que nos comprometemos, como reaccionar ante una
> catástrofe natural o gestionar problemas cotidianos, no nos
> encaminan hacia la solidaridad, nos encaminan hacia una
> idea distinta, más compleja, la de estar juntos y trabajar
> juntos conservando al mismo tiempo las diferencias.*

[Richard Sennett]

Vivimos un momento de profundos cambios en las formas de producir, mostrar y hacer circular la creación contemporánea. Y la institución se ha sumado a esta dinámica entrando en un proceso de apertura a la discusión pública de su tarea y misión. La activación de públicos y la mediación de las comunidades de usuarios que se conforman en torno a los centros culturales marcan las prioridades a la hora de establecer mecanismos eficaces para la difusión del conocimiento como retorno social a una ciudadanía empoderada y crítica.

Una ciudadanía que se siente interpelada y que en la actualidad puede acceder a mayores oportunidades de participación a distintos niveles. La tecnología tiene un papel esencial en este proceso ya que permite al individuo una mayor implicación y generar una definición alternativa de los problemas incorporando una suma de múltiples visiones, ideas y perspectivas.

Una definición alternativa de los problemas, y en esto la creación contemporánea tiene mucho que aportar, implica una definición alternativa de las respuestas en un paradigma nuevo en el que el cambio cualitativo reside en el redefinición del papel que juegan los diferentes actores implicados: el Estado, el mercado, los productores de conocimiento y los ciudadanos.

Y no es sólo cuestión de participar, se trata de co-producir un imaginario que se va construyendo entre todos, mediante la creación de espacios híbridos de gestión en los que se redefine el concepto de lo público acercándose más a lo colectivo, movilizando recursos públicos y también privados en una suerte de cooperación abierta entre iguales.

La creación contemporánea se desarrolla y participa de la ciudad, un entorno sobre el que ya existe un interés en denominar como común cuando todavía no se conoce el alcance del cambio que comportará la revolución digital, que ya se sucede de una manera vertiginosa. No sin contradicciones, porque la implantación de las nuevas tecnologías afecta al medio ambiente, las infraestructuras, los edificios, los espacios públicos o los flujos de información. Las políticas que se sitúan en el tránsito de lo público a lo común tratan de intensificar la inteligencia colectiva en un nuevo paradigma tecnológico y social orientado a ganar calidad de vida para las personas, haciendo accesible el conocimiento y redistribuyendo eficazmente recursos productivos y riqueza económica.

Y es a la administración pública a quien le corresponde gestionar la institución con inteligencia, una noción que la ciudadanía exige en la actualidad. Y esta exigencia implica corresponsabilidad, y así es asumido por cada vez mas personas, en muchos de los comportamientos individuales relacionados con las buenas prácticas, y en un sentido mas amplio con el civismo, la empatía social, el consumo responsable, el ahorro energético, etc. Y desde el sector privado surgen nuevos tipos de organizaciones, empresas y colectivos que fijan su objetivo en la mejora de estos parámetros, desde una posición que en la actualidad denominamos como emprendimiento social.

*En el terreno cultural, el pueblo que crea algo lo crea para
él y para los demás y, así mismo, el que no crea para los
demás tampoco crea para él.*

[Luis Michelena]

El renovado programa de becas para artistas e investigadores residentes en La Academia de España en Roma va a permitir a esta institución implicarse como mediador en el contexto local e iniciar un proceso de reflexión sobre temas candentes que están abiertos a debate en el sector profesional de la creación contemporánea y que también atraviesan algunas preocupaciones compartidas por amplios sectores sociales y ciudadanos; el papel del creador, la movilidad profesional, el uso de la tecnología, la generación de comunidad, la descentralización, la creación de redes institucionales y las formas de apoyo a la creación artística.

Pensando en el componente educativo en un contexto de residencia artística y tomando ese lema que Doris Lessing siempre repetía cuando se le interpelaba sobre el factor educacional en un individuo, "lo que estés destinado a hacer, hazlo ahora, las condiciones son siempre imposibles", parece necesario indagar en posibilidades de conexión que el trabajo de un creador puede generar alterando procesos colectivos hacia factores de innovación.

En los últimos años hemos aprendido a expandir el concepto de lo educativo y contaminar experiencias que han permitido establecer sinergias muy enriquecedoras, que alientan a seguir por ese tránsito que desdibuja los roles de profesor y alumno y resitúa la dinámica del aprendizaje fuera de la enseñanza reglada, rígida y académica.

Es por tanto, el momento de superar los marcos de trabajo tradicionales de los creadores, y favorecer su adscripción a entornos que necesitan de sus capacidades, talento y empatía. Poner en valor trabajos que se están llevando a cabo en otros ámbitos, muchos en fase de prototipado todavía, pero cuyas experiencias pueden ser muy estimulantes si se transfieren, con las adaptaciones lógicas de escala y contexto a la institución Academia-Residencia.

Iniciativas como *Transforma*, un programa educativo resultado de la colaboración entre la Fundación Banco Santander y el Museo Nacional Centro de Arte Reina Sofía de Madrid, mediante el cual cuatro creadores menores de 30 años se implican en cuatro contextos diferentes: el escolar, el juvenil, el público infantil y las personas en riesgo de exclusión. Cuestionándose si el arte puede ser un verdadero motor de cambio social y educativo o qué posibilidades tienen los creadores de desarrollar su labor en contextos educativos aprovechando el potencial transformador del trabajo creativo, la idea es contrastar las experiencias y los resultados obtenidos en los diferentes contextos, al tiempo que los cuatro jóvenes creadores reciben formación específica que les permitirá proponer y desarrollar en el futuro proyectos educativos de calidad. Para ello, se estudia el papel que puede jugar el arte tanto en la educación formal, como en la no formal y en la educación social.

Levadura parte de estas mismas premisas y como programa educativo de residencias para creadores-educadores, introduce en el aula de primaria proyectos creativos donde el alumno es el protagonista. La metodología se basa en que un creador y una clase (tutor y alumnos) trabajan de forma conjunta para desarrollar un proyecto artístico. El objetivo es introducir en el currículum educativo de los alumnos de primaria conceptos y metodologías propios de la creación contemporánea de una forma participativa y en contacto directo con creadores contemporáneos en activo.

Desarrollar proyectos innovadores que entiendan que el estudiante puede tener un rol activo en su educación forma parte del ADN de la iniciativa *Aquí Trabaja Un Artista*, una nueva línea de trabajo a largo plazo que el CA2M desarrolla en dos colegios públicos del extrarradio de Madrid. Ante la paulatina desaparición de las enseñanzas artísticas de la educación reglada, plantea un proyecto de residencias basado en el trabajo de un artista en una clase de primaria durante el horario escolar.

Articular con solvencia este trasvase de lo educativo a lo artístico y de lo artístico a lo social es fundamental. La sostenibilidad de procesos de emancipación académica tan complejos solo se logrará mediante mecanismos de inserción laboral articulados desde la profesionalización, la ética y la aceptación de las practicas colaborativas. Históricamente, del sectarismo formativo de los artistas y artesanos, se pasó a una dimensión educativa de marcado carácter universalista. Una evolución natural y lógica de la tradición ilustrada que cubre un derecho público fundamental. Sin embargo han sido el parcelamiento de las instituciones y la estratificación social los que han producido un desfase entre el terreno laboral y el educativo en la creación contemporánea.

Indagar en la relación y circunstancias de la creación y su enlace profesional con el presente modelo de sociedad es esencial. El sistema económico-político, el aspecto global del concepto arte y su mercantilización, una atmósfera de disolución de ideologías y valores, han determinado una paradójica simbiosis de relatividad y contradicciones que han producido una realidad "profesional" incompatible con una inserción orgánica – identificación, reconocimiento, afecto- del sector artístico en el resto de la comunidad.

En el transcurrir de los tiempos, los creadores pasaron de estar asociados a rituales sagrados, a ser unos esclavos especializados en una determinada técnica, consiguiendo que su importancia creciera y su institucionalización fuera un hecho. Las fuertes estructuras gremiales posteriores, estipulaban quién, cómo y cuándo se era artista. El secretismo y la jerarquización incuestionable marcaban firmemente las pautas a seguir. Al Antiguo Régimen del sector le llegó un sustituto ilustrado en forma de Academia.

De nuevo, aquel que quisiera adscribirse a dicha categoría sabía los cauces "profesionalizantes" que no debía abandonar. Cambios políticos y su inherentes repercusiones sociales produjeron el comienzo de una economía de libre mercado que llega transmutada hasta nuestros días en una suerte de caos semi-controlado que denominamos economía neoliberal. Un caos que tiene mucho de juego de alto riesgo y que consiste en ligar el crecimiento económico a la iniciativa privada, asumiendo que ésta será capaz de regular, crecer y reabsorber cualquier fluctuación de los diferentes sectores económicos.

Si en la educación la construcción de valores es esencial, en la profesionalización los elementos vehiculares que podrán desactivar las dinámicas descritas anteriormente son la responsabilidad, las buenas prácticas, la innovación, el reconocimiento de la diversidad y el retorno social.

Dirigir la mirada al entorno universitario y a la institución museo, que se repiensan desde dentro mediante iniciativas que rompen los marcos tradicionales de actuación, es la posibilidad que la Academia tiene de reconocerse en posibilidades que una vez se convierten en replicables, permitirán su transformación desde dentro asumiendo un modelo de residencia coherente con la misión que en el futuro se le encomiende.

Desde la Universidad Complutense de Madrid, *intransit* funciona como una plataforma experimental orientada a la profesionalización y como un espacio de puesta en común y confrontación pública de discursos artísticos y sociales. Esta iniciativa se enmarca en la necesidad de formación especializada de carácter post-académico que tienen aquellos que comienzan su carrera profesional una vez finalizados sus estudios reglados, para convertirse en agentes del sector cultural, asumiendo un compromiso activo con la sociedad.

Les Clíniques d'Es Baluard es el primer programa de formación permanente que lanza este museo mallorquín y tiene como objetivo fomentar la profesionalización del sector artístico desde la institución museística, posibilitando las herramientas de análisis, conocimiento y seguimiento de la práctica artística profesional. Se trata de un proyecto abierto a todos aquellos artistas profesionales o en vías de profesionalización.

Ambos casos responden al cambio de paradigma en las posiciones tradicionales mantenidas por los contextos institucionales referidos, y que sitúa a dichas iniciativas en líneas de trabajo orientadas a la generación de vínculos estables con comunidades de usuarios que provienen de entornos híbridos dentro del campo de las humanidades.

Sin duda, todo este proceso de reflexión abordado desde la educación y la profesionalización en instituciones públicas está conectado con las posibilidades de elaboración identitaria y organización de proyectos de colaboración que una Academia-Residencia de tradición decimonónica como la Academia de España en Roma puede asumir y desarrollar. Y hacerlo como una forma de re-pensarse desde dentro, como un ejercicio de introspección en el que pasado un primer estadio de ajuste, requiere de ayuda externa y neutral.

A tal fin, en enero de 2015 fueron invitados un grupo de profesionales para compartir con el equipo de gestión de la Academia y los artistas e investigadores en residencia su experiencia en tres proyectos cuyos procesos organizativos y metodológicos aportaban elementos que podían nutrir el trabajo de re-pensar la institución, abrirla a un contexto de trabajo mas innovador y conectarla con esferas de investigación y producción de referencia.

Eva González-Sancho, que junto con el comisario independiente Per Gunnar Eeg-Teverbakk había sido elegida, a través de una convocatoria pública, para comisariar el proyecto Oslo Pilot aportó una interesante reflexión sobre los eventos temporales o efímeros y su relación con el contexto en términos de participación y retorno. El proyecto piloto para una futura bienal en la capital de Noruega buscaba cuestionar el formato bienal y desafiar lo que implica el término arte en el espacio público, sumergirse en la realidad y los problemas relacionados con las condiciones sociales y económicas de la ciudad, además de buscar aumentar el interés y el conocimiento del arte entre el público noruego.

Que un agente activo del contexto romano como Lorenzo Benedetti pudiera trasladar su visión sobre la situación específica de las Academias de Bellas Artes en la ciudad parecía pertinente en el sentido que su mirada se quiso dirigir a aspectos relacionados con la estrategia de formación y trabajo en red. Como responsable en ese momento de los programas de formación para comisarios y galeristas de la residencia The Apple, compartió los ajustes llevados a cabo en su plan de estudios mediante nuevas técnicas educativas. El primer programa fue llevado a cabo en 1994, y tenía como objetivo ofrecer oportunidades y experiencias para comisarios, con el fin de mejorar el desarrollo de su carrera profesional. En la actualidad se centra en el aprendizaje por prácticas y el comisariado colectivo.

Coincidir en tiempo y territorio con la Bienal de Arte de Venecia obligaba a buscar claves en el trabajo llevado a cabo por el comisario seleccionado para la 56 edición. Martí Manen plantea con "Los Sujetos", un título ya bastante indicativo, puntos de partida, opciones en las que se definen lenguajes de activación, tratando de asumir cierta responsabilidad en la construcción común desde lo particular. La construcción política del sujeto es algo clave en un contexto de crisis como el actual y el compromiso asumido por el comisario es entendido como un cierre de ciclo a varios años de trabajo honesto y riguroso, muy pegado, casi rozando piel y piel, en proyectos realizados para numerosas instituciones públicas. Se trataba de hablar de comisariado y gestión de los recursos públicos, reflexionado desde ambas esferas sobre la visibilidad de los artistas españoles en el exterior y la responsabilidad de la misma entre los diferentes organismos y agencias entre cuyas competencias se incluye esa misión.

Como herramienta esencial de visibilidad, transferencia, archivo y memoria se edita esta publicación que certifica el final del Programa de Residencias 2014-2015 y en la que se recogen los resultados de los proyectos producidos bajo el renovado programa de becas MAEC-AECID.

INDEX Roma documenta los proyectos de investigación y de producción artística realizados por: Adrián Silvestre (cine), Almudena Lobera (grabado), Álvaro Ortiz (cómic), Antoni Abad (diseño gráfico), Enrique Bordes (arquitectura), Giuseppe Vigolo y Antonella Zerbinati (grabado), Greta Alfaro (vídeo), Jesús Donaire (arquitectura), Joan Espasa (literatura), Joan Morey (escultura), María Cristina García (arquitectura), Miriam Isasi (escultura), Samuel Leví (música) y Yann Leto (pintura).

Reconocer y poner en valor la aportación editorial llevada a cabo por los especialistas participantes y agradecer el que hayan aceptado la invitación a contribuir a este proyecto con sus reflexiones y análisis: Valentino Catricalà, Nacho Paris, Pedro Medina, Jesús Aparicio, Lucía

Vilanova, Carlos Sambricio, Julio Llamazares, Leyre Goikoetxea, Ángel Calvo Ulloa, Matteo Lucchetti, Roberto Fratini, Santiago García, Jordi Costa, Raffaele Gavarro y Gianluca D'Incà Levis.

Finalmente agradecer la confianza depositada por los responsables del Departamento de Cooperación Universitaria y Científica de la AECID, haciendo mención especial a la estrecha colaboración y complicidad recibida por parte de César Espada y Sergi Farré. También agradecer a Miguel Cabezas y Cristina Ojea, personas que desde la Academia de España en Roma respondieron siempre con rigor, mesura y afecto a las situaciones complejas que un trabajo colectivo como el llevado a cabo supone.

---

* Pista34 es una oficina especializada en mediación, comisariado, gestión y comunicación de proyectos culturales, educativos y sociales formada por Javier Duero, Patricia Almeida y Ana Rico.

Greta Alfaro

El cataclismo nos alcanzará impávidos

Videoarte > Videoarte / Fotografía

<u>Greta Alfaro</u>
[Pamplona, 1977]
www.gretaalfaro.com

Licenciada en Bellas Artes por la Universidad Politécnica de Valencia y MA en Bellas Artes por el Royal College of Arts de Londres. Artista visual. Desarrolla su trabajo en diferentes medios, principalmente vídeo, fotografía, instalación y collage.

Ha recibido premios y becas como el Premio El Cultural de Fotografía de El Mundo, el Premio Generaciones de la Fundación Caja Madrid, la beca de la Genesis Foundation para estudios en el RCA en Londres, la beca CAM de Artes Plásticas, The James Price en la Moving Image Video Art Fair en Nueva York, la beca para artistas extranjeros del Gobierno de México, Mención Especial en los Rencontres Cinematrographiques de Cerbere-Portbou. Ha sido becaria residente en la Academia de España en Roma, en la Casa de Velázquez en Madrid, en la Fundación Bilbao Arte y en Rogaland Kunst Centre.

Sus exposiciones individuales incluyen El cataclismo nos alcanzará impávidos (2015) y European Dark Room (2014) en la galería Rosa Santos en Valencia; Still Life with Books, en Artium, Vitoria (2014); In Praise of the Beast, A Window to the World, MoCA, Hiroshima, Japón (2013); A Very Crafty and Tricky Contrivance en el edificio Fish and Coal en Londres (2012); Invención en el Museo ExTeresa en Ciudad de México (2012); Elogio de la Bestia en el Centro Huarte de Arte Contemporáneo en Pamplona (2010); In Ictu Oculi en la galería Marta Cervera de Madrid (2009); Ricorrenza, en Dryphoto arte contemporánea en Prato, Italia (2008).

Ha participado en numerosas muestras colectivas, entre ellas las realizadas en Whitechapel Gallery, Saatchi Gallery, Institute of Contemporary Art de Londres; CCBB Brasilia, Brasil; Bass Museum of Contemporary Art, Miami; Armory Center for the Arts, Pasadena; Centre Pompidou, La Conciergerie París; Kunsthause, Essen, Alemania; Trafó House of Contemporary Art, Budapest; La Casa Encendida, Madrid.

Su trabajo en vídeo se ha mostrado también en festivales de cine, entre los que destacan el International Film Festival de Rotterdam 2011 y el festival Punto de Vista de Pamplona 2013.

Su trabajo forma parte de colecciones como Saatchi, Igal Ahouvi, Yinka Shonibare, DKV, Fundación Caja Madrid, Fondo de arte de la Universidad Politécnica de Valencia, entre otras.

Dépense, producción, deseo y catástrofe en torno a la diatriba de Greta Alfaro: El cataclismo nos alcanzará impávidos

Nacho París Bouza*

Podría suceder que las formas de la sensación voluptuosa revelasen una conexión a la vez secreta y trágica con el fenómeno antropomorfo de la economía y los intercambios
Pierre Klossowski

Sabemos que la catástrofe se producirá, pero no creemos lo que sabemos
Jean-Pierre Dupuy

Hominem te esse cogita
(Piensa que eres hombre)[1]

El cataclismo nos alcanzará impávidos reúne diversas fotografías de naturalezas muertas, una instalación con teléfonos móviles y la proyección, como elemento central, de un video de media hora de duración, que fue realizado por Greta Alfaro durante su estancia en la Academia de España en Roma como parte de una investigación en torno a la iconografía del martirio.

En el desarrollo de dicha investigación se convirtió en centro de interés un elemento de la doctrina martirial de la Contrarreforma que podía sentirse como un discurso extrañamente presente: la manera en que el inmolado debe asumir el castigo. Una apología del gesto indiferente durante el sacrificio que reclamaba como complemento necesario la injusticia, la arbitrariedad y la violencia en el ejercicio del poder. De ahí el título de esta exposición –*El cataclismo nos alcanzará impávidos*– una adaptación del verso, *impavidum ferient ruinae*,[2] que, en tanto que ejemplo del ideal estoico, fue tomado por el discurso martirial barroco como emblema de la actitud ejemplar del mártir. Por otro lado la anécdota que sirve como excusa al proyecto encuentra una inspiración lejana en la leyenda de Santa Anastasia.[3] Finalmente, toda la imaginería de la puesta en escena de este proyecto está tomada de la tradición holandesa del bodegón. Greta Alfaro compone rigurosamente un *pronkstilleven*[4] barroco con la estructura compositiva y los símbolos que le son propios: las velas consumiéndose, que aluden a la fugacidad de la vida, el limón pelado como la amargura de la existencia descubierta detrás de oropel, las flores… la cuidada escenografía de un copioso banquete, una puesta en escena al servicio de una profanación, de la irrupción extraña, irreverente, obscena y desatada del deseo; una teatralización sin progresión dramática, sin final, una carnavalización paródica y trágica que, cuidadosamente filmada, convierte la "pintura" en una diatriba, hermosa y a cámara lenta, sobre el deseo y su vinculación al totalitarismo de la mercancía.[5]

Pero esta no será la única profanación, no solo naturaleza y materia son aquí ultrajadas, también la imagen misma de la profanación es a su vez profanada. Se establece así un juego de espejos y se complejiza una estructura de metalenguaje en la que se habla de lo barroco desde un lenguaje barroco y de la imagen desde la imagen. La cuidadosa producción del video principal exhibe su tramoya desde la perspectiva de las "testigos" que, situadas en una segunda escena al fondo de la acción, registran en un móvil el suceso. Este video, realizado, editado, transmitido y exhibido en móviles, remite al debate sobre las posibilidades de producción democrática, acceso y creación de discurso que promete la imagen pobre, y a su condición de testimonio de la catástrofe, tanto como a su naturaleza de imagen bastarda y menor, de verdad relativa y objeto de consumo. La dialéctica entre la proyección del video principal y la imagen recogida por los móviles participa del problema sobre el actual estatuto de la imagen.

En cualquier caso parece natural preguntarse qué sentido tienen estas relaciones: ¿Por qué traer la iconografía barroca al presente? ¿Qué nos dice esta representación ritualizada de una transgresión? ¿Sobre qué nos interpelan las imágenes de *El cataclismo nos alcanzará impávidos*?

En mi opinión hay cuatro aspectos (indisociables) que nos acercan a la perspectiva desde la cual este proyecto nos mira: 1/ La actualidad de lo barroco; 2 / La potencia simbólica de la "naturaleza muerta" 3/ La dépense (el derroche, gasto o dispendio del que habla Bataille) 4/ La catástrofe y la indiferencia.

1/ La actualidad de lo barroco

Las reflexiones sobre la noción de barroco como forma de aproximación al presente, realizadas desde el análisis de su lógica, su ethos, o su resonancia, se han ido intensificando (controvertidamente) desde la segunda mitad del S. XIX.[6] A partir de la década de los sesenta (del S. XX) es cuando las críticas al sistema capitalista, a la cultura de la imagen y una reflexión radical sobre la cuestión de la representación establecen una correspondencia entre nuestro tiempo y la noción de barroco, orientada a avanzar en la búsqueda de una comprensión estética de la realidad.[7] La guerra, los conflictos entre naciones, la retracción económica, la ruptura de un proyecto civilizatorio, las crisis epistemológica y social y los trastornos que estas produjeron, forzaron a los poderes de la Contrarreforma a producir un aparato de represión física y de penetración en las conciencias, una máquina semiótica, un vasto aparato de propaganda y de control del imaginario. La condición de crisis y la centralidad de la imagen espectacular en el mantenimiento de un poder soberano parecen establecer un puente entre la sociedad del XVII y el presente.[8]

Cabría pensar que si las éticas de la representación barroca y actual presentan paralelismos en cuanto a la voluntad de control de la producción simbólica, también podrían hacerlo en lo que se refiere a la posibilidad de una desobediencia a la "cultura de estado".

2/ La potencia simbólica de la "naturaleza muerta"

El bodegón barroco holandés fue perdiendo progresivamente su condición de *vanitas*. A pesar de la máscara de discurso moral, teóricamente propuesta para la pintura doméstica y destinada a contener el ansia consumista, lo cierto es que lo evidente en un *pronkstilleven* es la celebración de la abundancia, el triunfo de la ostentación del bien material. La representación de toda esa producción de objetos les otorga a los mismos sentido y significación; configura un mundo simbólico. Producir, representar, y consumir objetos es producir, representar, y consumir significaciones. La disposición en un *banket* de productos crudos y cocinados, de elementos provenientes tanto de la naturaleza (frutas silvestres, caza, etc.) como del cultivo nos habla de la domesticación de lo salvaje, de la capacidad productiva, del dominio de la cultura y de la apropiación de la naturaleza como mercancía. Una exhibición de las virtudes del consumo, del triunfo de la sociedad burguesa, del poder económico y mercantil de una economía capitalista como la holandesa del S. XVII, que estaba cínicamente sustentada en el comercio de esclavos.[9]

3/ La dépense

La relación que Greta Alfaro establece en *El cataclismo nos alcanzará impávidos* entre martirio, aceptación, deseo y producción de bienes genera numerosas preguntas en torno a "el modo en que el poder se hace amar".[10] ¿Existen unos lazos libidinales que establezcan una sujeción voluntaria al poder disciplinario? Si el deseo está en el núcleo de este sometimiento social, ¿cómo actúan ahí el consumo y el espectáculo?

La irrupción de "el perpetrador" en *El cataclismo...* como acción humana sobre la naturaleza y la producción, generada por la frustración y el deseo frenético y sin sentido, puede remitir a dos ideas de Bataille: *La dépense* (el derroche, el gasto improductivo)[11] y "lo heterogéneo". El derroche, el gasto improductivo, como un comportamiento soberano, emancipado de su función, de cualquier interés utilitario, está tanto en la idea subversiva, como en la ostentación del lujo y en la perversión erótica. Lo heterogéneo en Bataille, según Habermas,[12] es aquello que se resiste a las formas de vida burguesa, lo heterogéneo sería: la embriaguez, la ensoñación y lo pulsional, que combaten las normas dictadas por la convención; los parias, los dementes, los alborotadores, los revolucionarios o los poetas, pero también el fascismo, que se nutre de las formas de vida afectiva.

Pero cuando se desean, producen, consumen y desprecian más productos que nunca, cuando se escinde a la multitud porque el mundo soñado es ya solo una conquista privada y está dedicado a ti especialmente... ¿no están entonces plenamente incorporados lo heterogéneo y el dispendio en la mecánica destructiva del consumo enloquecido?, ¿no ha perdido el gesto provocador su capacidad transgresora asumido como una celebración del sistema?, ¿la noción de exceso no se realiza plenamente en la acumulación de mercancías? Como dice Klossowski "el ritmo acelerado de la fabricación debe prevenir continuamente en sus productos la ineficacia, contra lo que no tiene más recurso que el despilfarro".[13]

4/ La catástrofe y la indiferencia

Ante la catástrofe, asistimos a la destrucción como testigos,[14] como esas dos figuras al fondo de la imagen, que contemplan y difunden una realidad siempre mediada, condicionada por dispositivos tecnológicos interpuestos entre la vida y su percepción. Dispositivos para formar parte de la cadena de consumo. Testigos como "terceros", como si esto no fuera con nosotros. Como explica Agamben,[15] en latín hay dos palabras para referirse al testigo. La primera, *testis*, que sería etimológicamente aquel que se sitúa como tercero (*terstis*) en un litigio entre dos contendientes. La segunda, *superstes*, que se refiere al que ha vivido una determinada realidad y está, pues, en condiciones de ofrecer un testimonio.

Simultáneamente dominados, sumisos al poder por el deseo, y sometedores, quizá ni siquiera tengamos ya esa condición de testigos. Indiferentes a la destrucción del mundo y al dolor de los demás, insensibles ante el apocalipsis: Auschwitz, Hiroshima-Nagasaki, las guerras interminables, la industria mundial de la muerte, el calentamiento climático, el agotamiento de los recursos, el colapso ambiental... el conocimiento de la amenaza es ignorado como amenaza. Para Günther Anders,[16] que habla de una "ceguera ante el apocalipsis", estamos en un punto ciego en el que no vemos que no vemos; producto del "desfasamiento" entre nuestra capacidad de fabricar y nuestra incapacidad de percibir los efectos de nuestras fabricaciones, y del empeño en confundir lo que podemos hacer con lo que debemos hacer.

Epílogo

Escribe Bataille:[17] "La moral de Sade, según Maurice Blanchot, «se funda en el hecho primario de la soledad absoluta. Sade lo dijo y repitió de todas las maneras; la naturaleza nos hizo nacer solos, no hay ningún tipo de relación entre un hombre y otro. Así pues, la única regla de conducta es que yo prefiera cuanto me afecta felizmente y que no me importe nada cuanto de mi preferencia pueda resultar perjudicial para el otro. El mayor dolor de los demás siempre cuenta menos que mi placer. No importa que tenga que comprar el más insignificante goce con un inaudito conjunto de fechorías, ya que el goce me halaga, está en mí, mientras el efecto del crimen no me afecta, está fuera de mí»".

Creo que la inquietud que expone irónicamente *El cataclismo...* no es ni sobre la naturaleza, ni sobre la naturaleza del hombre, sino sobre lo que a la naturaleza y a la naturaleza del hombre les supone estar sometidos a la acción del hombre mismo. La situación representada en *El cataclismo nos alcanzará impávidos* es extraña, desconcertante, como los son los hechos sociales y de la historia radicalmente injustos, aquellos que evidencian el dominio y la incomprensión de unos hombre hacia otros y que resultan, verdaderamente, difíciles de entender.

[1] Hominem te esse cogita: sentencia emblemática que acredita toda una posición dialéctica inversa al lema cartesiano Cogito ergo sum.

[2] Si fractus illabatur orbis / impavidum ferient ruinae (Horacio, Odas III, 3,7-8) vendría a decir: "si el mundo entero se desplomara en pedazos, las ruinas le alcanzarán impávido", o destruyendo la concisión latina, para captar mejor su sentido, "Aunque, hecho pedazos, el mundo entero se desplome sobre él (el hombre justo) las ruinas le herirán sin hacer mella en su ánimo". Agradecemos a Tomas Pollán la traducción y los comentarios a la traducción de estos versos que aquí hemos debido exponer tan someramente.

[3] La leyenda de Santa Anastasia, que cuenta el arrebato concupiscente de un prefecto romano en una cocina ante la negativa a su deseo de tres jóvenes cristianas, puede consultarse en: De la Vorágine, Santiago. La leyenda dorada, Madrid, Alianza Forma, 2008.

[4] Pronkstilleven: Bodegón lujoso en el que destaca la presencia de objetos ostentosos.

5   Por más que se haya rebatido, la interpretación sigue constreñida a una correspondencia con la intención del autor. Este texto ofrece una determinada perspectiva, una sola de las posibles lecturas de una obra polisémica. Al respecto de las relaciones entre intención del autor e interpretación puede consultarse: Curry, Gregory. "Interpretación y pragmática" Artes & mentes, Madrid, Machado, 2012.

6   Bien desde análisis más formales o historicistas, que restringen el barroco a su expresión artística o a un tiempo determinado, o en oposición, aquellos que lo piensan desde una perspectiva de retorno o de resonancia contemporánea y que lo analizan en un sentido mas amplio. La nómina de autores es extensísima: Buckhardt; Wölfflin; Weisbach; Worringer; Riegl; Nietzsche; Bergamín o la Generación del 27 (en la reivindicación de determinados autores como Góngora o Lope de Vega); Benjamin; D´Ors; Lezama Lima; Carpentier; Echevarria; Sarduy; Ortega; Lacan; Deleuze; Calabrese; Buci-Glucksmann; Buck-Morss; Bifo…

7   Cornago Bernal, Óscar. Nuevos enfoques sobre el Barroco y la (Pos)Modernidad, Dicenda. Cuadernos de Filología Hispánica, 2004.

8   Al respecto se puede consultar: Maravall, José Antonio, La cultura del Barroco, Barcelona, Ariel, 1975.

9   Ver: Buck-Morss, Susan. Hegel y Haití. La dialéctica amo-esclavo: una interpretación revolucionaria, Buenos Aires, Norma, 2005.

10 Legendre, Pierre. El amor del censor: ensayo sobre el orden dogmático, Barcelona, Anagrama, 1979.

11 Bataille Georges. "La noción de gasto" La parte maldita, Icaria, Barcelona, 1987.

12 Habermas, Jürgen. El discurso filosófico de la modernidad, Madrid, Taurus, 1989.

13 Klossowski, Pierre. La moneda viva, Valencia, Pre-Textos, 2002.

14 La palabra mártir del latín eclesiástico martyr derivación del griegos μάρτυρας (martyros) que significa testigo; aquel que daría testimonio de su fe al ser torturado.

15 Agamben, Giorgio. Lo que queda de Auschwitz. El archivo y el testigo. HOMO SACER III, Valencia, Pre-Textos, 2000.

16 Anders, Günther. La obsolescencia del hombre, Valencia, Pre-Textos, 2011.

17 Bataille, G. El erotismo. Scan Spartakku. Revisión, TiagOff.

---

*   Nacho París Bouza, artista visual, desarrolla su trabajo en los ámbitos de la teoría y la práctica artística.

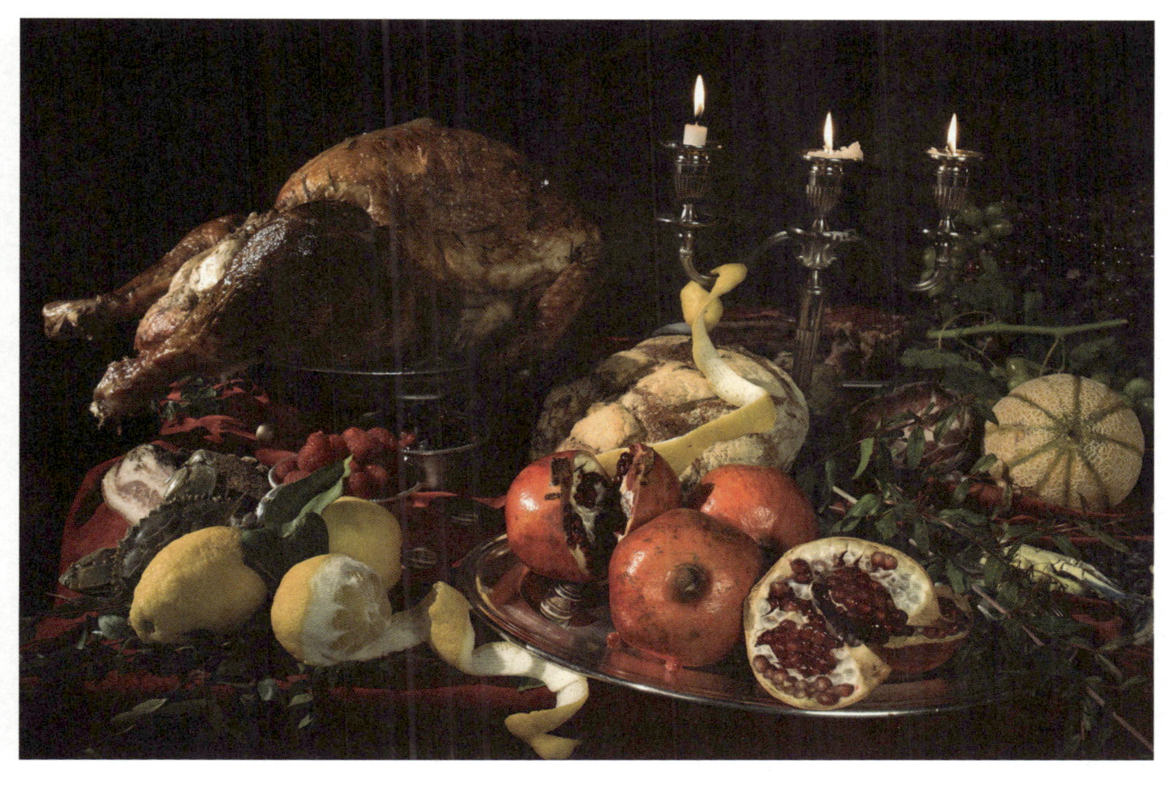

El cataclismo nos alcanzará impávidos 2, 2015
Fotografía a color
64 x 94 cm

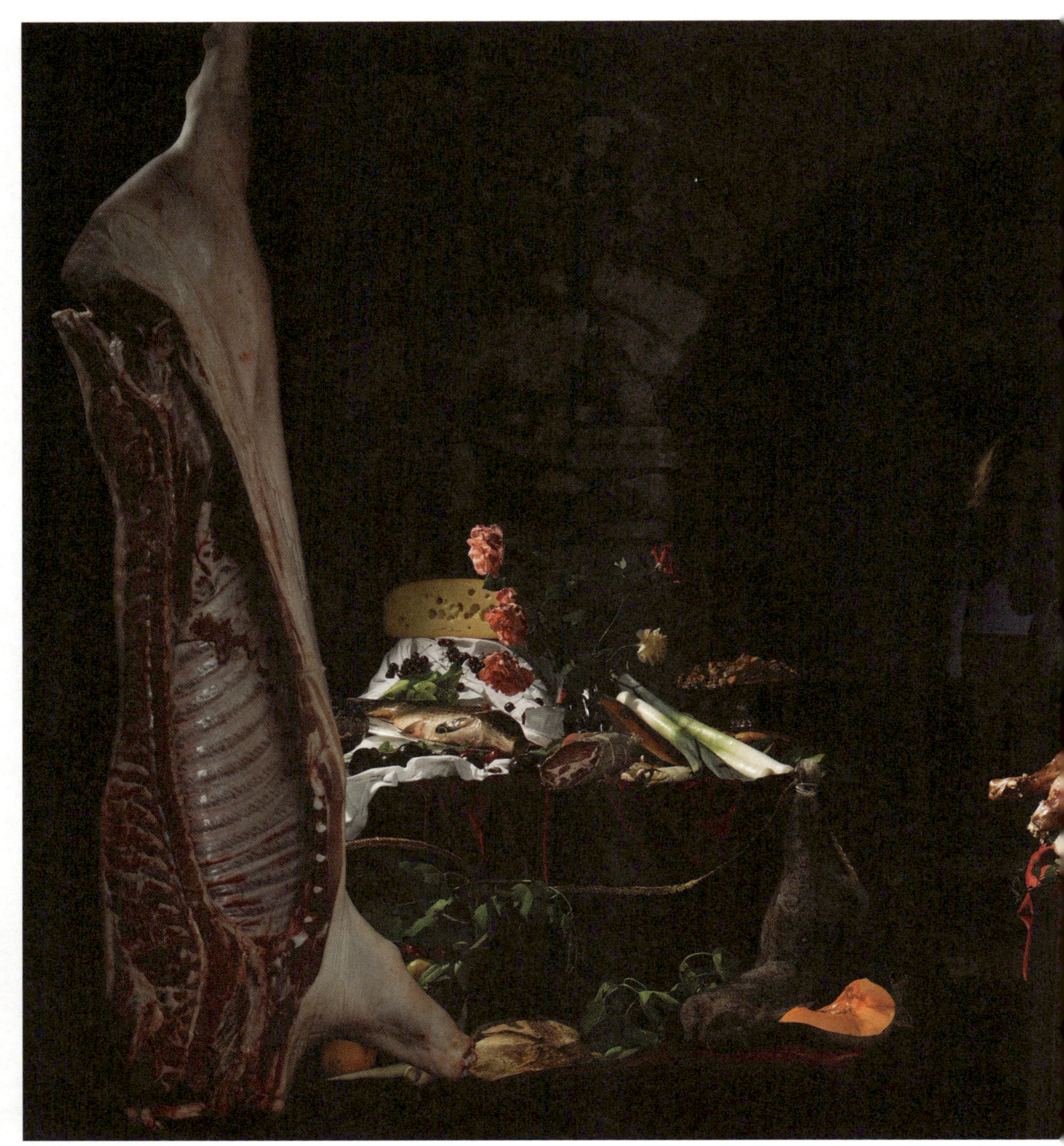

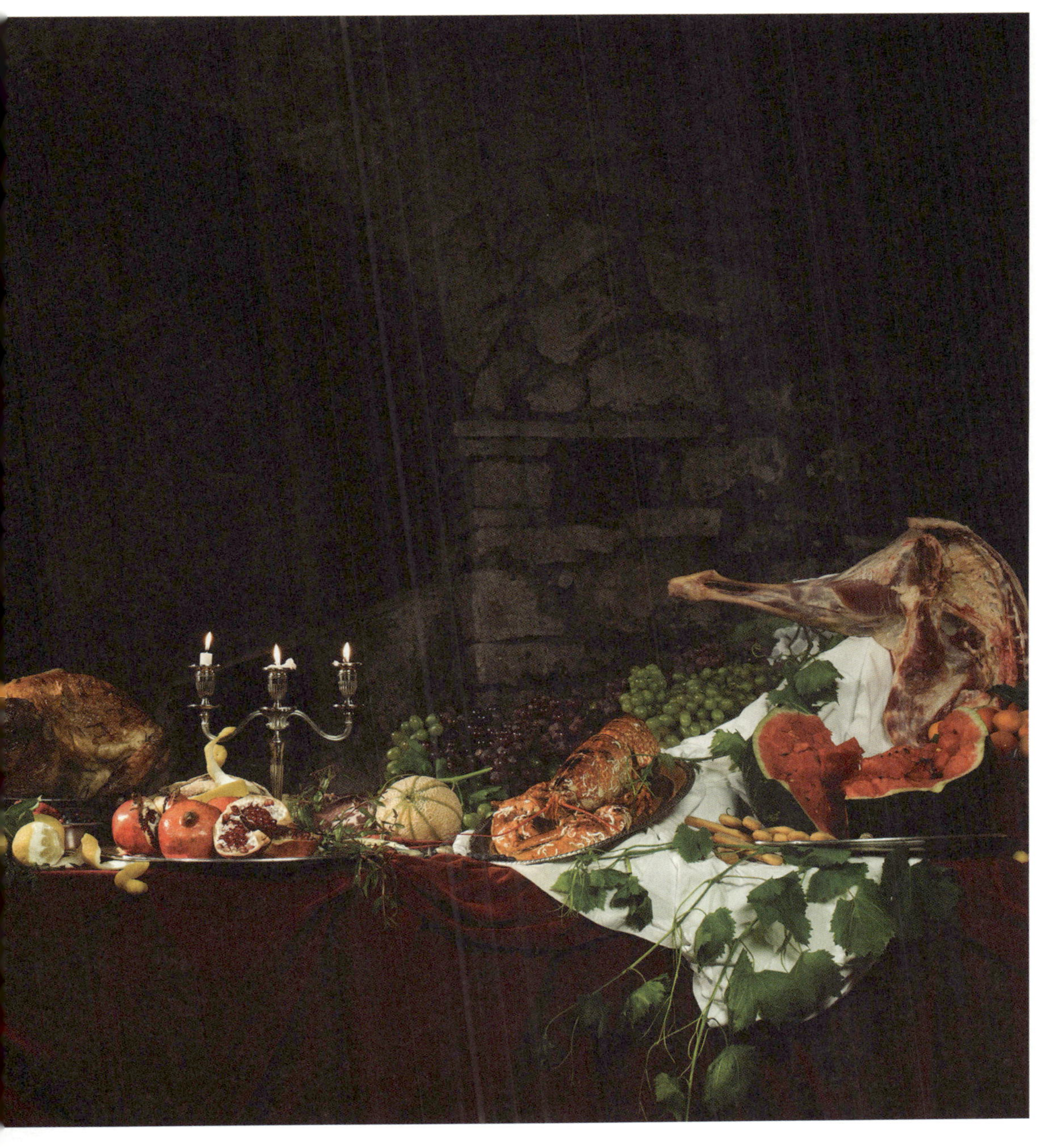

El cataclismo nos alcanzará impávidos 1, 2015
Fotografía a color
64 x 118 cm

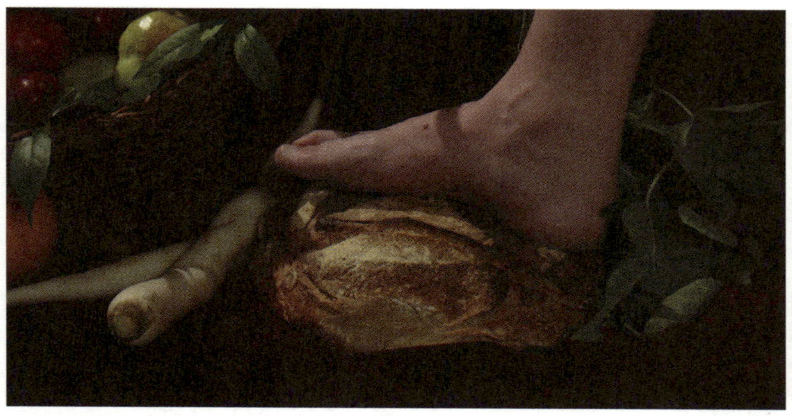
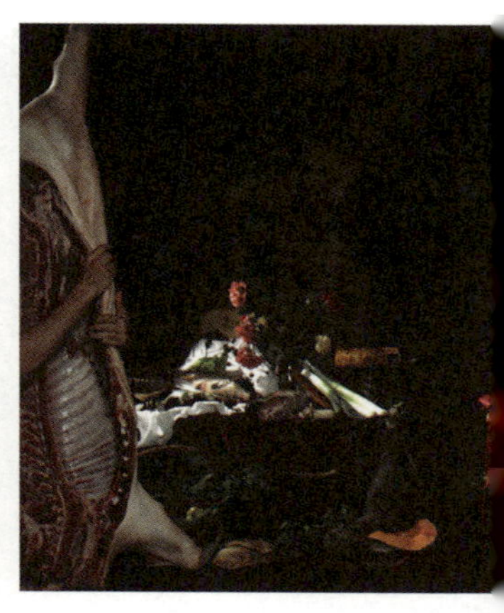
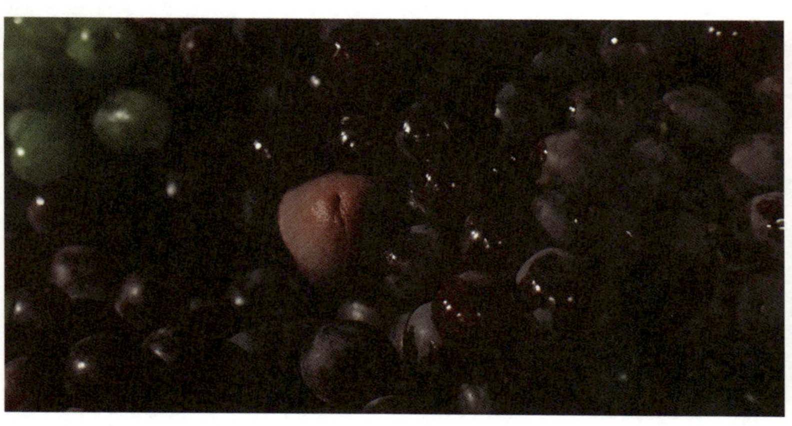
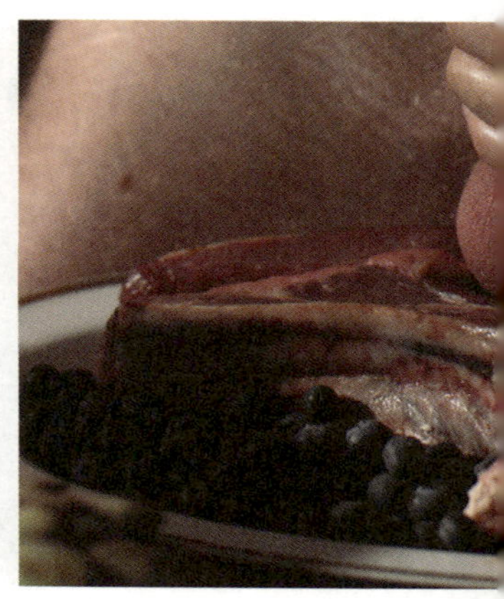
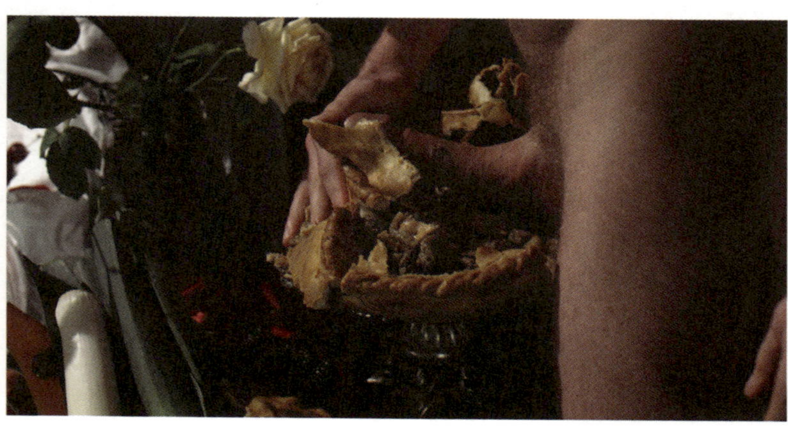
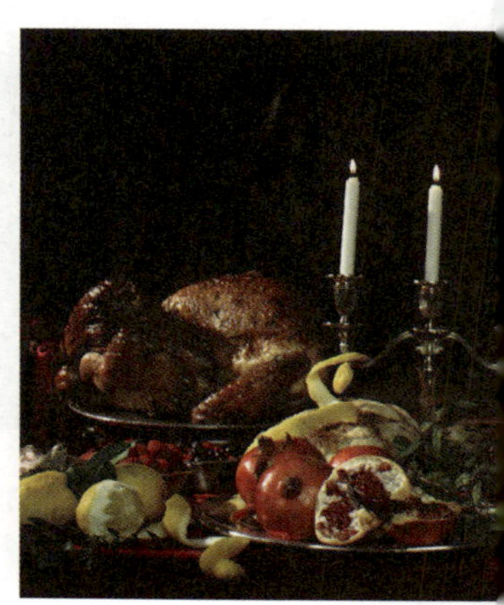

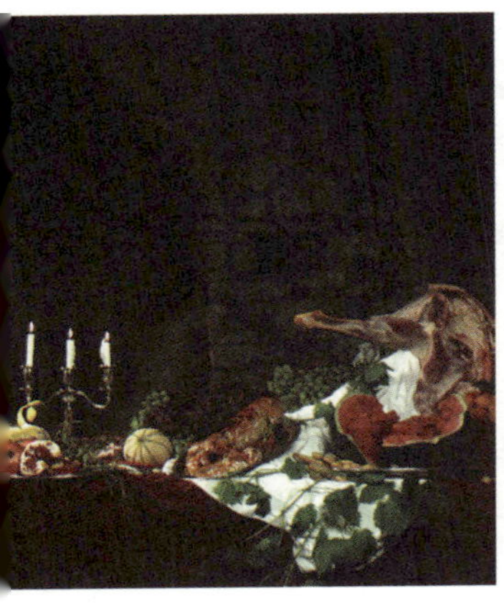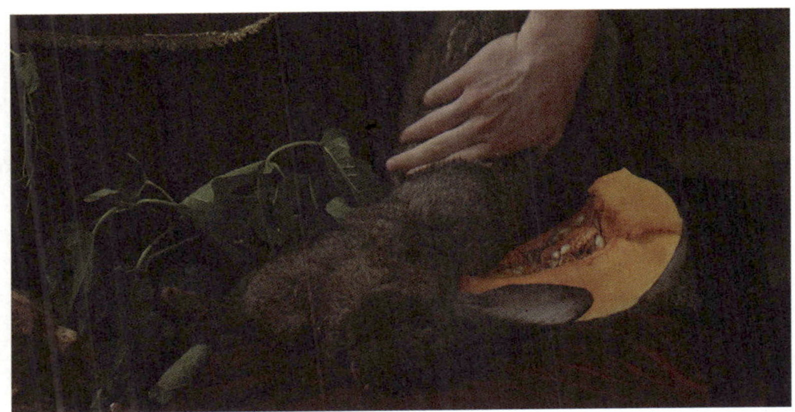

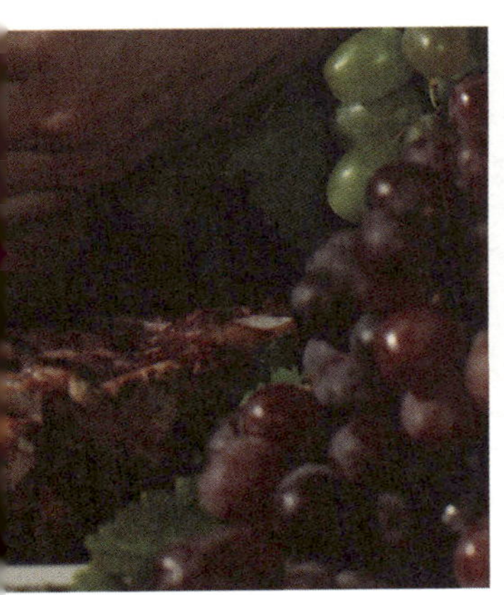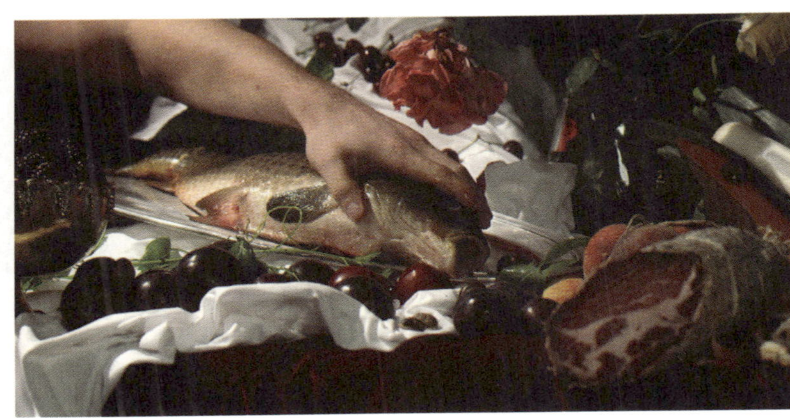

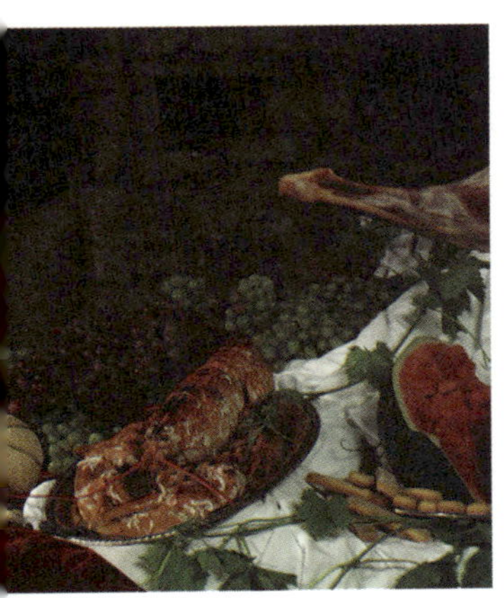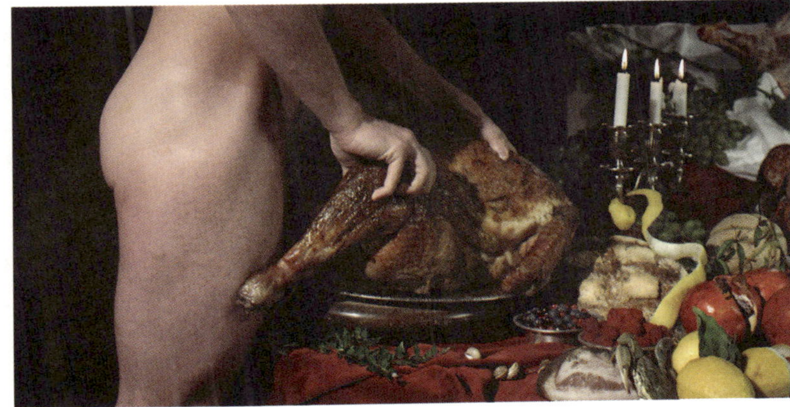

El cataclismo nos alcanzará impávidos, 2015
Vídeo monocanal
2K, color, 17:9, 31min
(Capturas de vídeo)

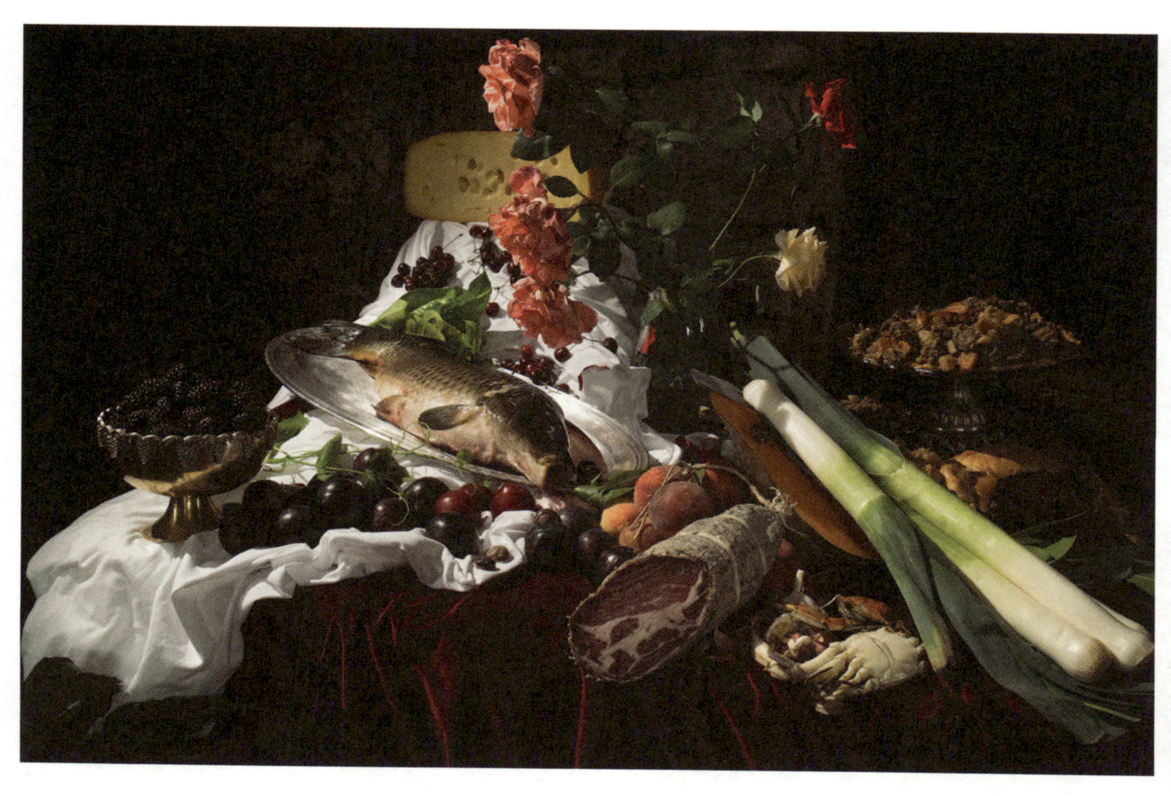

El cataclismo nos alcanzará impávidos 3, 2015
Fotografía a color
64 x 94 cm

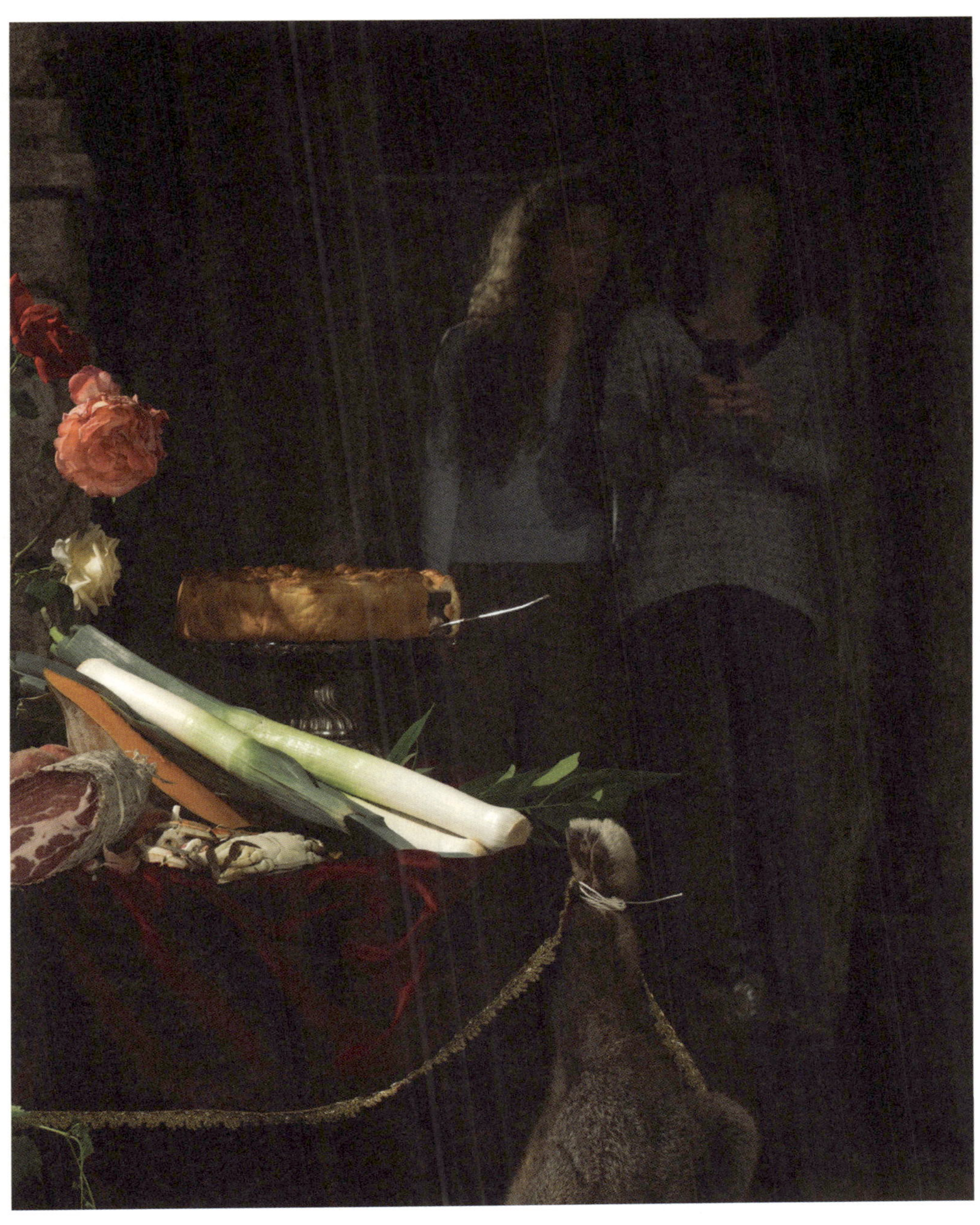

El cataclismo nos alcanzará impávidos, 2015
Vídeo monocanal
2K, color, 17:9, 31min
(Captura de vídeo, detalle)

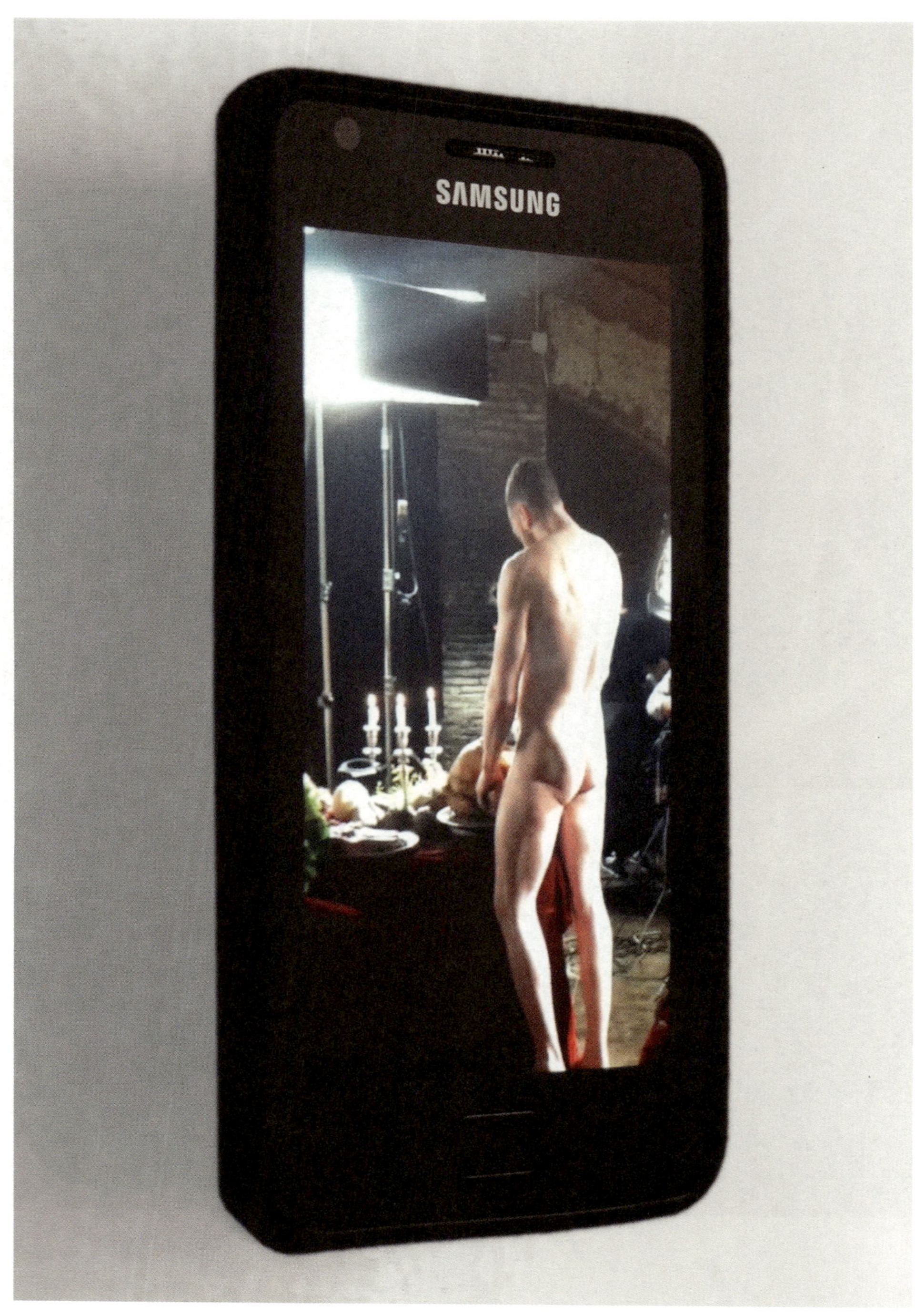

El cataclismo nos alcanzará impávidos (testigos), 2015
Smartphone con dos vídeos monocanal
medidas variables según smartphone
vídeos 47seg. y 1min.42seg.

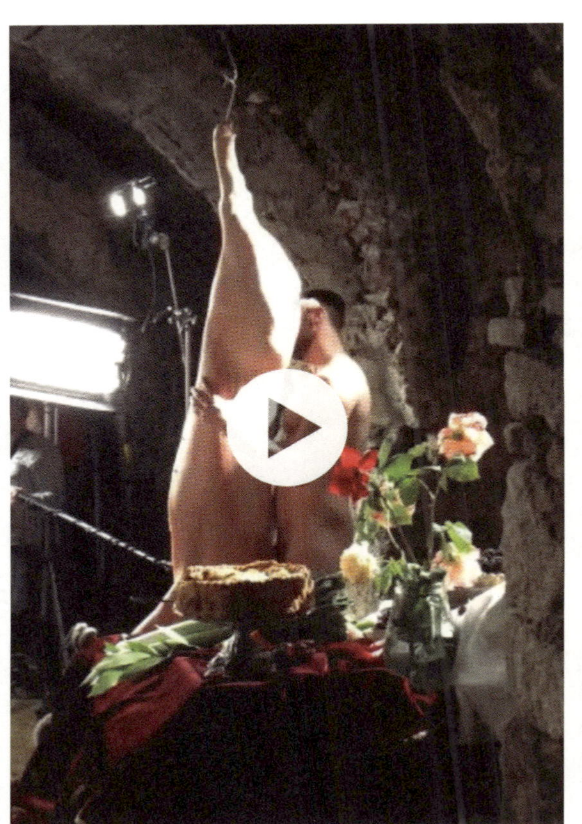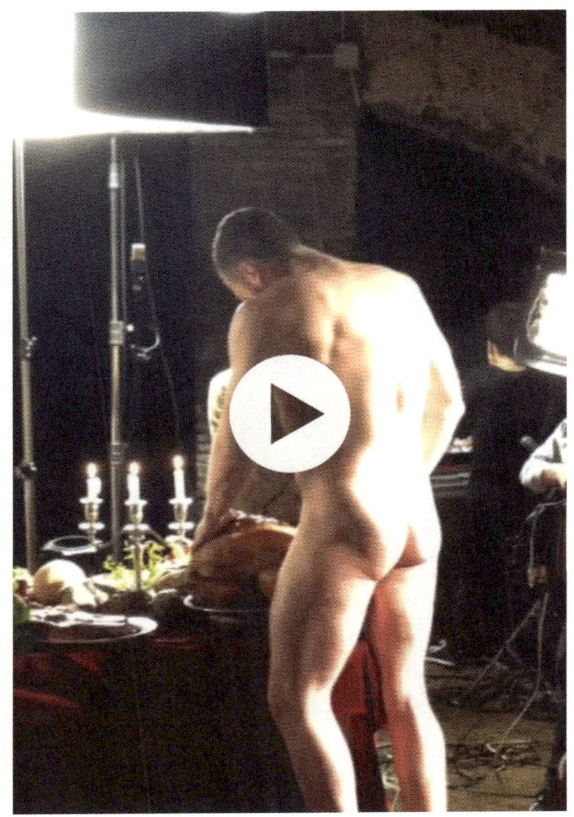

El cataclismo nos alcanzará impávidos (testigos), 2015
Smartphone con dos vídeos monocanal
47seg. y 1min.42seg. (capturas de vídeo)

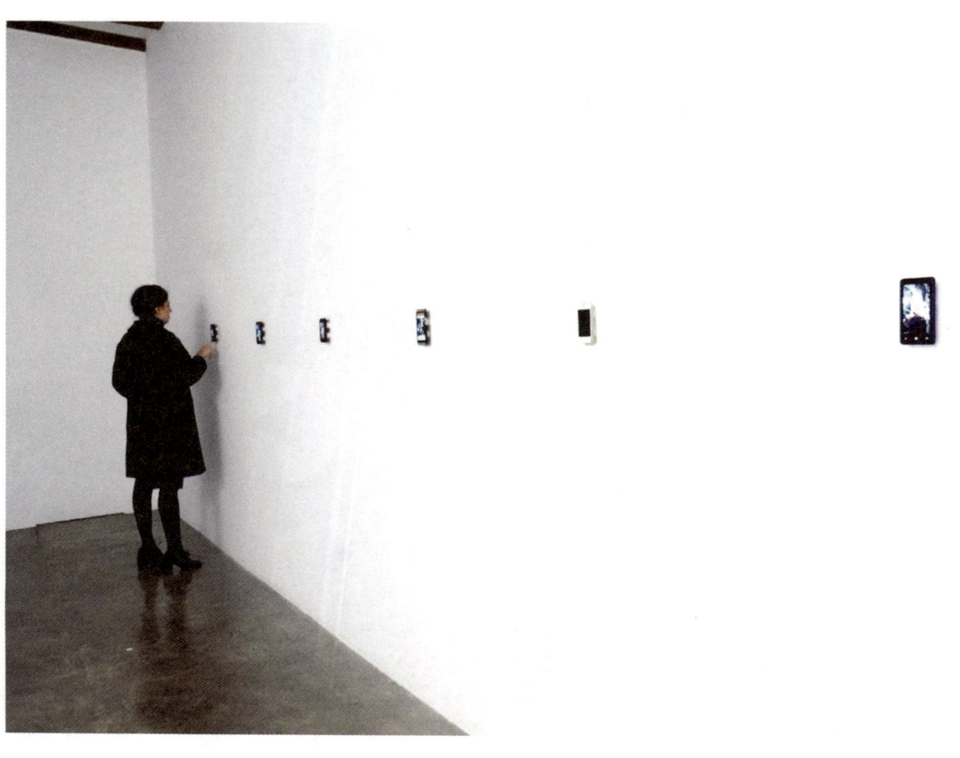

El cataclismo nos alcanzará impávidos (testigos), 2015
Instalación con smartphones
Medidas variables

El cataclismo nos alcanzará impávidos
Greta Alfaro, 2015

Texto
Nacho París Bouza

Créditos Video

Actor
Tim Kruger

Jefa de producción
Rossana Miele

Asistente de producción
Maria Teresa Zingarello

Director de fotografía
Tommaso Bertani

Edición y montaje
Pietro Daviddi

Asistente de cámara
Chiara Livia Arrigo

Electricistas
Ignazio Empoli, Simone Bulckaen

Figurantes
Ilaria Bracaglia, Lucia Carrano

Producción
Real Academia de España en Roma,
Cooperación Española

Agradecimientos
Rosa Santos, Ángel Vilda.
Y muy especialmente a Joan Morey,
Ignacio París y Paloma Polo, sin cuyo
apoyo y colaboración este proyecto no
hubiera sido posible.

<u>El cataclismo nos alcanzará impávidos</u>
Greta Alfaro, 2015

Enrique Bordes

La piel de la historia

Diseño > Arquitectura

Enrique Bordes

[Madrid, 1975]

Arquitecto por la ETS de Madrid. En contacto con el mundo de la gráfica desde que en 1998 colabora en Venecia con el estudio Tapiro.

Ha realizado trabajos de ambientación gráfica y señalización, aplicaciones para arquitectura, cine y muchos montajes expositivos desde Tokio a Medellín (Instituto Cervantes, Acción Cultural Española, Fundación Santander, Patrimonio Nacional, Matadero…), trabajos editoriales (Ministerio de Cultura, Cátedra), cartelería… Ha colaborado estrechamente con el escultor Juan Bordes en numerosas realizaciones.

Participó en el 2003 en la Bienal de jóvenes artistas del mediterráneo que tuvo lugar en Atenas, representando a Madrid en la sección de fotografía. Colabora de continuo en la programación de la galería de dibujo y fotografía Pelayo47.

Desde 2003 compagina su trabajo profesional con la labor docente universitaria. Actualmente es profesor asociado en la ETSAM y está preparando la lectura de su tesis "Cómic, arquitectura narrativa. Describiendo cuatro dimensiones con dos", en la que entrelaza con su formación y trabajo otra de sus pasiones: el cómic y la narración visual.

La piel de la historia

Pedro Medina*

Del tiempo puro al archivo

No hay espacios sin tiempo, si bien algunos lo atesoran privilegiadamente. De ello es consciente Enrique Bordes, quien busca aquellas superficies urbanas cuya complejidad describa con suficiencia un relato. En Roma halla numerosos ejemplos con una densidad difícilmente reproducible en otros lugares; ¿pero qué son?, ¿monumentos, ruinas, archivos azarosos...?

Marc Augé cuenta al inicio de *El tiempo en ruinas* que la "contemplación de las ruinas nos permite entrever fugazmente la existencia de un tiempo que no es el tiempo del que hablan los manuales de historia o del que tratan de resucitar las restauraciones. Es un tiempo *puro*, al que no puede asignarse fecha, que no está presente en nuestro mundo de imágenes, simulacros y reconstituciones, que no se ubica en nuestro mundo violento, un mundo cuyos cascotes, faltos de tiempo, no logran ya convertirse en ruinas. Es un tiempo perdido cuya recuperación compete al arte".

En las imágenes que constituyen la serie de Enrique Bordes sería fácil caer en una lectura que privilegiara la visión monumental. ¿Es fruto de su mirada o una característica insoslayable de este contexto? Parece ser la segunda, veremos más adelante el porqué. Aun así, y aunque evitemos el *kairos* que supone cada monumento, se materializa un concepto de historia, que es más mímesis que diégesis, suceder que modo personal a través del que revelar los hechos.

Todo ello asume con fuerza la forma del fragmento, los restos de un relato insigne, donde se reserva al espectador nombrar los espacios y hacer propia una epocalidad. Que corresponda con los libros de historia o con la experiencia particular es una cuestión del observador, porque la fotografía tiende a la pureza bajo la forma de un archivo que sueña con desterrar los condicionantes de la subjetividad.

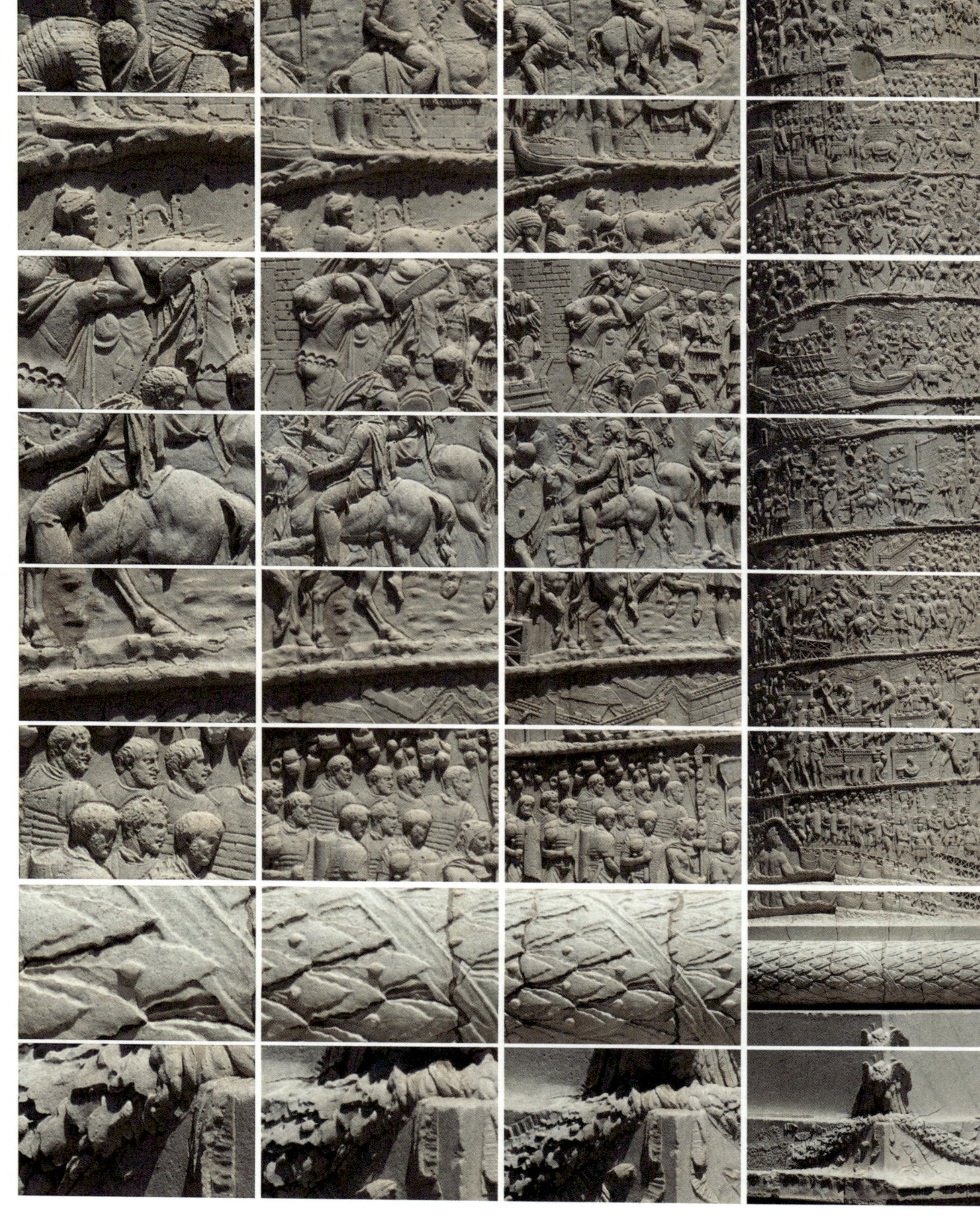

En cierto sentido, se busca una cientificidad al servicio ahora de una historiografía particular, donde la imagen se expande sin pertenecer a una época concreta, como estrato que suspende el tiempo, cancelando transitoriamente el acaecer. No hay interpretación sino reconstrucción, no hay juicio ni diagnóstico alguno sino topografía de la historia. Se sigue pues una lógica de la historicidad esencial en torno al acontecimiento, atendiendo siempre su reflexión histórica en los símbolos que surgen allí donde tienen lugar las huellas de una experiencia.

Esta lógica descarta lo que podría parecer evidente en un primer momento, la mirada arqueológica, empezando a mostrar desde la historia pero sin caer en la interpretación. La fotografía de Enrique Bordes persigue la neutralidad a través del experimento puramente formal, interesándose por la fotografía en sí mientras rastrea la complejidad y el detalle. Importan pues los elementos narrativos y la densidad mucho más que la monumentalidad, bajo la consciencia de mirar desde nuestro tiempo.

Se podría hablar entonces de una intensa dialéctica del archivo, pero lejos de las características sociales que con frecuencia marcan esta tendencia, ya que enfría el archivo con la voluntad de reducir al máximo el excesivo ego que hay siempre tras la creación de una fotografía. Enrique Bordes lo consigue mediando a través del uso de una máquina, el GigaPan, un brazo robótico que realiza los encuadres y separa al fotógrafo de la cámara.

La fotografía siempre ha sido un sistema de selección visual que reverencia un lugar en un momento determinado, sin embargo, se opta por un extraordinario archivo imparcial compuesto por miles de imágenes, mientras se excluye una concepción de la obra como medio de expresión. Desde los propios orígenes de la fotografía, la tecnología siempre ha modificado nuestra forma de ver y relacionarnos con nuestro entorno. Ahora quedan estos archivos neutros para plantear una cartografía sin centro ni premisas ideológicas.

Fragmentar, clasificar, exponer una ciudad

Ya no hay monumento, sino huella tratada por medio de otra estrategia: una fragmentación que pretende reforzar aún más la neutralidad demandada, para evitar cualquier construcción emocionante o emocionada, aunque sin tender tampoco a la ataraxia del espectador. El registro de las obras se realiza pues simplificando, fraccionando, seleccionando y, al menos no en este primer momento de registro, descartando un posicionamiento específico.

Y tras el documento, es necesaria su clasificación y, sobre todo, activar los mecanismos que hagan posible la visualización de más de 15.000 fotografías realizadas, archivos digitales para los que Bordes

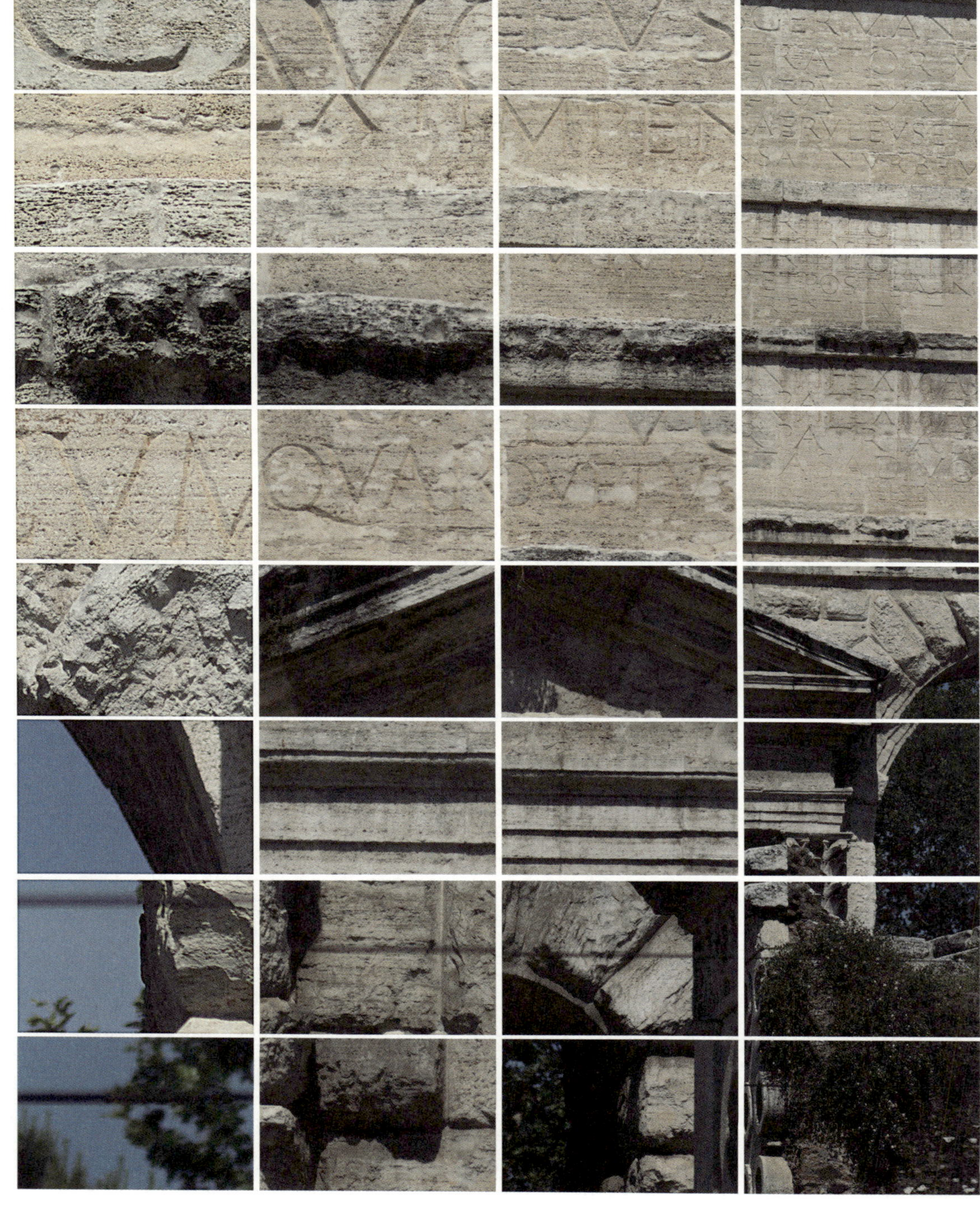

buscará distintos escenarios donde el ver tenga lugar, y sabiendo que
–como afirma John Berger en *Modos de ver*– "nunca miramos solamente una cosa, siempre miramos la relación entre las cosas y nosotros
mismos". De ahí la importancia del inconmensurable juego de vínculos
entre los fragmentos dispuestos.

El momento de proyectar es entonces el más significativo, atendiendo al
sistema de formas que lo determinan para averiguar el conjunto de realidades al que corresponde. Se trata de una taxonomía que es consciente de
que el lenguaje nunca es inocente y que la historia reflejada será finalmente la encuadrada en los límites de esta elección.

Estas imágenes devienen nombres y se agrupan en torno a un
territorio, el de una ciudad: Roma, exenta de una función concreta, pero
donde encuentra la familiaridad de la Historia. Partes de la urbe se
quedan adheridas a algún momento y no se pueden desprender de la
fuerza de un relato, activando ejercicios de reconocimiento directo entre
otras narraciones que permanecen anónimas. Por ahí aparece el Arco de
Constantino, por aquí la Columna Trajana, por otro lado la Pirámide Cestia...
¿pero dónde esta esa pared?, ¿a qué época pertenece ese otro vestigio?...

No se trata de reconstruir los fragmentos de lo que ya no existe, como
imaginaba Piranesi, sino de volver a disgregar la imagen, para una nueva
composición colectiva. Quizás aparezca entonces la nostalgia de un habitar
armonioso, una vez que sabemos de su imposibilidad. Sin embargo, esta
mirada no cae en el desasosiego, sino en el juego de reelaboración de una
trama, que remite al proyecto de recrear el mundo.

¿Dónde quedan pues conceptos fundamentales en arquitectura como
"habitar"? Permanecen fuera las cuestiones relativas tanto a la transformación del espacio como a otras relacionadas con la construcción de comunidad o la revalorización de nuestro entorno. Aun así, la fotografía como
ruina, como espacio que nos habla del paso del tiempo, parece guardar un
legado ancestral, como testigo de una forma sin tiempo.

En efecto, en el caso concreto de la serie de Roma, a pesar de las operaciones de neutralización de la imagen operadas por Enrique Bordes, se
sigue imponiendo el monumento, que activa la memoria del espectador.
Estas fotografías tienen el mero mostrarse como única función, sin embargo, es inevitable que despierten procesos de reconocimiento que nos invo-
lucran en una búsqueda por nuestra geografía afectiva, aunque una mirada
más atenta y pausada también podrá descubrir otras rememoraciones, de la
Gran Guerra a curiosos juegos de tipografías o exvotos que también tienen
su lugar dentro del arte urbano.

En efecto, la monumentalidad se impone, pero por una única razón:
se trata de Roma. Este mismo método está arrojando resultados
diferentes en Madrid, donde las superficies urbanas ofrecen otro tipo

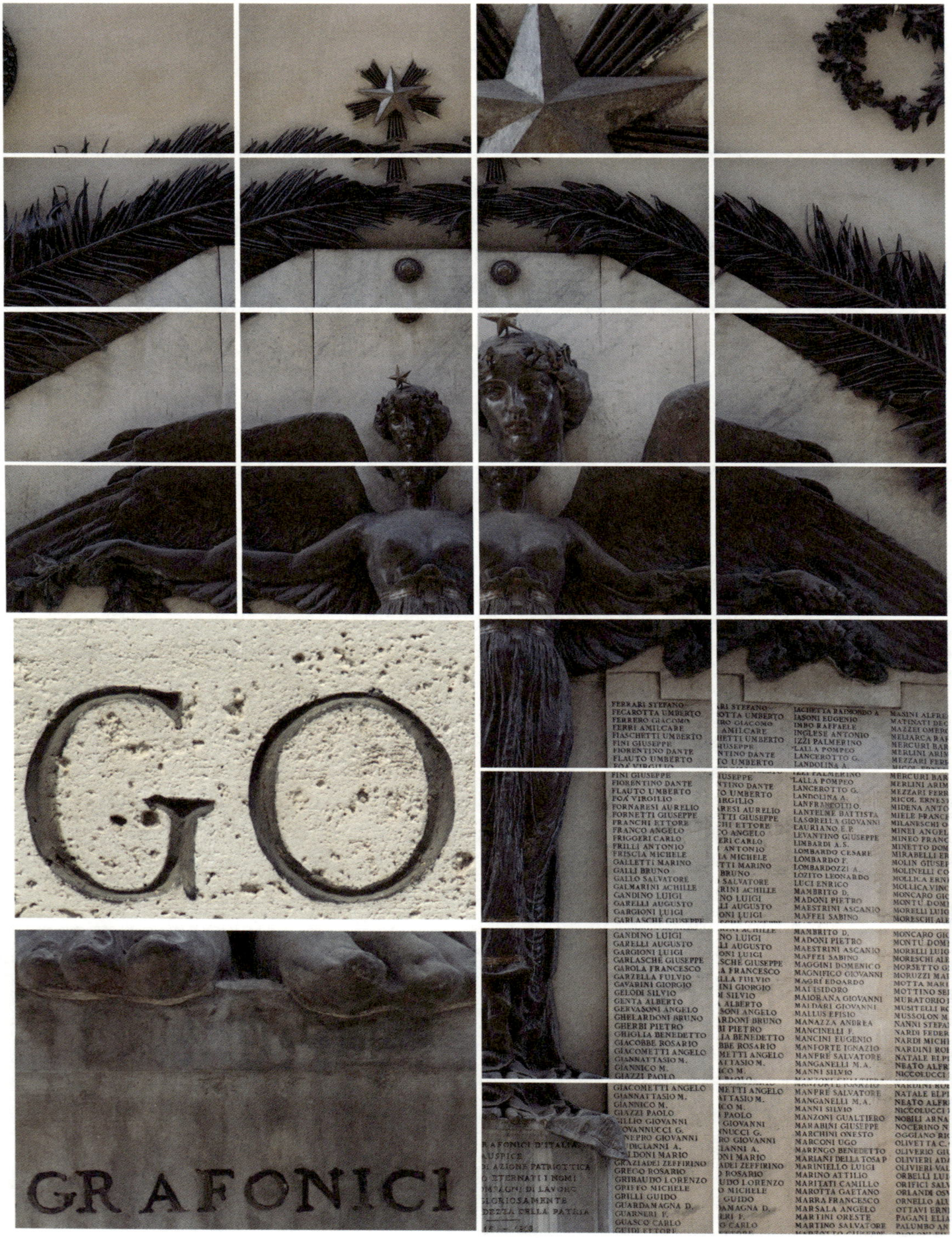

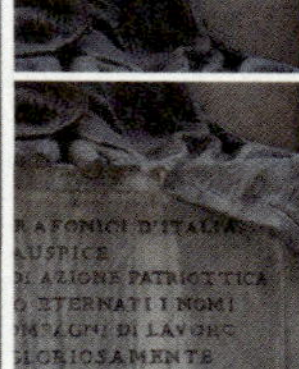

...RAFONICI D'ITALIA
...USPICE
...AZIONE PATRIOTTICA
...ETERNATI I NOMI
...GNI DI LAVORO
GLORIOSAMENTE
...DEZZA DELLA PATRIA

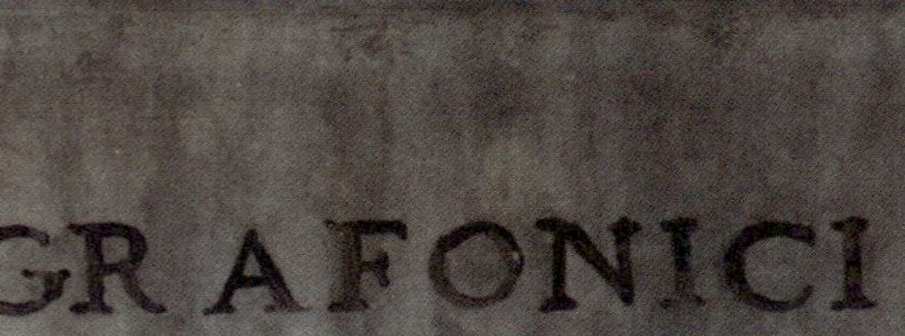

GO
GRAFONICI

FERRARI STEFANO
FECAROTTA UMBERTO
FERRERO GIACOMO
FERRI AMILCARE
FIASCHETTI UMBERTO
FINI GIUSEPPE
FIORENTINO DANTE
FLAUTO UMBERTO
FOA VIRGILIO
FORNARESI AURELIO
FORNETTI GIUSEPPE
FRANCHI ETTORE
FRANCO ANGELO
FRIGGERI CARLO
FRILLI ANTONIO
FRISCIA MICHELE
GALLETTI MARINO
GALLI BRUNO
GALLO SALVATORE
GALMARINI ACHILLE
GANDINO LUIGI
GARELLI AUGUSTO
GARGIONI LUIGI
GARLASCHE GIUSEPPE
GAROLA FRANCESCO
GARZELLA FULVIO
GAVARINI GIORGIO
GELODI SILVIO
GENTA ALBERTO
GERVASONI ANGELO
GHELARDONI BRUNO
GHERBI PIETRO
GHIGLIA BENEDETTO
GIACOBBE ROSARIO
GIACOMETTI ANGELO
GIANNATTASIO M.
GIANNICO M.
GIAZZI PAOLO
GILLIO GIOVANNI
GIOVANNUCCI G.
GIUNEPRO GIOVANNI
GIUDICIANNI A.
GUALDONI MARIO
GRAZIADEI ZEFFIRINO
GRECO ROSARIO
GRIBAUDO LORENZO
GRIFFO MICHELE
GRILLI GUIDO
GUARDAMAGNA D.
GUARNERI F.
GUASCO CARLO
GUIDI ETTORE

IACHETTA RAIMONDO A.
IASONI EUGENIO
IMBO RAFFAELE
INGLESE ANTONIO
IZZI PALMERINO
LALLA POMPEO
LANCEROTTO G.
LANDOLINA A.
LANFRANCOTTO O.
LANTELME BATTISTA
LASORELLA GIOVANNI
LAURIANO E.P.
LEVANTINO GIUSEPPE
LIMBARDI A.S.
LOMBARDO CESARE
LOMBARDO F.
LOMBARDOZZI A.
LOZITO LEONARDO
LUCI ENRICO
MAMBRITO D.
MADONI PIETRO
MAESTRINI ASCANIO
MAFFEI SABINO
MAGGINI DOMENICO
MAGNIFICO GIOVANNI
MAGRI EDOARDO
MAI ISIDORO
MAIORANA GIOVANNI
MALDARI GIOVANNI
MALLUS EFISIO
MANAZZA ANDREA
MANCINELLI F.
MANCINI EUGENIO
MANFORTE IGNAZIO
MANFRE SALVATORE
MANGANELLI M.A.
MANNI SILVIO
MANZONI GUALTIERO
MARABINI GIUSEPPE
MARCHINI ONESTO
MARCONI UGO
MARENGO BENEDETTO
MARIANI DELLA TOSA P.
MARINIELLO LUIGI
MARINO ATTILIO
MARITATI CAMILLO
MAROTTA GAETANO
MARRA FRANCESCO
MARSALA ANGELO
MARTINI ORESTE
MARTINO SALVATORE

MASINI ALFREDO
MATINATI DE...
MAZZEI OMERO
MELIARCA RAF...
MERCURI BAR...
MERLINI ARIM...
MEZZARI FERR...
MICOL ERNEST...
MIDENA ANTO...
MIELE FRANCE...
MILANESCHI O...
MINEI ANGEL...
MINEO FRANC...
MINETTO DOM...
MIRABELLI ER...
MOLIN GIUSEP...
MOLINELLI CO...
MOLLICA ERN...
MOLLICA VINC...
MONCARO GIO...
MONTU DOM...
MORELLI LUIGI
MORESCHI ALF...
MORSETTO G...
MORUZZI MA...
MOTTA MARI...
MOTTINO SE...
MURATORIO...
MUSITELLI RO...
NANNI STEFAN...
NARDI FEDER...
NARDI MICHE...
NARDINI RO...
NATALE ELPI...
NEATO ALFR...
NICCOLUCCI...
NOBILI ARNA...
NOCERINO N...
OGGIANO RIC...
OLIVET TA C...
OLIVIERO GI...
OLIVIERI ADO...
OLIVIERI VAL...
ORBELLI LUI...
ORLANDO OS...
ORFICI SALV...
ORNELLO ALI...
OTTAVI ERN...
PAGANI ALE...
PALUMBO AN...

de complejidad, encontrando nuevos relatos cuya piel no se halla en el monumento. El contexto es siempre determinante y el romano es la estela de ser *caput mundi*.

Se "hereda un paisaje", como si recordara la exposición del Museo del Ara Pacis en 2007, donde se abordaba la relación problemática entre la fotografía como observación consciente de las transformaciones y como práctica difusa de apropiación simbólica: un acto de colonización indirecta, una forma de domesticación de los lugares.

Aquí el paisaje se exhibe diáfanamente como paisaje humano, y la elección de un medio como la fotografía enfatiza la idea de documento y testimonio que registra las huellas de la acción cultural, sus estructuras económicas, sociales y políticas, sedimentadas en el ambiente.

Siendo así, Roma no es un lugar cualquiera, en absoluto un no-lugar, sino que se muestra con todo su pasado, mostrando su especificidad. Aparece la ciudad, aunque la operación de neutralidad propuesta por Enrique Bordes también extrae su "mirada" para que la metrópoli hable y sea reconstruida por el espectador.

Aun así, el autor reaparece en la puesta en escena de todos estos fragmentos, en la teatralización de un espacio siempre distinto, donde el montaje plantea escenarios insólitos, residiendo su particularidad en su dimensión instalativa.

La piel de Roma

Esta obra debe entenderse como un ejercicio formal que explora continuamente las posibilidades expresivas del material atesorado. Un material que en este caso se extiende hasta almacenar 15.000 fotografías. ¿Cómo hacerlo visible? Enrique Bordes busca abanicos de posibilidades, formas de presentar este vasto panorama para que lo visual dé pie a posibles narraciones.

Se constata pues una necesidad de restablecer un principio ordenador, un puente que enlace con el pasado desde una época donde se tiene consciencia de la reconstrucción continua de la realidad. Y será en la puesta en escena donde no se podrá evitar cierta resubjetivización, teniendo lugar en el montaje, aunque el autor prefiera permanecer cual etnólogo fuera del contexto estudiado. Al final, todos estamos implicados en el proceso de ver y hacer ver, aunque el posicionamiento de Enrique Bordes sitúe la obra dentro de un ámbito principalmente formal.

Como tal, la obra no está tan condicionada como en otras prácticas sociales, si bien debe ser "localizada". En el caso de la exposición en la Academia de España en Roma, el espacio dio las pautas de la forma en

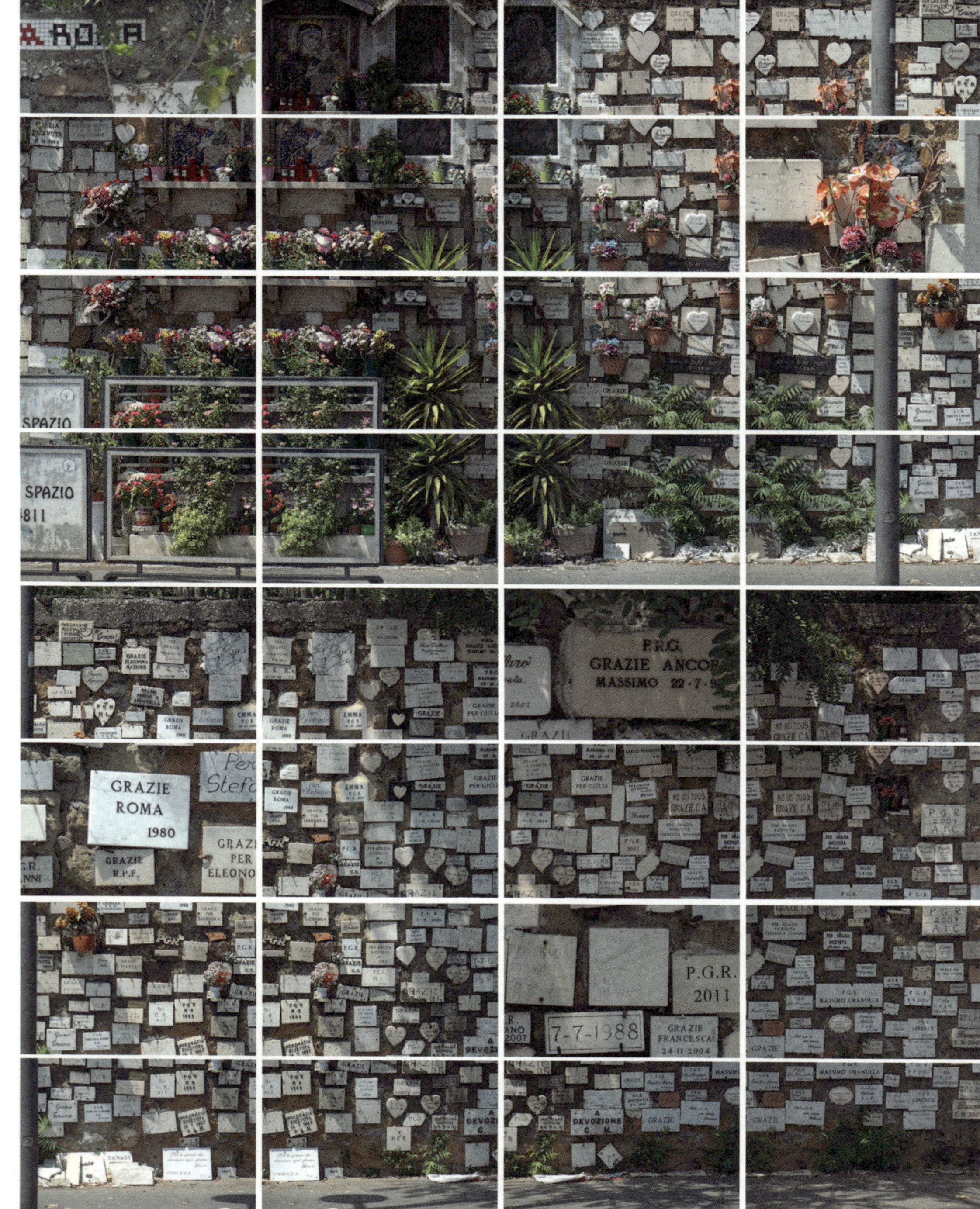

la que se mostraba su trabajo. En el mismo el macroarchivo propició el contacto cercano, apareciendo una trama mientras se tejía la corporeidad del discurso.

Imágenes concebidas para ser digitales fueron impresas en buena parte sobre seda, una de las posibilidades que está probando en la actualidad, junto con madera, dibond o el uso de pequeñas maquetas, dentro de una experimentación con distintas superficies que busca los límites de este proceso.

Sabemos que la percepción actual privilegia la vista, como bien explica McLuhan en *La galaxia Gutenberg*. Recordemos si no el emblema de Leon Battista Alberti con ese imponente ojo alado, que representa el salto producido del hombre medieval al moderno ante la visión de la perspectiva renacentista: allí donde el hombre medieval –táctil y auditivo– percibiría solamente dos dimensiones, el hombre moderno ve tres y el ojo vuela, comenzando también una larga trayectoria de virtualidad.

Con la "ocupación" del espacio, se invierte este proceso para volver compatibles la condición digital y virtual con un momento inmediato, más primitivo e íntimo, gracias al tacto con el que nos relacionamos con las piezas. Consigue así una referencia al exterior conjugada diversamente en la traslación a otros medios; en esta ocasión sería al museográfico (llevar la imagen a un espacio real, transitable), pero también está pensada para traducirse al editorial, ofreciendo cada formato una experiencia diferente.

Pero si permanecemos en el montaje en la Academia de España, entendido en su tramo central como tactilidad de la fotografía, aunque también esté acompañado por otros documentos aún instalados en la bidimensionalidad, descubrimos que la seda convierte la imagen en piel de Roma, atezada por el paso del tiempo.

Esta *Piel a tiras* es la de una Roma despellejada, como si fuera un nuevo sátiro Marsias, desollado por Apolo tras un concurso musical, tal y como narra Ovidio en *Las metamorfosis*. Pero aquí no hay sacrificio ni victoria apolínea, sino la posibilidad de detectar una topografía, contemplar cómo la vida ha cambiado esa piel; el lugar donde –para Valéry– siempre "llevamos grabado el secreto más escondido".

Presentado así, el cuerpo urbano y su historia no son descubiertos como un cementerio de la memoria. Todo lo contrario, este relato queda impreso en una piel que es discurso, modo en el que los hechos son revelados. De esta forma, los mecanismos de neutralidad activados para hacer que desaparezca el ego del autor se entregan, en última instancia, a la emoción que reside en la percepción y contacto del espectador con las piezas. No obstante, no se debe olvidar el inicio del proceso, donde la mediación de la máquina determina el resto de evoluciones posibles.

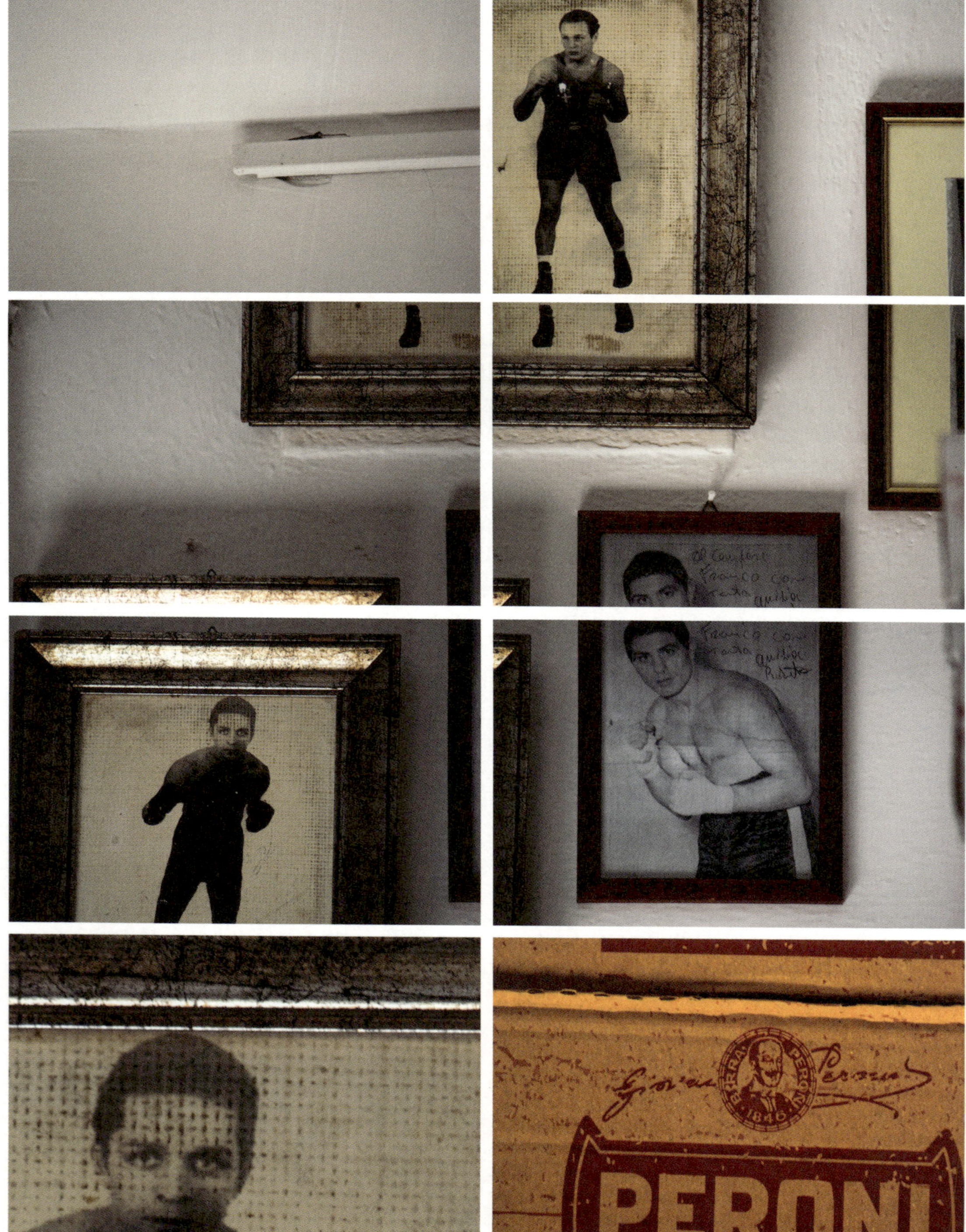

Son varias las distancias, del alejamiento de la cámara para una mirada topográfica al contacto con la piel de lo fotografiado, pero en todas ellas se da una circunstancia fundamental: contemplamos lo acaecido en Roma sin situarnos en un punto de vista concreto, no condicionando así nuestra relación con lo mostrado. Se extiende entonces nuestra experiencia urbana del espacio, no como reliquia del pasado, sino como rico documento cuyas puestas en escena prometen numerosas derivas.

---

* Pedro Medina, director de publicaciones en IED Madrid - Istituto Europeo di Design y crítico de arte en ARTECONTEXTO.

La piel de la historia

Enrique Bordes

Una de mis actividades principales es trabajar con el espacio para contar historias, pero nunca he dejado de mirar a través de la cámara como una herramienta de intención triple: un utensilio que sirve para generar imágenes con las que narrar dentro del espacio; que documenta y explora con la mirada el resultado final de mi trabajo; e incluso, como un punto de partida para transformar y construir esos mismos espacios donde ocurre la narrativa expositiva.

Mirar a través de los ojos del monstruo, así es como subtitulo un taller que desde hace unos años se realiza en la ETS de Arquitectura en Madrid, en el contexto de un *master* de arquitectura efímera. En él exploramos precisamente esta triple presencia de la cámara en el proceso del espacio expositivo, concentrándonos en el segundo aspecto constructivo (como pudieran hacer Isidro Blasco o Jan Smaga).

Desde que en la adolescencia perdiera la posibilidad de trabajar con una maravillosa réflex profesional, me lancé a experimentar con todo tipo de cámaras, desde panorámicas desechables a ultracompactas, saltando de jugar en el laboratorio a experimentar con el escaneado en cuanto tuve ocasión. En esta vía acabé adquiriendo un misterioso brazo robótico, el Gigapan, que empezaron a desarrollar en 2008 la universidad Carnegie Mellon y un centro de investigación de la NASA, inicialmente con la intención de construir imágenes panorámicas de paisaje en altísima resolución.

El mecanismo pertenece a un *nuevo* tipo de cámara autónoma en la que podrían agruparse desde los satélites fotográficos hasta los coches de las empresas digitales que *mapean* nuestras ciudades, pasado por los robots que exploran Marte sustituyendo al astronauta. En estos artilugios, el ojo de la máquina se acaba separando de nuestro brazo, evidenciando su condición de mirada extraña al hombre. Una mirada que, así considerada, se convierte en un punto de partida para interesantes reflexiones sobre nuestra manera de ver y sobre el mismo acto de fotografiar (como por ejemplo demostrara Michael Wolf con su *A Series of Unfortunate Events*).

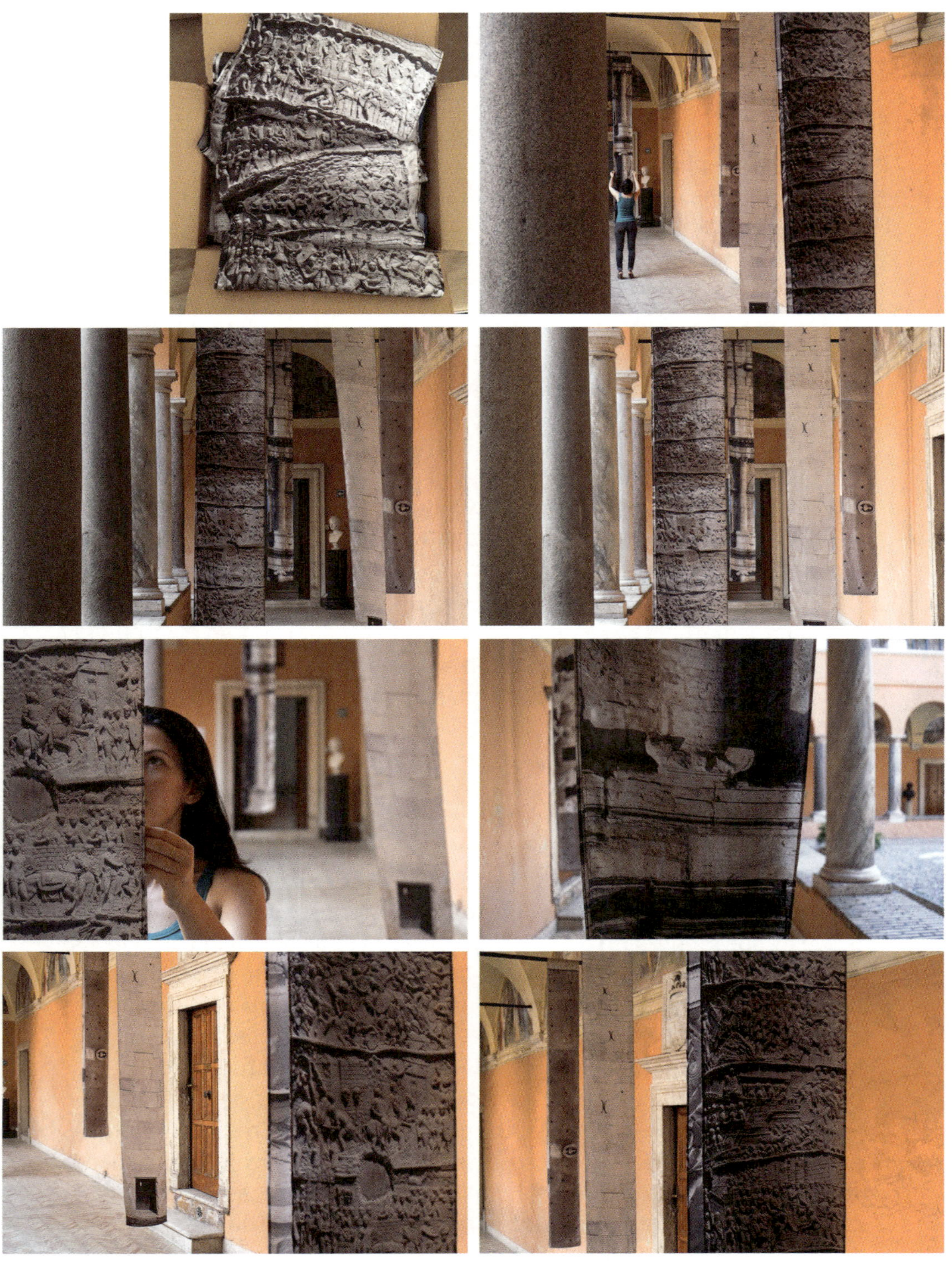

Roma, la piel a tiras–Roma come Marsias
versión 1.1 de impresión e instalación de las imágenes de gigaresolución,
en el claustro de la Real Academia Española en Roma

Llevé así el Gigapan a Roma. Una tarde, en la magia que envuelve el Gianicolo, a los dos minutos de entrar en la Academia Americana, conocí al artista Corin Hewitt. Corin me contó cómo los mismos desarrolladores del Gigapan le habían cedido una de sus máquinas hacía un año, pero no había tenido ocasión darle uso. Fue una sorpresa para mí descubrir este interés. Poco antes de publicar este catálogo conseguí finalmente contactar con Illah Nourbakhsh y Dror Yaron, constatando su inclinación real hacia este tipo de exploraciones que su técnica provoca. Yaron me compartió estas palabras para acompañar mi texto:

"Desde la concepción de Gigapan, hemos desafiado límites. Adaptamos la tecnología y los sistemas de soporte para grupos de gente muy especializada – desde niños a científicos de reconocido prestigio. Estamos buscando continuamente maneras de mejorar la tecnología e inspirar a la gente para que la use y ampliar su mirada del mundo, viendo de maneras que no han visto antes. Pensamos que la gente más importante a la que podríamos aspirar, para involucrar la tecnología de Gigapan, son los artistas. Damos la bienvenida a este nuevo set de ojos – que puede tomar una tecnología existente y usarla para crear un trabajo nunca antes imaginado".

La puerta está abierta.

La piel de la historia
Enrique Bordes

Textos
Pedro Medina
Enrique Bordes

Agradecimientos

A Eliett Cabezas por empujarme a Roma y
aguantar siempre esa escalera.

A Pedro Medina por la generosidad,
disposición y meticulosidad con la que
realizó un texto que me emocionó.

A Juan y Maribel por meter Italia en
nuestras venas.

A Juan por su mirada orgullosa de becario
a becario.

A los compañeros becarios Joan Morey,
Joan Espasa y Maria Cristina García por esas
palabras que acabaron en el proyecto.

A Antoni, Antonella, Almudena, Álvaro,
Cristina y Cristina, Giuseppe, Jesús y Jesús,
Joan y Joan, Miriam, Samuel y Yann por
regalarme momentos únicos y dejarme
aprender de ellos.

A Fernando Villalonga por la flexibilidad
y generosidad con la que nos hizo estar
en casa.

A mis compañeros Carmen Blasco y Luis de
Sobrón por servir de apoyo desde Madrid
mientras transcurrió la beca.

A Maria Luisa porque es familia.

<u>La piel de la historia</u>
Enrique Bordes, 2015

Jesús Donaire

La transformación de la fachada

Arquitectura > Tesis / Investigación

Jesús Donaire

[Ciudad Real, 1974]

www.jesusdonaire.com

Doctor Arquitecto por la UPM y Master por Columbia University, Nueva York, con Premio Honorífico a la excelencia en Proyectos y Premio William Kinne. Becario Fulbright, del Consejo Social de la UPM y de la RAER gracias a la Fundación Rafael del Pino.

Profesor Asociado en la ETSAM-UPM, en la Universidad Nebrija y en Suffolk University (Boston). Ha sido Profesor Ayudante en el Barnard + Columbia College of Architecture, Nueva York, y ha impartido conferencias en universidades europeas, de los EEUU y Canadá. Dirige 'Jesús Donaire Architecture + Communication office' realizando proyectos de arquitectura, comisariado, y difusión de la arquitectura. Secretario del Premio Internacional de Arquitectura BigMat y Editor Jefe del Blog de cultura arquitectónica BMIAA.

Galardonado con los premios Architizer A+ en Nueva York, el de la International Interior Design Association en Chicago o el Distinciones del COA de Madrid entre otros. Sus proyectos han sido publicados internacionalmente y expuestos en la XIII Bienal de Arquitectura de Venecia y en la III edición de la Trienal de Arquitectura de Lisboa.

La fachada: espejo del alma de la arquitectura

Jesús Aparicio*

"La transformación de la fachada" es una investigación en la que se ha ocupado durante muchos años el profesor Jesús Donaire García de la Mora. Esta tarea se ha convertido a la postre en su tesis doctoral, un trabajo que se realiza desde la Escuela Técnica Superior de Arquitectura de La Universidad Politécnica de Madrid y del que me cabe la satisfacción de ser su director. Dentro de la estructura de la tesis es especialmente relevante el estudio de la fachada tanto en la arquitectura clásica como en el Renacimiento y el Barroco, de ahí la importancia que ha tenido para este trabajo la Beca de Arquitectura que ganó Jesús Donaire para estar en la Real Academia de España en Roma. Dentro de esta etapa romana ha centrado su estudio en Francesco Borromini y más específicamente en su iglesia de San Carlo ale Quattro Fontane donde descubre un punto de inflexión en el concepto de fachada.

Se trata del estudio de un tema (el del muro, límite, fachada, etc.) que entra en sintonía con mis inquietudes investigadoras teóricas. Por ello, me gustaría dejar plasmadas en este texto las siguientes consideraciones al respecto:

Para hablar de la fachada hay dos conceptos que resultan útiles de delimitar, que son los conceptos de frontera y de límite. Entendiendo frontera como algo que divide y límite como algo que une. Frontera, que niega lo que le es contiguo. Límite, que concita dos realidades diversas en un espacio nuevo, donde coexisten dichas realidades.

La historia y la evolución, que no es lineal, de la idea de muro y de la idea de fachada tienen que ver con estos conceptos entre los que se encuentran, la fachada como recinto que delimita la mirada, la fachada como frontera de la propiedad, la fachada como material que alberga a la luz y la fachada como soporte físico.

Por ello existen una serie de temas necesarios para hablar de la fachada, temas como la relación entre fachada, muro y naturaleza; la oquedad o hueco de la sombra y la luz; la gravedad o el borde o el límite de la propiedad.

El muro tiene más un contenido estructural, entendiendo por estructural la estructura gravitatoriamente necesaria o física para que no se caigan las cosas. Esa estructura física va cambiando a lo largo de los años ya que van apareciendo nuevos sistemas estructurales, nuevos materiales, de tal manera que esa entidad físicamente estructural va dejando paso a otras consideraciones más representativas, narrativas o espaciales sobre la misma realidad muraria.

Es ahí cuando aparece el término fachada, que en el fondo tiene algo de impostura representativa sobre una realidad que ya no es necesaria físicamente. Si uno acude al diccionario encontrará que el término fachada hace referencia a algo que nos deja entrar, adentrarnos en otro mundo, es la unión entre dos mundos.

Sobre esas fachadas empiezan las primeras perforaciones, unas perforaciones que hacen unir esos mundos, primero para darles luz, ventilación, protección. Los huecos con el paso del tiempo se van desdoblando. La especialización del hueco no tiene solo que ver con la necesidad, la utilitas de abrir y ventilar sino que se pueden dar distintas intensidades a distintos huecos. Inicialmente entre el espacio interior y el exterior existe una clara diferencia cuando se habla de huecos recortados sustraídos al muro donde un espacio exterior entra, entonces el muro o fachada futura es más un borde, una frontera, que un límite capaz de englobar un espacio en sí mismo donde coexistan ambos mundos exterior e interior.

Dando un salto de veinte siglos esta idea está aún presente en La Casa del Fascio, de G. Terragni, en Como, donde se está narrando la realidad exterior por fragmentos. Pero en este caso interviene, sobre todo, lo visual, mientras que en la casa pompeyana la narrativa espacial del muro recortado tenía distintas referencias en lo que respecta a luz, iluminación y ventilación.

Si hasta ahora se ha hablado del mundo de la sustracción, de la cueva, de lo vinculado a la tierra, cabe decir que hay otra forma de construir con naturaleza en las fachadas y que consiste en usar la propia naturaleza para hacerlas, como por ejemplo en la cabaña, la cabaña caribeña, donde aparecen unos elementos configuradores de la presencia exterior de la arquitectura pero albergando a su vez un espacio traspasable donde ya está mucho más vinculado el interior y el exterior con esos cuatro elementos que constituían la arquitectura para Semper y que hacen referencia al plano del suelo en relación con la tierra, al plano de cerramiento, a la cubierta y al fuego o centro y corazón del espacio.

Se entiende, por lo tanto, un desdoblamiento claro de los elementos constitutivos de la antigua estructura muraria que permite que el espacio fluya entre ese interior y ese exterior, pero la naturaleza está presente en el borde construido de la arquitectura y en ese desdoblamiento entre lo que resiste y lo que cierra se da una evolución que nos permite llegar, por ejemplo, a la catedral gótica, donde tenemos una parte estructural que son las crucerías y por otro lado, están las plementerías capaces de rellenar de otro material no sustentante la propia arquitectura y ahí empieza una conexión lumínica entre el exterior y el interior del espacio, aunque todavía el plano de fachada se mantiene bastante constante. Sin embargo, ya empieza a haber en estos espacios cierta profundidad en las crucerías de los claristorios de la fachada de la catedral y es esa naturaleza, en este caso divina ya que se representa el cielo, la que al final está presente como paisaje en estas catedrales.

En el templo griego, el espacio del peristilo, que está entre la cela y el paisaje, es una de las primeras situaciones ambivalentes del espacio intermedio de la fachada. Ambivalente en el sentido de límite de la fachada, donde ya se mezcla el dentro y el fuera. Ese espacio desde fuera del templo es interior y desde dentro del templo es exterior. Y es ahí donde la arquitectura empieza a encontrar mayor posibilidad de desarrollo. Es muy importante la creación de esos espacios intermedios entre el interior y el exterior.

En definitiva, tendríamos dos modelos: el primero de ellos correspondería, por ejemplo, al Panteón, que es un modelo cerrado, perteneciente al mundo de la masa que se relaciona verticalmente y de forma discontinua con el exterior. El segundo modelo, como en el caso de la Casa Farnsworth, se situaría sobre la superficie de la tierra, con una relación con la naturaleza mucho más horizontal y continua.

En el congreso que bajo el título "Facciata, concetto in evoluzione", que se llevó a cabo en la Real Academia de España en Roma bajo la dirección del Profesor Donaire, se pudieron ver varias aproximaciones a la idea de fachada.

En el caso del Proyecto de Lalibela, en Etiopía, lo más importante fue ver cómo en una arquitectura absolutamente monolítica se pretende emular una construcción arquitrabada, o sea, existe la intención de hacernos la ilusión de que esta fachada está construida por elementos que soportan un dintel, como las pilastras, cuando no hay ninguna necesidad de ello. Es solo la representación de una realidad que estructuralmente no es la que le corresponde. El espacio, naturalmente, no se corresponde con la realidad representada.

En el Patio de los Arrayanes de La Alhambra se encuentra un espacio diafragma entre el exterior y el interior. En el caso de este palacio se van concatenando los espacios uno tras otro, aunque lo interesante es entender este patio como un espacio exterior y la Torre de Embajadores como un espacio interior. Y los espacios intermedios como esos lugares que pertenecen a ambos sitios y que concitan dos realidades distintas y que a la vez son necesarias para incluso habituar la pupila a los dos mundos, el interior y el exterior.

En Sant'Andrea al Quirinale, de Bernini, en Roma, se van desarrollando cada vez más los espacios intermedios. El Barroco trata de esponjar esa realidad plana de la fachada dándole en la dimensión del espesor el traspaso de dos realidades distintas. Aquí encontramos no ya el blanco y el negro sino esa gama de grises que hay entre el silencio y la música o entre dos realidades casi opuestas.

En la planta de San Carlino alle Quattro Fontane de Borromini se muestra cómo el trabajo estaba focalizado en la fachada, el secreto estaba en esa relación entre calle e interior.

Un rasgo más a tener en cuenta en la arquitectura es su ubicación dentro de la trama urbana, ya que ésta tiene una serie de requisitos, de posibilidades que no están en la naturaleza más salvaje. Por ello, no podemos comparar Villa Adriana y las dimensiones del muro del Pescile con la Via delle Quattro Fontane y los escasos 40 centímetros de espesor de fachada para hacer compatibles dos realidades distintas.

Otro caso que resulta interesante desde un punto de vista pedagógico es Sant'Andrea de Mantua, ya que ahí podemos ver cómo Alberti construye un espacio más transparente y en penumbra solo para tener un espacio límite entre la realidad de la calle y el interior de la iglesia.

En el caso del Panteón de Roma se construye también un espacio previo capaz de concitar esas dos realidades.

Las construcciones que hemos visto previamente, en concreto, el peristilo griego, el Panteón, Sant'Andrea de Mantua o Sant'Andrea al Quirinale nos están hablando en el fondo de las mismas cuestiones, de un espacio límite que aúna dos realidades diversas.

Volviendo a Granada se encuentra en la Alhambra el Palacio de Carlos V de Machuca donde es interesante subrayar cómo el almohadillado aparece en la parte baja, mientras que arriba aparecen unos arabescos, es decir, lo que existe es una voluntad por la representación de la gravedad, de construir una representación gravitatoria. Con lo cual, el interés de pasar de un espacio horizontal, oscuro, gravitatorio al espacio abierto está presente en la obra no por necesidad sino por el interés de tener la expresión de la gravedad. Ya no es la necesidad estructural o espacial la que mueve a hacer las cosas, sino lo que se pretende en definitiva es la representación, buscando más fachada y menos muro.

Del Palacio de Carlos V las ponencias del congreso pasan a Villa Savoye de Le Corbusier, donde lo que resulta más interesante es cómo la capacidad técnica que supone el acero y el vidrio plano en grandes dimensiones es capaz de hacer que haya espacios intermedios que alojan y desdoblan el concepto de fachada.

Llegados a este punto resulta oportuno hacer una consideración sobre el hecho de que la relación entre interior y exterior ha sido durante casi toda la historia de la arquitectura mayor desde el interior hacia el exterior que viceversa. Es en el momento cuando se descubren el acero, el vidrio plano y la luz eléctrica, cuando aparece la relación desde exterior hacia el interior en el espacio de arquitectura. Esto es algo que sucede a partir del siglo XX, cuando es posible que la iluminación del interior del espacio de arquitectura sea semejante a la del exterior.

Se produce por tanto el paso del muro de carga con espacios verticales al muro horizontal de forjados y losas que son capaces de abrirnos la totalidad del espacio horizontal. Entre ambos mundos median estructuras diferentes: la aparición del hormigón armado, sobre todo, el acero y el vidrio que son capaces de apilar los espacios, y también surgen las transiciones verticales que sustituyen a las horizontales.

En el caso de la arquitectura japonesa, más concretamente, en sus templos, aparecen otras construcciones que desdoblan los espacios del muro. Existe en estos templos la voluntad de dilatar lo que dimensionalmente es pequeño, haciendo que una escala pequeña se transforme en una escala mayor, más lejana, que nos permita entrar en conexión con el mundo cósmico.

La continuidad espacial entre la arquitectura y la naturaleza existe en construcciones como la Casa Farnsworth, con esa transparencia que hace que la naturaleza entre en ella o en la Casa de Huarte de Oiza en Mallorca, donde los árboles pasan a través de la cubierta, siendo ésta un plano más de fachada.

La naturaleza ha estado siempre presente como parte de la arquitectura, puesto que el hombre es parte de ella y lo que intenta resolver es esa relación entre poder vivir con la naturaleza y la dificultad para vivir en ella, porque si no hubiera dicha dificultad para vivir en la naturaleza no necesitaríamos la arquitectura.

Es en esa representación de la realidad no necesaria o de la arquitectura que ya está fuera de la necesidad, que ya no es alimentación sino gastronomía, donde comienzan las fachadas y empiezan a darse otros requisitos que ya salen del primitivismo para entrar en la modernidad.

---

* Jesús Aparicio, arquitecto y catedrático de proyectos arquitectónicos de la Universidad Politécnica de Madrid

Introducción a las imágenes del trabajo de investigación

Jesús Donaire

El trabajo de investigación desarrollado en la RAER, forma parte de un trabajo más amplio titulado "La transformación de la fachada en la arquitectura del siglo XX. Evolución de los elementos arquitectónicos hacia el espacio único", que examina los principales mecanismos proyectuales que han originado una transformación arquitectónica en la fachada.

El término fachada, leído normalmente como sinónimo de arquitectura, ha sido analizado bajo taxonomías historiográficas, sociopolíticas, formales, compositivas o materiales. Más allá de estas clasificaciones, esta investigación determina cómo han evolucionado los elementos arquitectónicos hacia el espacio único, transformando con ello tanto la realidad física como el concepto de fachada. Proyectar, como diría Robert Venturi, tanto desde el exterior al interior como desde el interior al exterior, produce las tensiones necesarias que ayudan a generar la arquitectura. De ahí la importancia del estudio de la transformación de la fachada como faccia, máscara, disfraz o sistema de representación, a la fachada como un diafragma activo, como un espacio de relación o como un límite donde se produce una experiencia arquitectónica con nuevos significados.

El término fachada, del latín facies y del italiano facciata, fue creado como tal durante el siglo XVI, aunque como elemento arquitectónico es una realidad clásica y un concepto humanista reinventado en el Renacimiento. A principios del siglo XX la fachada se transforma radicalmente, con la aparición del vidrio plano de grandes dimensiones, y se despoja de su carga historicista. La transparencia literal hace desaparecer (negar) la fachada. La fachada se construye con nuevos materiales, nuevas tecnologías, y responde a un espacio global que espera a ser colonizado por una sociedad en constante mutación; un espacio que irá siendo cada vez más complejo a lo largo del siglo pasado y que tendrá como una de sus principales consecuencias un mayor grado de abstracción en la fachada.

Para desarrollar con mayor precisión las intenciones de este trabajo durante la estancia en Roma con la beca MAEC-AECID se desarrolló el análisis de la acepción de fachada en el cual se encuadra la línea de investigación, dedicando precisamente a este análisis el primer capítulo, de precedentes, con el fin de hacer una relectura de la fachada barroca en clave contemporánea. La fachada barroca se estudia en esta investigación como un punto de inflexión, y como el primero de los mecanismos proyectuales motivo de estudio, examinando la transformación compositiva de la fachada por medio del espacio dinámico en toda la obra de Francesco Borromini en Roma, con especial interés en el proyecto de San Carlo alle Quattro Fontane. Una transformación que queda resumida en el libro La Roma de Borromini: la Arquitectura como lenguaje de Paolo Portoghesi de la siguientes manera:

> "L'architettura di Borromini è architettura di movimento ed aspira ad una condizione di equilibrio dinamico. Il movimento è evocato attraverso una serie di operazioni compositive ricostruibili nell'immagine finale e tali da provocare nell'osservatore l'impressione, volta a volta, di un movimento in atto, di un movimento inminente, di un movimento passato. Le operazioni compositive fondamentali sono la crescita, la rotazione, la traslazione, la curvatura, la torsione e il rovesciamento."

La investigación se ha completado con análisis de estructuras renacentistas y barrocas de la città eterna para revisar la evolución del concepto de fachada arquitectónica en clave contemporánea. Incluye el estudio analítico de una serie de edificios fundamentales de ambas épocas históricas tomando el Tempietto renacentista de Bramante como punto de inflexión hacia el espacio dinámico propuesto por Borromini. El estudio de las herramientas y conceptos relativos a la construcción de la fachada en la arquitectura de Roma se resume en la investigación como una serie de temas convergentes entre la composición geométrica y el espacio interior resultante.

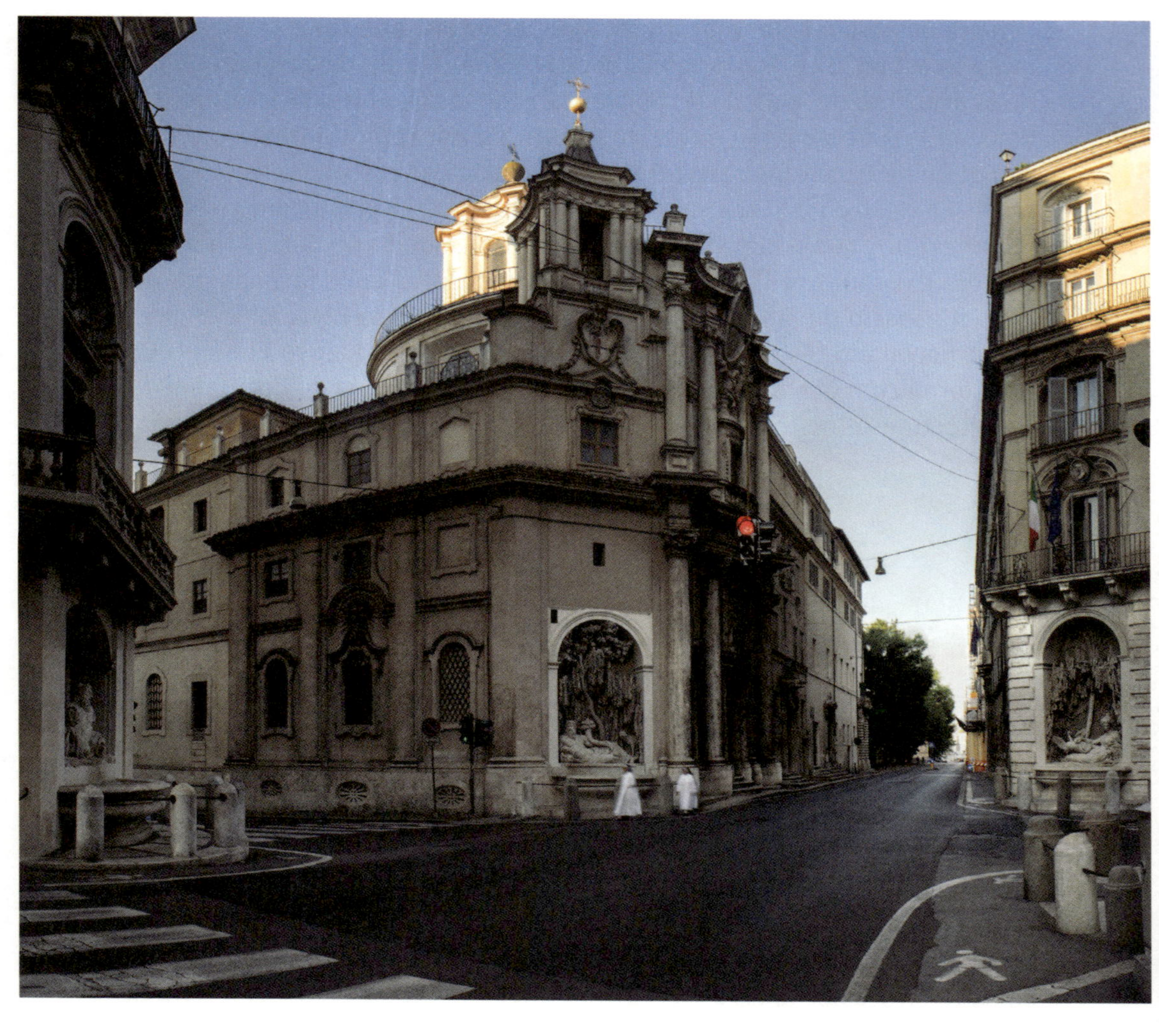

Fachada de San Carlo alle Quattro
Fontane de Francesco Borromini

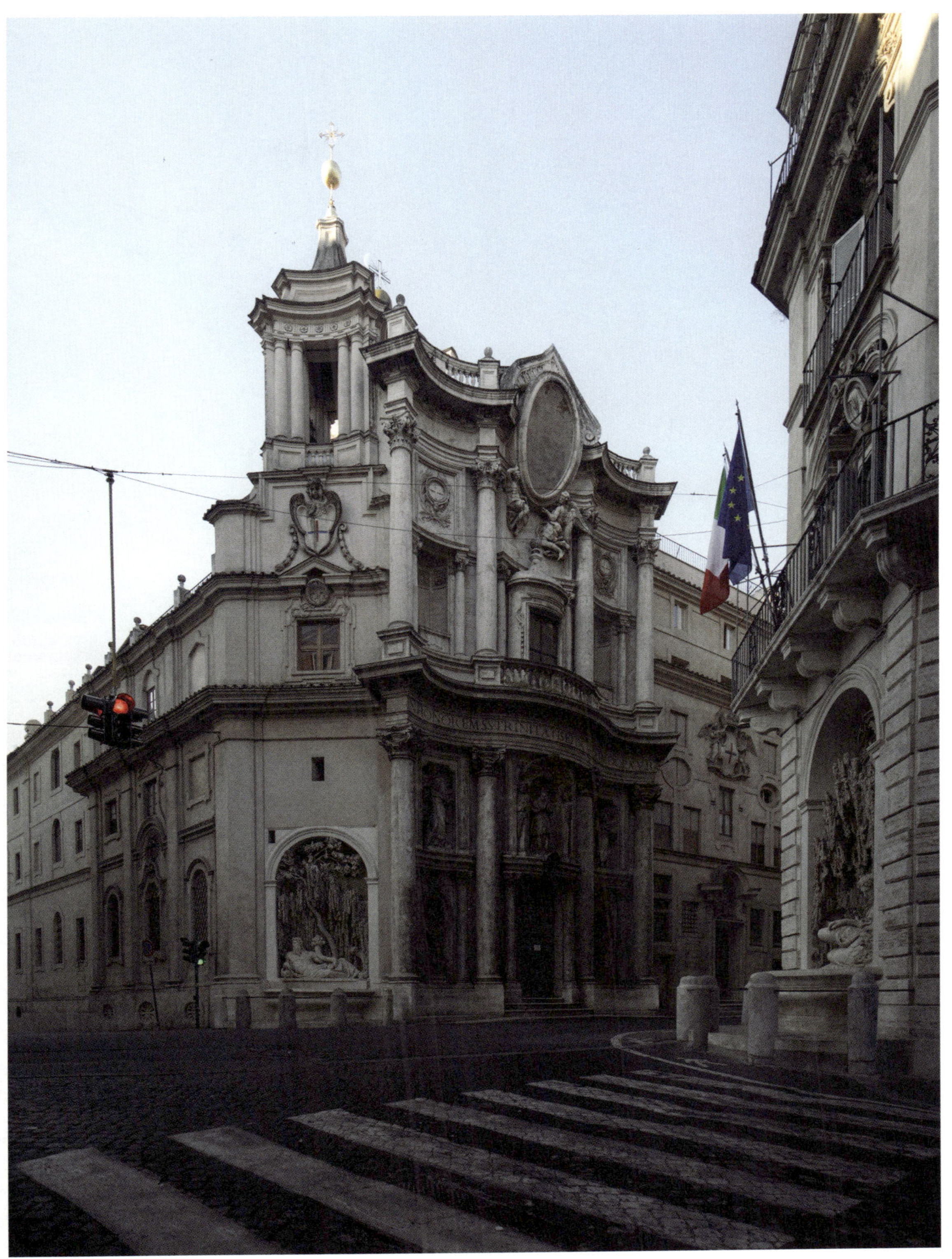

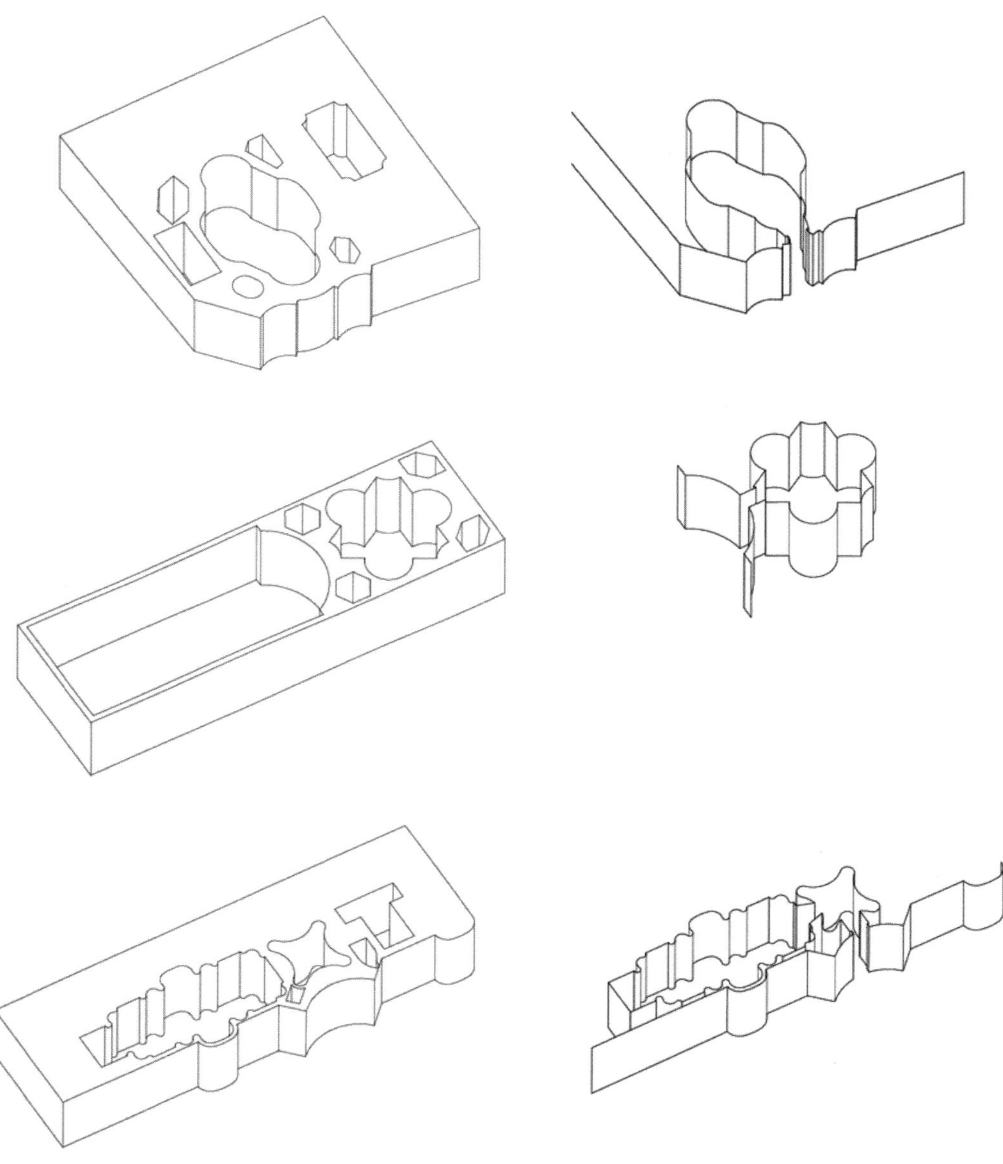

Esquemas de traslación de la composición del espacio
interior a la fachada en San Carlo alle Quattro Fontane,
Sant'Ivo alla Sapienza y Santa María dei Sette Dolori
Siete de Francesco Borromini

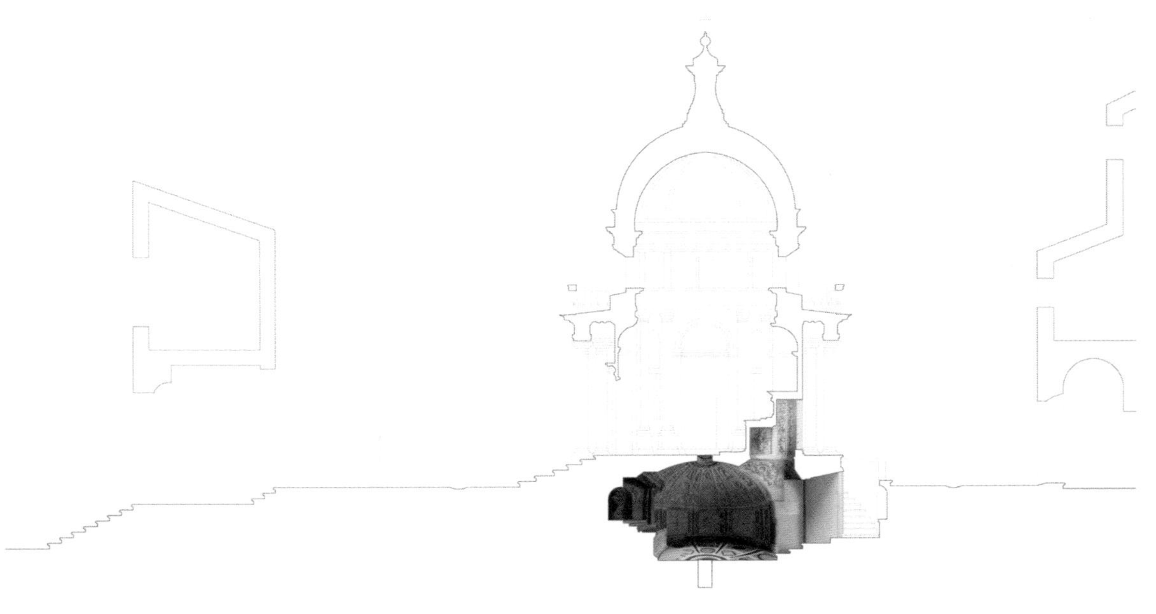

Sección del patio del Tempietto en CAD
de Jesús Donaire

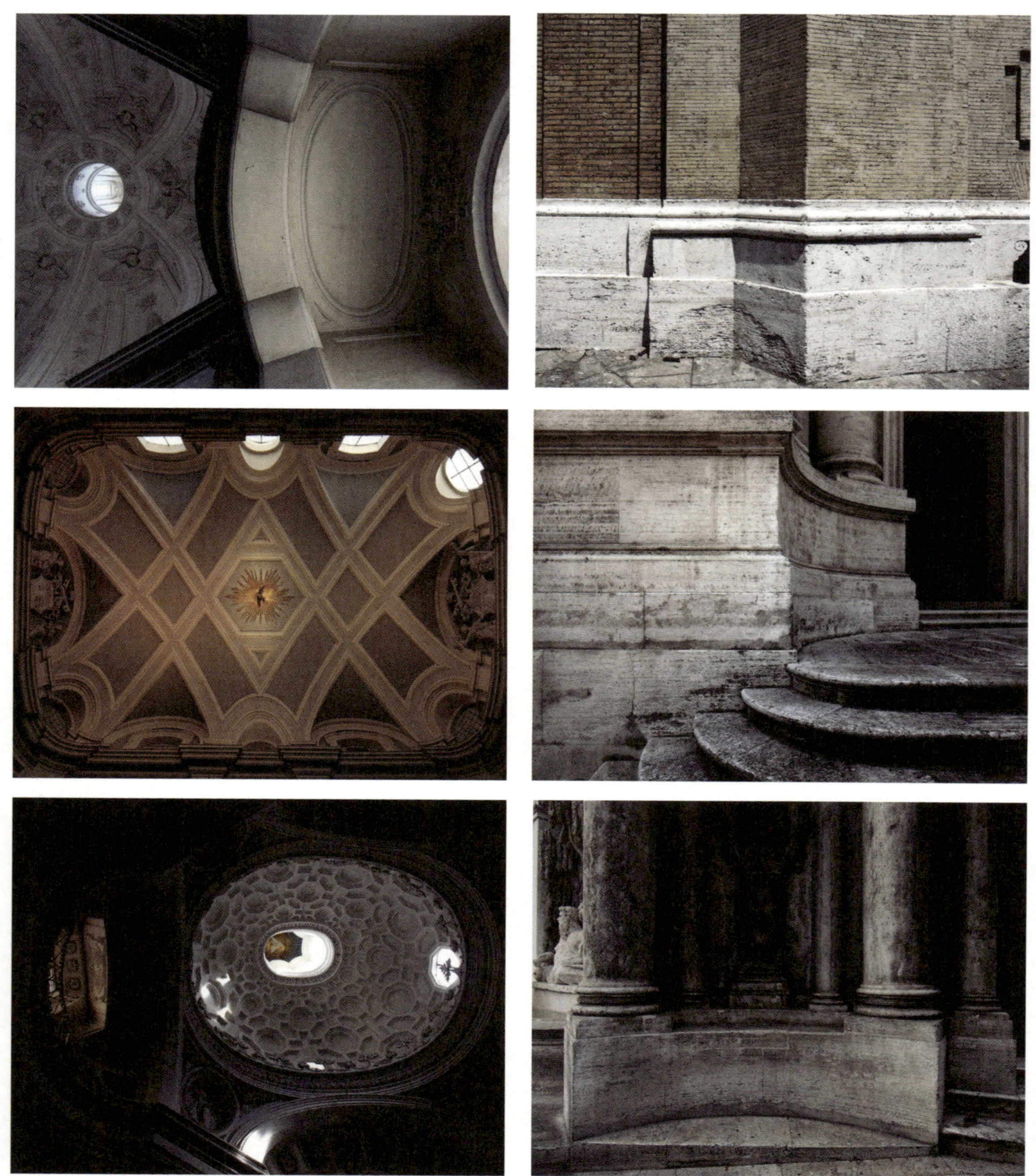

Imágenes de espacios interiores y
detalles de fachada exteriores de obras
de Francesco Borromini

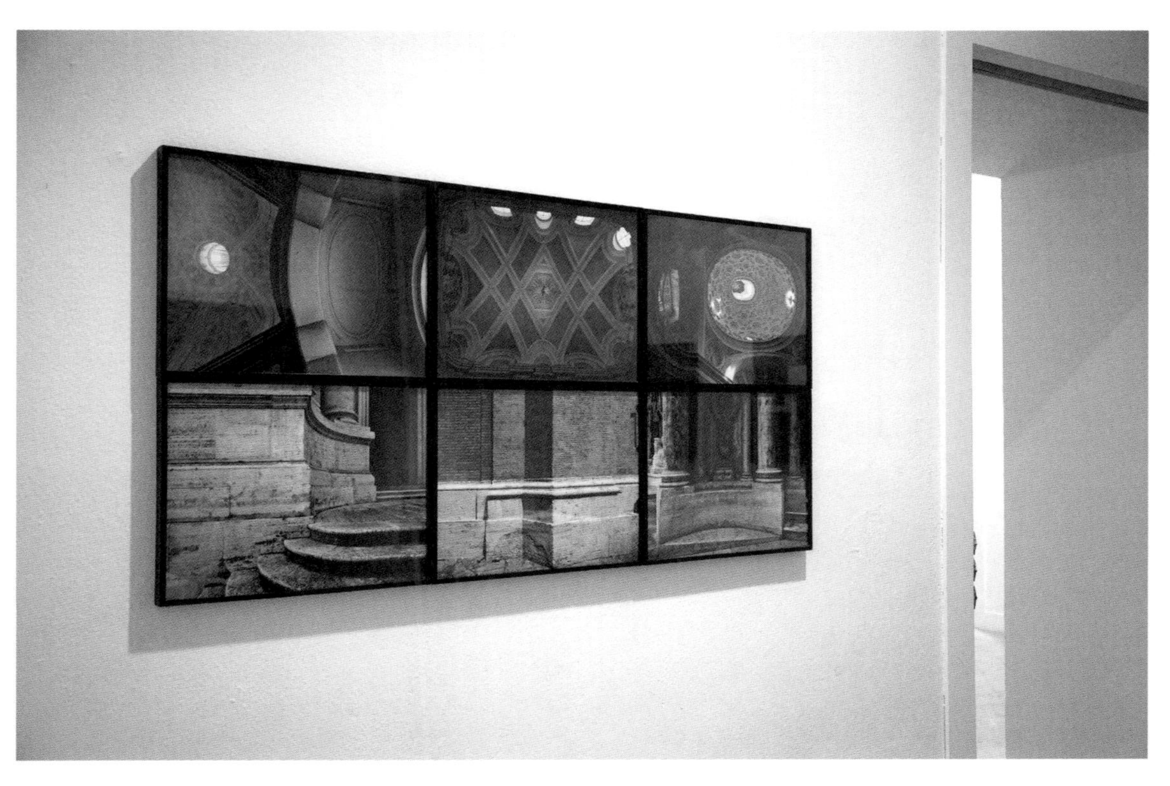

Francesco Borromini, 2015
Vista de instalación
Puertas Abiertas, Academia de España en Roma, Junio-Julio 2015

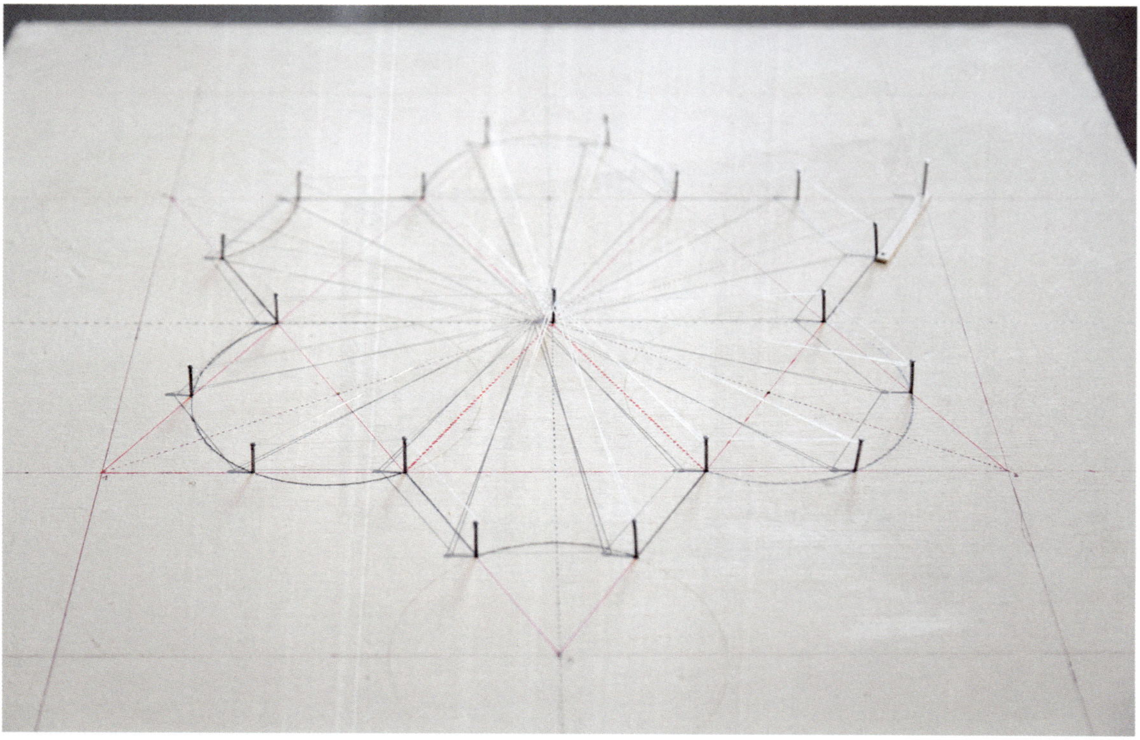

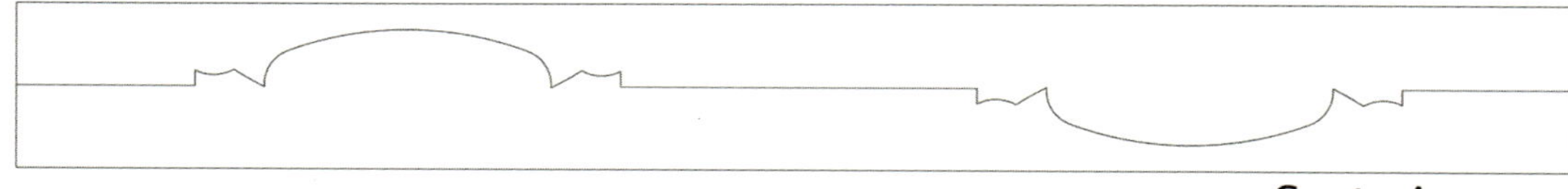

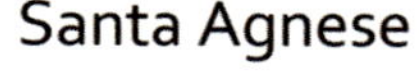

Santa Agnese

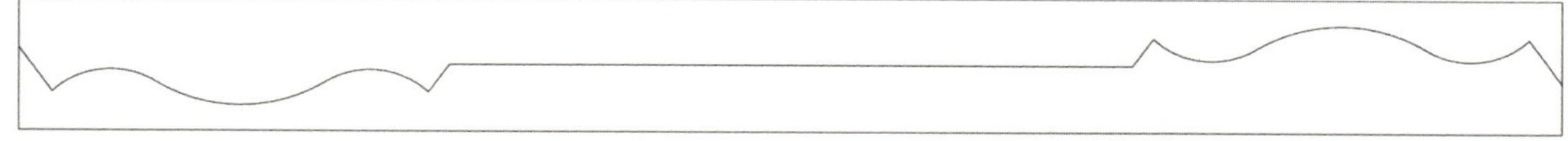

San Carlino

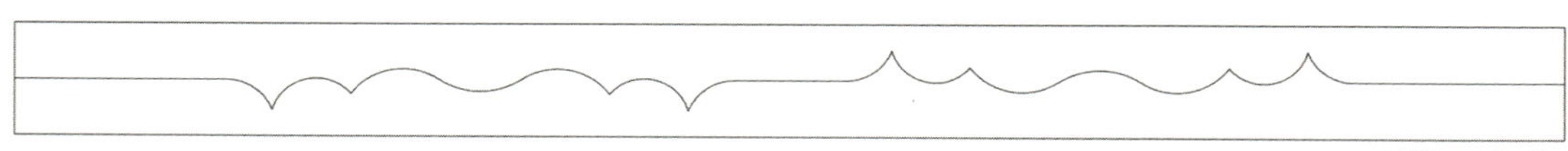

Filippini

Detalle de maqueta de las líneas de geometría de la cúpula de Sant'Ivo alla Sapienza de Francesco Borromini
Detalle de instalación
Puertas Abiertas, Academia de España en Roma, Junio-Julio 2015

Secciones de corte para la elaboración de las maquetas de fachadas.
Colaborador Alberto Luengo

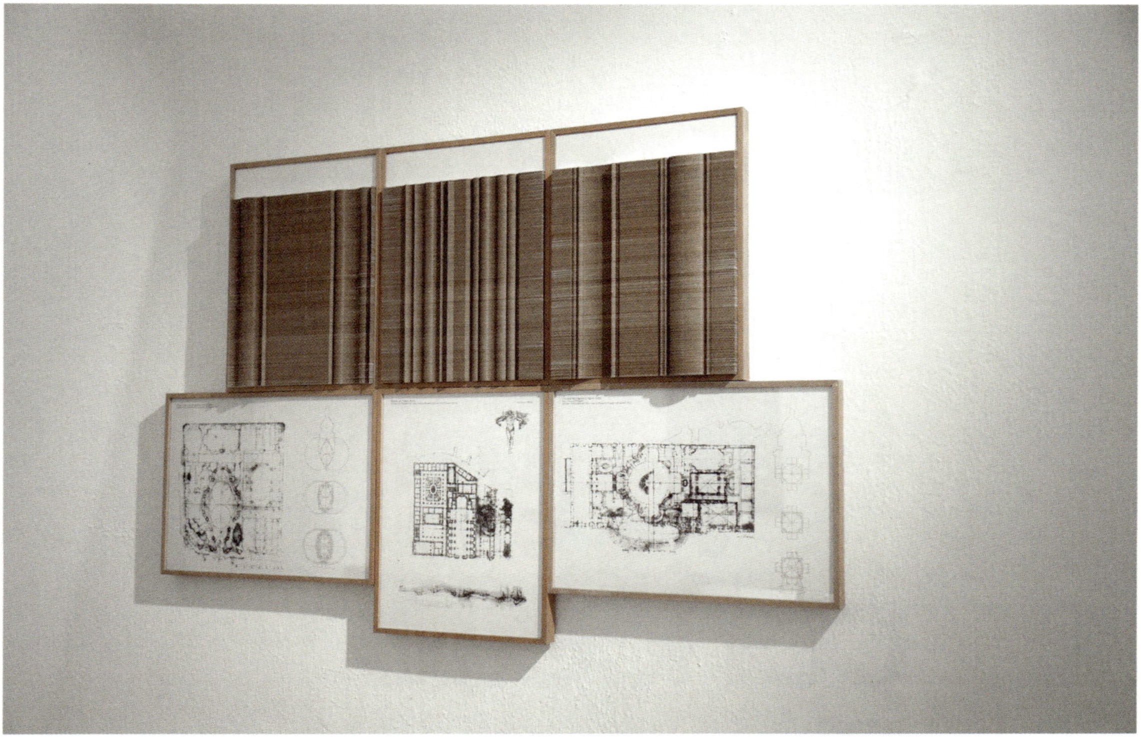

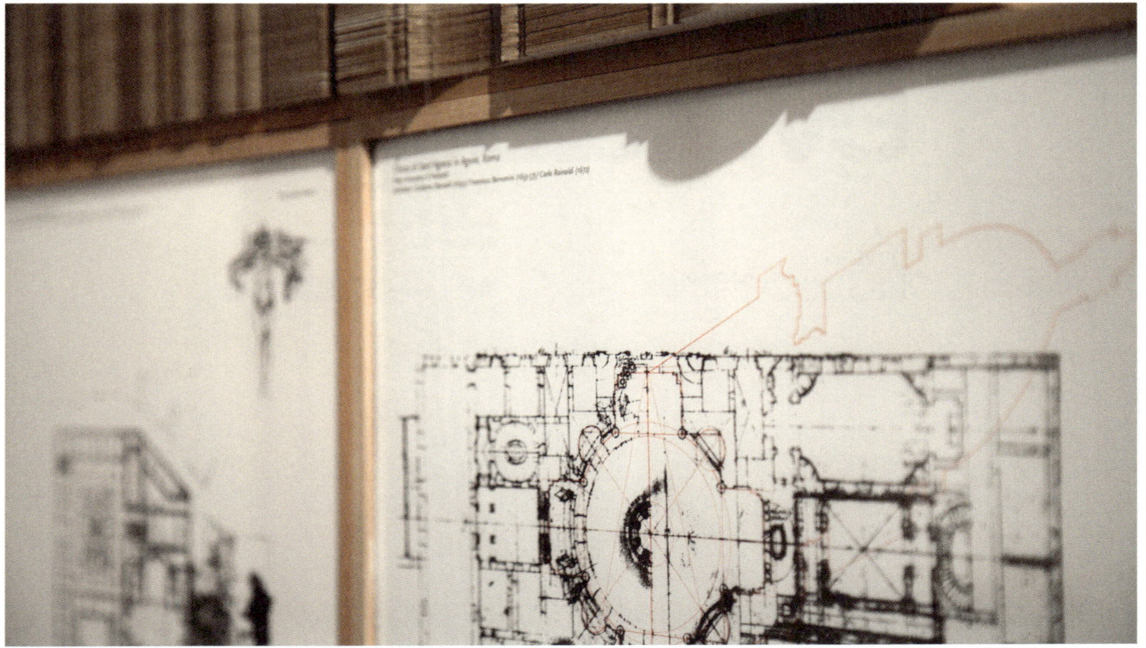

Maquetas de la geometría de fachadas de iglesias
de Francesco Borromini
Puertas Abiertas, Academia de España en Roma, Junio-Julio 2015

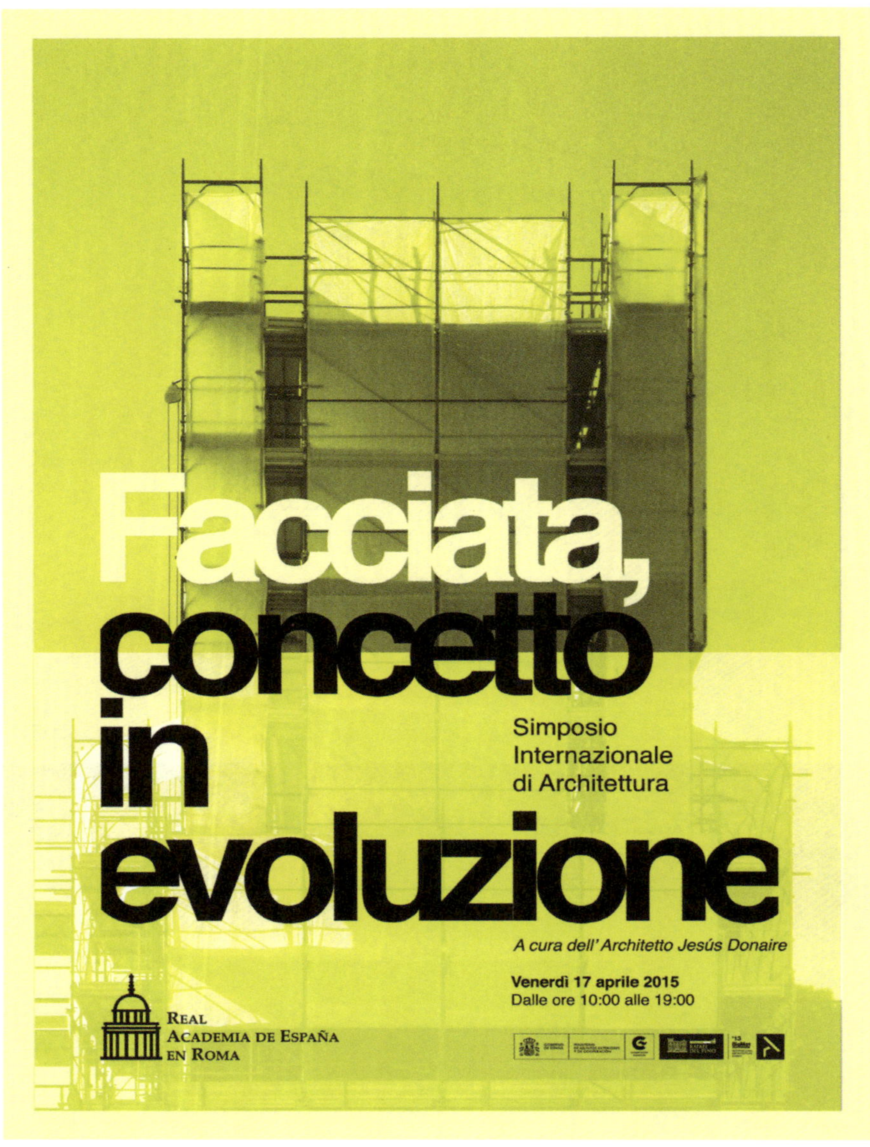

Póster del Simposio Internacional de Arquitectura
Real Academia de España en Roma,
Abril 2015

La transformación de la fachada
Jesús Donaire, 2015

Texto
Jesús Aparicio
Jesús Donaire

Fotografía
Enrique Bordes
Jesús Donaire
Leonardo Aquilino ©

Agradecimientos
Fundación Rafael del Pino por la financiación
de la beca MAEC-AECID

Director de la RAER Fernando Villalonga y al
Secretario Francisco Prados

Maria Luisa Contenta y resto del personal de
la RAER

Enrique Bordes y Joan Morey por su
colaboración en el proyecto

A Inés Atienza, Cristina Sánchez y Alberto
Luengo por su colaboración respectiva en
la maquetación, edición y preparación del
material de la exposición

A los participantes del Simposio Internacional
de Arquitectura "Facciata, Concetto in
Evoluzione":
Jesús Aparicio
Claudia Conforti
Eduardo Pérez
Maria Claudia Clemente & Francesco Isidori
Roberto Cherubini
María Margarita Segarra
Begoña de Abajo & Carlos García
Giancarlo Floridi & Angelo Lunati
Héctor Fernández Elorza
Alberto Morell

La transformación de la fachada
Jesús Donaire, 2015

Antoni Abad

blind.wiki

Diseño gráfico > Arte Digital / Open Source

Las páginas correspondientes al proyecto
blind.wiki han sido diseñadas en correspondencia
con los criterios de accesibilidad para personas
con baja visión de la European Blind Union.

blind.wiki

Antoni Abad

[Lleida, 1956]

Licenciado en Historia del Arte por la Universidad de Barcelona y European Media Master por la Universidad Pompeu Fabra de Barcelona, en 2006 recibe el Premio Nacional de Artes Visuales de la Generalitat de Cataluña y el Golden Nica Digital Communities del Prix Ars Electronica en Linz, Austria.

Ha participado en las bienales de Berlín, Venecia, Lima, Mercosul Porto Alegre y Sevilla. Sus proyectos han sido presentados en el Centro de Arte Reina Sofía, La Casa Encendida y Matadero en Madrid; Museo de Arte Contemporáneo y Centre d'Art Santa Mónica en Barcelona; New Museum y P.S.1. en Nueva York; Hamburger Banhof en Berlín y ZKM de Karlsruhe en Alemania, Musac en León, Centre d'Art Contemporain en Ginebra, Museo de Arte Moderno en Buenos Aires, Laboratorio de Arte Alameda y Centro Cultural de España en México, y Centro Cultural Sao Paulo y Pinacoteca do Estado de Sao Paulo en Brasil, entre otras sedes.

Desde 2004 centra su actividad en la realización de proyectos de comunicación audiovisual en Internet, a partir del uso de teléfonos móviles por parte de grupos en riesgo de exclusión de Europa, América y norte de África, que han sido participantes activos de estas experiencias, publicando día a día sus propias crónicas audiovisuales en www.megafone.net

CUANDO EL MARGEN LLEGA AL CENTRO

Actos de resistencia en el proyecto BlindWiki de Antoni Abad

Valentino Catricalà*

Social, net, innovación, vídeo, relación, internet, post-internet…arte. Seguramente "Arte". Muchos, demasiados cruces y superposiciones en la obra de Abad. Es por ello que inquieta y molesta. Y es por ello que confunde: con-fondere, funde, junta, encuentra siempre nuevas relaciones.

¿Dónde se sitúa un proyecto como BlindWiki? ¿En qué categoría? Y, por consiguiente, ¿qué lugares expositivos pueden albergar realmente estas obras? Y, aún más: ¿estamos seguros que la acepción de "obra", entendida desde el punto de vista de una larga tradición estética, puede tener todavía sentido cuando se afrontan esta clase de prácticas? Y son precisamente estas prácticas las que imponen – nos imponen- a los que escribimos el encontrar nuevas modalidades de expresión: razonar sobre el mismo acto de la escritura en el momento que escribimos sobre algo complejo.

Inicios

"Todo comenzó en 2003" me dijo una noche Antoni Abad en una de las típicas y coloridas trattorias romanas. Puede parecer extraño escribirlo en un texto crítico, pero hay una afinidad profunda entre comida y arte y, más aún, en una trattoria romana, famosa por la rotura de barreras entre una mesa y otra: suprimir la separación favorece compartir ideas y opiniones inspiradas por la típica comida del lugar. Y es precisamente en este momento de intercambio, cuando han surgido las grandes ideas. Un acto de compartir que enlaza con el compartir tecnológico que deriva de la obra de Abad.

Pero vamos paso a paso. 2003, una "fecha de inflexión". Una fecha que se configura como una primera etapa de un recorrido continuo de un artista. Es en 2003 cuando Abad piensa en aplicar las tecnologías móviles para la creación de comunidades de lo que él mismo define "marginados".

Fechas, como tales, muchas veces imprecisas. De hecho, yendo hacia atrás, el proyecto z.exe parece ser otro momento importante. Si en 1999 Abad fue invitado a la Bienal de Venecia – comisariada por el gran Harald Szeemann- como videoartista y ya era reconocido internacionalmente como tal, con el proyecto z.exe entra en lo que por aquel entonces se denominaba net.art. Como bien explica Roc Parés, "Z era un proyecto basado en la conceptualización, el diseño y el desarrollo de un programa para ordenador llamado z.exe que funcionaba en cualquier ordenador personal en el que fuese instalado. Z era una modalidad de software art que aún hoy es conceptualmente válido: funciona con un programa hecho a medida que se manifiesta visual y socialmente como una mosca [...] Pero la mosca de Abad era más que un simple instrumento creado para subvertir la interactividad del ordenador; cualquiera que hubiese instalado la mosca obtendría acceso a un canal de comunicación conectándose a otro usuario z.exe, encontrándose de esta manera formando parte de una comunidad".[1]

Net.art – Videoarte: esta es la relación. ¿Cuánto de "vídeo" y cuánto de "net" hay en la obra de Abad? Esta es una cuestión fundamental que surge, precisamente, en este momento: un cambio de época – el cambio de siglo, de 1998 a 2003 –, un pasaje expresivo – ya mencionado anteriormente – y, finalmente, conceptual – una nueva forma de entender la tecnología y su uso.

Mientras gran parte de los videoartistas se centraban en las nuevas posibilidades expresivas de la imagen en una época en la que las tecnologías

– vídeos, ordenadores, video cámaras portátiles – estaban viviendo una fase de desarrollo conectivo haciendo de la web el motor de esta conexión, Abad, sin embargo, ya percibía una deriva, hoy fundamental, del avance tecnológico: la imagen, cualquier imagen, ya no existe sin la posibilidad de ser compartida. No hay videoarte sin net.art. Ya no se trata de una instalación que ver en un museo, ni de una imagen audiovisual en movimiento, expresión primaria de la poética del autor, que ver en un white cube. Lo que hay, es una obra que se construye mano a mano a través de la interacción y la participación de más personas, algo que nunca está quieto, fijo y acabado: una performance donde cada usuario forma parte de un proyecto más amplio, algo que escapa al mismo artista y deja perplejo, un estupor en el sentirse parte de la obra, y al mismo tiempo, un extraño en ella. «Quien siente duda y estupor [thaumazon] admite no saber»[2]. Es esta la sensación que surge delante de muchas obras de arte. Una sensación que surge no tanto por el contacto con la obra – puesto que no podemos hablar de obra como tal – sino por el estar involucrados en el proceso mismo. Un proceso continuo de interacción a través de tecnologías móviles en la creación de comunidades de "marginados" que interactúan entre sí. Así pues, al igual que la comida, Abad construye un universo reticular, que huye continuamente de su voluntad, de su sensibilidad y de su poética. La obra no está en el "plato", sino que se encuentra en el proceso de energías activadas por la totalidad, siempre abierta, de los comportamientos que surgen en torno a ese plato.

Estratificaciones & Procesos

Roma tiene una profunda estratificación histórico-cultural. Una estratificación que nunca es ni sólo histórica, ni sólo cultural. La estratificación es, de hecho, también mental, psicológica, poética y filosófica ya que actúa y conforma los comportamientos, el lenguaje y la visión propia de los habitantes. Y es, dentro de este contexto – en Roma – en donde el proyecto BlindWiki se ha desarrollado. En esta inmersión en el interior de estos nudos y estratificaciones, caminando y hablando con Abad en las históricas callejuelas romanas, han surgido algunas interesantes conexiones.

La peculiaridad del proyecto de Abad radica en su estratificación. Como Roma, BlindWiki es un proyecto estratificado, es un proyecto compuesto de ruinas, arqueologías tecnológicas, de civilizaciones que, en su adaptación al desarrollo de los medios, se creen más o menos civilizadas, de historias creadas por las reinterpretaciones del pasado. No se puede entender realmente BlindWiki si no se relaciona con los precedentes de megafone. net. Sólo de esta manera podemos entender su procedencia – las estratificaciones tecnológicas, relacionales y conceptuales pasadas – y hacia dónde se dirige – BlindWiki se está estratificando como proyecto…en Roma, en Sidney-…

Al igual que megafone.net, BlindWiki, no es una única obra, sino un proceso. El proceso, como sabemos, es algo que caracteriza a mucho del arte contemporáneo y ha caracterizado, en gran parte, mucho del net.art. La novedad de la obra de Abad se encuentra en el haber estructurado no solamente un único proceso, como sucede en las obras clásicas que emplean comunidades que interactúan entre ellas, sino una multitud de procesos que, en su totalidad, y estratificados, crean una red de procesos.

¿Qué es, entonces, BlindWiki? BlindWiki da instrumentos a las personas invidentes para "navegar" de otras maneras en los sitios en que se encuentren. Los participantes pueden señalar en una plataforma predefinida los obstáculos que encuentran en su camino cotidiano. Son instrumentos concebidos por el artista que, en el momento en que son utilizados por los participantes, se estructuran como un proceso: el artista ya no tiene el control de la operación, dando la libertad de estructurar voluntariamente un mapa a los participantes en función de las actuaciones de cada uno de ellos. Una vez acabado el workshop, los participantes pueden seguir usando la aplicación: es algo útil que permanece, donde poder introducir, cuando sea preciso, su pensamiento y su voz en función de las distintas necesidades. Así se llega a crear un universo autónomo y autoalimentado que se mantiene vivo gracias a sus participantes. De esta manera, el artista pasa a crear otro universo en otro lugar del mundo: otro proyecto BlindWiki diferente pero, al mismo tiempo, conectado con el precedente.

En su camino BlindWiki, al igual que megafone. net, llevará a cabo una estratificación de universos paralelos, de tecnologías, de pensamientos, de narrativas, de experiencias sensoriales y no sensoriales, universos que se entrelazan y se conectan en el mapa general visible en el sitio web. Asistimos, pues, a una estratificación de procesos: las tecnologías envejecen, las comunidades se hacen más grandes y el mapa del mundo cambia de perspectiva. Un diseño colectivo surge y nos pone delante de los ojos una geografía distinta: la geografía de todos aquellos que no vemos, de todos aquellos que, muy frecuentemente, ignoramos.

El mapa es un lugar imaginario, es el lugar en el que custodiamos la representación del mundo y de nuestra casa: una representación que hoy está cada vez más presente y es, cada vez, más tecnológica. El caminar es, sin embargo, como bien explica De Certau, el acto, la acción que, en adelante, nos hará tener conciencia del mapa. El caminar es el acto que conecta el lugar "imaginario" del mapa con el lugar físico del cuerpo y del ámbito que nos rodea.

Como se ha afirmado en varias ocasiones, el mapa siempre ha sido una cuestión de poder. Desde este punto de vista, BlindWiki es un acto de resistencia que permite a las personas invidentes dibujar su propia geografía, compuesta por narraciones, de la que también nosotros – los que si vemos– podemos formar parte. De este modo, nuestra imaginación se estimula para luchar contra el imaginario geográfico creado por la cartografía dominante.

Desde el caminar cotidiano, Abad nos obliga a parar, levantar los ojos, y reflexionar sobre aquello que estaba ya allí pero que nunca habíamos visto... ¿Quiénes son realmente los invidentes?

BlindWiki- WikiBlind

¿Pero qué es, entonces, BlindWiki?

Veamos las palabras clave que emergen cuando se lee la descripción del proyecto redactada por el propio Abad. Cojamos algunas frases:

- «BlindWiki es un proyecto de comunidad interactiva basado en el uso de smartphones que invita a los ciudadanos invidentes y con baja visión a compartir las experiencias y dificultades de su vida cotidiana»;

- «El proyecto no comprende solamente informaciones sobre barreras e impedimentos, sino que se configura como un lugar de narración, un archivo de "post" o reseñas que cuentan historias»;

- «La aplicación gratuita para smartphone permite a los participantes publicar instantáneamente grabaciones de audio geolocalizadas en el servidor Internet BlindWiki»

- «Hacia una red de ciudadanos internacional. El sitio web BlindWiki está estructurado como una red ciudadana que permite a los participantes mapear y comentar la accesibilidad de las ciudades en las que viven. Además, el sitio posibilita a los usuarios (individuos y asociaciones) organizarse activamente y crear una red para obtener mayores y mejores estructuras que faciliten la orientación».

De estas frases surgen algunas palabras clave:

"comunidad interactiva", "narrativa", "archivo", "cartografía pública sensorial", "publicaciones y puesta en común instantánea", "telefonía móvil", "grabaciones de audio geolocalizadas", "red ciudadana internacional", "auto-organización"

Para entender bien estas palabras clave, aparentemente alejadas entre ellas, debemos explicar en qué consiste, efectivamente, esta obra/proceso.

En primer lugar, BlindWiki parte del cuerpo. El artista estructura los workshops en los que los participantes tendrán que aprender a utilizar la aplicación, conocerse y empezar a crear una comunidad. Las comunidades, nos dice Abad, no solo son virtuales, sino que tienen su germen primigenio en la relación entre el contacto físico y el contacto virtual. De este modo, el artista se sumerge entre los futuros participantes, les toca, les habla, entiende sus dificultades, se mancha las manos. Más allá del arte, el trabajo de Abad está entre las personas, en entender los imprevistos de mezclarse con ellos: él enseña y también aprende junto a ellos.

Gracias a este primer acto de inmersión, los participantes han hecho suyos los instrumentos y pueden, de este modo, empezar a colgar los contenidos a través de los teléfonos móviles en la plataforma creada inicialmente por el artista con la ayuda de informáticos. La plataforma también se caracteriza por la presencia del mapa, que estructurará la geografía de los contenidos que se han introducido. El artista ha readaptado el clásico mapa de Open Street Map haciendo un particular diseño en el que domina el negro y el amarillo. Del blanco de Open Street Map al negro de Abad, el mapa se presenta como el negativo fotográfico de la clásica imagen geográfica que vemos todos los días: un negativo que representa aquello que resiste, lo que no se ve sirve de fondo a lo que se ve cotidianamente.

Y es aquí donde se crea un vacío de poder. La posesión de los instrumentos está en la mano de los invidentes, son ellos los que tienen la posibilidad de redibujar, desde su punto de vista, el mundo a través de una "publicación y puesta en común instantánea" de los obstáculos que encuentran en la ciudad.

Se crea, poco a poco, una verdadera "comunidad interactiva" que opera entre lo físico y lo virtual. La aplicación está pensada para invidentes que tienen la posibilidad de introducir contenidos mediante "grabaciones de audio geolocalizadas". La totalidad de los sonidos, de las palabras, de los ruidos de la calle, crean documentos de audio que se estructuran como una "narrativa" no lineal: una narrativa rizomática abierta a miles de conexiones y de posibilidades de escucha; un "archivo" de historias congeladas en el momento de la grabación: pensamientos, ideas y narraciones donde cualquiera puede navegar libremente y descubrir un mundo normalmente sumergido.

Es esta la "cartografía pública sensorial" que se crea. Un mapa abierto a todos aquellos, videntes e invidentes, que lo quieran descubrir y también abierto a todos aquellos, videntes e invidentes, que quieran participar en su construcción. En definitiva, una cartografía pública que Abad mira desde el exterior como el gran demiurgo que ha dado el input general al proceso.

Es en este punto del discurso, en uno de los tantos encuentros mantenidos con él, cuando de repente exclamé: "pero entonces, ¿qué es el arte?". Y justo después, "¿Y cuál es el papel del artista hoy?". Vi a Abad tragar el bocado que estaba masticando con indiferencia, y, posteriormente, encogerse de hombros como dando a entender que su campo de interés terminaba ahí, y fue entonces cuando entendí que era el momento en el que tenía que empezar a escribir este texto.

[1] Roc Parés, megafone.net/2004-2014, MACBA, AC/E, Turner, Barcelona 2014.

[2] «Quien siente duda y estupor [thaumazon] admite no saber», afirma Aristóteles

———

* Valentino Catricalà, crítico y comisario de arte contemporáneo, doctor e investigador del Departamento de Comunicación y Espectáculo de la Universidad Roma Tre. Coordinador de New Media de la Fondazione Mondo Digitale y director de Media Art Festival de Roma.

BLIND.WIKI
Antoni Abad

Texto
Valentino Catricalà

Programador web
Matteo Sisti Sette

Programador smartphone 2014-15
Amaury Hazan

Coordinación workshop
Dalila D'Amico

Agradecimientos
Facoltà di Scienze Politiche, La Sapienza
Università di Roma, RomaEuropa Festival,
Luciano Domenicali, Ugo Viola, Emanuela
Ruggia, Laura Mariottini, Antonella Zerbinati,
Joan Espasa, Enrique Bordes, Valentina
Valentini, Dalila D'Amico, Elysabeth Fischer.

Joan Espasa

Tiempo muerto

Literatura

Joan Espasa

[Madrid 1976]

Tras licenciarse en Filología Clásica y Lingüística Indoeuropea en la Universidad Complutense y obtener el título de profesor de clarinete (conservatorio de Ferraz), amplía sus estudios en la Sorbona (París IV), donde realiza los cursos de doctorado y obtiene el DEA en Literatura Griega. Posteriormente ha cursado los estudios de Dramaturgia en la Real Escuela Superior de Arte Dramático, donde se licenció en 2006.

Ha publicado poemas y relatos en las revistas Abenzoares y República de las letras, así como las obras "El corazón de Ofelia: últimas horas de Macbeth en el bosque desnudo de Birnam" y "La noche del millón de mundos" (Ed. Fundamentos 2005 y 2007).

Es miembro fundador del colectivo Teatro Rabúo, con el que ha escrito y dirigido la obra "Códigos", elegida para el Festival La Alternativa 2004, en la sala Triángulo de Madrid, y con el que también ha participado como músico y dramaturgo en los montajes: "El último canto de la cigarra de Avilés", "Cancro" (ambas obras de José Manuel Mora), y "El corazón de Ofelia". Asimismo ha escrito para la compañía Dekómikos la obra "Medea: usted decide", representada en el teatro Lagrada de Madrid, y la adaptación del relato de Tommaso Landolfi "La moglie di Gogol", junto a Lucía Vilanova, representada en la iglesia de San Nicolás de Segovia para la noche de luna llena 2008.

Ha seguido cursos de escritura con Michel Azama y Eduardo Ladrón de Guevara y forma parte del proyecto de escritura colectiva "La playa" dirigido por Enzo Cormann y Juan Mayorga. También ha realizado la versión de "El color de la justicia" de Richard Norton-Taylor y la traducción de la obra "Lapidando a Mary" de Debbie Tucker Green, ambas obras para el Ciclo al Autor 2008, en la sala Pradillo.

En la actualidad es profesor de clarinete en varias escuelas municipales de música de Madrid, miembro del colectivo de improvisación libre maDam y del programa Perro Flaco de Radio Vallekas, y colabora en el fancine digital Klof.

Tiempo muerto de Joan Espasa

Lucía Vilanova*

Resulta particularmente divertido y estimulante, cuando lees la obra de alguien que conoces bien, ir descubriendo los detalles autobiográficos que están presentes en todos los escritores que en el mundo han sido. En *Tiempo Muerto*, Yuka, una de las protagonistas, pierde un cuaderno, el diario en el que anota sus pensamientos y vivencias. Inmediatamente, recordé aquel cuaderno pequeñito de tapas negras, donde Joan apuntaba esas reflexiones suyas tan sentidas y complejas (a mí siempre me admiraban) que perdió para siempre, en Varsovia, a donde habíamos viajado juntos para participar en un certamen teatral. Recuerdo sus ojos consternados. No era para menos. Pero recuerdo, sobre todo, la elegancia resignada con la que se lo tomó. Joan no es de esos que te amarga con sus cuitas.

No puedo decir que mi hermosa amistad con Joan Espasa sea de las que él habla en su novela, con esa justa y magnífica forma de expresar que derrocha en todas sus páginas, cuando declara "esa fe en las amistades infantiles bien labradas", aludiendo al tipo de amistad incondicional que se fragua en la niñez. La nuestra es relativamente corta aunque, eso sí, escogida, creada a base de afinidades y con muy intensas vivencias.

Conocí a Joan Espasa en el año 2002. Éramos dos de los doce alumnos que ese año habíamos superado las pruebas para entrar en la RESAD a estudiar la carrera de dramaturgia. Recuerdo la primera conversación que tuve con él. Hablamos de nuestras trayectorias y, también, sobre qué esperábamos de los estudios teatrales. Me llamó la atención la seguridad y el convencimiento con que me dijo que él era escritor y que escribía desde que tenía uso de razón. Había en él un peso, una profundidad, una madurez que me causaban respeto a pesar de su juventud. Joan no es una persona que en un principio entre como una tromba en tu vida. Siempre afable, seguro de sí mismo, reservado, de pocas palabras. No es de los que hablan por hablar ni de los que les gusta llamar, gratuitamente, la atención. Tampoco alardear de superioridad intelectual.

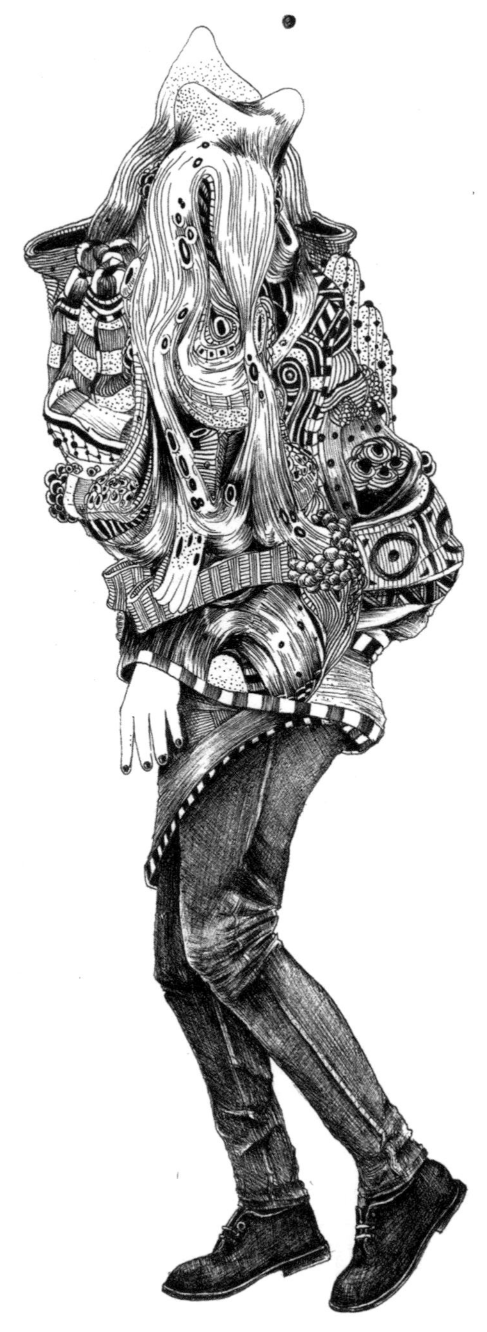

Así que me fui enterando, poco a poco, de que me encontraba ante alguien que reflejaba ese concepto de artista multidisciplinar que hoy está tan en boga. Había estudiado Filología Clásica en la Universidad Complutense de Madrid, había hecho los cursos de doctorado en la Sorbona de París, tenía el título de profesor de clarinete, había escrito poemas y relatos, se ganaba la vida haciendo traducciones del inglés, francés y catalán, había creado un programa semanal de radio, practicaba la cocina creativa, hacía unos dibujos personalísimos y muy divertidos para ilustrar sus obras, le gustaba cantar y tenía una voz baritonal de lo más entonada.

Como no podía ser de otra manera, pronto entró en él la droga del teatro. Formó una compañía con otros compañeros, dirigió allí obras suyas y colaboró en otras como músico, ayudante de dirección, iluminador, escenógrafo y adaptador. De entre sus obras recuerdo, especialmente, la primera: *Códigos*, en la que admiré la justeza de su escritura, así como ese universo existencial y absurdo que nunca ha dejado de estar en sus obras teatrales. También, *"El corazón de Ofelia"*, un sugerente juego escénico en el que se mezclaban personajes shakesperianos, a través del cual experimentó con el ritmo en el lenguaje, llevando así su formación musical a la escritura.

Tiempo Muerto es una distopía. Es una distopía seria y perspicaz. Digo esto, porque no hay en ella pretensiones de epatar con un futuro poblado de robots resabiados o de alienígenas macrocefálicos y enanos. El argumento que se narra en la obra, así como el ambiente y la sociedad que refleja, me resulta muy verosímil y denota que el que la escribe se duele mirando, con una mirada penetrante, su entorno, e imagina una realidad que podría estar a la vuelta de la esquina. Joan nos muestra una humanidad en que las cosas han ido a peor y que es, en definitiva, un resultado de la nuestra. Un escenario en el que los drones se posan, como si tal cosa, en el alféizar de nuestras ventanas, donde los ciudadanos llevan con toda naturalidad, desde que nacen, implantes para ser localizados, donde prolifera el consumo de una droga de laboratorio, el Telo, que sirve de evasión para los hastiados, siendo a la vez utilizada por el poder como instrumento de sumisión para los contrarios al sistema. Ha propiciado, también, la aparición de opositores a esa humanidad oprimida: las Brigadas Invisibles que viven en catacumbas en el subsuelo y han escogido el terrorismo como única arma posible ante la explotación a los débiles por una élite que gobierna en la sombra. Un mundo que se nos antoja cercano, hostil y muy inquietante.

En *Tiempo Muerto* nos adentramos en una sociedad en la que se ha conseguido retrasar el envejecimiento hasta los 300 años, por medio de una compleja operación llamada Regeneración Celular Completa

(RCC), a la que denominan, coloquialmente, "hacerse el cromo". Cuando se inicia la obra, la RCC es generalizada en toda la población que puede costeársela hasta el punto de ser considerado caso excepcional aquel que decide no hacérsela. Es decir: esta tendencia actual del culto a la juventud y a la bella apariencia física que existe ahora en nuestro mundo se ha convertido ya en dogma de fe. Aunque, tal dogma, implique solamente al cuerpo y en el que no subyace, en absoluto, una idea de mayor longevidad para alcanzar mayor sabiduría ni evolución personal o social. Al contrario.

A través de los cuatro protagonistas principales de la obra asistimos a cuatro diferentes maneras de abordar el dilema ante hacerse o no el cromo y las consecuencias que la decisión conlleva. En el caso de Yuka, estudiante de cello, y joven heroína de la novela, un acontecimiento marcará su toma de conciencia: el suicidio de su madre, después de haberse hecho la operación. Este fantasma también sobrevuela en Didier, el viudo y padre de Yuka. Didier es un famosísimo cirujano, especializado en operaciones de RCC, ya regenerado, y convencido de las excelencias de la intervención. La lucha que se establecerá entre Didier y su hija en sus posiciones antagónicas ante la intervención refleja, en realidad, un desencuentro en sus formas radicalmente opuestas de ver el mundo. Pienso que Yuka no se tendrá que desenamorar de su padre. Ya casi ni recuerda haberlo tenido nunca en un pedestal. Yuka ni siquiera tendrá que matar al padre para intentar, al menos, ser lo que ella quiere ser.

El cuarteto protagonista lo completan George y Clara, magnífica descripción de los infiernos que se instalan en una pareja y retrato elocuente de una relación que se ha convertido en venenosa a base de sentimientos que no se expresan y que, al final, se pudren. Como Didier y Yuka, George y Clara mantendrán posiciones encontradas ante la operación.

Nos encontramos, pues, ante cuatro perspectivas diferentes, propiciadas por caracteres y situaciones vitales, también muy diferentes, que son espléndidamente diseccionadas por el escritor. Pienso que a través de sus personajes lo que hace, en definitiva, es reflexionar y descubrirse, e invitarnos a que reflexionemos y nos descubramos a nosotros mismos, preguntándose y preguntándonos qué hacer ante semejante disyuntiva. Y, tal vez, darse y darnos un toque de atención en el sentido de que de nada vale el cambio exterior si éste no va acompañado por un profundo cambio interior. Porque Yuka, Didier, George y Clara, tan diferentes entre sí, tienen, sin embargo, un denominador común: la infelicidad vital. Son todos personajes dominados por el miedo y la angustia. Y es que el resultado de esta generación de regenerados de cuerpo, aunque no de alma, es el hastío y la depresión, más o menos encubierta, que subyace en los cuatro protagonistas de la obra. Todos ellos son víctimas de una sociedad que ha anestesiado su incapacidad de amar. Se diría que ese suicidio de la madre de Yuka, al que antes me he referido, afecta, en realidad, a todos los personajes, de tal manera que el pensamiento de suicidio está, en algún momento, presente en cada uno de ellos.

Me he referido a Yuka como heroína y lo he hecho con el genuino significado que la palabra encierra. Se trasluce en la obra que su autor bebe de las fuentes de la tragedia griega que tan bien conoce y ama. Presidida por la voz admonitoria de la madre que, presente durante toda la obra, obsesiona a Yuka, creo que hay en la novela un auténtico conflicto trágico, puesto en evidencia a través de los personajes de Yuka y George. También asistiremos en la obra a ese viaje que todo héroe emprende movido por sus inquietudes, aspiraciones y anhelo de encontrar respuestas. El espíritu de rebeldía de Yuka, a mí me ha sugerido una especie de Antígona. Yuka es díscola ante la sociedad y ante su propio padre, pequeño y fatuo Creonte, aun sabiendo como sabe, que su decisión, en caso de eludir la operación, la condenará para siempre a ser una marginada. Este antagonismo irresoluble, en el que se fundamenta lo trágico, y en el que Yuka está inmersa, propicia su acercamiento a George. La entrañable amistad que se desarrollará entre ellos es de esas que se produce entre dos iguales que se atraen. George, un negro ciego que se gana la vida como traficante de Telo, es, también, un personaje de reminiscencias míticas al que su ceguera capacita para ver más allá de lo evidente. Pienso que es en él en quien vemos reflejada, mejor que en ningún otro de los personajes esa definición tan pura de lo trágico que hizo Kierkegaard: *Lo trágico es la contradicción que sufre*. El conflicto entre deber y voluntad divide a George y amenaza con romper su unidad. Su antagonista directa es Clara. Una mujer convencional y neurótica con la escasa paz mental que denotan sus rumiaciones un tanto mezquinas y ansiosas.

No sólo acierta el escritor en el contenido que nos plantea la obra y en el magnífico escrutinio que hace de la sicología de los personajes, también acierta en la forma que ha escogido para presentárnoslo. Aunque me consta que Joan es un autor al que le gusta experimentar con la forma, la estructura de la novela, aunque contemporánea en cuanto a su fragmentación, se atiene, en general, a los cánones clásicos. La trama, que en ningún momento pierde el dinamismo, se desarrolla, con perfecta progresión, y dentro de una temporalidad lineal. Como ya señalaba anteriormente, creo que Joan plasma sus inquietudes personales en el texto y desea transmitirlas nítidamente al lector. Pretende, sobre todas las cosas, no confundir con piruetas vanguardistas y que, en ningún momento, perdamos el hilo, tanto de la trama como de las motivaciones y dudas existenciales que atraviesan los personajes. Para ello, ha decidido escoger el punto de vista del autor omnisciente que conoce hasta el último resquicio de los pensamientos de los personajes. Como un niño acusica, delata continuamente lo que los personajes quieren ocultar, poniendo en evidencia lo mucho que se mienten a sí mismos y a los demás. Creo que Joan se ha decantado por jugar la baza de su estupenda escritura tan expresiva. Así, su lenguaje es, a veces, culto, elevado, complejo, lírico y metafísico, y otras, mordaz, y con ese sentido del humor tan suyo, tan negro y tan serio.

Entre los pasajes narrativos, me resultó estupendo el retrato grotesco con que el autor nos presenta el físico regenerado de Didier. Otro fragmento de gran altura poética encuentro que es ese en el que Yuka toca el cello para George, consiguiendo insuflarle una energía hace mucho tiempo olvidada. También, la descripción de los "viajes" alucinógenos ocasionados por el Telo, (sospecho que en el nombre de la droga también hay un guiño al mundo griego), donde Joan disfruta y hace disfrutar dejando salir su peculiar universo onírico. Asimismo, la ternura, la nostalgia y sabor cotidiano que desprenden los pasajes que narran los recuerdos de infancia de Yuka, con su madre y su abuela. Y, sin duda, la parte en la que transcribe el diario de Yuka, donde, por una vez, el autor le cede a ella el punto de vista para que vomite, a modo de monólogo interior, sus más hondas intimidades y el asco que le produce la sociedad que le ha tocado vivir.

Existe, además, en *Tiempo Muerto* la particularidad de que los pasajes propiamente narrativos se combinan con pasajes dialogados. De hecho, la forma dialogada tiene una función destacada en la obra, siendo numerosos los momentos en los que el autor se retira dejando a los personajes el uso de la palabra. Esta forma dialogada provoca (al menos así me ocurrió a mí) un estimulante giro en la recepción del lector que, de pronto, oirá cómo se expresan esos personajes a los que el autor parece haber dejado sueltos, sin su arbitraje.

Ya me he referido antes a que, en la novela, hay un viaje. Un viaje con numerosas peripecias que, por distintas circunstancias, emprenderán los cuatro protagonistas. Éste, nos llevará, en la segunda parte de la novela, a un indeterminado país africano, ex colonia francesa, donde nos sumergimos en el ambiente, las costumbres y la mentalidad de sus habitantes. Aparecen nuevos y suculentos personajes, entre los que resalto el brillante dibujo que hace el autor de Mouna, la hermana de George, desconfiada, arisca, rencorosa e intuitiva. Este periplo servirá de estímulo o de intento de recobrar una intensidad vital perdida para cada uno de ellos y resultará iniciático para Yuka y George. Dado su carácter heroico, no supondrá para ellos una mera traslación en el espacio, sino que resultará transformador.

En las páginas finales se produce un salto en el tiempo. Ya han pasado muchos años y asistimos ahora a los distintos derroteros que han tomado los personajes. Confieso que estaba deseando conocer el desenlace para saber qué había sido de Yuka, de Didier, de George y de Clara. Joan ya había conseguido crearme fuertes lazos con ellos. Pienso que ustedes van a sentir el mismo deseo y que, como yo, pensarán que el desenlace está a la altura y no desmerece el gran nivel de toda la obra. Imagino, también, que van a experimentar el impacto que sentí yo al leerlo. Deja un sabor agridulce pero es, sobre todo, un canto a la dignidad humana.

Dije antes que la temporalidad de *Tiempo muerto* es lineal, aunque no era del todo cierto. No era en la forma donde el autor pretendía producirnos una distorsión en el tiempo. Verán cómo en las páginas finales asistimos a una auténtica "pirueta temporal". El final es demoledor.

———

[*] Lucía Vilanova, actriz y dramaturga. Ha estrenado sus obras en el teatro de la abadía de Madrid y en el Centro dramático Nacional

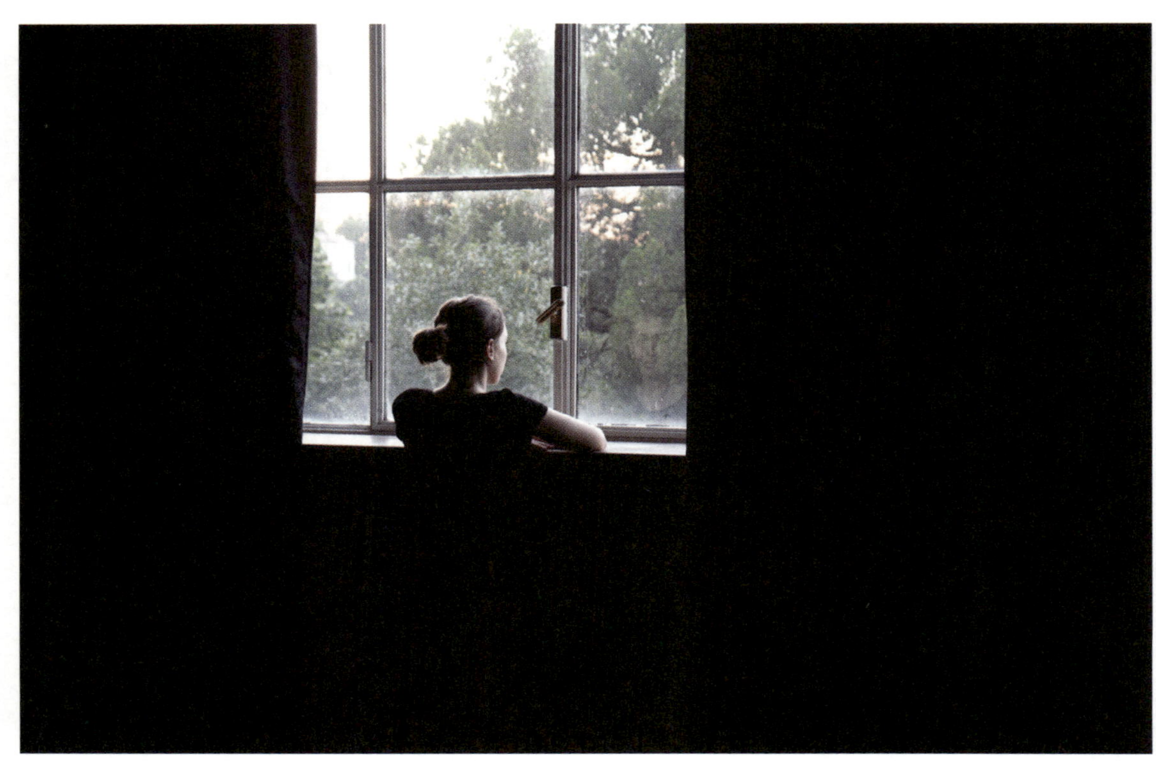

Lectura dramatizada del primer capítulo de la obra *Tiempo muerto* en el salón de
retratos de la Academia de España en Roma, actriz Lucia Carrano en el papel de Yuka

IV

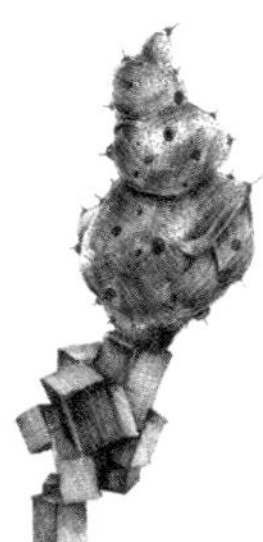

Solo en su garaje jardín, George levanta un cojín del sofá y saca una caja de madera de un cajón secreto que mandó hacer a un cliente a cambio de un par de viajes. Abre la caja y pasa suavemente el dedo índice por unas raíces de telo. Sabe que lo va a hacer, pero su conciencia le entretiene pidiéndole lucidez para la llegada de Clara.

El telo es una planta de laboratorio muy codiciada cuyas raíces provocan alucinaciones visionarias, convierten en revelador un recuerdo, sumen en el placer como si el mundo no existiera, dibujan arrugas minúsculas en el rostro de los que se han hecho el cromo, reparten taquicardias y paranoias entre los que abusan de ellas, depende. George, para el que el telo es además su medio de vida, sabe que tiene mucho de espejo, que a cada cual le suele dar el viaje que merece.

Saca un trozo grande y sonríe. Un trozo para morir, escucha en silencio. La idea de morir le viene rondando bastante, sin intensidad, como casi todo últimamente. La falta intensidad es una de las razones del telo. Él, que no quiere hacerse el cromo por no perder el sentirse vivo ha perdido también la batalla de la intensidad. Sabe que le quedan pocas primeras veces, que hay que aprender a ver la importancia de las pequeñas cosas, se sabe casi todas las consignas de la autoayuda, pero está lleno de mierda, así que sonríe ante la posibilidad de morir y plantarse. Sabe que es mentira, hace relativamente poco que tiene asumido su ser y no va a matarse ahora que las ambiciones juveniles le han dejado de hacer daño. De modo que quita un trozo, evita el suicidio pero es generoso. La próxima discusión con Clara, que será más o menos bestia en función de su estado, se va quedando lejos, ignorada gracias a esa tenebrosa capacidad por la que George consigue casi siempre salirse con la suya para hacer lo que le apetece en cada momento. Es un kamikaze de cara a su relación, pero ya tiene el temblor de las manos al empezar a moler la raíz y hasta le cuesta cebar su pipa ante la emoción de poder perderse de todo entre los recodos olvidados de sí mismo por un rato.
Música. No, mejor sin música. Se sienta rumbo a su viaje espejo con un cosquilleo familiar en el cráneo.

Ve un agujero perfecto en la pared y le entran ganas y miedo de cruzarlo. Miedo por estar viendo, porque no se imaginaba así la habitación. Choca al levantar con una lámpara y eso le hace caminar a tientas, como si a pesar de ver algún objeto invisible pudiera interponerse. Una bombilla se funde apagando los bonsáis de Clara, pero él no se da cuenta. Gana el impulso; pasa primero los brazos al otro lado por ver qué hay; está oscuro. Siente sin embargo el calor de cuando era pequeño, coge carrerilla y se lanza. Su RCC particular, pero eso no lo piensa. Justo en el aire su padre le da una bofetada que le gira la cara para ver, allí abajo, su pueblo natal.
Unos hombres trabajan la tierra mientras Clara toma el sol desnuda. Dos viejos de verdad, sentados en la plaza con sus arrugas y olvidos, la contemplan alegres fumando sus pipas. Su primo Michael se acerca.

- ¿Has cambiado o no has cambiado?

- Dímelo tú, yo no me veo.

- Sigues escapando, eso es que no has cambiado.

- Intenté ser uno de ellos, pero no pude o no quise, es difícil.

- Es difícil.

- Sigues imitando, no has cambiado.

- ¿Uno de quién?

- De los hombres que vivirán trescientos años.

- ¿Y qué, no son hombres?

- Tienen dos piernas, sí, ya, pero son otra cosa.

Michael mira a Clara con descaro. George se da cuenta sin que le dé tiempo a procesar cómo es posible que esté seguro de lo que su primo está viendo. Se ofende en silencio primero y enseguida se siente orgulloso de tener una novia atractiva. Michael le reta al más puro estilo de su infancia, cuando le obligaba a hacer cosas absurdas sólo por ver hasta dónde se atrevía:

- Si todavía la quieres eres un cobarde.

- No soy un cobarde.

- Parece guapa.

- Es guapa.

- Eres un cobarde.

- No tenía que haberme ido.

- Aquí hubieras muerto.

- Ya. O no.

- Reclamar al pasado es de cobardes.

- No soy cobarde.

- Pues a qué esperas.

Le diría: Desde luego no espero quedarme aquí parado, como tú, viendo la vida pasar de lejos, gastando el dinero que fue tu tiempo en el sótano de los licores para olvidar que dejaste de ser dueño de tus horas o, si hay suerte y la inspiración te llega, dar absurdas lecciones a los otros sobre cómo comportarse.

Yo no espero nada, cabrón, vas a ver cómo no espero nada.

Pero no dice nada. Prefiere acercarse a Clara y tumbarse a su lado. Se echa encima, se frota el pene contra su pubis ayudándose de la mano derecha. Clara, que lleva un buen rato haciéndose la dormida, gime para darle paso; un gemido de los de antes. George intenta meterla pero cada vez que se lleva la mano al falo se encuentra una carne flácida e inservible.

Michael ríe. George piensa en hormigas y en darle cuatro hostias y de pronto siente que es un viaje de telo y eso le relaja. Se aparta de Clara con un beso y se echa a andar hasta que aparece al borde de una acera en un lugar peligroso para cruzar la carretera. Piensa que no lleva calzoncillos, pero sí los lleva, piensa que de todas formas qué más da, que para morir no hace falta ropa, pero sí que da, no podría hacerlo desnudo.

Una chica que podría ser Yuka se le acerca.

George conoció a Yuka hace unos meses, cuando ella fue en busca de telo a su garaje jardín. Era un día especial y la chica le calló bien, le gustó su tono frágil e insobornable. Mañana no recordará a la chica del viaje, ni tampoco sus delirios suicidas, pero ese parecido inclinará más tarde la balanza de sus pasos.

- ¿Quiere que le ayude?

- Sí, bonita, avísame un poco antes de que llegue un camión.

- ¿Qué le hace pensar que soy bonita?

- No sé, es una forma de hablar.

- No creo en las formas de hablar.
Viene un camión.

- Gracias.

George se dispone a cruzar la carretera, la ChicaquepodríaserYuka se lo impide agarrándole del abrigo por la capucha. El camión da un pitido. Los dos caen al suelo, doloridos.

- ¿Qué haces, loca?

- Loco tú, loco de atar, me has torcido el tobillo.

- No, perdona, has sido tú.

- Le iba a atropellar el camión.

- Esa era la idea.

- ¿Por qué?

- No quieres saberlo.

- ¿Por qué?

- Es una historia muy larga.

- Tengo tiempo.

- Estúpida y triste.

- Soy fan del realismo.

- Da igual, no estoy contador.

- Me lo debe, le he salvado la vida.

- ¿Por qué me avisaste entonces de que venía un camión?

- Pensé que era un farol.

- Pues muchas gracias.

- De nada.

Pasan un tiempo callados hasta que ella encuentra una pregunta.

- ¿Dónde ibas?

- A la clínica.

George se sonríe.

- ¿De qué te ríes?

- Es parte de la historia.

- Creo que es cosa del destino.

- ¿Qué?

- Que me cuentes la historia.

- ¿Te has hecho el cromo?

- No.

- Entonces puede que sí.

- ¿Qué tienes en contra del tratamiento?

- Asco.

- Verdad. ¿Por qué?

- ¿Cómo que verdad?

- Que sí, que tiene algo que da asco.

- Ahora lo entiendo.

- ¿El qué?

- Que te hayas parado a ayudar a un negro ciego. La gente siempre se para a ayudarte por algo, normalmente suele ser para sentirse bien con ella misma, pero tú no, tu estás jodida. Te paras por desesperación.
Se te han acabado todos los sitios en los que sabes buscar.

La ChicaquepodríaserYuka no dice nada.

Es lo bueno de ser ciego, te da un punto adivino.
¿Y qué buscas?
Porque eres una niña bien ¿a qué sí?
No debería faltarte de nada.

- Para ser un suicida preguntas mucho.

- Me has salvado la vida ¿no? Tendrás que convencerme de que algo vale la pena.

- Viene un camión.

El camión pasa.

- ¿Si fueras mi mujer querrías que nos hiciéramos el cromo?

- ¿Te gusto?

- Sí, imagínate que nos amamos ¿querrías trescientos años?

- No es cuestión de tiempo ¿no?

- ¿Y si lo fuera? ¿Si faltara poco para que la decisión fuera irrevocable?

- Pareces más viejo.

- Gracias, no, me quedan unos pocos meses de candidato a la vida eterna.

- ¿Y a qué esperas?

- Hicimos una promesa.

Son pocos los que creen que no se debe tratar de prolongar artificialmente el tiempo del que uno dispone, pero los hay, y convencidos hasta el punto de renunciar a esos años de más a pesar de poder hacerlo. Las religiones fueron primero las más rebeldes, censuraron el pecado de emular al Creador, pusieron el grito en el cielo y trataron de promover leyes en contra de lo que consideraban una manipulación degenerada de la vida. Pero los fieles no lo tenían tan claro y los líderes religiosos regenerados que vinieron con el tiempo se encargaron de limar las contradicciones insalvables del inicio. Aún así siguen quedando fieles e infieles contrarios a la R.C.C. En parte son solidarios con la gran mayoría que no puede regenerarse, en parte lo hacen por rechazo al tipo de vida de los regenerados o porque algún regenerado cercano sufrió un trastorno de la personalidad, en parte son iluminados, misántropos o ángeles imbéciles. Algunos han llegado a matar al jefe supremo de la seguridad fronteriza en ciudades con clínica y a atentar contra las propias clínicas. Son las Brigadas

Invisibles, pequeños grupos que se organizan de palabra, sin dejar rastro. Se fijan un día, una hora y condiciones para dar el golpe y si éstas se dan lo hacen y vuelven a su vida normal sin decir nada, dispuestos a morir antes de ser cazados. George se pregunta cómo podría él formar parte de uno de esos comandos, a quién tendría que preguntar, qué puerta da a ese lugar en el que hay gente que todavía cree en la lucha contra el sistema y se atreve a intentarlo.

- ¿Qué promesa?

- Nos dijimos que el miedo a vivir de verdad era la fuente de esta eterna juventud de mierda que nos venden. Pero parece que era yo sólo.

George se pregunta por qué está contando esto a una niña bien. (Más telo, debería dar otra calada).

- Parecías también más listo. Es un halago ¿no? Ella está enamorada.
¿Cómo eres tan cabrón de matarte?

- No lo he hecho.

George cree que suena la llave y vuelve un poco al ahora. Pero no pasa nada, el mismo medio silencio con calle al fondo que dejó cuando empezó a fumar. Juraría que oyó a Clara abrir.

- Todavía estas a tiempo. Del cromo, quiero decir. Vuelve y dile que la quieres, que por supuesto, que siempre podréis suicidaros en compañía.

- Ya estamos con el comodín del suicidio.

- La muerte siempre es una solución, lo decía mi madre en broma.

- Pues me la has quitado, niña, tú dirás qué hago ahora.

CLARA.- ¿George?

- Vida normal. Te vas a la puerta y la recoges y habláis.

- Hablar, dice, lo que sobran son palabras.

- Pues os vais a casa y follais.

CLARA.- ¡George!

Por un instante a Clara se le pasa por la cabeza que está muerto.

- ¿Verdad?
Pero no te crezcas, a la gente hay que dejarla ser.

- Yo soy más de hacer porque sean.

ChicaquepodríaserYuka se desvanece y George la imagina decidiéndose entre si puede ser él tan mezquino como para querer dar una lección a su mujer con su muerte o si simplemente quería quitarse de en medio. La acera envuelve a George de vuelta al otro lado del agujero.

- ¿Clara?

Paranoia, piensa, e intenta dar otra calada pero tiene los dedos vacíos. Los gritos lejanos de Clara, que lo ha encontrado tumbado al pie de la pared con la cabeza ensangrentada, son los de una virgen María arrodillada lamentado su muerte. Me creo Dios, le da tiempo a pensar, estoy jodido.

Clara comprueba el estado de George, ve que la herida ha dejado de sangrar, ve la pipa caída y un pequeño círculo más oscuro en la tarima cerca de su mano, ve la ampolla que asoma en su dedo índice y se alegra con amargura. Acerca una silla, pone los pies sobre su espalda. Mira absorta la pared de pavés. Le da por pensar que a fuerza de repetir las cosas las intensidades se pierden y se magnifican las primeras veces en un acto de supervivencia, aunque hay quien tuvo primeras veces malas y al magnificarlas revienta, como este saco negro del que se enamoró sin remedio.

- No sé qué hicimos mal, George, no sé los cuándos de esta mierda y te recuerdo que el dónde nos gustó mucho. Yo te dije: un bajo ¿seguro? Y tú: tienes que verlo, pero sí. Eso le he dicho a la señorita de la clínica, que nos gustaba, pero tranquilo, parece ser que no somos regenerables, aquí no. Has ganado. Chócala.

La última frase coincide con la patada que le da en las costillas. George da un gruñido lejano. Clara se va a la cama dejándolo tendido.
Piensa, triste, en una frase que le dijeron: el miedo es una manifestación oculta del deseo, pero ella no quiere que George muera, no puede ser verdad. El mismo día que se conocieron acabaron haciendo el amor; él le preguntó de qué color tenía los ojos

- ¿Por qué?

-¿Me estás llamando ciego?

Se rió y le dijo verdes, la verdad, aunque se le pasó por la cabeza decir azules.

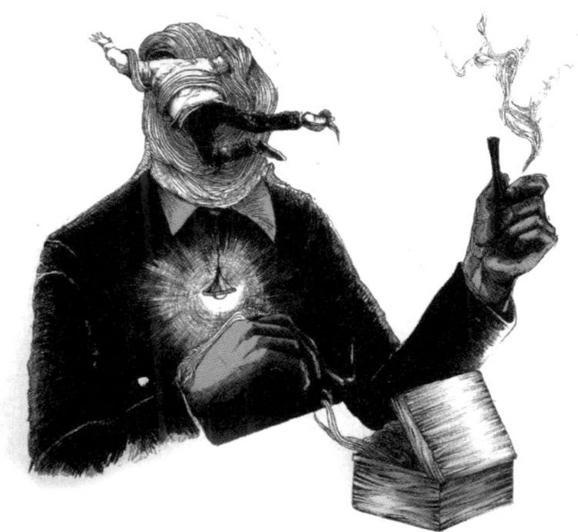

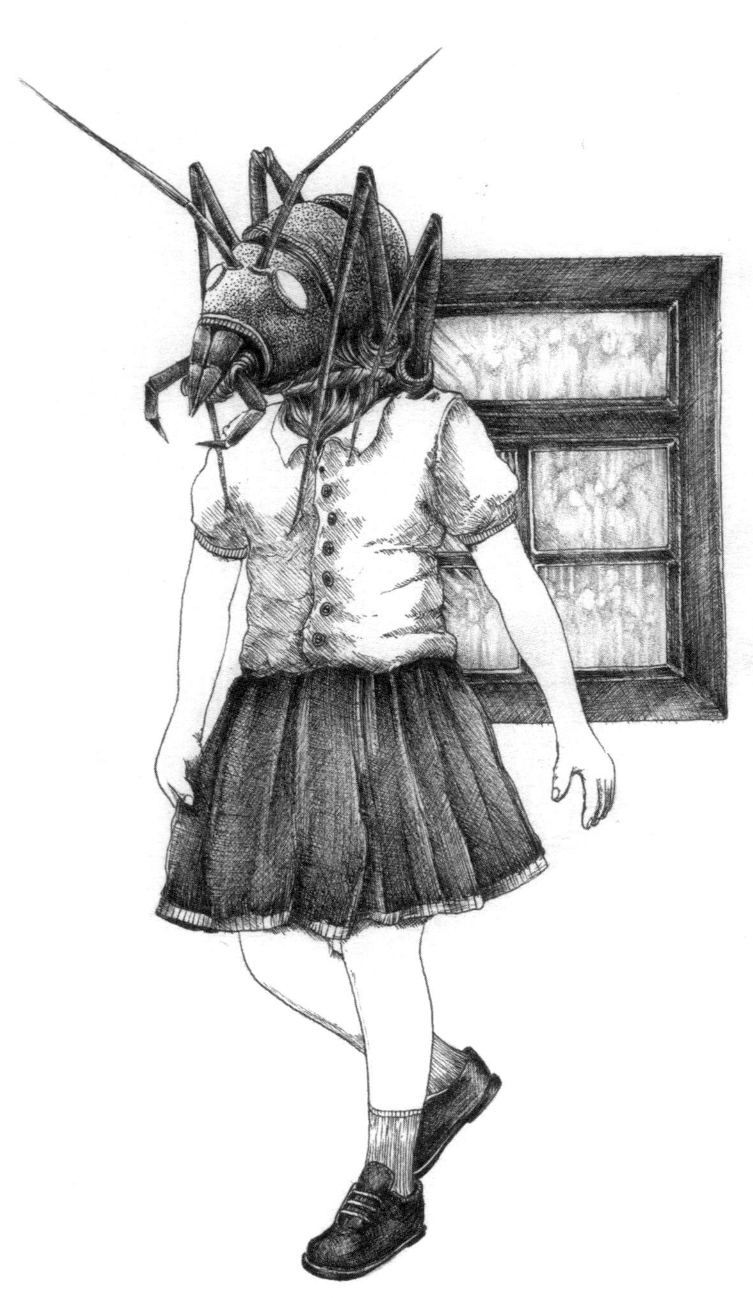

Tiempo muerto
Joan Espasa

Texto
Lucía Vilanova

Ilustraciones
Iñaki Landa

Fotografía
Leonardo Aquilino ©

Agradecimientos
Anto, Zuri, Julen, Miquel, Jp, Enrique
Bordes, Paloma Carrasco, Chus, Joan Morey,
Chusef, Sarramián, Iñaki Landa, Miguel
Ordoñez, Igortxu, Sor Munchaussen, pares,
Antoni Abad, Sara Blanco, Mª Antonia
Rodríguez Gago

Tiempo Muerto
Joan Espasa, 2015

María Cristina García González

Roma circa 1930: hoc opus, hic labor

Arquitectura > Investigación

María Cristina García González

[Oviedo 1967]

Arquitecta por la Escuela Técnica Superior de Arquitectura de Madrid (1993) y doctora arquitecta por la Universidad Politécnica de Madrid en 2011, donde ha obtenido el Premio Extraordinario de Doctorado con una tesis doctoral realizada en el Departamento de Urbanística y Ordenación del Territorio de la ETSAM bajo la dirección del profesor José María Ezquiaga. Ha impartido docencia en la titulación de Arquitectura de la Universidad de Alicante desde 2005 hasta 2015. Ha obtenido la acreditación como profesora ayudante doctora, profesora contratada doctora y profesora de universidad privada por la Agencia Nacional de Evaluación de la Calidad y Acreditación (ANECA) en 2012.

Su campo de especialización es la historia urbana como herramienta para el estudio de los procesos y las dinámicas que caracterizan al urbanismo contemporáneo. Ha participado en diferentes proyectos de investigación y sus resultados han sido presentados en congresos científicos internacionales, como los organizados, entre otros, por la International Planning History Society en Chicago (2008), Estambul (2010) y Lisboa (2013), la Universidad Politécnica de Cataluña (2010) y la Universidad de Navarra (2010 y 2012), y publicados en revistas especializadas, como Ci[ur]. Cuadernos de Investigación Urbanística,

con el artículo "César Cort y la cultura urbanística de su tiempo: Las redes internacionales y los canales de difusión del urbanismo en el período europeo de entreguerras"(2013); Journal of Urban History, con el artículo "The National Federation of Town Planning and Housing, 1939-1954: a network for town planners and architects in Franco's Spain" (2014); y monografías como La sede del Centro Superior de Estudios de la Defensa Nacional: la vida de un edificio (2013) y Redes internacionales de la cultura española, 1914-1939 (2014). Además, ha formado parte de diferentes proyectos de innovación docente sobre la enseñanza del urbanismo en la titulación de Arquitectura y ha participado en talleres internacionales de diseño urbano.

El proyecto de investigación realizado durante la estancia en la Real Academia de España en Roma estudia la cultura urbanística romana del periodo de entreguerras, como preámbulo de la construcción simbólica de la Tercera Roma por parte de Mussolini y sus arquitectos. Con este proyecto se pretende constatar y poner de manifiesto los estrechos vínculos existentes entre las culturas urbanísticas italiana y española durante la década de los años treinta del pasado siglo XX como parte de las redes internacionales del urbanismo.

Roma *Circa* 1930: *Hoc Opus, Hic Labor*[1]

María Cristina García González

Este trabajo es una visión sintética sobre algunos aspectos de los complejos procesos urbanos y de las contradictorias dinámicas territoriales que tuvieron lugar en Roma *circa* 1930, a través de la mirada de una pensionada en la Academia de España en Roma interesada por la historia urbana.

El primer hecho a constatar ante una aproximación de este tipo es la consideración del *genius loci* de la urbe. El *carattere* de Roma no reside sólo en su abrumadora riqueza arquitectónica o monumental, acumulada a lo largo de los siglos, sino también en el lugar y su caprichosa topografía, con sus míticas siete colinas que se encargan de fingir distancias y perspectivas, donde el agua fluye por doquier en las innumerables fuentes y a través del serpenteante curso del río Tíber, y cuyo verdor rural salpica tanto la ciudad interior como la extramuros.

El punto de partida de este estudio lo constituye la celebración en Roma del XII Congress of the International Federation for Housing and Planning (IFHTP)[2], que tuvo lugar en julio de 1929. En las sesiones destacaron con su presencia dos de los principales protagonistas de la historia urbana de la ciudad en el siglo XX, envueltos ambos en convulsas y dispares relaciones: el reconocido arquitecto, ingeniero e historiador Gustavo Giovannoni (1873-1947) y el denostado y luego reivindicado arquitecto, como el *olio di ricino* que diría Francesco Dal Co[3], Marcello Piacentini (1881-1960), profesores los dos de la Escuela Superior de Arquitectura de Roma, uno de los centros cardinales del saber de la arquitectura y de la urbanística romanas desde su fundación en 1919. La elección de Roma como ciudad anfitriona parecía indicar una cierta complacencia de la IFHTP con el régimen fascista. En este sentido, no hay que perder de vista su línea oficialista.

El congreso se estructuró en dos secciones, subdivididas en sendos bloques temáticos cada una. Los asuntos de urbanismo tuvieron como eje principal las ciudades históricas, como no podía ser de otra forma tratándose de Roma. Los de vivienda se centraron en el análisis de los tipos edificatorios y sus políticas de financiación, como venía siendo habitual en los congresos anteriores, quedando espacio también para los aspectos técnicos.

Una fotografía de la maqueta de la ciudad de Roma en tiempos del emperador Constantino fue la primera y más singular de las imágenes reproducidas en el libro de actas del congreso[4]. Representaba a la Roma Imperial. De la Seconda Roma, se destacada la propuesta elaborada para la ciudad eterna por el papa Sixto V a finales del siglo XVI, de la que Gaston Bardet diría «inaugura la urbanística contemporánea, realizando con espíritu cartesiano un programa que se proponía por primera vez la reunión de múltiples centros ya existentes»[5]. Y de la Terza Roma se recogía el análisis de la urbe que constantemente repetía el Duce en sus discursos oficiales sobre la necesidad y la grandeza, basadas ambas en resolver el agudo problema de la vivienda y en liberar los icónicos monumentos del pasado imperial —añadiría también como aspecto fundamental la salida de Roma al mar—, que servían de guía al desarrollo urbano de la ciudad moderna. De hecho, el Duce, además de implicarse directamente en muchos de los proyectos, venía realizando un notable ejercicio de seducción entre arquitectos e ingenieros, profesionales sobre los que recaía la responsabilidad del urbanismo en Italia, a los que facilitó un elevado número de encargos realizados en una «dura silenciosa tenacia».

Marcello Piacentini describía Roma como una ciudad de «carácter pintoresco y no grandioso. Son grandiosos sus monumentos y es grandioso San Pedro y el Coliseo, pero no el plano de la ciudad: ni podría ser de otro modo dada la variada altimetría [...]. Para conservar una ciudad, no basta con salvar sus monumentos y sus palacios, aislándolos y adaptándolos a un ambiente todo nuevo; debe salvarse también el ambiente antiguo, con el cual están íntimamente conectados».

El plan urbanístico debería desempeñar un papel clave en la recuperación de la unidad urbana perdida. La vieja ciudad y su nueva extensión, cada una con sus propias demandas y sus específicos caracteres, debían coexistir. De hecho, los problemas de renovación de la parte vieja y el diseño de la nueva eran formulados de forma diferente, por lo que en la práctica entraban en conflicto. En Italia era imposible homogeneizar una propuesta urbana de carácter genérico debido a la riqueza y a la variedad de sus ciudades, concebidas como individuales por los ponentes italianos, entre los que figiuraban un joven Luigi Piccinato, Cesar Chiodi, Marcello Piacentini y Gustavo Giovannoni.

El *survey* geddesiano, encumbrado en el Regional Plan of New York and its Environs de 1929 y propugnado por Gwilym Gibbon y Patrick Abercrombie en sus respectivas conferencias, pasaba obligatoriamente en Roma por los estudios arqueológicos. Profesionales como Antonio Muñoz, inspector general de Antichità e Belle Arti del Governatorato, y el historiador Corrado Ricci, justificaban, sobre los restos marmóreos de la Forma Urbis, las recreaciones más o menos imaginativas de las posibles realidades del pasado romano, que se acompañaban de distintos recursos urbanísticos con los que se enfatizaba su *romanità*.

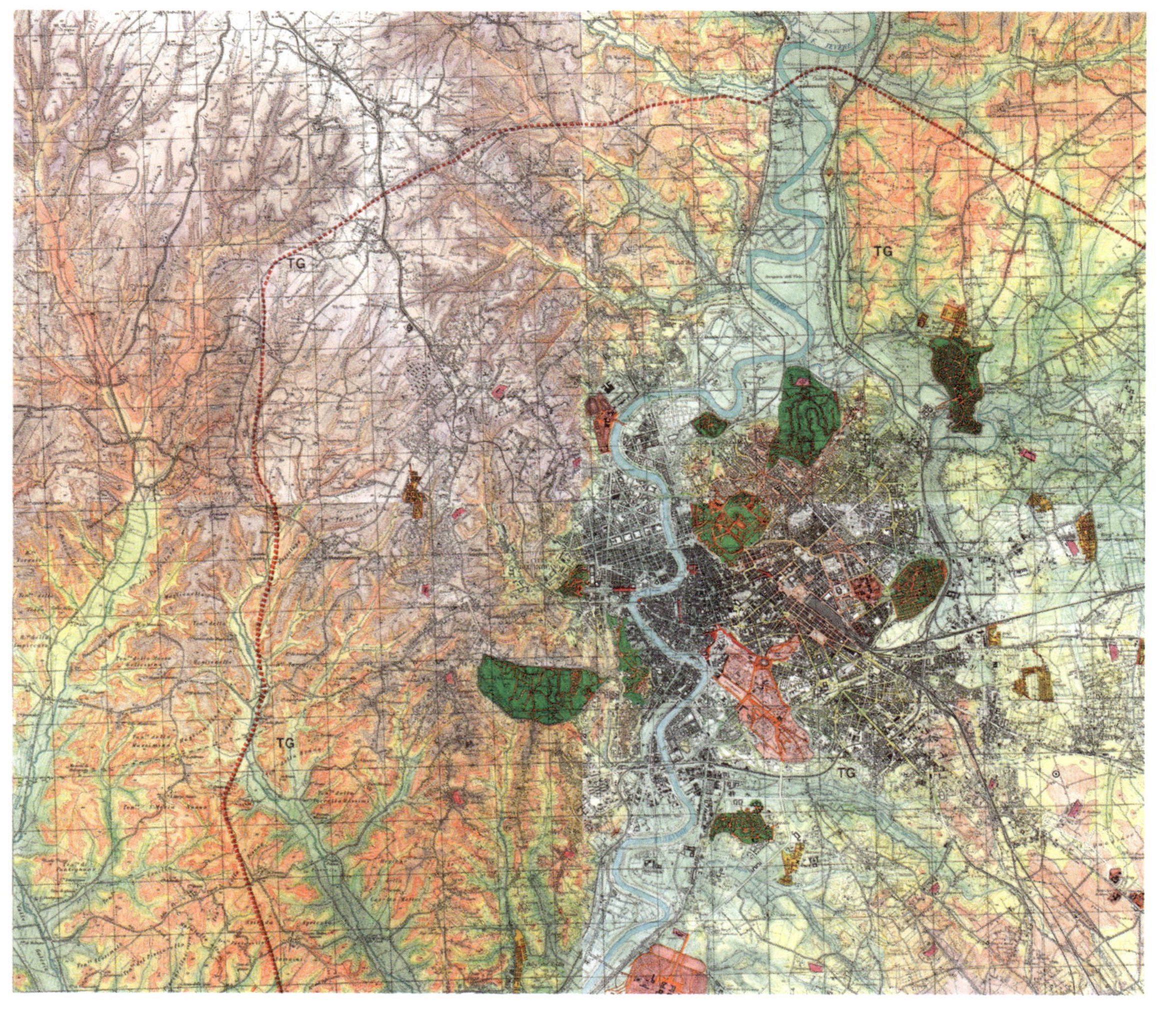

Cuaderno de viaje I (2015)

Estudios urbanos sobre base cartográfica del Istituto Geografico Militare, 1949.
Se destacan las principales operaciones urbanas realizadas en Roma durante el periodo de
entreguerras: operaciones de isolamento y sventramento (rojo); zona arqueológica, Cinecittà,
Città Universitaria, Foro Italico, antes Foro Mussolini (rosa); *borgarte ufficciale* (amarillo);
ciudades-jardín de Garbatella y Aniene (verde manzana).
La red de fortines de 1870 (fucsia) y el trazado del Gran Raccordo Annulare (1948-2011) (rojo
discontinuo) constituyen referencias territoriales.
Las cotas topográficas oscilan entre los 10 m. y 150 m. de altura sobre el nivel del mar.

Se especificaban tres razones concretas para poner en marcha las iniciativas de intervención en el casco histórico: artísticas, higiénicas y, principalmente, aquellas derivadas del desarrollo de los medios de transporte. Y estas intervenciones, el *diraramento*, que diría Gustavo Giovannoni, pasaban inexorablemente por las grandes operaciones de *sventramento*, nada novedosas por otra parte en Roma. Baste mencionar el ejemplo de Via Giulia, puesta en marcha en 1500 por iniciativa del papa Julio II y estudiada por Manfredo Tafuri, o la más cercana del Corso Vittorio Emanuele II, que era alabada por su trazado curvo propuesto para no destrozar en demasía el tejido del *quartiere* Rinascimento, realizada a finales del siglo XIX.

Así, a partir de la segunda mitad de la década de los años veinte y, principalmente, durante los treinta, se ejecutaron la apertura de la Via del Impero, el gran paseo donde regodearse de los triunfos y llorar los fracasos, que conectaba, a través de los Foros Imperiales, el Colosseo con el Palazzo Venezia, donde radicaba el despacho del Duce, y cuyo trazado se prolongaría en la Via del Mare; la intervención en Piazza Venezia, la propuesta de sistematización de la colina del Campidoglio, de la Bocca della Verità y del teatro Marcello, abriendo la salida, en dirección hacia la Via Ostense, al mar Tirreno; el *isolamiento* del mausoleo de Augusto con motivo del bimilenario en 1937; el *sventramento* de la Via Barberini, del Largo Argentina, la rectificación de la Via del Corso Rinascimento y de la Via della Conziliazione, a costa de la desaparición de la Spina del Borgo vaticano[6]. Unas intervenciones que generarían una nueva necesidad: la de proporcionar vivienda a la población desalojada al demolerse la compacta masa del precario tejido residencial romano que ocultaba los monumentos, que habían de ser liberados, o se interponía en los nuevos trazados. De estas operaciones de *sventramento* e *isolamento* salieron muchos de los habitantes de las nuevas *borgate ufficiali* romanas.

Las cuestiones que focalizaron entonces el interés general de la urbanística romana eran el planeamiento regional y la relación entre el campo y la ciudad. Se apostaba por el crecimiento descentralizado de la ciudad en base a ciudades-satélite en la periferia y «ciudades en la ciudad» en el núcleo urbano. Y Roma estaba en ello[7]. De hecho, a partir de 1911, la Exposizione Internazionale di Belle Arti diseñada por Marcello Piacentini en Valle Giulia, se transformó en una «ciudad del arte», con la Galleria d'Arte Moderna, la Escuela Superior de Arquitectura y gran parte de las Accademie foráneas, como la británica y la rumana.

En 1928 se presentaron los bocetos del Foro Mussolini[8]. Entendido como ciudad del deporte y de la juventud y concebido a modo de foro clásico, fue encargado a Enrico del Debbio y posteriormente retomado por Luigi Moretti. Luego el proyecto se amplió con un nuevo puente sobre el río

Tíber, con el monolito Mussolini como hito de entrada. Sus dependencias eran el edificio simétrico a la Accademia Fascista di Educazione, el gran estadio dei Marmi, el estadio dei Cipressi, las piscinas cubierta y descubierta, la Accademia di Scherma y algún edificio auxiliar.

El 4 de abril de 1932 el Gobierno fascista constituyó un consorcio para la construcción de la Ciudad Universitaria de Roma y tres años después el Duce inauguró el complejo. El Duce había elegido a Marcello Piacentini para la dirección del proyecto, el cual, como un significativo gesto, llamó a jóvenes arquitectos para el diseño de las diferentes edificaciones.

La ciudad del cine —la famosa Cinecittà, cuyo origen está en la creación en 1924 del Istituto Luce (L'Unione Cinematografica Educativa) como unidad propagandística siguiendo la máxima fascista de «La cinematografia è l'arma più forte»—, vería la luz en 1937. De hecho, el *Giornale* del Istituto Luce, que empezó a operar en 1927, filmó la bajada de los congresistas por las escalinatas del nuevo y sistematizado Campidoglio en la sesión inaugural del congreso.

La polémica estaba servida con las propuestas para Roma presentadas en la Mostra Nazionale dell'Abitacione e dei Piani Regolatori por dos equipos de arquitectos diferentes. La sorprendente propuesta del grupo La Burbera[9], liderado por Gustavo Giovannoni, dividía el centro histórico con un cardo paralelo al Corso y un decumano, lo que generaba una especie de centro asírico-babilónico en su cruce, aireado y difundido por las elocuentes perspectivas del arquitecto Alessandro Limongelli. Fue duramente criticada por Marcello Piacentini en los medios de comunicación. Más sorprendente aún fue la propuesta del GUR (Gruppo di Urbanista Romani)[10], que lideraba Luigi Piacentini, con un nuevo centro para descongestionar la ciudad histórica dotado de una vía principal, la llamada Via Mussolini, de dimensiones descomunales y que estructuraba una enorme superficie de crecimiento de la ciudad. El GUR añadía también una propuesta de descentralización territorial que incidía en el tema de las comunicaciones y que presentaba los *borgos* rurales. Para Donatella Calabi[11], modular en ese momento la dirección del crecimiento de la ciudad en Italia significaba la pura anexión administrativa, donde el planeamiento regional era una mera cuestión de reorganización de carreteras y vías de comunicación, y la ciudad y su centro se concebían como un punto dentro de un sistema de comunicaciones que debía ser eficiente.

Frente a estas más que irrealizables propuestas para la capital, el Governatorato presentaba la suya propia. Como estudió en su día Vanna Fraticelli[12], con la Mostra del 29 la pretensión de los arquitectos romanos de ser la clase dirigente del fascismo, aún conservando su propia autonomía como pretendían con iniciativas como el congreso nacional de arquitectos de 1928, cambiaría a partir de entonces: ya no sería posible para ellos más que un papel, el de intelectuales del régimen y para el régimen. Si parece haber una exaltación general de la intervención fascista en la ciudad en Italia, sin embargo, las intenciones presentes en la Mostra respecto de Roma no estaban claras.

En ella se presentaban las tensiones del Governatorato a través de su plan de extensión, la Variante 1925-26, mucho más técnico y viable que las propuestas de La Bulbera y GUR. La razón podría ser el enfoque pluralista del comité organizador, pero también un intento de mostrar el empeño de las autoridades locales y de los entes públicos en la gestión y la planificación de la ciudad respecto de las visiones utópicas de los arquitectos. La muestra se convertía así en una evidencia de la incapacidad de la cultura arquitectónica, aunque sea desde diferentes puntos de vista, de desarrollar propuestas realmente plausibles para la ciudad. De hecho, la Variante 1925-26 salió reforzada y el plan de 1931 la recogió en su conjunto. Para Giorgio Ciucci[13], Mussolini se reservó para sí el papel de árbitro decisorio en las cuestiones de desacuerdo entre Giovannoni, Piacentini y Brasini en la Comisión del Piano Regolatore del 31, que era, sin ningún avance urbanístico significativo, la única salida lógica y posible.

En este punto, el congreso se pronunció favorablemente a la oportunidad de dirigir los flujos de población de la ciudad a los núcleos más pequeños o al campo desde la acción estatal. Este aspecto, denominado por Gustavo Giovanonni como «antiurbanización», se consideró de tal importancia que se propuso como tema preferente para ser tratado en congresos venideros. Y es que Italia ya había comenzado a trabajar en la rurización como gran experimento tanto social como de estructuración territorial.

El precedente más inmediato fue el conjunto de mejoras agrarias introducidas desde la época prefascista por la Opera Nazionale Combattenti,[14] una organización financiada por el Estado que tenía como fin compensar el esfuerzo realizado por los sufridos excombatientes de la Primera Guerra Mundial, a los cuales se les prometieron tierras para el cultivo con las que empezar una nueva vida. Fue relanzada por el economista y político fascista experto en agricultura Arrigo Serpieri, autor de la conocida como Ley Serpieri de 1923 y padre del concepto de *bonifica integrale*. Para ello se acondicionaron numerosas tierras a lo largo y ancho del país, a partir de la recuperación de zonas pantanosas, malsanas o simplemente no cultivadas, para la producción agrícola.

Desde este planteamiento se llevó a cabo la puesta en marcha del programa del Agro Pontino, implantado al sureste de Roma sobre un terreno de 60.000 hectáreas situado entre la antigua Via Apia y el mar Tirreno, con cuya propiedad se hizo la Opera Nazionale Combattenti. Parcialmente pantanoso e infestado por la malaria, los terrenos fueron desecados, desarbolados, dotados de infraestructuras de comunicación, hidráulicas y energéticas, y preparados para el cultivo, de tal modo que en 1932 ya había colonos viviendo allí.

El asentamiento se modulaba en la relación finca-pueblo-ciudad, que estructuraba y jerarquizaba el territorio. Cada finca, de 15 hectáreas, aunque variable en su superficie según la productividad de la tierra, estaba dotada de una casa para los colonos y sus respectivos anejos. Un centenar de fincas formaban el pueblo, con equipamientos para las granjas y para la población rural. Los centros mayores estaban organizados en ciudades de 3.000 a 5.000 habitantes, en las que estaban presentes todas las estructuras administrativas, sanitarias, comerciales, escolares, deportivas, recreativas, etc., rigurosamente dimensionadas respecto a la población prevista para el municipio. La primera ciudad construida fue Littoria (Latina), inaugurada en 1932. En los siete años siguientes se convocaron concursos entre los arquitectos italianos para la realización de los proyectos de Sabaudia, iniciada en 1933, a las que siguieron otras como Pontinia, Aprilia, Pomezia y Guidonia, destinada a albergar el personal militar y civil de servicio vinculado al aeródromo de Monte Celio.

La labor propagandística del Régimen fascista fue muy efectiva. La revista *Quadrante*, al frente de la cual estaba el crítico Pietro Maria Bardi, mostraba en sus números sugerentes imágenes de las nuevas poblaciones, propuestas por jóvenes y entusiastas arquitectos. La experiencia del Agro Pontino se analizaría también en los CIAM y en 1933 apareció referenciada en la revista española *AC. Documentos de Actividad Contemporánea.* Años más tarde, ya en los primeros momentos del franquismo, el ministro español de Gobernación Ramón Serrano Suñer, del que dependía la reconstrucción española, viajó a Italia en junio de 1939 y visitó las ciudades de Littoria (Latina) y Sabaudia en el Agro Pontino, llegando a declarar con admiración que «sólo esto justifica el régimen».

En ese momento, había en Italia una concepción ideológica de la vivienda como instrumento de elevación-integración de las clases populares, donde su promoción y gestión públicas estaba en manos del Istituto per le Case Popolare[15] (luego Istituto Fascista per le Case Popolare), ente autónomo de ámbito municipal fundado en el caso de Roma en 1903. Estas entidades expusieron sus propuestas en la Mostra Nazionale dell'Abitacione e dei Piani Regolatori. Así, el Istituto per le Case Popolare de Roma, liderado en 1929 por el tándem formado por Alberto Calza-Bini, dotado de grandes habilidades políticas, y el ingeniero Inocenzo Costantini, con amplias dotes organizativas, pasaba a ser un gran laboratorio de educación social y la casa, una premisa y un sinónimo de orden, decoro, salud, responsabilidad y, en definitiva, felicidad. Todo ello revestido de un paternalismo social tan al gusto de los regímenes totalitarios o con pretensión de serlo.

Ante la imposibilidad de extensión de la capital italiana en forma de ciudad-jardín con viviendas unifamiliares, el Istituto había logrado pasar de una tipología espuria como la *palazzina*[16], reconduciéndola a un elemento de frontera entre el espacio público y el privado y dotando a las piezas de un carácter urbano al resolver la disgregación del tejido urbano que esta tipología comportaba. El momento era especialmente intenso, arquitectónicamente hablando, pues el paso del *villino* a la *palazzina* era también el paso del «barocchetto romano» al racionalismo de Libera, Moretti y Terragni. La *palazzina* salió triunfante en el Piano Regolatori de 1931, y se convirtió en el tipo edilicio con el que la clase emergente romana quería ser representada.

Como una muestra del quehacer romano en el ámbito de la vivienda social, destinada a los expertos internacionales asistentes al congreso, el Istituto asumió la construcción de un pequeño grupo de casas populares o económicas. El lugar elegido para su implantación fue el barrio de Garbatella, cuya construcción comenzó en 1920 a modo de pequeña ciudad-jardín diseñada por Gustavo Giovanonni y Máximo Piacentini y que, junto con Aniene, constituían las dos únicas ciudades-jardín de Roma, además de la de Ostia.

El arquitecto del Istituto, Plinio Marconi, se encargó de realizar la planimetría general del *lotto* 24 de Garbatella y elaborar la propuesta de las dotaciones y los servicios comunes para las viviendas. Se optó por el tipo *palazzina* y el número total de viviendas previstas fue de cincuenta y dos. En las dinámicas habituales de los congresos de la IFHTP se contemplaba siempre la visita a agrupaciones de viviendas singulares, pero ésta fue la primera ocasión en la que se optó por construirlas de nueva planta como muestra. El éxito de la exposición de casas modelo de la Weissenhof de Stuttgart de 1927, con un número similar de viviendas, probablemente inspiró a los promotores de la iniciativa, salvando las distancias entre ambas operaciones.

El problema de la vivienda era acuciante en Roma. De hecho, en el decenio de 1921 a 1931, la ciudad había pasado de 691.661 a 1.008.083 habitantes, es decir, un crecimiento superior al 45%. Ello provocó que se desbordara el número de las *barrache*, las infraviviendas que formaban auténticos barrios de miseria en la ciudad y su periferia. La inmigración de los años veinte y treinta, la liberación de alquileres de 1928 y las grandes operaciones de *sventramento* del centro urbano, generaron la necesidad de poner en marcha medidas urgentes para dar respuesta a la demanda de vivienda social.

Así surgieron en el contexto de la política fascista del *sfollare la città*, y de la mano del Istituto per le Case Popolari di Roma, las nuevas *borgate uffciale*[17], núcleos edificatorios aislados y periféricos situados fuera de la ordenación del Piano de 1931[18]. Las implantaciones fueron ejecutadas con gran rapidez y economía de medios, con edificios de dos o tres alturas de idénticas viviendas, que subirían a cuatro y cinco alturas en las últimas *borgate*, con una rígida estructura organizativa. Situadas entre las grandes vías radiales romanas y con una ocupación socialmente homogénea eran «una subespecie de pueblo: un pedazo de la ciudad en el campo, que no es realmente ni lo uno ni lo otro», como las describió Italo Insolera en su famoso ensayo sobre la Roma moderna[19]. Utilizando la denominación propuesta por Patrick Abercrombie en el congreso romano, estaríamos ante ciudades-satélite dormitorio.

En un estudio sobre Roma *circa* 1930 no puede dejar de mencionarse la operación urbana conocida como EUR, singular proyecto urbano puesto en marcha a partir de 1937 para albergar la Exposición Universal de 1942[20], cuya celebración se hacía coincidir con el Ventennale de la Era Fascista. La idea que subyacía con su construcción era crear una ciudad ideal[21] que, de algún modo, sintetizara todas las virtudes urbanísticas del fascismo, incluyendo propuestas para un nuevo modelo de vivienda.

La localización prevista convertiría al EUR en un gran centro direccional entre Roma y el mar. La idea de la apertura de la urbe romana al mar no era nueva. Los terrenos elegidos para su construcción estaban situados en el camino hacia Ostia, al lado izquierdo del río Tíber y de la Via del Mare, en una típica zona de la campiña romana sin apenas preexistencias, lo que suponía un abaratamiento de su coste dadas las necesarias expropiaciones. El Governatorato de Roma expropió en 1938, por cuenta del ente autónomo gestor del EUR, cerca de 400 hectáreas, que pertenecían en parte a la abadía de las Tre Fontane y pertenecían a la zona del bonifica agrario, como los bosques de eucaliptos, que tenían la finalidad de sanear de malaria el entorno, y el problema de las *barrache* dispersas, que fue solucionado con su derribo y el envío de las familias a las *borgate ufficiale rapidissime*. La cualidad escenográfica del entorno no fue un factor despreciable para el Duce.

En 1938 el proyecto inicial fue transformado por Marcello Piacentini y la oficina técnica del EUR. Al mismo tiempo, se modificó el Piano Regolatore del 31, que proponía un crecimiento adireccional, con la Variante de 1942, redactada por una comisión formada por Piacentini, Giovannoni y Testa, entre otros, que planteaba por el contrario una fuerte direccionalidad en el crecimiento de la ciudad.

Comenzado en 1940, el devenir de la Segunda Guerra Mundial paralizó la construcción del orgulloso EUR romano, que se convirtió durante años en un «cadáver exquisito» del fascismo italiano. Así lo testimonia la presencia de su particular «Colosseo quadrato» como telón de fondo en una escena de la magistral película *Roma, città aperta*.

[1] «Aquí está la dificultad, aquí el esfuerzo requerido», en Gustavo Giovannoni, «Questione urbanistiche», *L'Ingegnere*, vol. II, núm. 1, 1928, p.10.

[2] Los idiomas oficiales del congreso fueron el inglés, el alemán, el francés y el italiano.

[3] Francesco Dal Co, «Architettura e olio di ricino. Vita e opere di Marcello Piacentini», *Casabella*, núm. 826, 2013, pp. 94-103.

4   Maqueta de Paul Bigot realizada con motivo de la muestra arqueológica de las Termas de Diocleciano, organizada por Rodolfo Lanciani para la exposición internacional de 1911. No confundirla con la maqueta de Guismondi expuesta en el Museo de la Civilittà Romana.

5   Jean-Louis Cohen, «Gaston Bardet e "La Roma di Mussolini"», *Zodiac*, núm. 17, 1997, pp. 70-86.

6   Antonio Cederna, *Mussolini urbanista*, Venecia, Corte del Fonteco, 2006.

7   Piero Ostilio Rossi, *Roma. Guida all'architettura moderna, 1909-2011*, Roma, Laterza, 2011.

8   Paolo Nicoloso, *Mussolini architetto. Propaganda e paesaggio urbano nell'Italia fascista*, Turín, Einaudi, 2011.

9   Formado por Gustavo Giovannoni, Vicenzo Fasolo, Alessandro Limongelli, Ghino Venturi, Pietro Aschieri, Arnaldo Foschini, Giacomo Giobbe, Giuseppe Boni, Enrico Del Debbio y Felipe Nori.

10 Compuesto por Marcello Piacentini, Luigi Piccinato, Gino Cancellotti. Eugenio Fuselli, Leni, Nicolosi, Scalpelli, Dabbeni, Lavagnino y Valle

11 Donatella Calabi, *Storia dell'urbanistica europea*, Roma, Bruno Mondadori, 2004.

12 Vanna Fraticelli, *Roma 1914-1929. La città e gli architetti tra la guerra e il fascismo*, Roma, Officina Edizioni, 1982.

13 Giorgio Ciucci, «La Roma di Marcello Piacentini, 1916-1929», *Rassegna di Arquitettura e Urbanistica*, núm. 130-131, 2010, pp. 21-50.

14 María Martone, *Segni e disegni dell'Agro Pontino. Architettura, città, territorio*, Roma, Aracne, 2012.

15 Cristina Cocchioni y Mario de Grassi, *La casa popolare a Roma. Trent'anni di attività dell'I. C. P.*, Roma, Kappa, 1984.

16 Carlo Mezzeni (ed.), *Il disegno della palazzina romana*, Roma, Kappa, 2007.

17 En la clasificación de Manfredo Panizza eran doce: Primavalle, Trullo, Tor Marancio, Gordiani, Quarticiolo, Prenestina, Tor Marancia, Piedralata, San Basilio, Tufello, Val Melaina y Acilia. Don Bosco, Tiburtino y Valco de San Paolo son *borgate* construidas posteriormente y financiadas por el Plan Marshall.

18 Luciano Villani, *Le borgate del fascismo. Storia urbana, politica e sociale della periferia romana*, Milano, Ledizioni, 2012.

19 Italo Insolera, *Roma moderna*, Turín, Einaudi, 2011.

20 Vittorio Vidotto (ed.), *Esposizione Universale Roma. Una città nuova dal fascismo agli anni '60*, Roma, De Luca Editori d'Arte, 2015.

21 A diferencia del EUR, la Exposición Universal celebrada en Roma en 1911 con motivo del cincuentenario de la unificación de Italia, fue aprovechada para intervenir en la ciudad existente. Así, la Mostra Regionale ed Etnografica se organizó en la zona de Piazza d'Armi, en la orilla derecha del río Tíber, para la que Stübben realizaría algunas propuestas, unida por el Ponte Flaminio a la Exposizione Internazionale di Belle Arti en Valle Giulia, en la orilla izquierda. Se finalizaron el monumento a Vittorio Emanuele II, los puentes del Risorgimiento y Vittorio Emanuele y la Passeiggata archeologica, entre otras intervenciones.

Italia, vista –en 1929 y 1935– desde España

Carlos Sambricio[*]

Si durante un tiempo la historia del urbanismo se concibió como historia de las ciudades, entendiendo tal saber como suma de casos y ejemplos, hoy la historia urbana busca comprender procesos de cambio. Cierto que se precisan monografías sobre situaciones específicas, pero no es menos cierto que se hace difícil entender qué fueron, por ejemplo, los ensanches en la España decimonónica sin comprender cuestiones tales como de qué forma la nueva clase burguesa buscó en Francia, Alemania, Inglaterra o Italia controlar la gestión de la ciudad o sin cuestionar cuánto la propuesta por definir una ciudad que, por vez primera en la historia, rompía un crecimiento "natural" del núcleo urbano, proponía (a modo de negación dialéctica, como señalara Manuel de Solà-Morales) un nuevo modo de trama. Si ello sucedió en el XIX, de igual modo, al estudiar la transformación de las grandes ciudades en el comienzo de nuestra contemporaneidad (esto es, en los años 20 y 30 del siglo XX) se hace preciso valorar y tener en consideración las experiencias realizadas en los principales países europeos, entender tanto qué fueron las viviendas económicas, cuál fue la política de acceso a éstas o cómo una nueva forma de entender lo que debía ser la gestión de la ciudad determinó el paso de la escala media a la gran escala urbana. Entiendo, sin embargo, que convendría precisar un aspecto: los tiempos, en lo sucedido en los distintos países, no coincidieron exactamente y ello se advierte al contrastar lo sucedido en la Italia del Ventenio con la realidad española de aquellos mismos años.

Entre 1860 y 1926, entre las primeras propuestas teóricas de Cerdá y las conclusiones aprobadas en el primer Congreso Nacional de Urbanismo, España vivió un momento caracterizado básicamente por las pautas marcadas en 1885 por Cánovas del Castillo con su Ley de Mejora y Saneamiento de Poblaciones. Se precisaba en ésta cómo el Gobierno cedía al privado la capacidad de intervenir en los núcleos urbanos existentes redactando proyectos de reforma interior siempre que dicho capital privado llevara a termino los derribos correspondientes y asumiera la ejecución de la propuesta, recibiendo a cambio —como compensación— una línea de fachada de 50 metros. La voluntad por edificar "la capital del capital" (nueva interpretación de la "ciudad liberal") marcó las actuaciones de toda una generación, reflejándose la nueva mentalidad tanto en los comentarios que formulara César Cort (primer catedrático de Urbanología de la Escuela de *Arquitectura* de Madrid) al afirmar como ... *urbanizar es un buen negocio* como al proponer Núñez Granés diferentes propuestas para el extrarradio de Madrid, entendiendo dicho espacio como continuación del ensanche y no cuestionando jamás la necesidad de una nueva zonificación. Casi contemporáneamente, García Mercadal señaló como el moderno urbanismo ... *nació en España oficialmente el día de la aprobación del Estatuto Municipal,* fechando en consecuencia el mismo en 1924, sin comprender que la política municipal de Primo de Rivera —consistente en ceder a los ayuntamientos las competencias urbanas para que éstos, a su vez, las pudieran traspasar al privado— en nada cambiaba la situación anterior.

Mercadal creía que bastaba fomentar la iniciativa del sector privado para trastocar la realidad existente, pero no contaba con un doble hecho: la falta de medios económicos de los ayuntamientos así como con la falta de técnicos capaces de proponer y proyectar aquellos proyectos. Cierto que Montoliu, Lacasa, Mercadal o Giralt Casadesús habían publicado poco antes estudios sobre el urbanismo alemán y que fueron muchos los que dieron a conocer sus opiniones sobre cómo se encaró la reconstrucción de las ciudades destruidas por la Primera Guerra Mundial. Cierto, por otra parte, que el Congreso Nacional de Urbanismo celebrado en 1926 impuso —a modo de conclusión— que todas las ciudades españolas con población superior a los 50.000 habitantes debían elaborar un plan de ensanche. Sin embargo, ante la inexistente capacidad de respuesta de la parte de los técnicos municipales fue preciso plantear una doble estrategia: convocar concursos de urbanismo en los que a menudo arquitectos españoles colaboraron con técnicos de otros países y, en segundo lugar, fomentar la creación de "sociedades de estudio", configuradas tanto por profesionales del urbanismo como por determinados bancos, cuyo objetivo fue detectar y dar respuesta a los problemas urbanísticos de las principales ciudades españolas. Incluso, y como anécdota que sirve para evidenciar tal práctica, Secundino Zuazo llegó a anunciar su "Sociedad" en las páginas de publicidad de la madrileña revista Arquitectura reconociendo más tarde en sus *Memorias* como, ante la imposibilidad de llevar a término sus propuestas, optó por abandonar el papel de proyectista, buscando convertirse en ejecutor. Reconocería así abiertamente cómo ...*existía una sociedad internacional de estudios en los que intervenía alguna banca española... constituida antes del advenimiento de la República... había pedido programas de ayuda general de Barcelona, Madrid o Valencia, para resolver sus problemas de crecimiento, inversiones en obras de*

*servicios de agua y construcción de viviendas con préstamos de capitales y suministro de materiales que no se fabricasen en España. Yo tenía orientaciones
sobre los planes a confeccionar en relación con estas dos grandes operaciones
que Madrid precisaba resolver: la prolongación de la Castellana y el Plan de
reforma interior. La razón de tal asociación entre profesionales del urbanismo y
banca era clara: a partir de 1925 −como él mismo señalaría− ...a todo estudio
técnico se anteponía al problema legislativo razón por la que a las propuestas
urbanas ...se imponía, como cuestión previa, la razón de la economía urbana
que nunca fue planteada. Las reformas eran sólo un medio regulador para hacer posible la transformación y crecimiento, pero obligado el restablecimiento
de la confianza de los capitales que interviniesen en los trabajos*[2].

A finales de la década de los veinte cambió el modelo urbano trastocándose, como nunca hasta el momento había ocurrido, el modo de hacer de
la pequeña, la media o la gran escala. Las reformas interiores en el casco
histórico se propusieron no buscando posibilitar operaciones especulativas
sino tanto desde la voluntad por dotar de equipamientos a áreas degradadas como buscando substituir viviendas carentes de condiciones higiénicas
por modelos tomados de las experiencias alemanas o austriacas; se valoró el extrarradio no desde las necesidades del ensanche sino buscando
trasladar al mismo el futuro centro urbano y, por vez primera, la gran escala
fue reflejo tanto de una zonificación donde áreas industriales, residenciales
o de ocio se proyectaban desde características precisas como al tiempo se
definía una política de transportes que posibilitara enlazar aquellos núcleos con la metrópolis.

Si a comienzos de la década de los veinte el problema de la vivienda
económica se había encarado disponiendo en el extrarradio ciudades jardín
inconexas, a finales de la década la opción fue edificar en el límite del
ensanche edificios de alta densidad que daban por tierra lo que había sido
la política de "casas baratas". En este sentido ¿qué pudieron ver los españoles que en 1929 asistieron al XII Congreso Internacional de la Vivienda y
Urbanización de Ciudades celebrado en Roma y, al tiempo, qué aportaron?
Si la información cultural sobre lo que, desde 1923, sucedía en Italia fue
importante, los comentarios sobre su arquitectura, las noticias sobre los
proyectos urbanísticos llevados a término se limitaron, por lo general, a
informar sobre la Bonifica del Agro Pontino. Obvio que estando el Directorio de Primo de Rivera (a la vista del fracaso de la ley maurista de colonización interior aprobada en 1907) interesado en el desarrollo de las cuencas
hidrográficas, las referencias a la colonización interior tuvieron singular
trascendencia. Pese a todo, si bien desde los primeros momentos del nuevo
Estado fascista determinada prensa española (*El Debate*, por ejemplo)
aplaudió las medidas tomadas por el gobierno mussoliniano (concretamente, la simplificación de las leyes sobre alquileres aprobadas en dicho año[3])

la realidad es que las noticias publicadas por los medios de comunicación españoles sobre el urbanismo italiano fueron escasas. Tampoco los arquitectos pensionados en Roma (fueran éstos Mercadal o Balbuena) acertaron en sus opiniones y sólo en 1928 Giménez Caballero retomó los comentarios formulados primero por Anasagasti y luego por Zamacois sobre Marinetti, publicando —con ocasión de la visita que éste realizó a Barcelona y Bilbao— en *La Gaceta Literaria* noticias sobre futurismo y cine[4]. Poco se había publicado, en la prensa especializada española, sobre la arquitectura italiana de vanguardia, con la casi excepción de una nota aparecida sobre la labor de Alberto Sartoris. Por ello no sorprende que los participantes en el XII Congreso celebrado en Roma fueran López Valencia y Cort, funcionario el primero del Instituto de Reformas Sociales y portavoz en segundo del núcleo municipalista próximo Unión Patriótica.

1929, conviene recordarlo, fue la fecha en la que se celebró en Frankfurt el segundo Congreso Internacional de Arquitectura Moderna tratando de manera casi exclusiva sobre la vivienda mínima. Si a Roma acudían funcionarios del Instituto de Reformas Sociales o arquitectos-políticos ligados a Calvo Sotelo y Gascón y Marín, en Frankfurt Amós Salvador presentó distintos proyectos españoles de viviendas mínimas que se ajustaban a lo allí debatido. En Roma López Valencia centró su intervención en comentar la legislación española sobre casas baratas sin comprender que dicho tema era ya viejo, que lo interesante en 1923 no lo era ya en 1929 y que poco o nada importaba que enfatizara cuantitativamente lo realizado en Barcelona, Bilbao, Valencia o Madrid porque el debate abierto en el CIAM sobre la vivienda se centró en aspectos tan distintos como espacios mínimos, industrialización de la vivienda o política de acceso a la misma[5].

En 1930 *El Debate* —en la línea marcada por los municipalistas de Unión Patriótica (los componentes del Cuerpo de Arquitectos Municipales de España)[6]— seguía preocupado por el problema de los alquileres en Italia ignorando el debate sobre la vivienda que en esos momentos Zuazo había abierto con su propuesta para la extensión de Madrid, localizando en una misma área viviendas para la clase alta, clases medias y clase obrera. Entendiendo que cada una de aquellas viviendas debía contar con un programa de necesidades distinto (en función de su superficie) trazó las viviendas obreras como ejemplo de viviendas mínimas. Si ello sucedía en la ciudad, simultáneamente Fonseca afrontaba el estudio de "la vivienda rural" en España, analizando la experiencia italiana del Agro Pontino, tema tratado luego tanto en *ABC*[7] como en *AC*. Aquella experiencia italiana fue punto de partida de algunas de las soluciones presentadas al concurso para la construcción de ocho poblados en la zona regable de los ríos Guadalquivir y Guadalmellato. Si *El Debate* defendía la opinión de quienes, como Sainz de los Terrenos, entendían que la arquitectura moderna (y, en consecuencia, el moderno urbanismo) eran sólo pretexto para cuestionar una forma de vida tradicional (reclamando en consecuencia un "hogar cristiano"), Fonseca —participe no sólo del Seminario de Urbanología que organizara Cort en la Escuela de Arquitectura[8] sino militante de Falange Española— asumía la idea de una nueva modernidad en la arquitectura popular, reclamando tanto una política de colonización interior que implicara tanto la organización de los pequeños municipios como las características de la vivienda rural. Próximo a Pagano en su *Architettura rurale*, su planteamiento difería de lo realizado por Adolfo Blanco sobre la vivienda rural por cuanto éste había centrado su interés en las características constructivas de aquella vivienda, mientras que Fonseca afrontaba el tema desde la voluntad por establecer pautas sobre lo que debía de ser la colonización interior, compartiendo la idea expuesta por Fernando Albi al afirmar como aquella era la ocasión de crear *...un arte fascista de atrevida modernidad*[9].

Poco interesaron, en la España de los primeros años de la República, los proyectos de reforma para Roma elaborados por Antonio Muñoz, pese a que en mayo de 1933 éste presentara personalmente en Madrid su "Piano regulatore", como tampoco suscitaron interés las varias noticias publicadas sobre el urbanismo promovido por Mussolini, valorándose por el contrario las obras de su Ciudad Universitaria, obra de Piacentini[10]. Si *AC* o *Nuevas Formas* informaron sobre la obra de Del Debbio o Figini y Pollini, fueron pocas las referencias a la arquitectura italiana de aquellos años. Por ello cuando en septiembre de 1935 se celebra en Roma el XIII Congreso Internacional de Arquitectura, organizado por el Sindicato Nacional Fascista de Arquitectos, la situación en España no es la de los primeros años de la Republica. Al acceder Gil Robles al Gobierno cambió la política urbana promovida por Indalecio Prieto, así como hubo otra política de vivienda, al primar el ministro Federico Salmón —so pretexto de así buscar paliar el paro obrero— la construcción de viviendas para la clase media, abandonándose la construcción de viviendas económicas.

Los temas tratados en el XIII Congreso fueron difundidos en distintas revistas[11] si bien de nuevo la participación española no se centró ni en debates urbanos ni en cuestionar métodos constructivos sino, por el contrario, en la "necesidad de establecer centros de información profesional".

En 1935 la vanguardia arquitectónica española tomaba direcciones bien distintas: en Barcelona, al haber abandonado Josep Lluís Sert la ciudad, marchando a París, GATCPAC se encontró en algún sentido descabezado, sin pautas concretas. El sueño urbano esbozado en 1930 declinaba en 1934 y la revista del Grupo centró su actividad en la publicación de obras de arquitectura, sin comentar ya testimonio cuál debía ser la nueva imagen de ciudad. En Madrid, por lo mismo, el gobierno de la CEDA bloqueaba el gran proyecto de Zuazo para llevar el centro urbano hacia el norte de la Castellana y, por lo mismo, tal decisión supuso paralizar las propuestas de los concejales socialistas (Muiño y Saborit) que reclamaban rehabilitar el sur de la ciudad.

Si en la década de los treinta fueron varios los arquitectos que viajaron a Alemania (Prieto-Moreno, Cort, Pérez-Mínguez, Moreno Barberá...) trayendo, a su vuelta, noticias sobre la arquitectura nacionalsocialista, apenas algún pensionado difundió, en los años anteriores a 1936, lo que allí sucedía. Italia fue entonces la indudable referencia de Sánchez Mazas, Montes o tantos otros: pero fueron pocos los que tomaron aquella experiencia arquitectónica como pauta de una nueva forma de ver y entender la ciudad.

[1] *La Construcción Moderna*, 1926, pp. 353-357.

[2] Secundino Zuazo Ugalde, *Madrid y sus anhelos urbanísticos. Memorias inéditas de Secundino Zuazo, 1919-1940*, Madrid, Consejería de Obras Públicas, Urbanismo y Transportes de la Comunidad de Madrid, 2003.

[3] *El Eco Patronal*, 1 de marzo de 1923, p. 7.

[4] «Marinetti en Barcelona», *La Gaceta Literaria*, núm. 29, 1 de marzo de 1928; «El futurismo y el cinema», *La Gaceta Literaria*, núm. 44, 15 de octubre de 1928; «Marinetti en Bilbao. Conferencia en el Ateneo el 23 febrero 1928», *El Liberal*, 24 de febrero de 1928, p. 1.

[5] Sobre el XII Congreso de la Vivienda y Urbanización de Ciudades ver el diario *El Sol*, 10 de septiembre de 1929, p. 3; Federico López Valencia, *Quién debe construir las casas baratas*, Madrid, Ministerio de Trabajo y Previsión, 1929; *El Hogar Propio*, agosto-septiembre de 1929, pp. 47-48.

[6] «El problema de los alquileres». *El Hogar Propio*, noviembre de 1930, p. 10.

[7] *ABC*, 22 de julio de 1934, p. 1; *AC*, núm. 12, cuarto cuatrimestre de 1933, pp. 41-42.

[8] Arquitectura, núm. 9, 1935, pp. 334-337; *Boletín del Colegio Oficial de Arquitectos de Madrid*, núm. 101, 1 de diciembre de 1935, p. 6.

[9] Fernando Albi, «Roma de hoy: una pequeña definición del urbanismo fascista», *Administración y Progreso*, diciembre de 1935, pp. 737-746.

[10] «La Ciudad Universitaria. Roma (Italia)», *Obras*, núm. 44, diciembre de 1935, p. 302-309; «La nueva Roma», *Revista de Obras Públicas*, 1933, p. 31.

[11] Sobre el XIII Congreso Internacional de Arquitectos ver la revista *Re-Co*, julio de 1935, pp. 6-7; sobre la participación de López Otero ver *El Sol*, 2 de agosto de 1935, p. 4; sobre la organización del Congreso ver *Boletín del Colegio Oficial de Arquitectos de Cataluña y Baleares*, núm. 42, 1935, p. 479.

---

[*] Carlos Sambricio, catedrático de Historia de la Arquitectura y del Urbanismo en la Escuela Técnica Superior de Arquitectura de la Universidad Politécnica de Madrid.

Roma *Circa* 1930: *Hoc Opus, Hic Labor*
María Cristina García González

Textos
María Cristina García González
Carlos Sambricio

Agradecimientos
Deseo expresar mi agradecimiento a los profesores Carlos Sambricio (Universidad Politécnica de Madrid) y Francesco Careri (Università degli Studi Roma Tre) por su participación en esta publicación y en el evento de *Puertas Abiertas* celebrado en Roma en junio de 2015, respectivamente, así como a todo el personal de la Real Academia de España en Roma.

Roma Circa 1930: Hoc Opus, Hic Labor
María Cristina García González, 2015

Miriam Isasi

Monumento Inmaterial _ Joyas con Memoria

Escultura > Instalación / Documentos

Miriam Isasi

[Vitoria-Gasteiz, 1981]

Doctora en Bellas Artes por la EHU/UPV, realizando su estancia internacional en la UNAM de México D.F.

Ha participado en talleres y seminarios, impartidos por artistas como: Antoni Muntadas, Francesc Torres o Isidoro Valcárcel Medina entre otros. Además de los estudios académicos mencionados, ha recibido subvención para la producción de diferentes proyectos por: Gobierno Vasco, Diputación Foral de Bizkaia, Instituto Vasco Etxepare, Fundación Bilbaoarte Fundazioa, MAEC-AECID, o por el Centro-Museo de Arte Contemporáneo ARTIUM de Vitoria-Gasteiz.

Su trabajo se centra en generar un puente entre lo procesual y lo experimental. Habitualmente sus proyectos se definen en un lugar específico, en el que interviene desde la acción. El territorio y sus especificidades son constantes en su trabajo.

Desde un posicionamiento contemporáneo, genera un discurso que se construye a partir de guiños a la antropología, la historia, el activismo, el parasitismo, el paisaje y la memoria como fuente de alimentación. Buscando los vacíos legales y los espacios de límite, con un tono irónico y absurdo. En los que trata la relación directa del autor con el espacio, a través de la instalación. Unificando el aspecto más vivencial del acto creativo.

En los últimos años ha realizado diversas estancias y residencias en: Buenos Aires, Roma, México D.F., Hendaya, Pamplona, Bilbao y Pekín, que le han dado la oportunidad de realizar diferentes proyectos y exposiciones.

Memoria (in)material.

Cartografías antropológicas que hacen aflorar
alianzas de acero errático en los montes de Italia.
Kilómetros recorridos en búsqueda arqueológica de
objetos de muerte que tornan en cuerpos estéticos,
cuyo valor radica en su memoria y significado. Joyas
conceptuales que albergan historia en el interior de
relicarios. Residuo mutado, de tasación lejana a la
mercantil de los diamantes labrados, cercana al valor
incalculable de la historia que nos ha modelado. Del
mismo modo que el herrero fragua la metralla, en
acto alquímico, consiguiendo ese objeto provisto de
concepto. Mini-Monumentos Portables.

Leyre Goikoetxea[*]

------

[*] Leyre Goikoetxea Martínez, curadora y crítica de arte actual, formada en historia del arte e investigación.

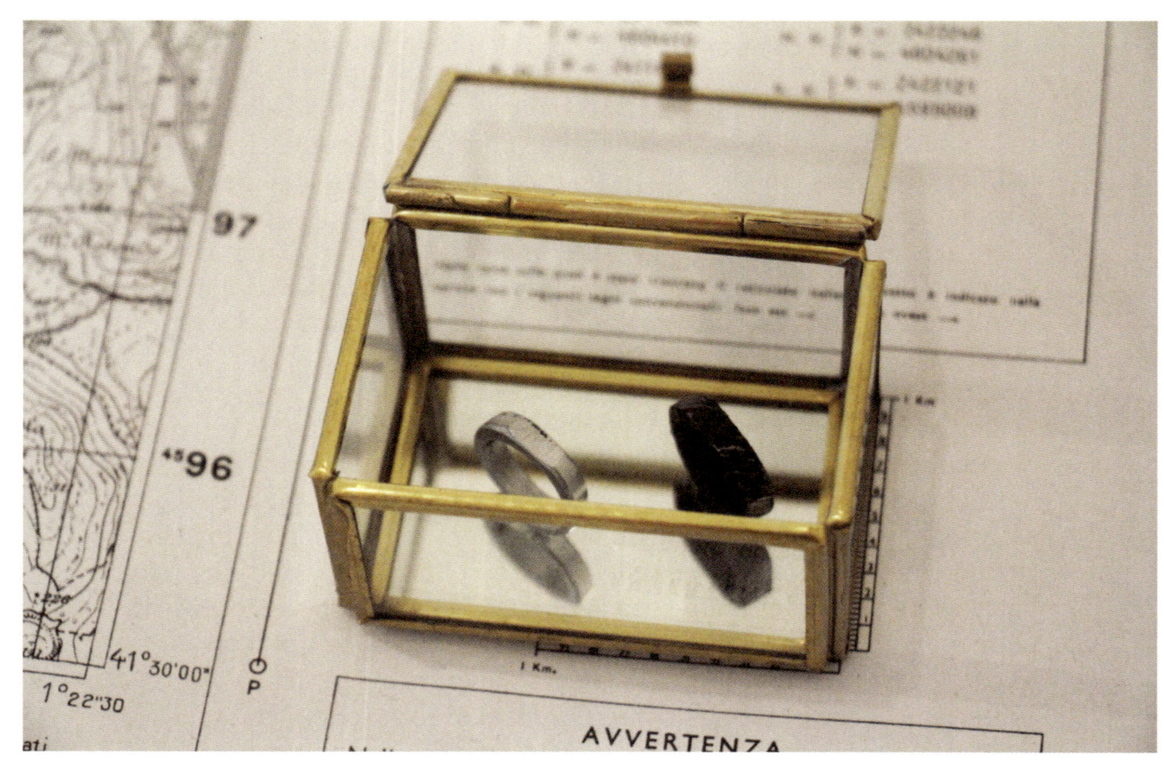

Relicario con alianzas. Serie Sambucaro
Detalle de instalación
Puertas Abiertas, Academia de España en Roma Junio-Julio 2015

Chatarra y memoria

Julio Llamazares

Conocí a Miriam Isasi en la gasolinera de Boñar, lugar muy poco romántico pero adecuado para citarse con alguien cuya pretensión es que tú le guíes hasta los únicos refugios de guerrilleros republicanos que, en lo que uno conoce, son los únicos en toda España que se mantienen como cuando sus constructores y ocupantes los dejaron para siempre, va a hacer ya setenta años. Desde la estación de servicio de Boñar, a la entrada del pueblo, las montañas leonesas del río Porma se abren como un abanico apenas a un par de kilómetros, con lo que el visitante puede hacerse idea de su grandiosidad.

Y de su belleza. Porque la Cordillera Cantábrica, a la que pertenecen las cumbres que rodean al río Porma, cuyo embalsamiento hizo desaparecer el pueblo de quien esto escribe, se alza calcárea y gris, con bosques por sus laderas, sobre un horizonte azul que en nada hace pensar, y menos en el verano, cuando la naturaleza brilla como un diamante como la mañana a la que me refiero, que en ella se libraran duros combates entre españoles en la pasada guerra civil y que en sus recovecos permanezcan todavía restos diversos de la violencia y el ensañamiento con los que se libró. Como las cuevas de Vozmediano, dos refugios subterráneos que el grupo de guerrilleros que se escondió por aquellos montes al caer el frente del Norte y que, ante la imposibilidad de pasar a la zona controlada aún por el gobierno de la República o de huir a Francia o a Portugal, que quedaban a cientos de kilómetros, acabaría emboscado durante años, construyó con sabiduría minera - la profesión de la mayoría de aquellos hombres -, tanta que después de setenta años aún se conservan intactos, como si sus constructores fueran a volver en cualquier momento a ocuparlos y darles vida. Esos refugios (y el eco que en torno a ellos aún quedara de una época que, aunque mitificada, se desvanece poco a poco en el imaginario de los españoles) eran los que venía a buscar la artista Miriam Isasi, a la que yo conocí aquel día y a la que hice de sherpa durante algunas horas.

Si le gustó o no la excursión (venía más gente con nosotros) tendría que contarlo ella, pero que no le resultó inútil lo deduzco de que la prolongara luego por otras zonas (del País Vasco, de donde es, y de los alrededores de Roma, donde ha vivido algún tiempo invitada por la Academia de España, ese refugio de artistas instalado en la colina del Gianicolo del que yo he podido disfrutar también, aunque en mi caso sólo tres días) y de que prosiguiera con su inicial idea de metabolizar la guerra en nuestra memoria a base de convertir sus restos, materiales o no, en obras artísticas; una idea para la que la chatarra bélica, ya fuera de guerrilleros republicanos españoles, de partisanos italianos o de huidos de cualquier lugar, cobra un papel importante, como el espectador de la obra de Isasi que se expone en la Real Academia de Bellas Artes de San Fernando de Madrid junto a la de otros artistas españoles invitados por la Academia de España de Roma en los últimos tiempos puede comprobar. Aunque más que la chatarra bélica, más que ese óxido de unas contiendas cuyos ecos aún resuenan en Europa, lo que destaca en las obras de Isasi es la idea que subyace en su interior: cómo el tiempo y la memoria, incluso los más dolorosos, pueden convertirse en sueños a través de su tratamiento artístico.

El trabajo de Miriam Isasi gira en torno a esa idea inicial y evoluciona a medida que la desarrolla hacia otra aún más metafísica y más interesante desde el punto de vista conceptual, al menos para quien esto escribe. Miriam Isasi, consciente o inconscientemente, lo que plantea al espectador de sus obras es, además de la conversión de los restos de las distintas guerras en objetos, su absorción por parte de éste; es decir, que el óxido de la metralla, de las latas de conserva abandonadas por quienes las comieron, de las hebillas de cinturones y de las balas perdidas y semienterradas entre la maleza, de esas bombas de mano o de artillería sin explotar que continuamente aparecen en las montañas de España y de toda Europa o que los incendios forestales hacen aflorar de pronto (un estallido en medio de la noche), pase a formar parte de su espíritu, convirtiéndose así en esencia y en una nueva memoria de la vieja historia, ésa que nos acompaña siempre, transformada a su vez en identidad.

Yo no soy crítico de arte, tan sólo un espectador más, y no pretendo por ello influir en los demás con mi opinión sobre una determinada obra - la de Miriam Isasi, en este caso -, por lo que me abstendré de considerarla en un contexto mayor artístico, pero sí me atrevo a decir que se trata de un trabajo singular y que ofrece una perspectiva novedosísima sobre algo que está en boca de todos desde hace tiempo: la tan traída y llevada memoria histórica, que tanta controversia ha provocado y continúa provocando entre muchos españoles al cabo de casi setenta años de nuestra guerra civil y la inmediata posguerra. Los objetos de Isasi lo que proponen es una nueva mirada hacia esos períodos y una incorporación calmada a nuestro presente, que es el tiempo al que pertenecen. Porque, aunque los materiales sean antiguos y porten una carga de sentimentalidad e historia, los objetos y joyas que Isasi ha hecho con ellos corresponden a una visión moderna, la visión de una artista que está creando y haciendo arte en este momento. En eso me recuerdan a los objetos y joyas de antiguas civilizaciones que uno puede contemplar en los museos, sólo que al revés: mientras que éstos pertenecen al pasado si bien los estemos viendo en el tiempo real (un tiempo real que pronto será pasado también), los diseñados por Miriam Isasi pertenecen al presente si bien se nutran de la historia y de los materiales muertos que han llegado hasta nuestros días. O sea, del óxido de los años, que cubre todo de un polvo leve mezcla de sueño y de imaginación.

———

* Julio Llamazares, escritor.

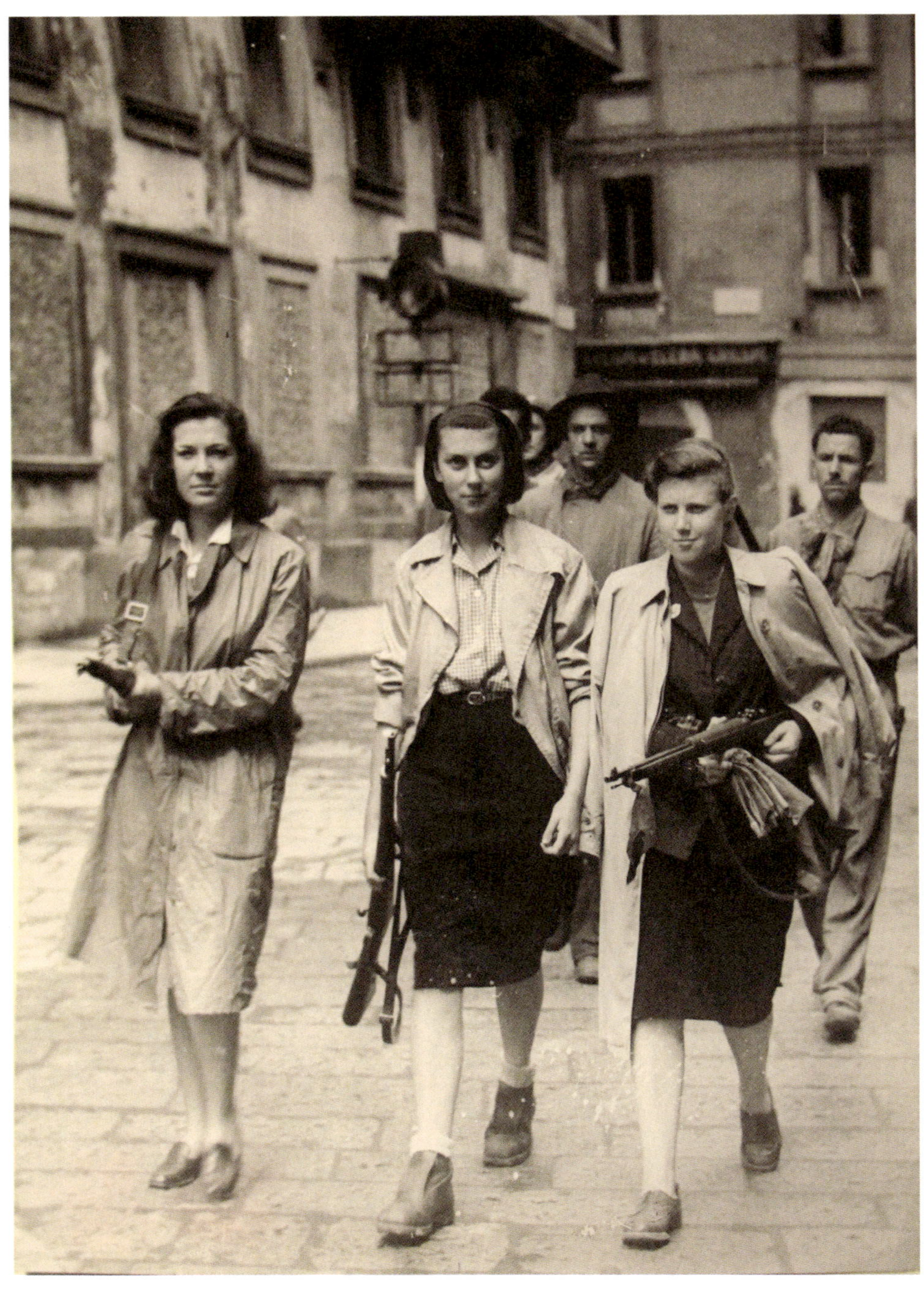

*Foto de Archivo. Del 26 de Abril al 6 de mayo del año 1945,
tres partisanas en Piazza Brera, Milán. (10.296_Publifoto Notizie)*

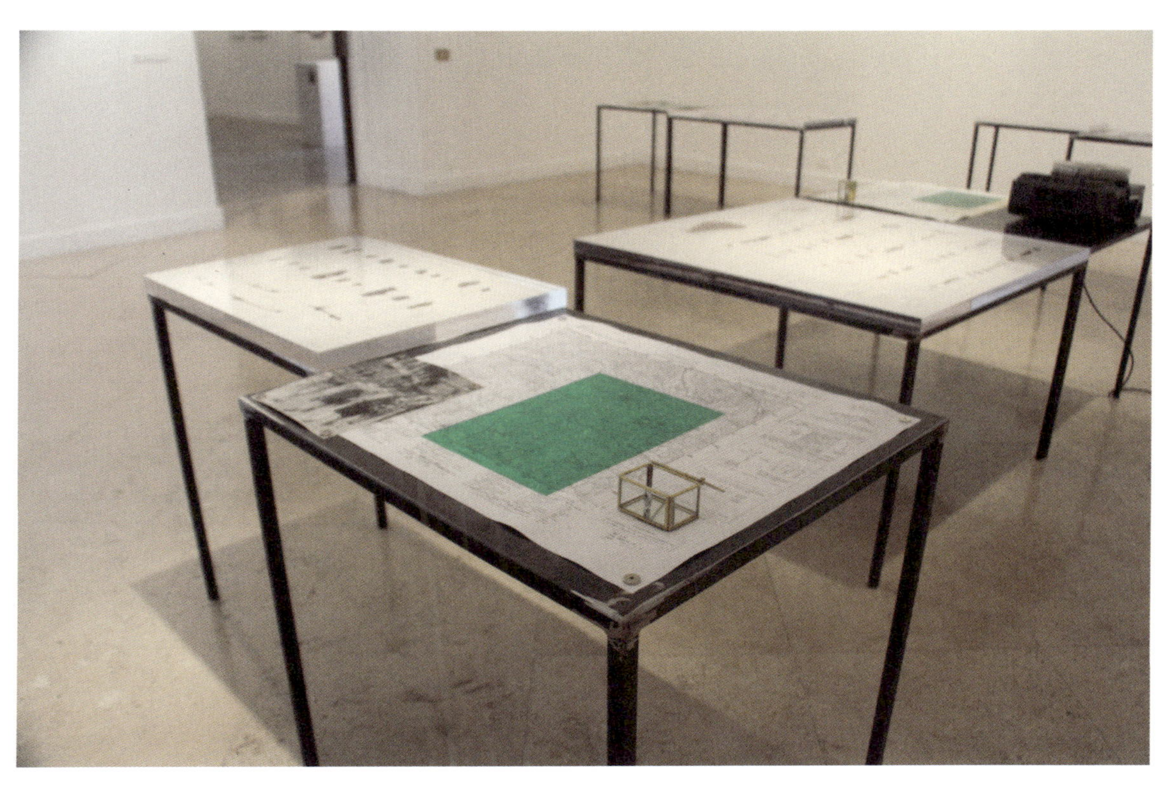

Monumento Inmaterial _ Joyas con Memoria
Vista de la instalación
Puertas Abiertas, Real Academia de España en Roma, Junio-Julio 2015

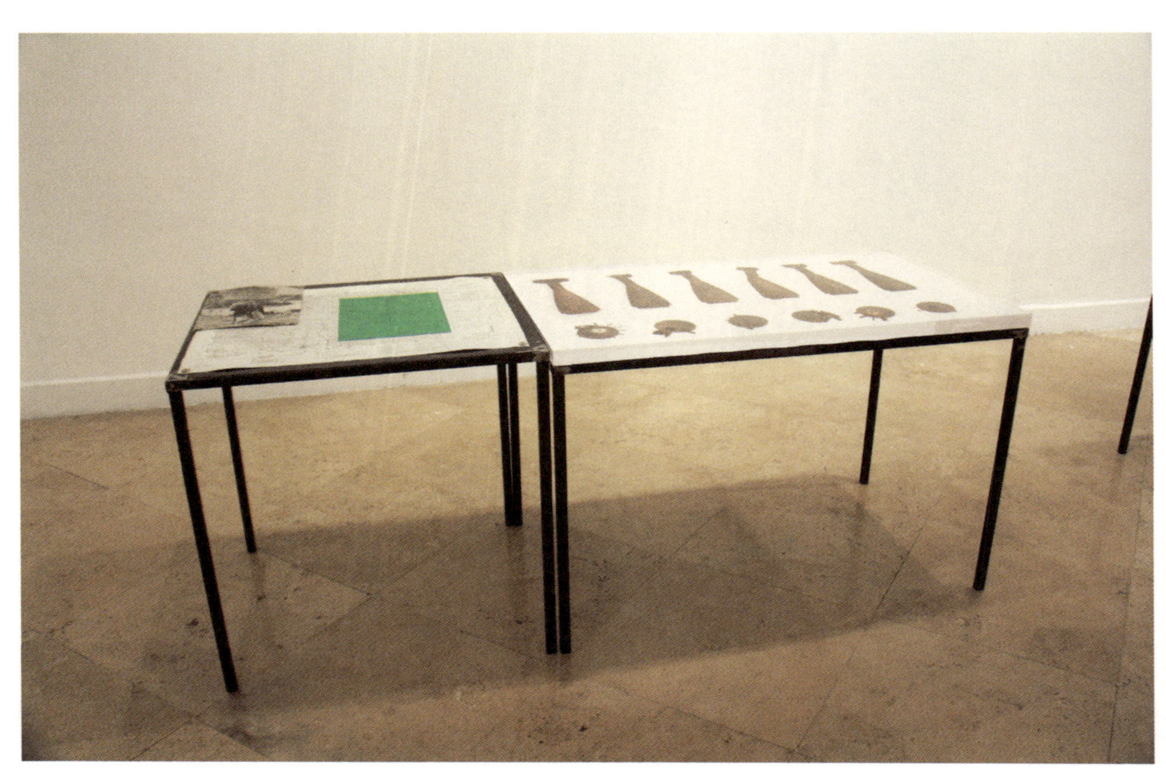

Serie *Cerro 2/2*
Vista instalación
Puertas Abiertas, Real Academia de España en Roma, Junio-Julio 2015

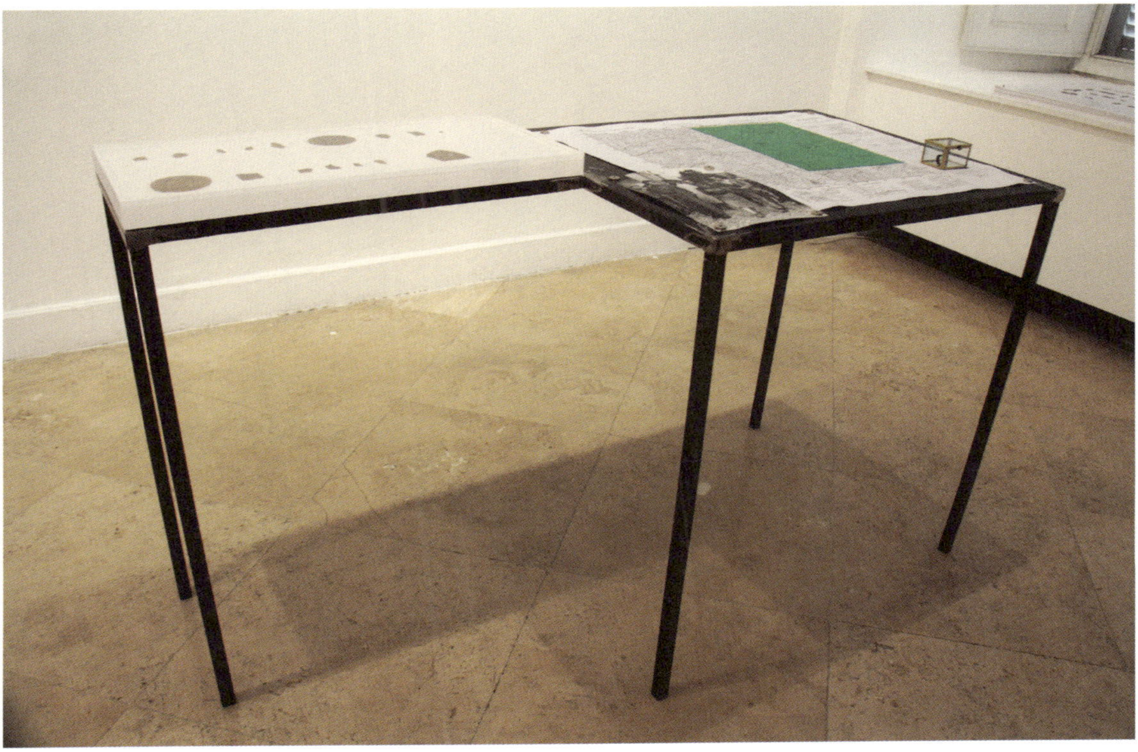

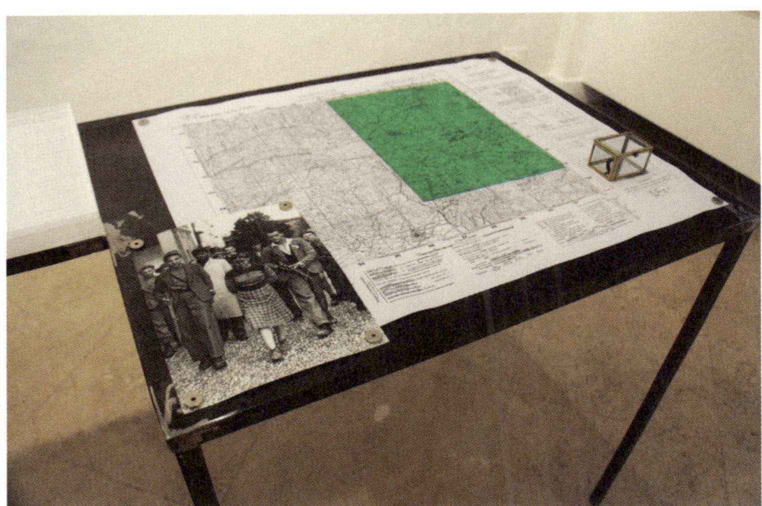

Serie *Cerro 1/2*
Detalle de la cartografía y foto de archivo
Puertas Abiertas, Real Academia de España en Roma, Junio-Julio 2015

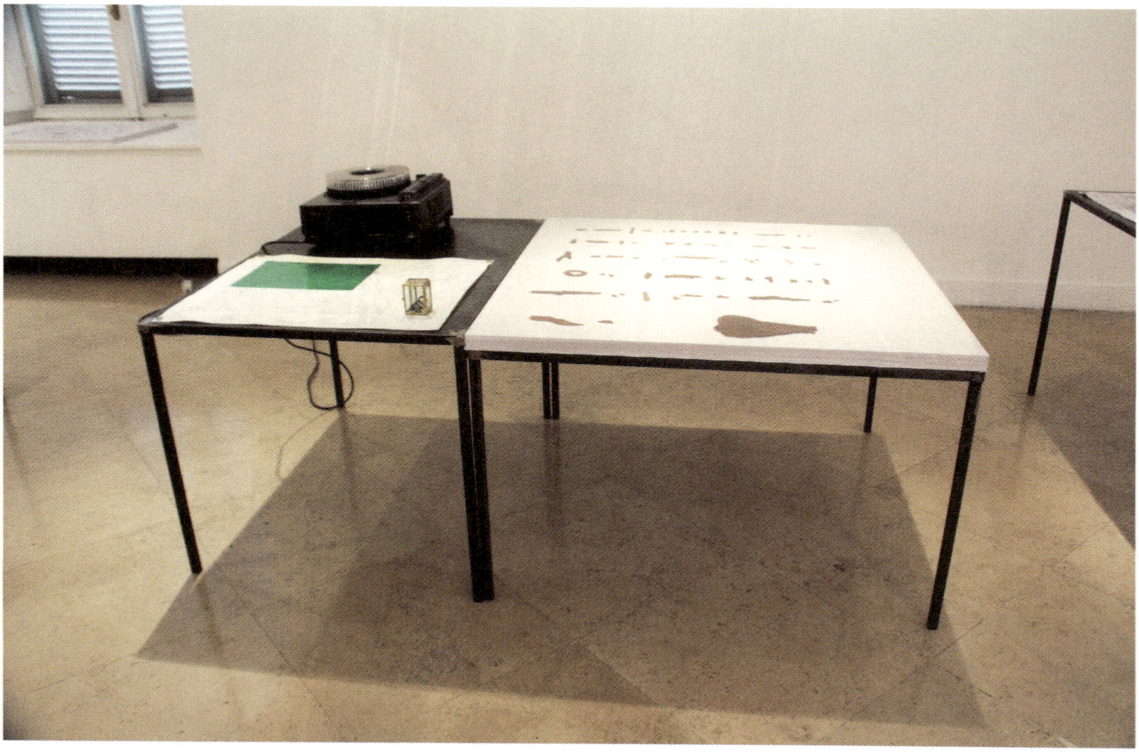

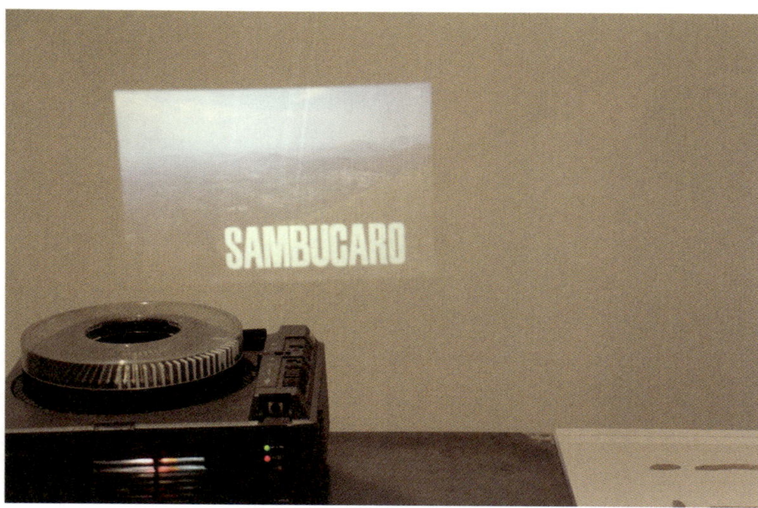

Serie *Sambucaro*
Puertas Abiertas, Real Academia de España en Roma, Junio-Julio 2015

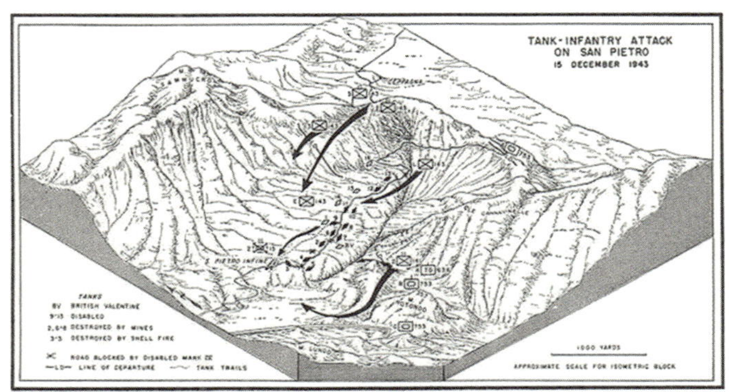

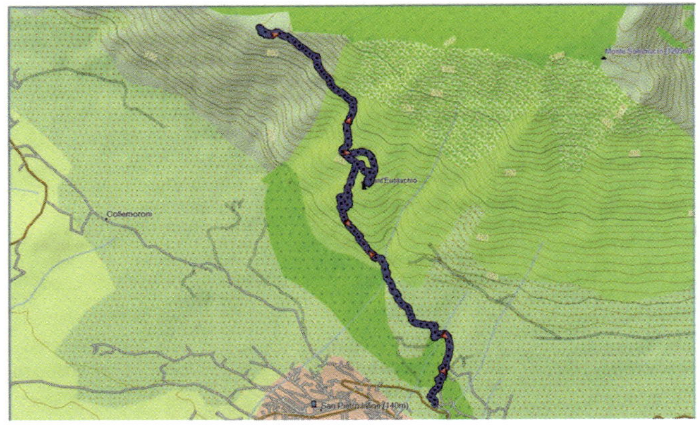

Sambucaro
Cartografía digital del recorrido realizado

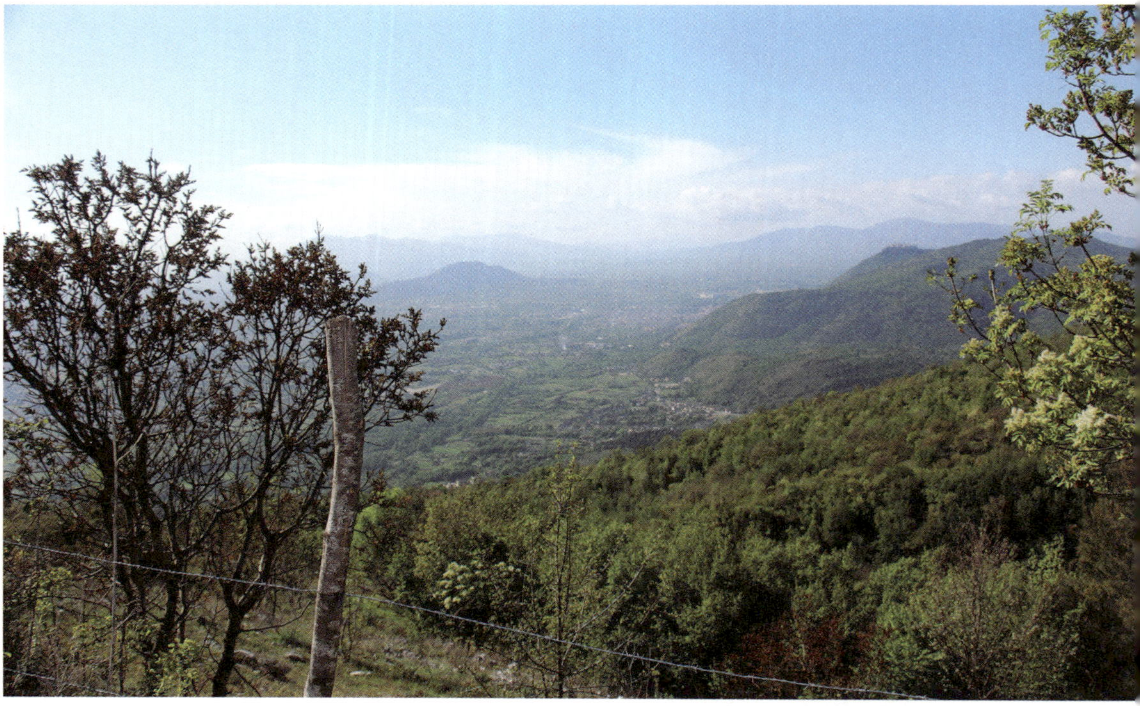

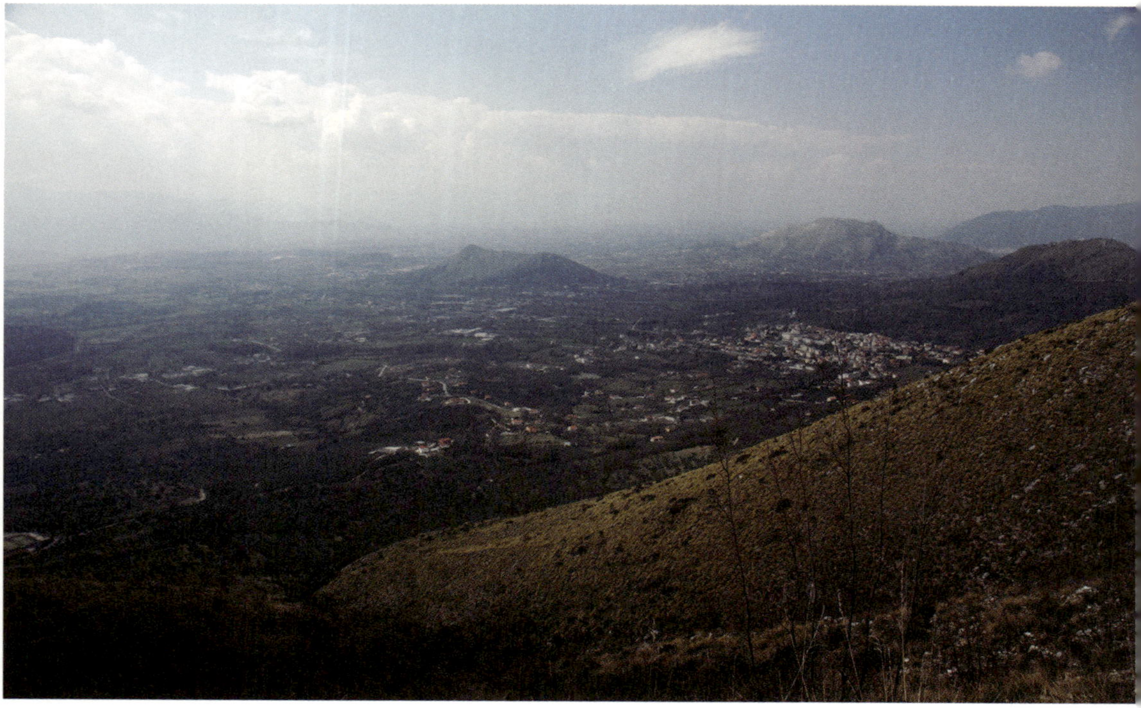

Localizaciones en la búsqueda de metralla
Belbedere (arriba) y Sambucaro (abajo)

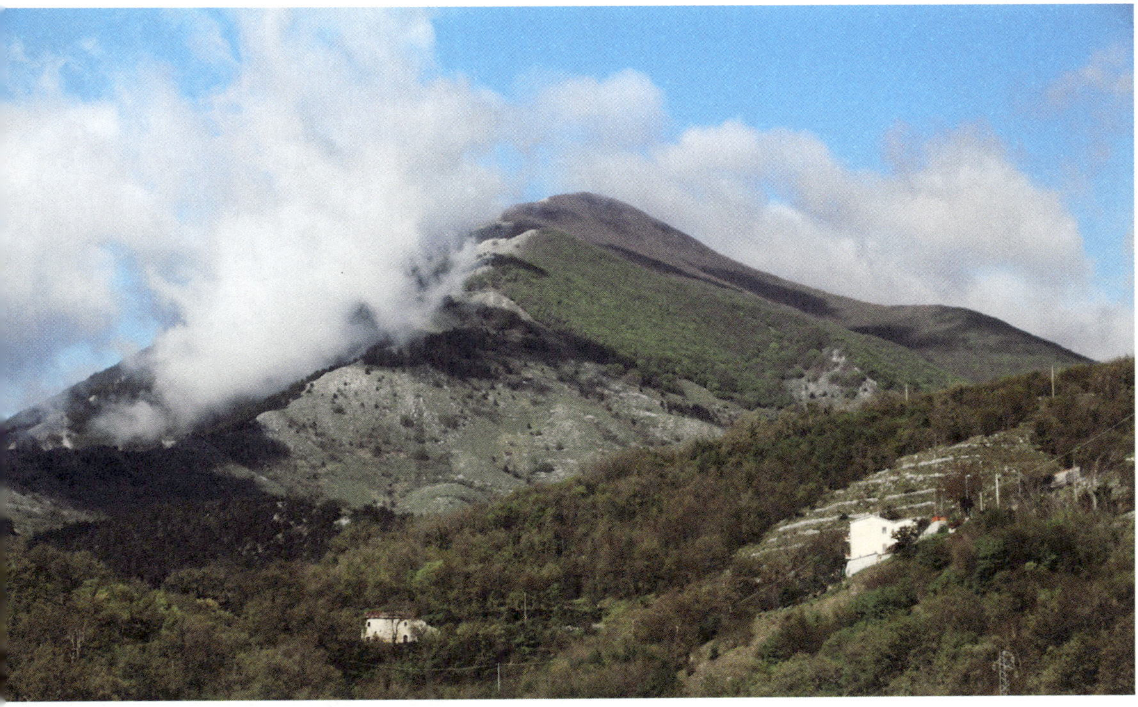

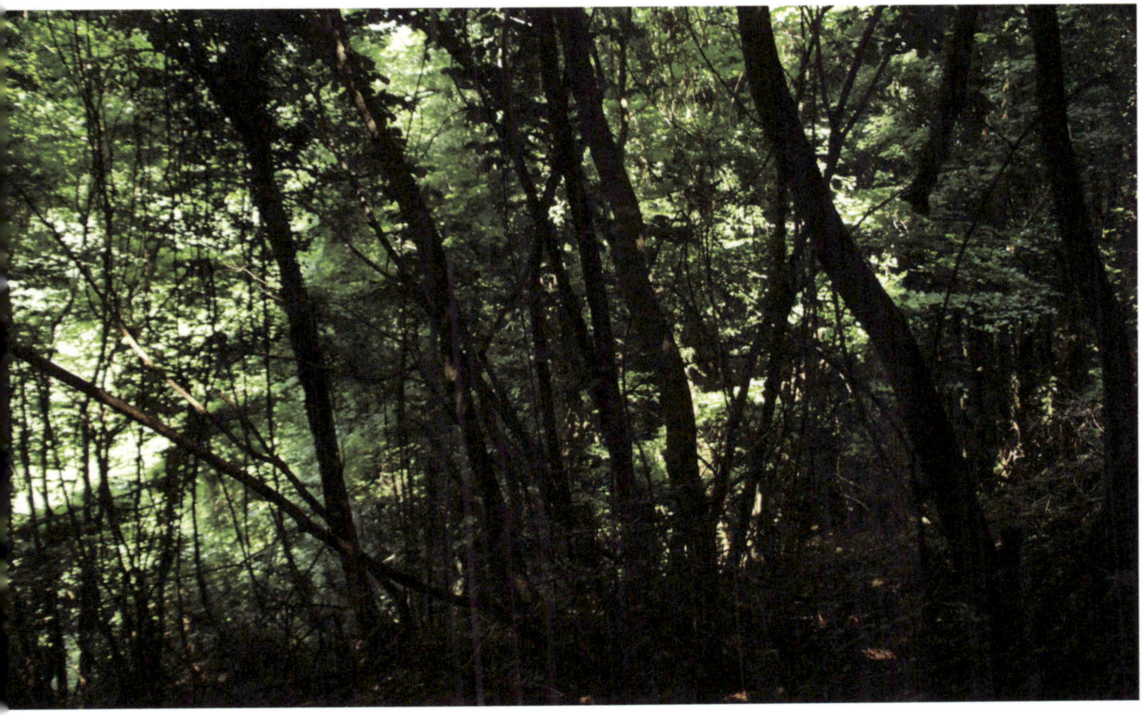

Localizaciones en la búsqueda de metralla
Colle Cerro (arriba) y Monte Tancia (abajo)

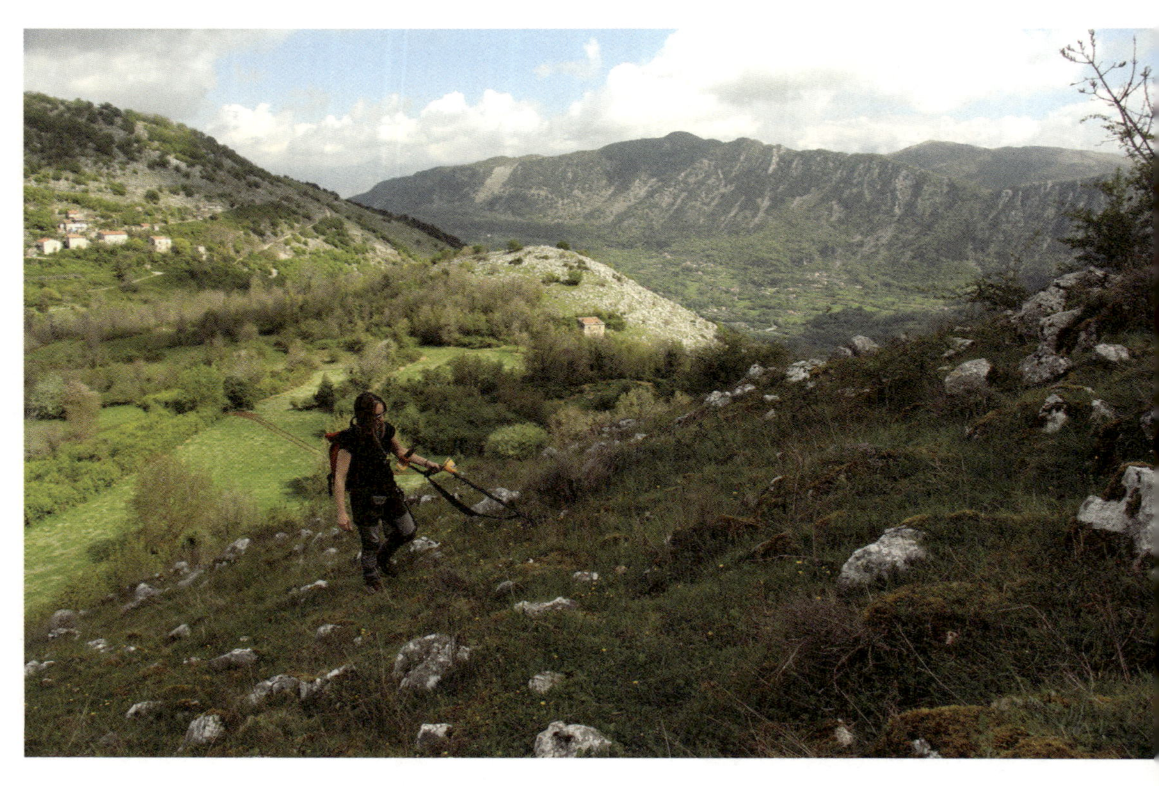

Proceso del proyecto
búsqueda de metralla. Belbedere

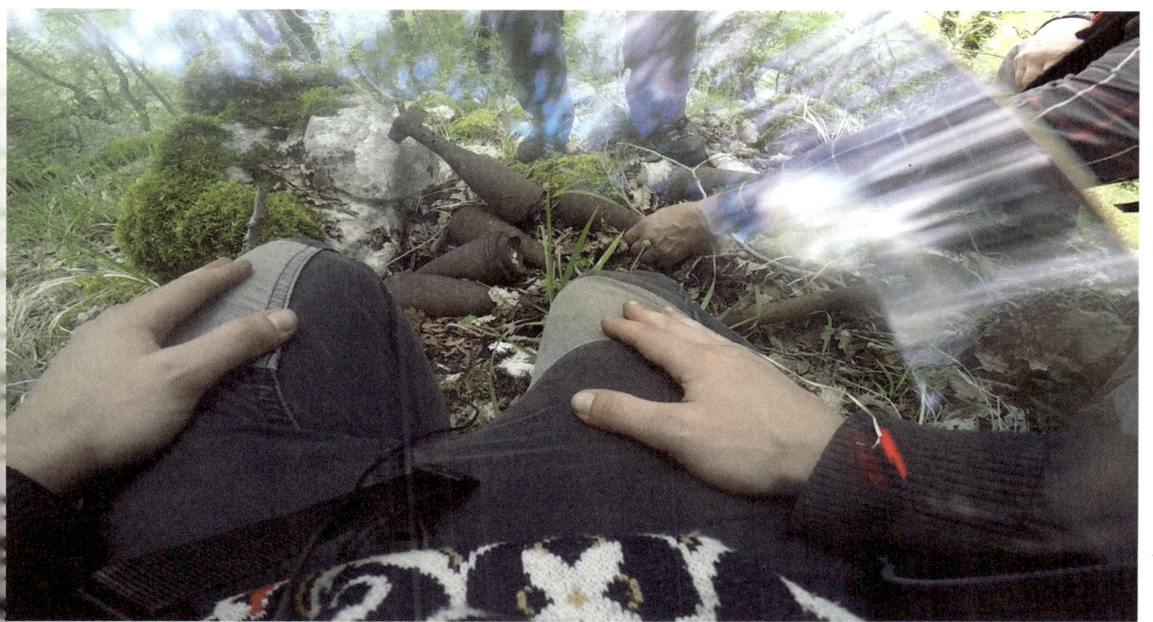

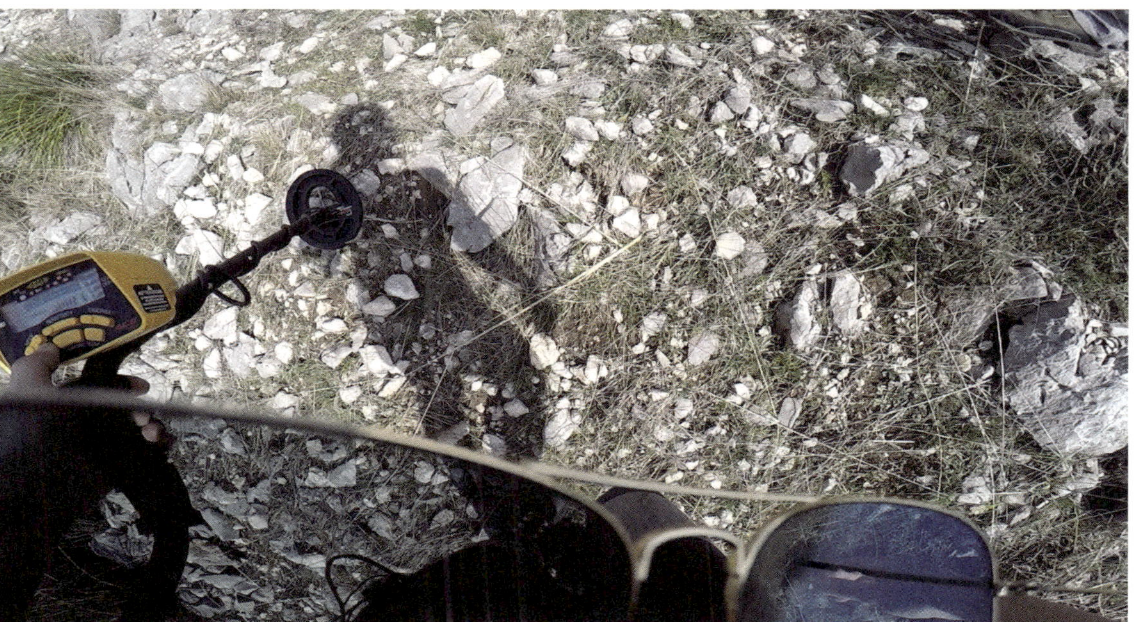

Proceso del proyecto
colas de mortero, Colle Cerro

Proceso del proyecto
búsqueda de metralla, Sambucaro

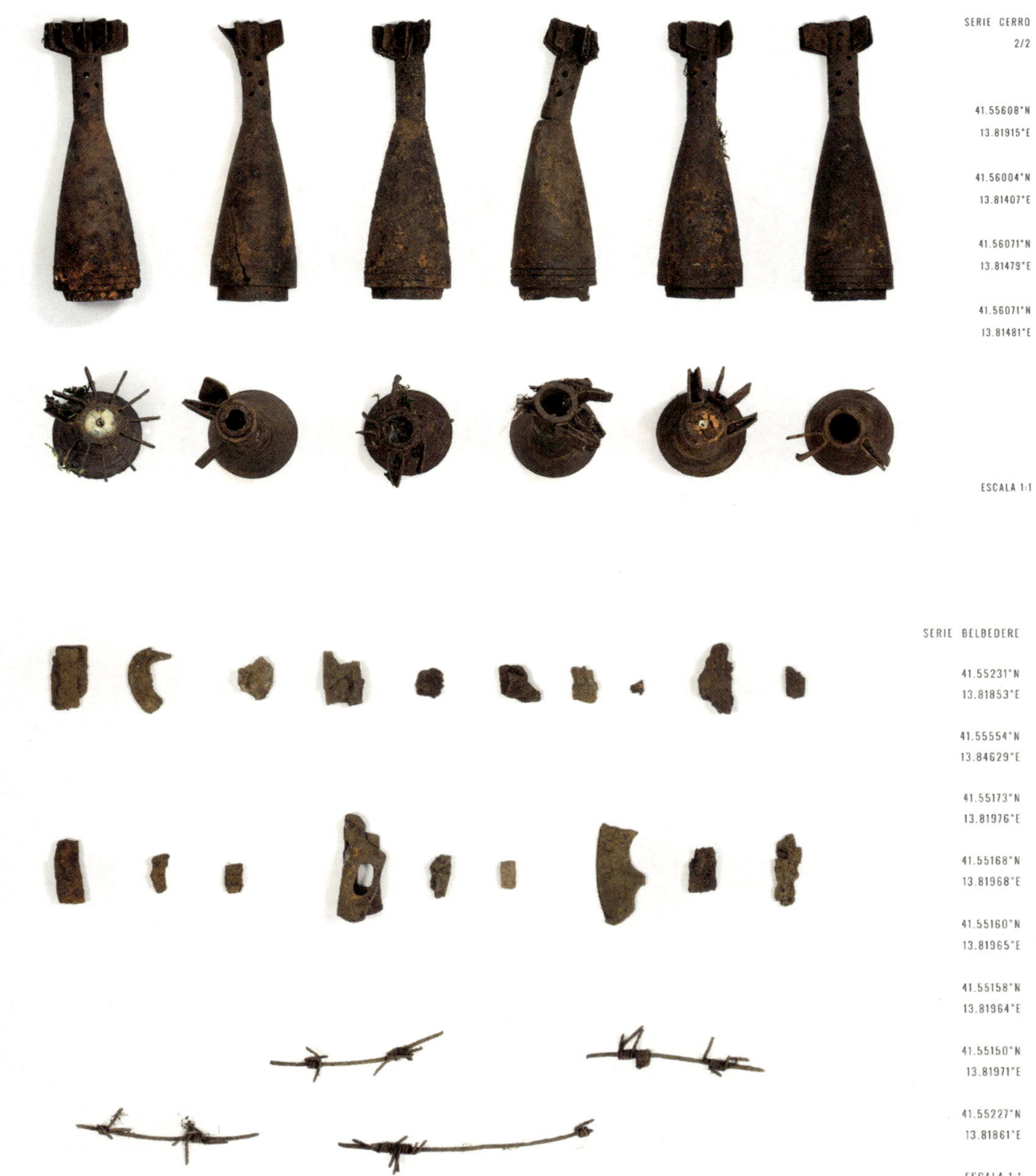

Serie *Cerro 2/2*
Fotografía y coordenadas. 100 x 55 cm

Serie *Belbedere*
Fotografía y coordenadas. 95 x 60 cm

Monumento Inmaterial   Joyas con Memoria
Miriam Isasi

Textos
Leyre Goikoetxea
Julio LLamazares

Fotografía
Luis Do Rosario
Enrique Bordes
Begoña Zubero
Miriam Isasi

Edición de video
Cristina Arrazola

Fundición
Karmel Aranguena Garcia

Agradecimientos
Personal de la Academia de España en
Roma, Casa della memoria (Roma),
Associazione Nazionale Partigiani d´Italia
A.N.P.I., Militantes de Patria Socialista en
Roma en especial a Ivan, Igor y Marco,
Peppe Gugliotta y a Cristina Ojea.

Miriam Isasi

Monumento Inmaterial _ Joyas con Memoria

Yann Leto

Iconofobia

Pintura > Instalación

<u>Yann Leto</u>

[Burdeos, 1979]

www.yannleto.com

Artista francés residente en España desde hace 10 años.

Su medio principal es la pintura en la que construye espacios donde varios elementos tipográficos conversan a modo de collage con el objeto de conseguir una gestualidad expresionista. Los encuentros entre los elementos de la obra son tan claros que desaparecen los huecos y los planos "sin pintura" del cuadro. Este acercamiento sin reglas de los protagonistas hace posible un círculo visual emocional que posiciona los protagonistas en una sociedad marcada por el desasosiego y la inmediatez.

Yann Leto trabaja también con la instalación. De hecho, al lado de cada cuadro que presenta siempre se puede apreciar la presencia de neones, banderas o elementos escultóricos de madera. De este modo, la obra pictórica se distancia de la ubicación clásica de las muestras clásicas contemporáneas y participa en un discurso en el que el espectador es protagonista y toma parte de la reflexión del propio artista.

La crítica de arte, Chus Tudelilla comenta lo siguiente sobre la obra del pintor: "En los cuadros de Yann Leto todo es teatral y dramatizado y ambiguo. Su mirada no es la de pintor de la vida moderna, la del paseante de Baudelaire, sino la de quien se siente más próximo a la figura del vagabundo; quizás por eso sus cuadros son episodios sin pasado ni más futuro que la incertidumbre. El artista sale a la calle y pinta los estallidos de quienes se manifiestan contra un espacio político auto protegido por un complejo sistema de control social e individual, al que se enfrentan con el griterío y la agitación febril y desbordada de sus acciones y gestos; todo se precipita en el más desquiciado de los delirios. Lo grotesco aireado por múltiples banderas se torna hermético."

Ha trabajado con galerías y espacios institucionales tan prestigiosos como Luis Adelantado, Cámara Oscura, el Matadero de Huesca, Anouk Le Bourdiec o la galería Mulherin & Pollard de Nueva York. Actualmente trabaja con la galería T20 (Murcia), Carolina Rojo (Zaragoza) y Ada Gallery (Richmond). Ha participado en ferias como Arco, Artbo, Maco, Art Amsterdam, Artissima o Art Shangai.

Aparte de participar en la próxima bienal de Valencia y preparar su segunda muestra individual en la galería T20, el artista está ahora preparando una obra de gran tamaño titulada "Mother of all battles" precisamente la obra más grande de la pintura española prevista para ser expuesta en 2016.

Espaguetis, neones, cardenales y petroleras.
Yann Leto en Roma

Ángel Calvo Ulloa*

Yann Leto me pide que me siente a analizar algunas de las pinturas que
han salido de su paso por la Academia de España en Roma. Entiendo en
esos lienzos una preocupación por lo político, por lo que de político tiene
lo religioso. Sin embargo, cada instante que paso frente a estos cuadros,
se hace más evidente la acumulación de referentes a los que él tampoco
es capaz de escapar. Puedo descubrir una clara tendencia a la pintura de
crónica, a la que relata e idealiza un episodio, dando cuenta a sus contemporáneos y a las generaciones venideras de una serie de hechos que por
iniciativa propia, no se ha permitido que caigan en el olvido.

Slavoj Zizek, toma como ejemplo los diferentes tipos de inodoros europeos
y bromea acerca de las ideas fundamentales que caracterizan a las personas, a
las sociedades y sus épocas como constituyentes de las ideologías. En el típico
inodoro francés el agujero se localiza en la parte posterior, es decir, se busca
que la caca desaparezca tan pronto como sea posible.[1] Zizek justifica así, con
inmensa ironía, esa supuesta tendencia a *la precipitación revolucionaria* del
pueblo francés, que no en vano ha sido el inventor de la guillotina.

Por lo francés, no cabe duda de que la de Leto es una pintura de pulsión
revolucionaria, precipitada, que es lanzada al espectador dispuesta a ser
despedazada o elevada a los altares, pero nunca esperando pasar desapercibida. Sin embargo, existe también una clara tendencia al patetismo que
el arte español ha sabido plasmar desde Goya, de un modo ininterrumpido
hasta nuestros días. No puedo evitar pensar en las degradantes historias
que Félix Romeo situó en la Guerra del Rif o en los clubs de carretera del
desierto de los Monegros. Lo hablo con Yann y por supuesto él conoce los
relatos de Romeo, por la época en que éste frecuentaba su bar en Zaragoza.
El pintor parece haber encontrado en esa ciudad un filón que lo conecta
con una realidad sórdida que se encuentra al doblar la esquina.

La pintura de Yann Leto adquiere del lugar en el que se desarrolla el
imaginario que la configura. Es así comprensible que el trabajo llevado a
cabo en Roma nos hable de religión, de historia y de pintura; y es quizás

en esto último, en lo relativo a la pintura, donde se esconda la parte más interesante del trabajo, la que fusiona temas aparentemente olvidados con una querencia por lo metapictórico que enfrenta al espectador a una suerte de catálogo de nombres propios. ¿A qué se refiere entonces Leto cuando habla de iconofobia? ¿Al rechazo que profesa por todo lo político y religioso que representa; o quizás a esa lista de pintores que lo han llevado a pintar como pinta? Leto plantea una pintura que por polisémica acaba por arrancar el significado a muchas de las partes que la componen. Es por esto que un símbolo repetido hasta la saciedad pierde su significado del mismo modo que una palabra de uso cotidiano se vuelve extraña cuando la pronunciamos varias veces de manera consecutiva. Lo mismo ocurre cuando en vez de un solo símbolo, solapamos una serie de imágenes cuyos poderes disuasorios se enfrentan hasta neutralizarlas, hasta conseguir que no surtan en conjunto el efecto que esperábamos por separado.

Por esta razón, más allá de esa tendencia por lo español o lo francés, podemos descubrir en la pintura de Yann Leto una propensión hacia la acumulación de referentes, logrando esas claras pérdidas de significado, pero evidenciando al mismo tiempo un interés por hacer al espectador partícipe de sus influencias directas. Los mismos calzoncillos con los que Kippenberger se retrató emulando a Picasso, dando cuenta de un profundo deterioro físico, constituyen en *Blonde cross followers* –una de las pinturas que componen la serie de *Iconofobia*- un remedio de urgencia para cubrir los genitales de la autoridad eclesiástica cuyo hábito ha sido levantado. Intencionado o no, se trata de un ejercicio que remite además al episodio vivido por Miguel Ángel cuando el papa Pablo IV le pidió que adecentase su Juicio Final cubriendo el sexo de las figuras representadas. El pintor respondió: *Decid al papa que esto es una minucia y que el adecentamiento es fácil: que haga del mundo un lugar decente y la pintura también lo será*. A la muerte de Miguel Ángel, fue Daniele da Volterra, conocido a partir de entonces como Il Braghettone, el encargado de llevar a cabo el indigno episodio de *adecentar* el mural.

Nudes everywhere, otro de los lienzos de esta serie, muestra a una serie de personajes que se cubren pudorosamente unos a otros, dejando un gesto altamente sugerente cuando una de las figuras femeninas introduce su pie en una lata de pintura, acentuando la libidinosidad de la escena que pese a ser arrancada de un anuncio observado en Roma, remite de algún modo a *Las Señoritas de Avignon*. Las cuatro prostitutas, una menos que en el cuadro de Picasso, son aquí custodiadas por sendos maromos que responden al prototipo de cliente de club de polígono. Todo es más actual, más crudo y más de verdad.

Las figuras de Yann Leto se evaporan en su movimiento, del mismo modo que lo hacen *Inocencio X* en manos de Francis Bacon o los bañistas de Carlos Alcolea. Esos rostros que se derriten, trazados de un modo que no permite levantar el pincel, son rostros falsamente expresivos a los cuales no se les concede más privilegio que el de ser pintados del mismo modo que podrían haber sido borrados. Dirigen unas miradas enlatadas, de familia de prensa rosa que posa en su adecentada mansión para una masa que anhela emular a sus ídolos, por superficiales que estos puedan ser. Por ello, no existe una intención de dotar al retratado de un semblante que muestre su yo interior, sino más bien de mostrar a un individuo de plástico, emocionalmente vacío.

Puestos a rozar la excomunión, tampoco parece implicar un dilema moral el presentar al David de Bernini tras el muro de un campo de golf que antecede quizás a una Laguna Estigia, o quizás a un juicio final invadido por figuras desnudas que corren sin rumbo aparente. La atención se concentra en ese hoyo en el que se está decidiendo el partido. *INRI*, la pintura descrita, recrea una suerte de *Jardín de las Delicias* adaptado a lo que por paraíso se entiende en la actualidad. Grandes campos vallados para el disfrute del acomodado casposo, regados por los litros de agua de trasvases y operaciones faraónicas. Quizás el modo en que la imaginería religiosa ha mostrado las escenas de la condena no ha surtido efecto en ciertos individuos que, aparentemente convencidos de su creencia, parecen no tener miedo a esa justicia divina que pondría, sin distinción, a cada cual en su lugar.

El perro de la Compañía General Italiana de Petroleo –Agip-, reconvertido en loba para amamantar a Rómulo y Remo; una vanitas, la Biblia o la Sábana Santa abandonadas entre las piernas de dos mujeres desnudas; una gran cruz de madera cubierta con una rubia y larga peluca a cuyos cabellos se aferra un escuadrón de cardenales obnubilados o el busto de Lucio Bruto ensartado en una caótica estructura de madera y cubierto de espaguetis. Es inevitable advertir ciertos paralelismos entre la pintura de Yann Leto y la de Manuel Ocampo, especialmente cuando la religión hace acto de presencia. El modo en que Ocampo conecta la esvástica con la cruz; los hábitos de las cofradías en Semana Santa con los del propio Ku Klux Klan; o la imagen de Jesucristo en diálogo con personajes de animación. Ocampo definía así su repertorio en una entrevista realizada en 2011: *Estamos viviendo un período muy caótico y confuso. Para mí es necesaria una actitud irónica para poder sobrevivir, esa es una de las excusas importantes, la necesidad de sobrevivir. La política también está presente en lo irónico por eso me resulta tan importante mantener esa actitud.*

No se puede decir que la sutileza tenga en Leto a un buen emisario porque tampoco se trata de despistar a nadie, sino de provocar espanto al plantarnos frente a la estampa que carga contra lo moral y contra lo que nos han presentado como recomendable. Sus pinturas se muestran rebosantes de símbolos que son atacados de manera descarnada y humillante. A pesar del poder de estos iconos y de su sobredifusión, seguimos acusando una cierta tendencia a la iconoclastia, a sentirnos ofendidos por las imágenes y a destruirlas como reacción instintiva frente al supuesto ataque.

En 2008, durante una exposición en Bolzano, Benedicto XVI declaraba que la obra *Fred the Frog*, de Martin Kippenberger, hería *los sentimientos religiosos de tanta gente que ven en la cruz el símbolo del amor de Dios*. Su cruz, realizada con bastidores, era quizás una parodia de la propia vida del pintor, de las miserias y *malos hábitos* que rodean su existencia. Pero la decisión de parodiar la crucifixión no había sido ni mucho menos aleatoria, Kippenberger sabía lo que se hacía y buena prueba de ello es esa reacción del Vaticano, que llegaba diez años después de su muerte. Meses después, Silvio Berlusconi era golpeado a la salida de un mitin con una miniatura en suvenir de la catedral de Milán. Cualquiera de las dos noticias da cuenta de ese poder que el icono conserva frente al espectador, incluso cuando este es utilizado literalmente para atizar a la momia.

Pier Paolo Pasolini escribió el 8 de julio de 1974 una carta abierta a Italo Calvino: *La Italieta es pequeñoburguesa, fascista, democristiana; es provinciana y está al margen de la historia; su cultura es un humanismo escolar, formal y vulgar. ¿Cómo voy a añorar todo eso? En lo que a mí respecta, esta Italieta fue un país de guardias que me detuvo, me procesó, me persiguió, me atormentó y me linchó durante casi dos décadas.*[2] Intento concentrar en estas últimas líneas a algunos de esos nombres propios que de algún modo me hayan asaltado mientras desgranaba cada uno de los Horror Vacui que Yann Leto presenta en esta exposición. ¿Qué hay de Pasolini o incluso de Rainer Fassbinder en la pintura de Leto? Quizás ese gusto por la sordidez que también demostraba Kippenberger. No se trataba de poner una serie de cuestiones sobre la mesa, sino de meter el dedo en la llaga como los tres lo hicieron de manera incesante. Ellos, apaleados literalmente por la sociedad, simbolizan de algún modo ese icono golpeado hasta su destrucción. La iconofobia no es otra cosa que el miedo irracional a las imágenes y el pueblo continúa haciendo gala de un rechazo sistemático hacia todo lo que desconoce. Solo así se entendería que una institución como la iglesia católica conserve intacto tal poder de persuasión sobre la masa.

[1]   ZIZEK, Slavoj. *El acoso de las fantasías*, Siglo XXI Editores, Mexico, 1999.

[2]   PASOLINI, Pier Paolo. *Limitación de la historia e inmensidad del mundo campesino (Carta abierta a Italo Calvino: P.: Lo que añoro)*, en *Escritos Corsarios*, Ediciones del Oriente y del Mediterráneo, Madrid, 2009.

———

*   Ángel Calvo Ulloa, comisario de exposiciones, escribe y conversa con artistas.

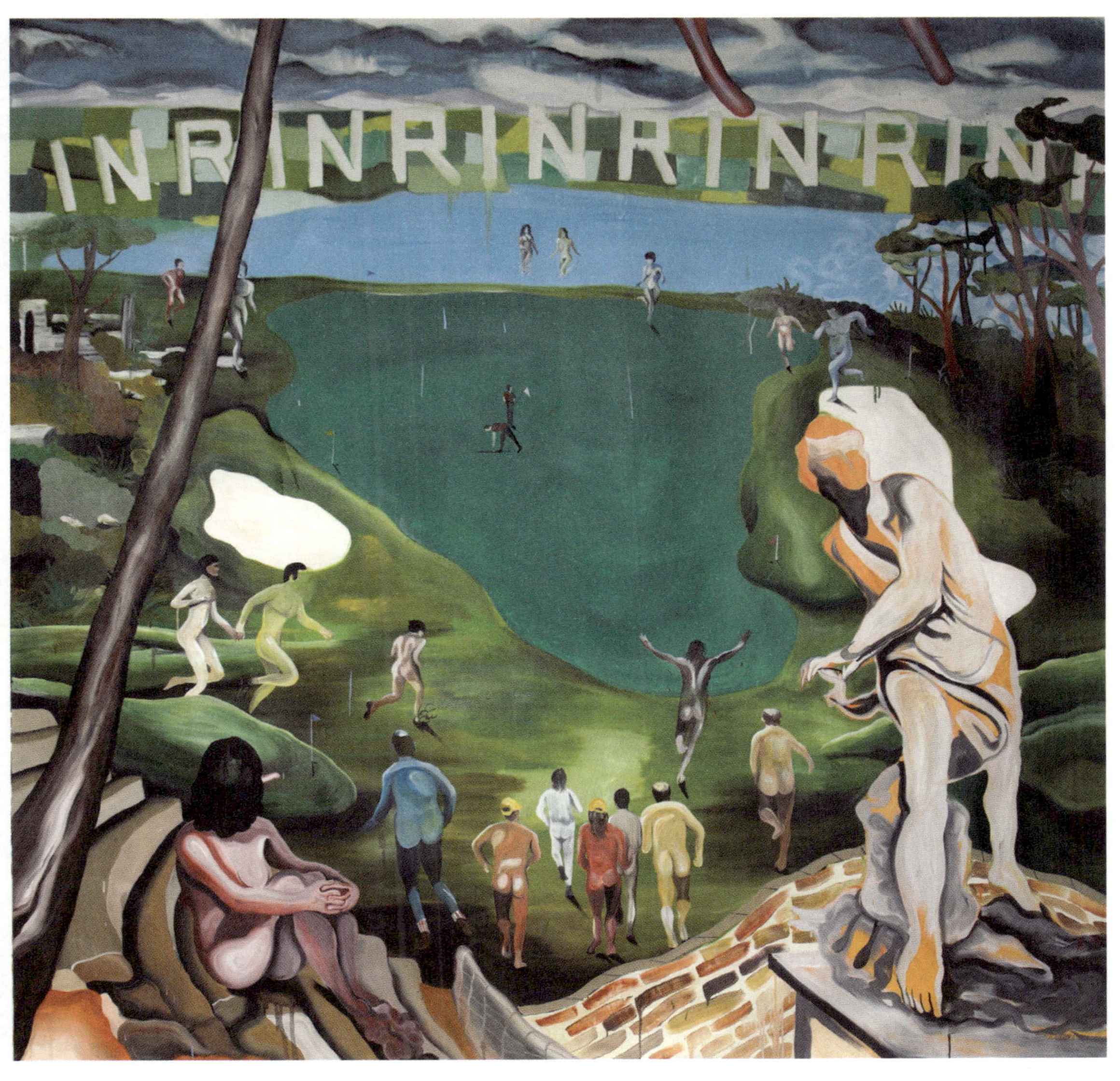

INRI, 2015
Óleo sobre lienzo
195 x 195 cm

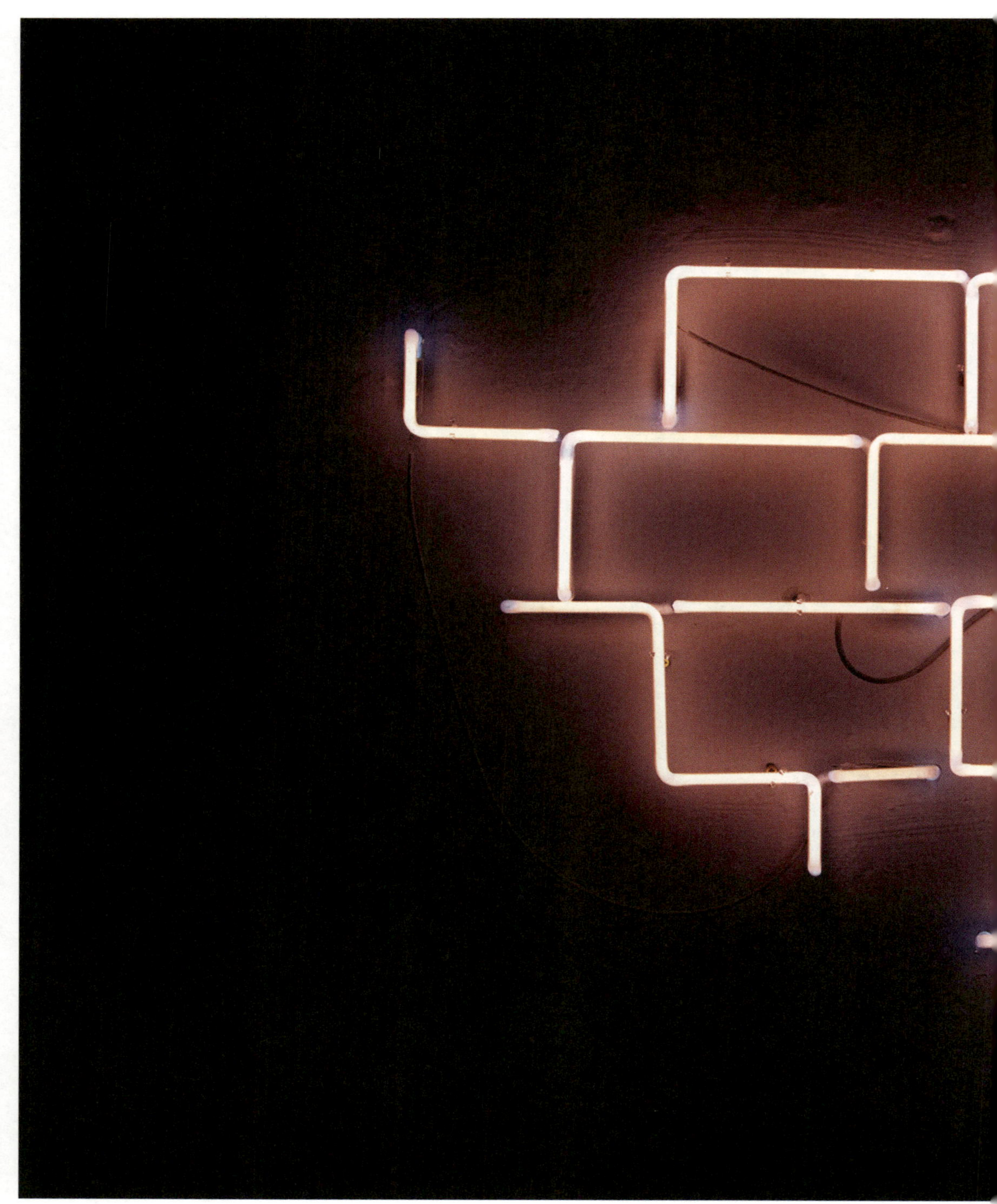

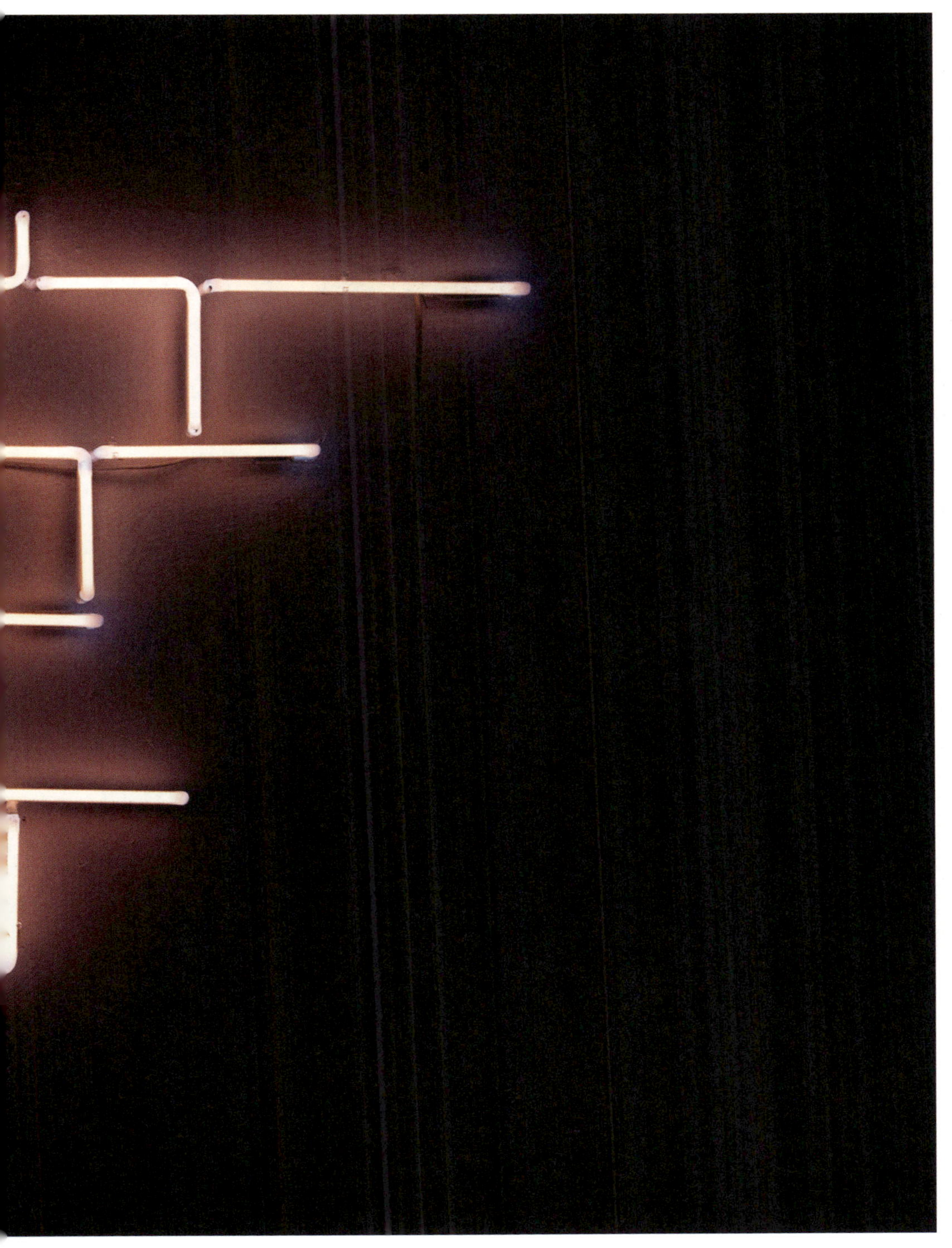

Bricks for the future", 2016
Neón
90 x 62 cm

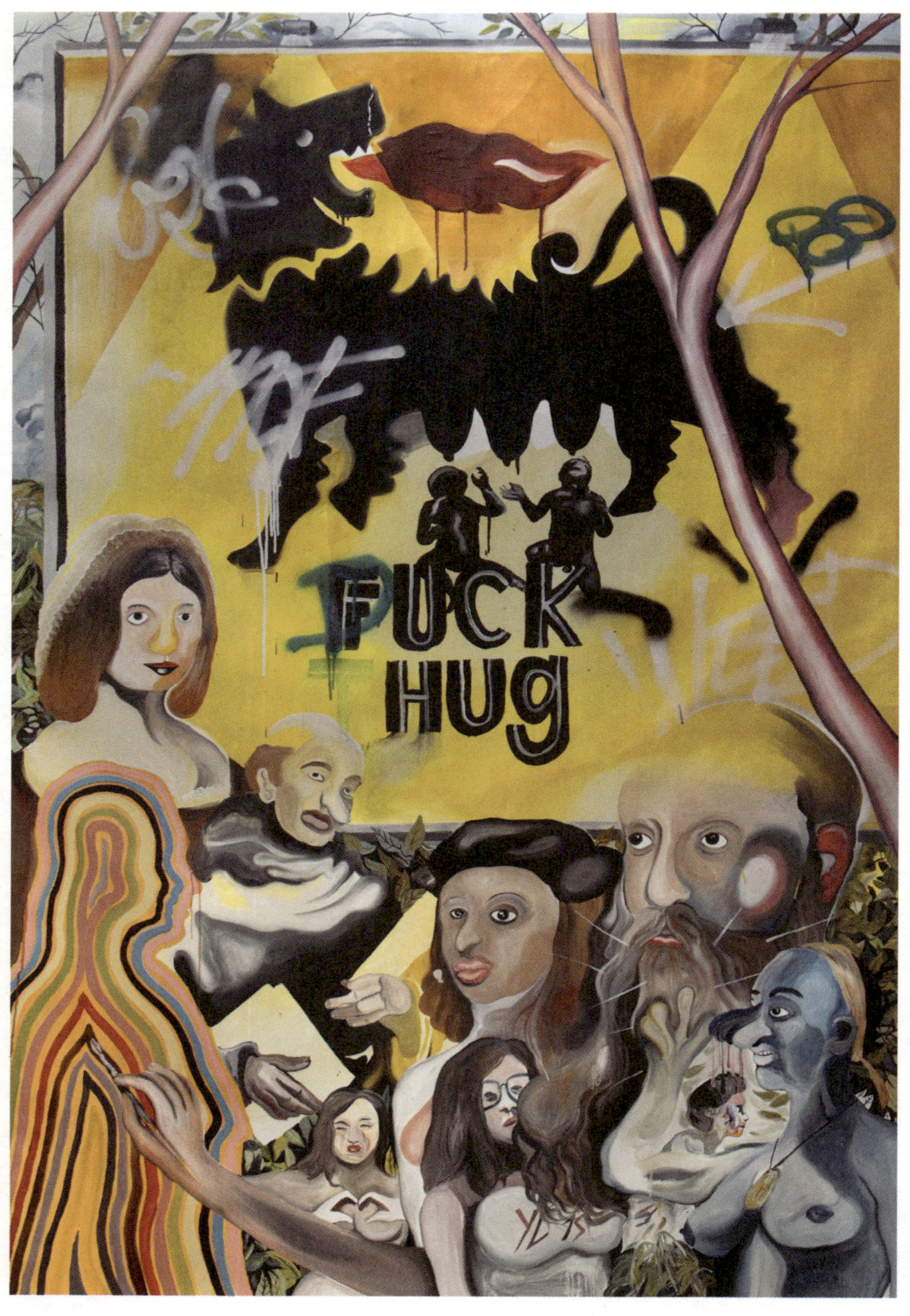

Duck Hug, 2015
Óleo sobre lienzo
195 x 130 cm

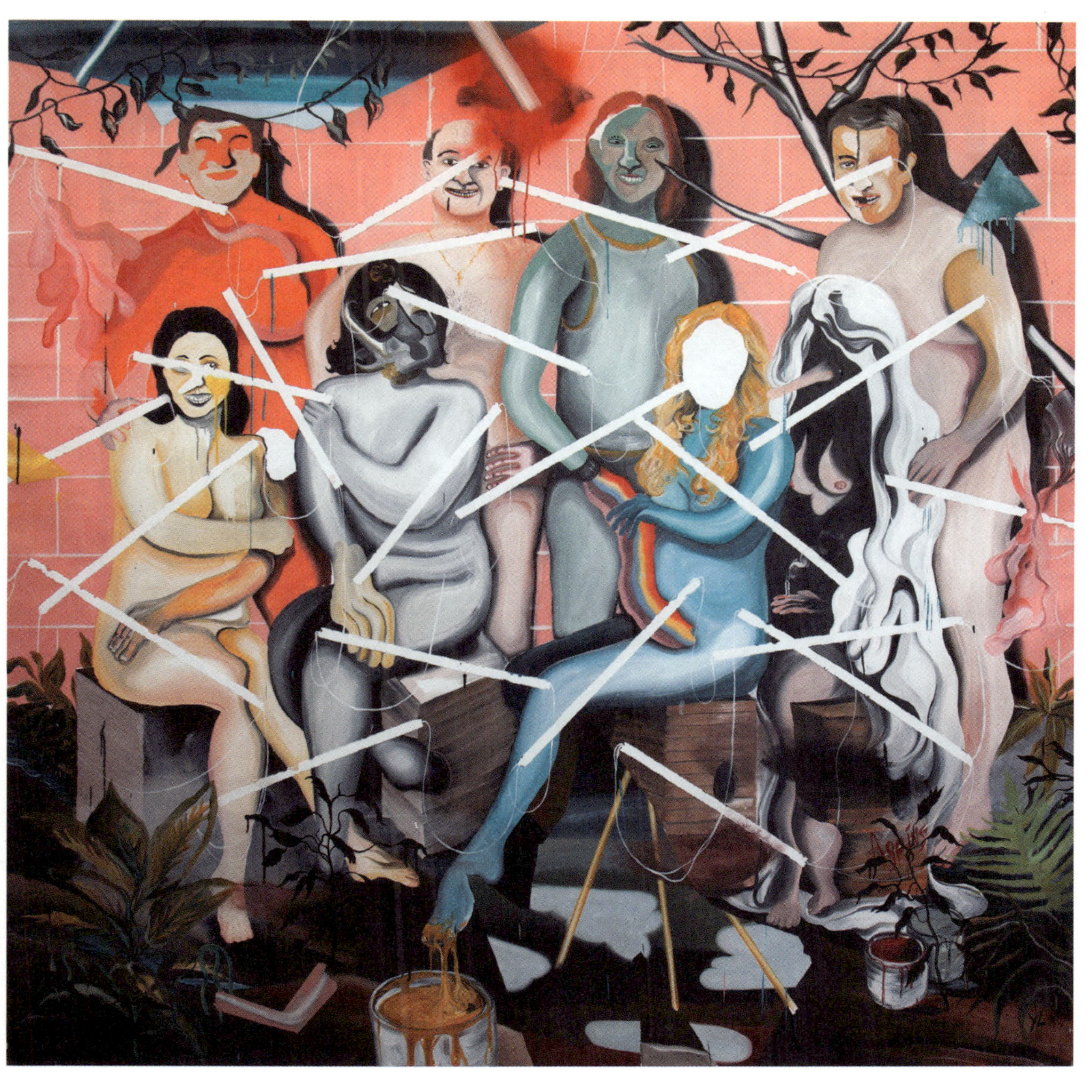

Nudes Everywhere, 2015
Óleo sobre lienzo
195 x 195 cm

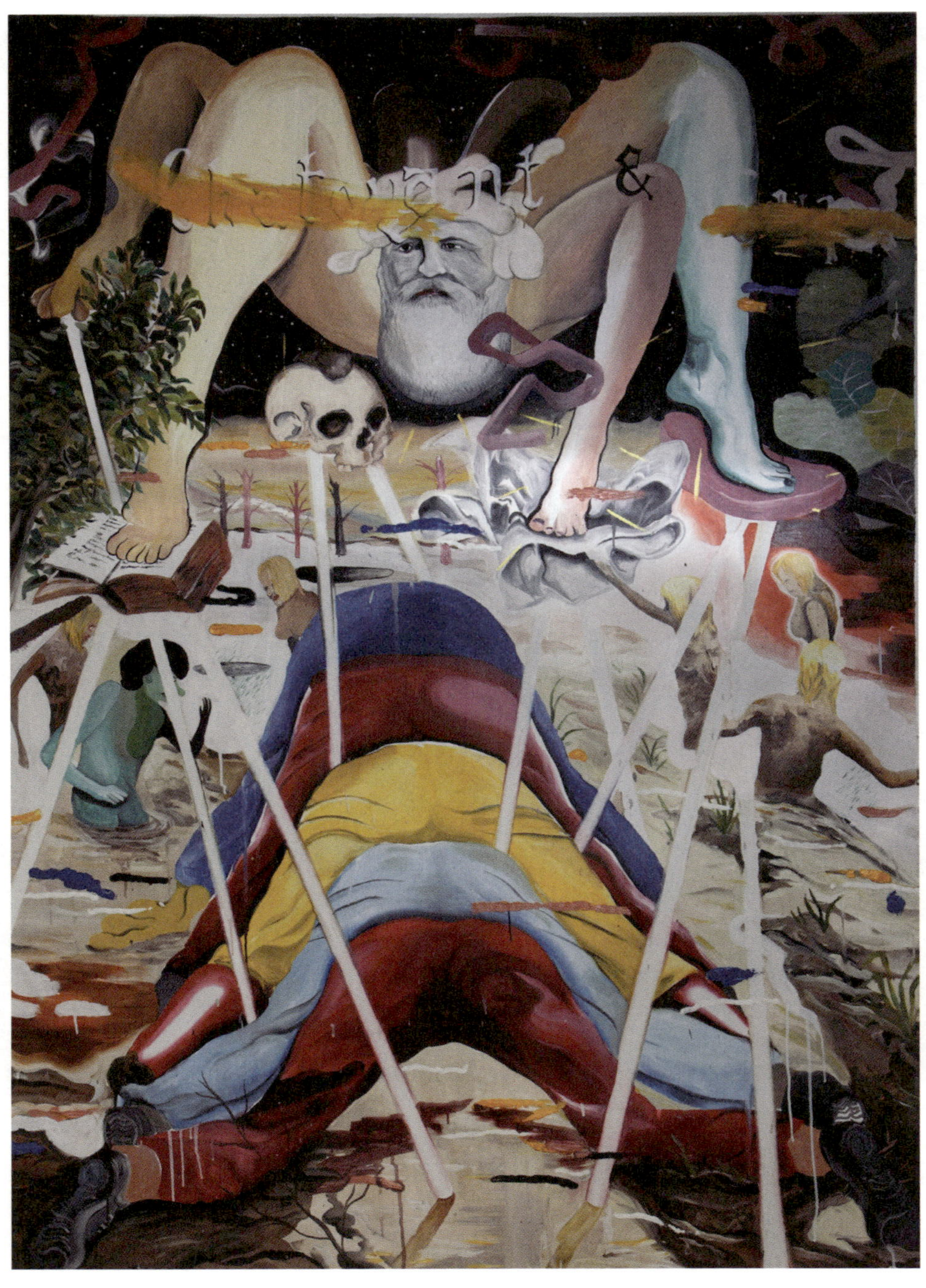

Chatoyant, 2015
Óleo sobre lienzo
195 x 130 cm

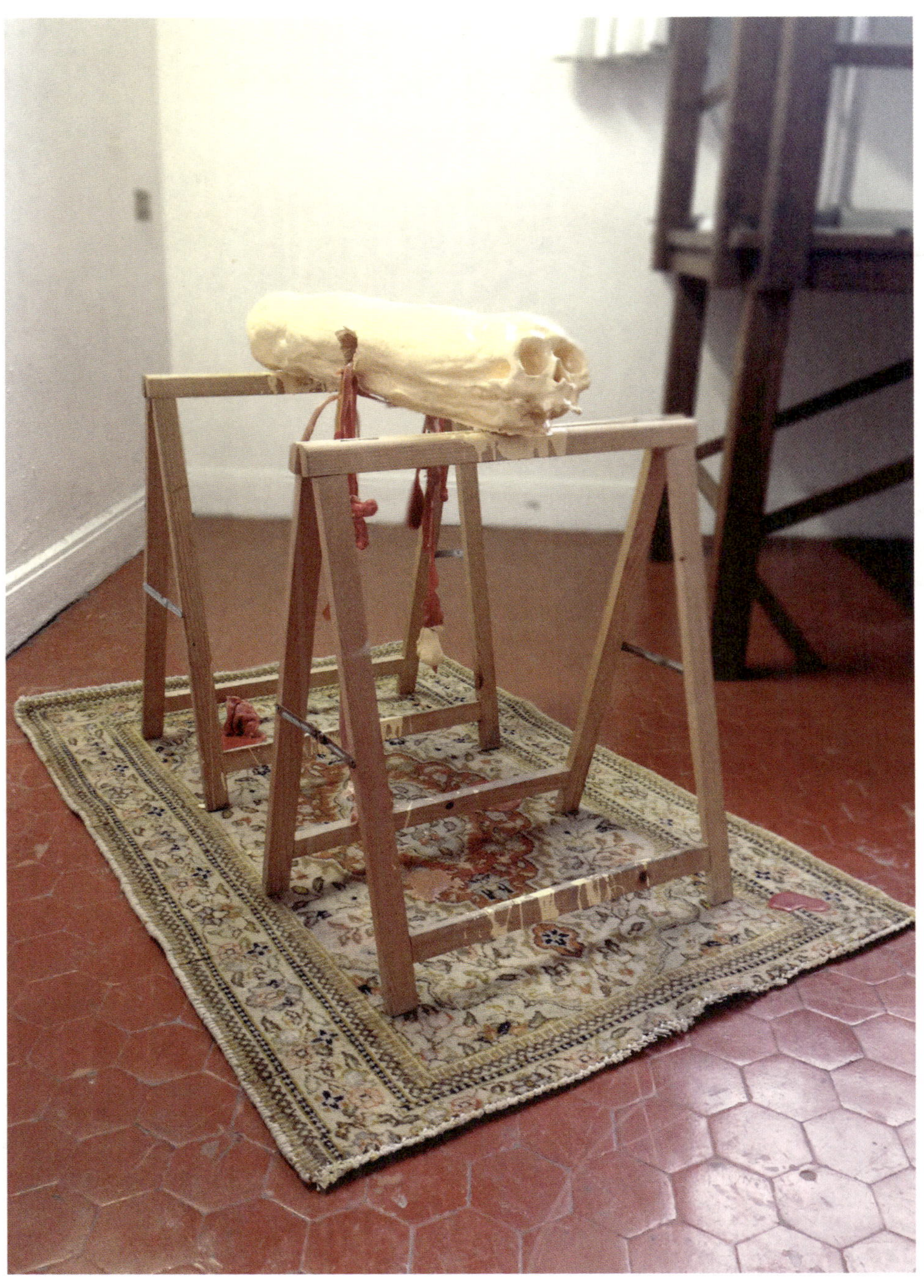

La calavera más larga del mundo, 2014
Arcilla, esmalte, látex y alfombra persiana
Vista de instalación

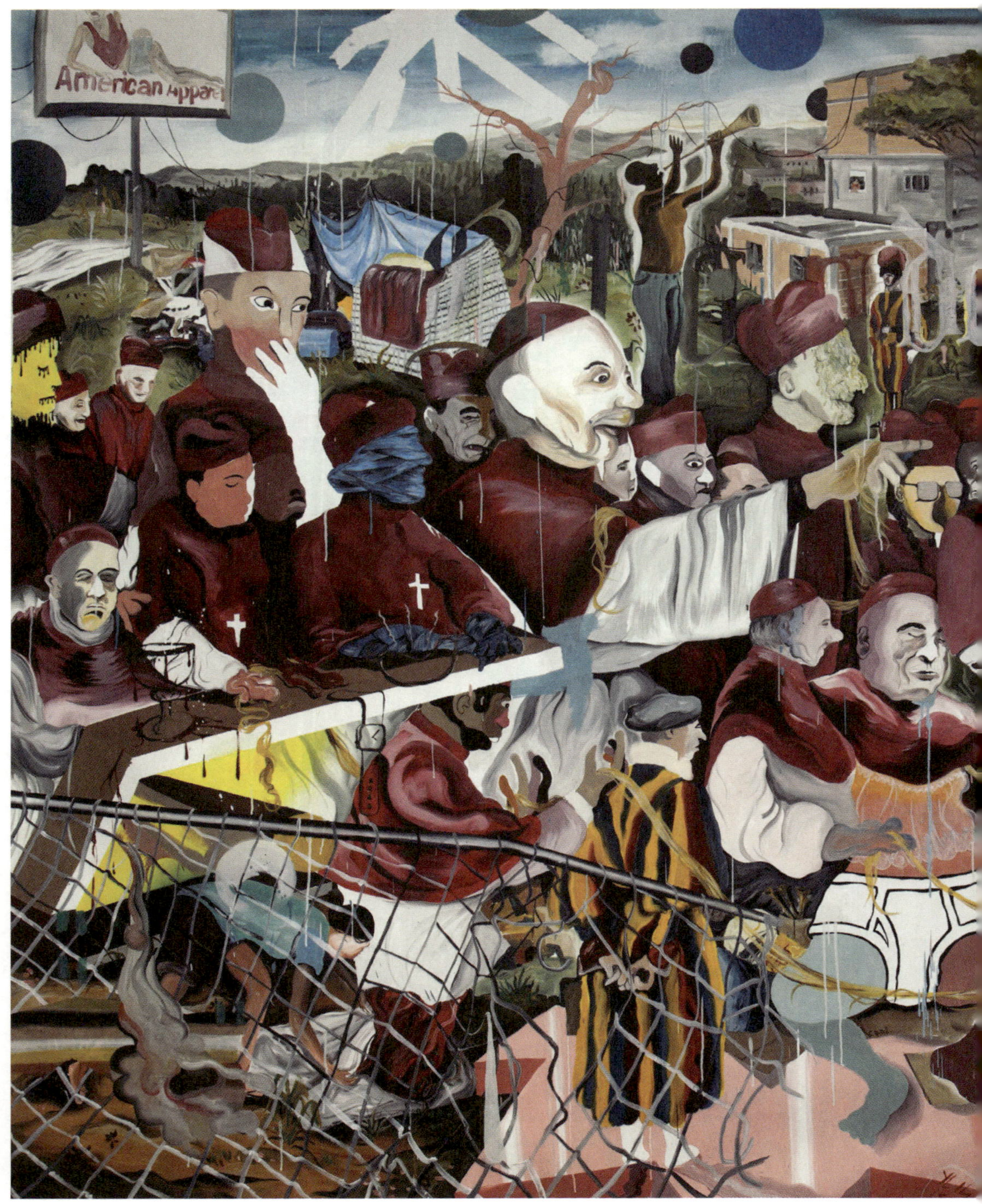
American Apparel

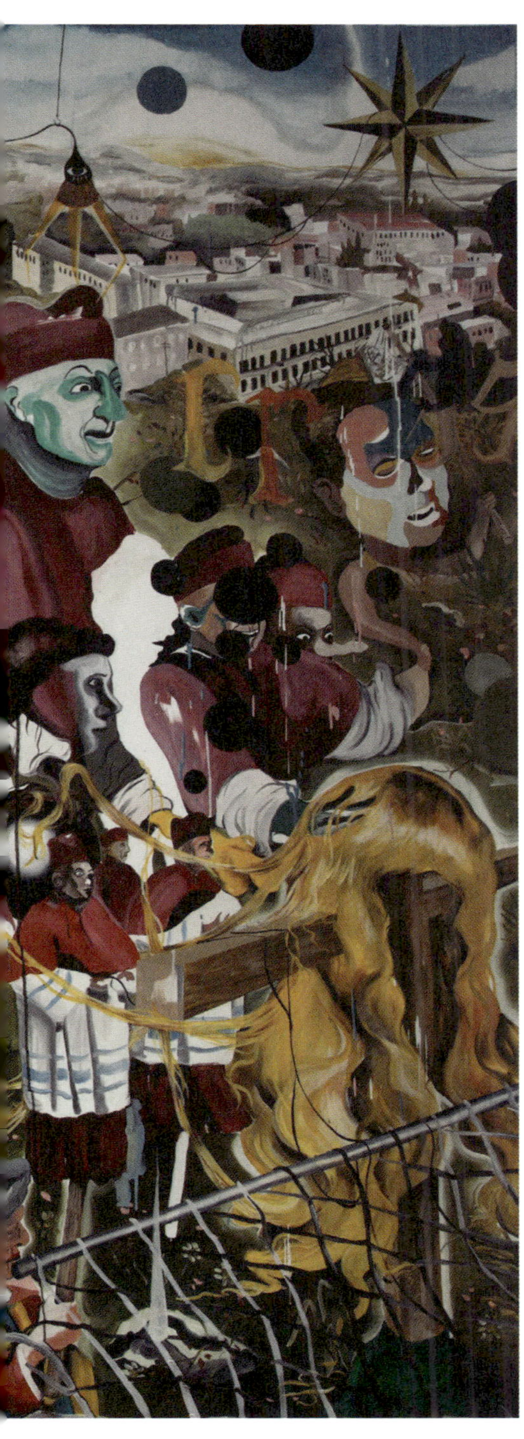

Blonde Cross Followers, 2015
Óleo sobre lienzo
195 x 195 cm

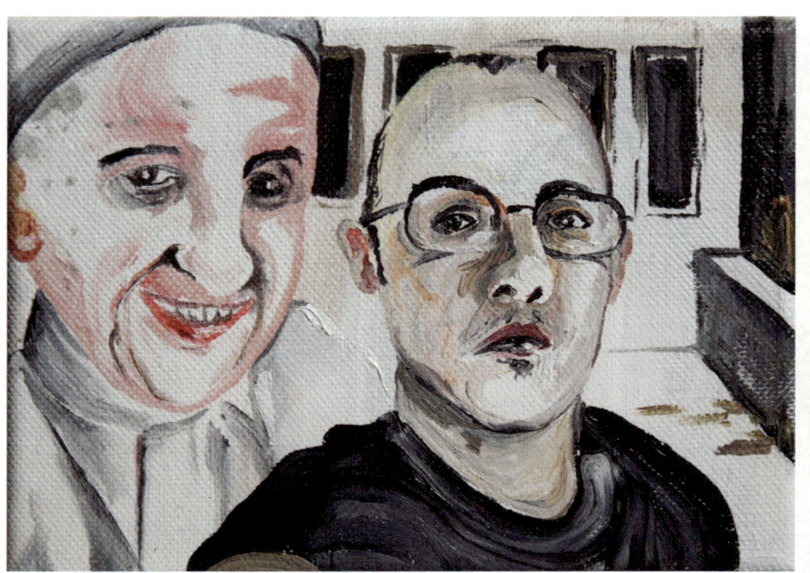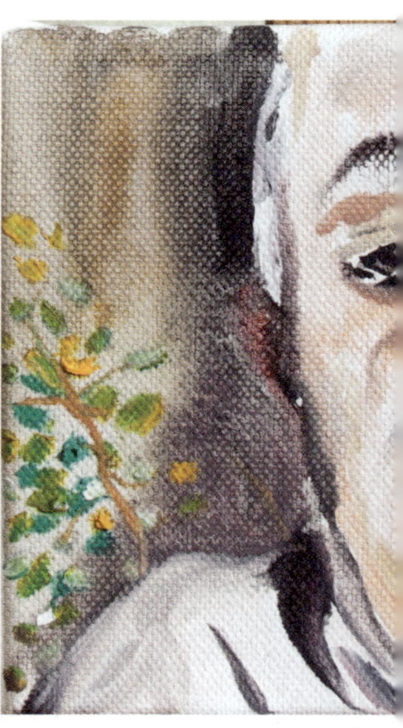

Selfie pope #1, 2016
Óleo sobre lienzo
12 x 18 cm

Selfie pope #2, 2016
Óleo sobre lienzo
12 x 18 cm

Selfie pope #3, 2016
Óleo sobre lienzo
12 x 18 cm

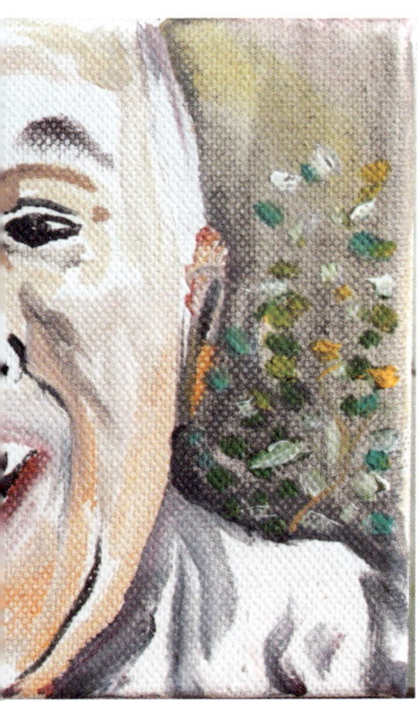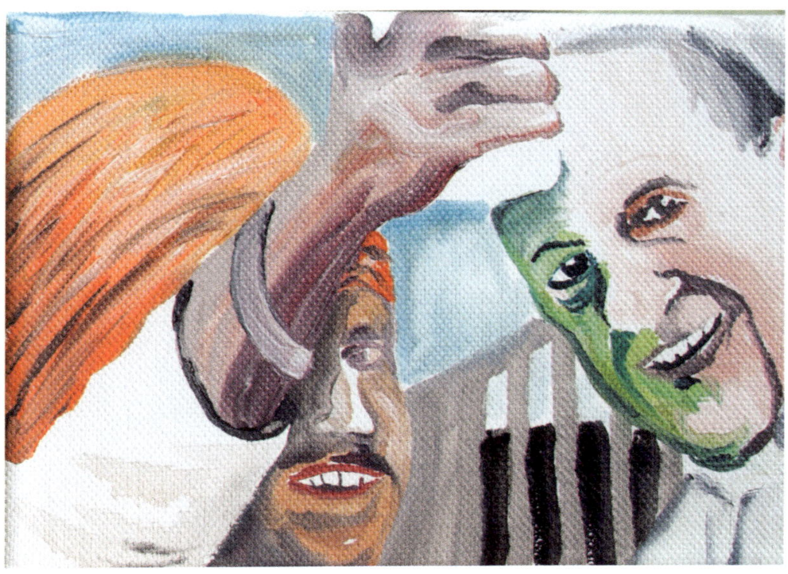

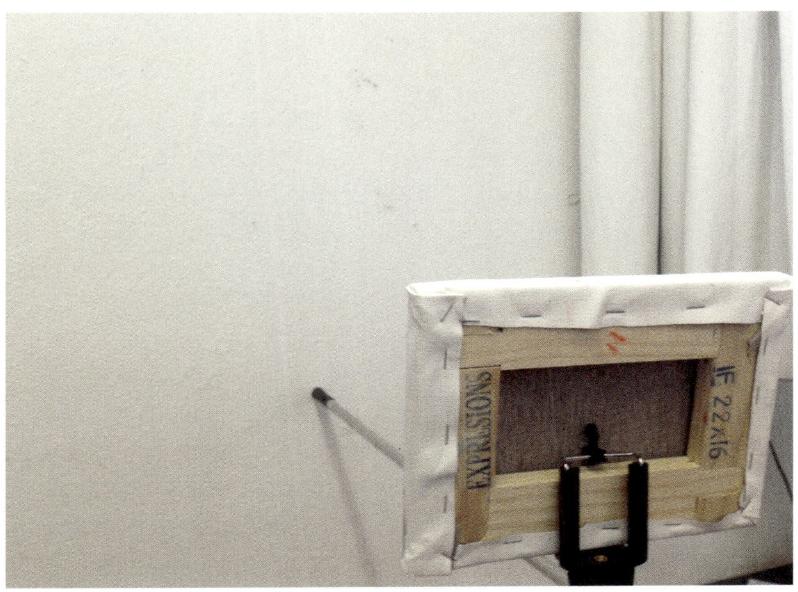

Selfie pope #1, #2, #3
Tríptico y vista de la instalación

Iconofobia
Yann Leto, 2016

Texto
Ángel Calvo Ulloa

Fotografía
Cecilia de Val

Agradecimientos
Chus Tudelilla, Ángel Calvo Ulloa, Cecilia
de Val, Dario Luis Leto Redondo, Rossana
Miele, Fabio Ianello, Maria Luisa Contenta,
Fernando Villalonga, Sergi Farré, AECID,
Nacho Ruiz, Carolina Parra, Carolina
Rojo, Rafael Zorraquino, Francisco
Prados, Rafael Angulo (DEP), Bigott, Clara
Carnicer, Mercedes Vito, Lucio Bruto,
Cayetana Fitz James Stuart, San Calisto,
Peroni, Moretti, Nastro Azzurro, mi familia
y mis compañeros de la Academia.

Yann Leto
Iconofobia

Almudena Lobera

El mundo como factor radiante, el ojo como instrumento captor

Grabado > Artes visuales

Almudena Lobera

[Madrid, 1984]

www.almudenalobera.com

Licenciada en Bellas Artes y Máster en Arte Creación e Investigación por la Universidad Complutense de Madrid. Ha estudiado dos años en la Universität der Künste Berlin y actualmente es artista residente en HISK Higher Institut for Fine Arts and Adanced Studies in Visual Arts, Gante, Bélgica. Ha realizado residencias artísticas en UCL Slade School of Fine Art, Londres, UK (2010), FAAP São Paulo, Brasil (2011), Casa de Velázquez - Académie de France à Madrid (2013), Foundation B.a.d, Rotterdam, Países Bajos (2013), Real Academia de España en Roma (2014-2015) y Les Recollets, Paris (2015).

De los reconocimientos que ha recibido, cabe destacar: el Premio Generación 2012 de Obra Social Caja Madrid; Circuitos 2011 de la Comunidad de Madrid; el Premio INJUVE Creación Joven-Proyectos 2011, la beca FIBArt 2011, el Premio Del Plano al Cubo 2012 CCE_México, la Ayuda a la Producción en Artes Plásticas 2012 de la Comunidad de Madrid y el Premio Museo ABC Proyecto-Sala-4 2013.

Su trabajo ha podido verse en diversas muestras colectivas internacionales: VI Bienal de Moscú – Special Projects (2015); Faena Art Miami Beach (2015); Bronx Museum of the Arts, New York (2014); Fabra i Coats, Barcelona (2014); La Conservera, Murcia (2014); Foundation B.a.d. Rotterdam (2013); Matadero, Madrid (2012); Pivô, São Paulo (2012); 3+1 Arte Contemporânea, Lisboa (2012); Galerie Suvi Lehtinen, Berlín (2012); Mole Vanvitelliana, Ancona, Italia (2012); La Casa Encendida (2012), Tabacalera, Madrid (2011); Galería Vermelho, São Paulo (2011); entre otras.

Sus exposiciones individuales incluyen: "Una revelación latente" Galería Max Estrella (2016), Madrid; "Instrumentos visionarios" ECCO Cádiz (2015); "Un reclamo particular a la verdad" Galería Arróniz, México (2015); "Lectura superficial" Museo ABC - ARCO (2013); "Portadores" Galería Diablo Rosso, Panamá (2012) y Centro Cultural de España, México (2013); "Lugar entre", Galería Eva Ruiz, Madrid (2012); entre otras.

Forma parte de la plataforma de artistas Oral Memories y del Archivo de Creadores Matadero Madrid y ha colaborado con el Museo Reina Sofía, donde impartió en el verano de 2011 el taller "Reinventar el Espacio con Almudena Lobera".

Teclear imágenes

Matteo Lucchetti*

Tocamos pantallas de manera obsesiva durante gran parte de nuestro tiempo. Entretenemos nuestros dedos en una continua sucesión de imágenes que pasan delante de nuestros ojos hasta llegar al típico entumecimiento generado por la adicción. Sabemos que vivimos en una época de saturación de información visual, pero pocas veces no paramos a reflexionar sobre los efectos producidos por la velocidad con la que las relaciones entre imágenes y realidad han cambiado, hasta el punto de invertir la jerarquía entre la vida y su representación. Las múltiples superficies que reflejan, transmiten y reproducen pedazos de realidad acaban por dominar nuestra experiencia cotidiana y propician nuevos modelos y superestructuras inéditas sobre los modos con que interactuamos en el día a día. Nunca, como hoy en día, el poder de la imagen ha tenido una influencia tan profunda sobre nuestra conducta, casi es como que hubiésemos perdido cualquier distancia entre nuestro ser y las imágenes que cuentan y expanden los espacios de la experiencia en él. Esta pérdida de distancia es fundamental en el trabajo de Almudena Lobera, que interpreta el ámbito de su búsqueda artística como un ambiente que se dilata y se contrae, en el formato y en los enfoques, para indagar sobre el valor actual de la producción de imágenes, moviéndose en el interior de una *cámara lúcida* en la que hipotetizar nuevas jerarquías y apostar por conexiones históricamente imposibles, entre la estratificación de los múltiples modos de visión en la historia del arte y los imaginarios derivados de ellos.

En la performance *Space is What Arrests the Gaze* (*El espacio es lo que detiene la mirada*), un hombre se sitúa delante de una ventana del actual estudio de la artista en Gante y su mirada encuentra el desenfoque del paisaje que hay en frente debido a la presencia de un cristal esmerilado entre los varios recuadros de la estructura. Este gesto, aparentemente banal, alude a la técnica utilizada por la mayor parte de los pintores a partir de 1600 para simular una cámara oscura, donde el cristal esmerilado se combinaba junto a un sistema de espejos y una especie de capuchón utilizado para

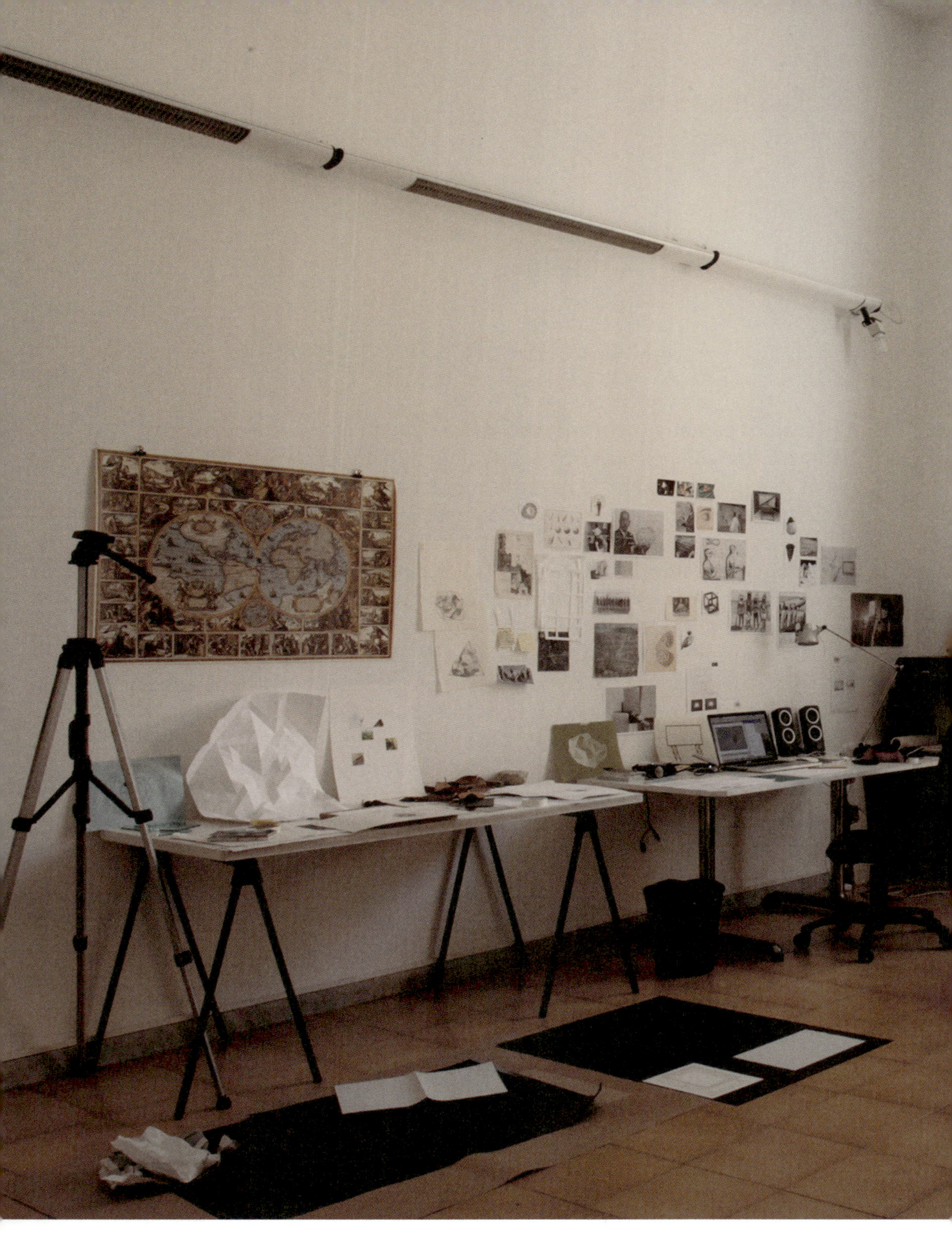

Estudio de Almudena Lobera en la Real Academia de España en Roma 2014-2015.

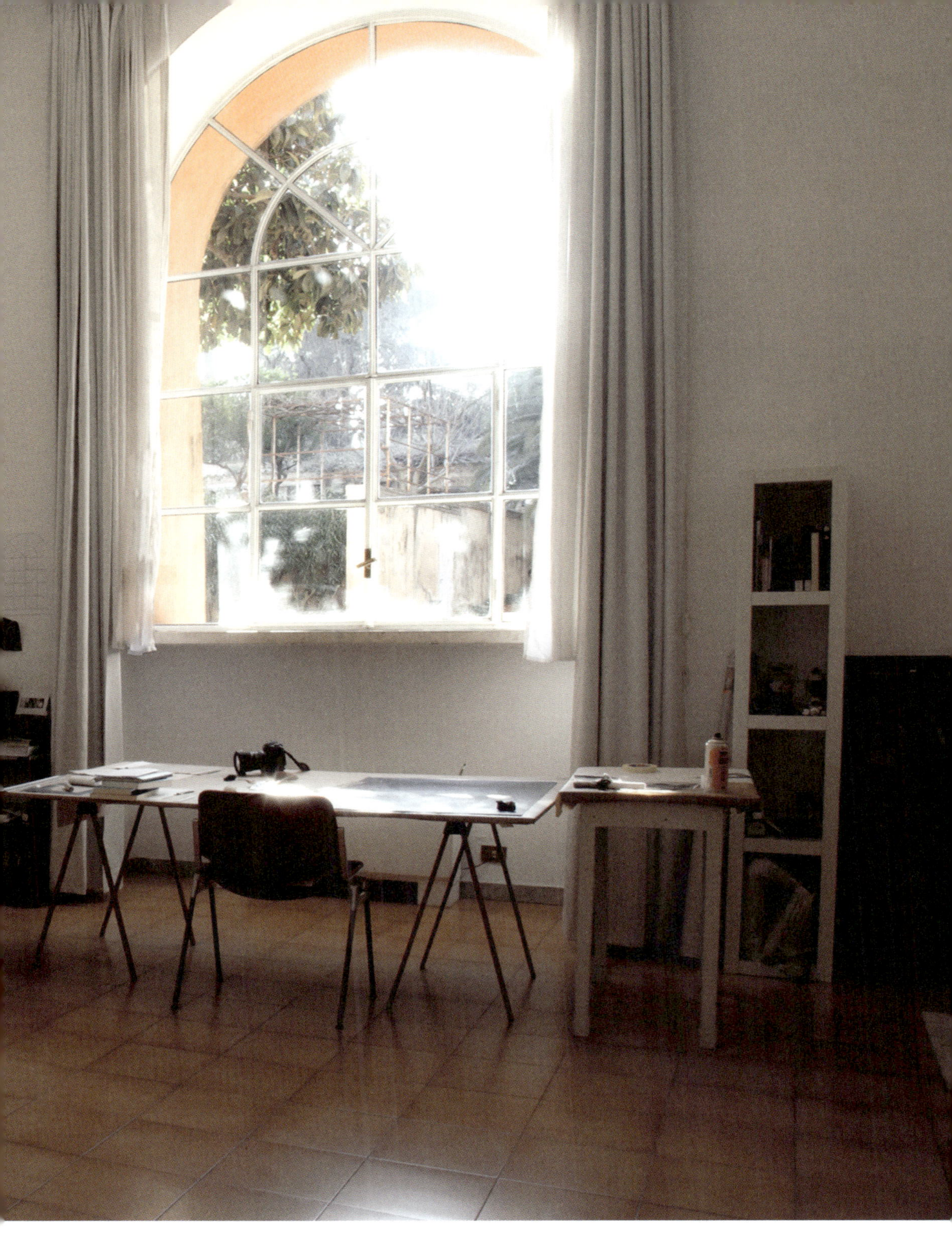

oscurecer el espacio en el que se proyectaba la imagen que se deseaba producir. El trabajo de Lobera es completado por una serie de cuatro dibujos que secuencian los elementos que integran la situación propuesta por la *performance*. Entre estos, el perímetro de la cuadrícula del marco que indica la superficie en la que la mirada se extiende y, necesariamente, se fija. Este marco que delimita y estructura el contexto de nuestra observación es, también, el sujeto de la serie *Oltre la griglia (Más allá de la cuadrícula)*, en la que son representados tres estudios en torno a otra ventana, la de su estudio en la Academia de España en Roma, donde Lobera ha residido durante varios meses en 2014 y 2015. Más allá de las cuadrículas que enmarcan los vidrios, recurrentes en todas las composiciones, la artista ha imaginado una presencia simultánea de dispositivos de (re)producción de imágenes, representados en el momento previo de la formación de la imagen en la retina: un video que va a ser accionado, un archivo de *photoshop* con su nivel de fondo, el diafragma de un objetivo en sus posibles grados de apertura, entre otros. En cada uno de ellos toma forma un aspecto diferente de esa gran ventana que, como si de una imagen digital sin profundidad de impresión se tratase, ha acabado por convertirse en un único elemento junto con el paisaje que enmarca, volviéndose una pantalla sobre la que la artista ha dejado impresas sus propias huellas.

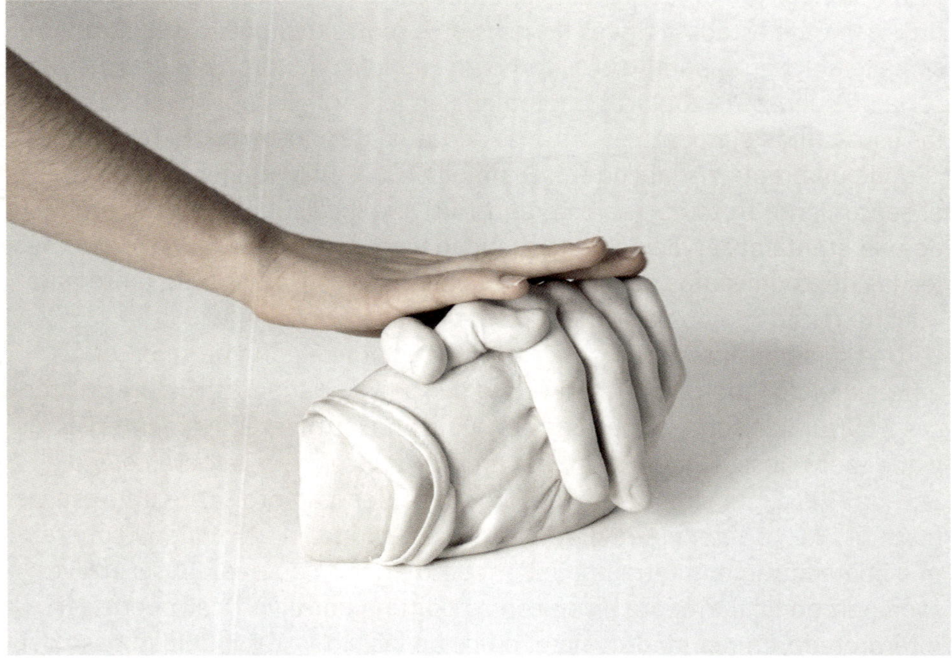

Manos que exploran, 2015
Foto del proceso

En el repetitivo y obsesivo gesto de deslizar con los dedos las *interfaces* que aparecen en la pantalla de las tabletas, *smartphones* y otros dispositivos, damos, inconscientemente, un nuevo sentido a la etimología de la palabra que define nuestra época digital. Como señala el filósofo surcoreano Byung-Chul Han en su ensayo *En el enjambre* (Herder, 2014), «La palabra "digital" deriva de dedo (*digitus*) que –sobre todo– *cuenta. (...)* El hombre digital juega con los dedos, en el sentido de que cuenta y calcula ininterrumpidamente: lo digital absolutiza el contar y el numerar. (...) Lo narrativo pierde significado notablemente: hoy todo se transforma en algo que se pueda contar y que pueda ser traducido al lenguaje de las prestaciones y de la eficiencia. De esta manera, todo aquello que no es contable deja de existir». Las imágenes se reducen a su sustancia puramente binaria y numérica, tratadas por el espectro de lo que son, mientras en el mundo analógico, como decía Roland Barthes, la fotografía sufría con la muerte del soporte, testimoniaba el envejecimiento de su impresión haciéndose eco de la muerte evocada por los sujetos impresos. En los trabajos de Almudena Lobera las imágenes producidas artesanalmente revelan, al mismo tiempo, el cálculo que las ha producido, y la capacidad de contar la estratificación cultural que ha hecho que ciertos signos y convicciones se conviertan en símbolos y formas características que impregnan nuestra cultura visual. Esto se refleja, entre otros trabajos, en *Imagine Corpore*, donde hay una transustanciación en la que el acantilado de la primera fotografía atraviesa un cambio de estado a través de invisibles reglas geométricas ilustradas y se hace un cuerpo poligonal. O también *La regla que corrige la emoción*, una serie de cuerpos irregulares entendidos en sus "formas buenas", es decir, en las estructuras elementales a través de las cuales nosotros las percibimos. ¿Puede una regla visual corregir la emoción que una imagen suscita?, ¿es el sentimiento fruto de una esfera instintiva e incalculable o es el producto de una atenta observación de la realidad y de las reglas a través de las cuales las descodificamos en fragmentos más simples y digeribles, tanto para nuestra mirada como para nuestro sentir más inconsciente?

Una posible síntesis simbólica entre la enumeración que se esconde detrás de la imagen digital y el relato de todas las superestructuras históricas y culturales sobre la base de las cuales nosotros, efectivamente, vemos y que tanto obsesionan a la artista en su producción, es la obra *Código Secreto P.H.I.* En la simplicidad de un relieve lleno de oro sobre un trozo de mármol blanco se encierra gran parte de la poética de Almudena Lobera. Lo que aparece como la letra *phi* del alfabeto griego, con una elipsis atravesada perpendicularmente en su centro por una barra vertical, puede ser interpretado, en realidad, como el cruce de las cifras 1 y 0, unidad base del código binario que está detrás del funcionamiento de casi la totalidad de los dispositivos que usamos para reproducir imágenes. Otra representación fácilmente reconocible en este símbolo es la de la proporción áurea, es decir, la fórmula de proporción estética que junta siglos de perfeccionamiento de la técnica de representación artística con la presencia en la naturaleza de esa relación perfecta entre las partes. Número y forma coexisten en un fragmento que parece una reliquia, capaz de hablar, al mismo tiempo, del código más significativo del presente y clavar la mirada en la sacralidad de la suma de tantos esfuerzos empíricos que han dado forma a tantas ideas de realidad.

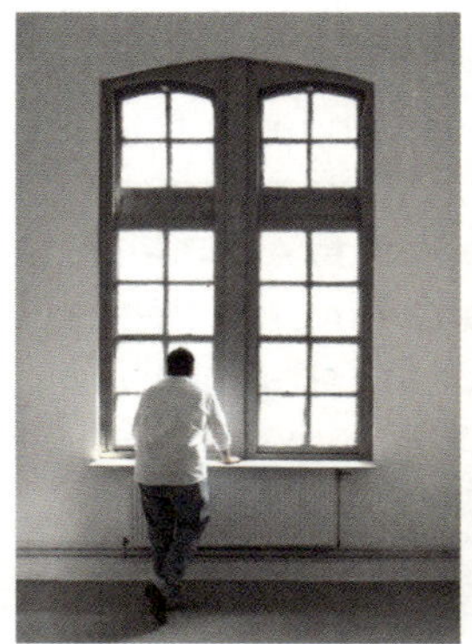

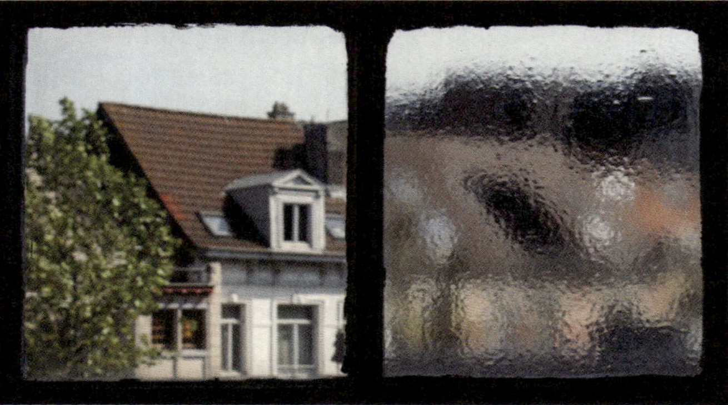

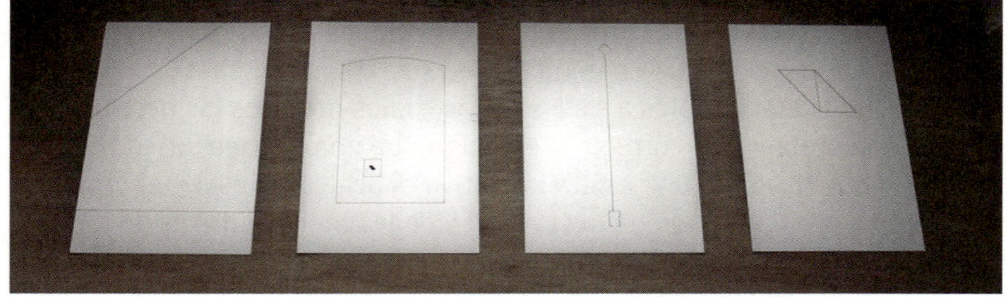

Space is What Arrests the Gaze, 2015
Performance y dibujos
HISK Open Studios 2015. Gante (Bélgica)

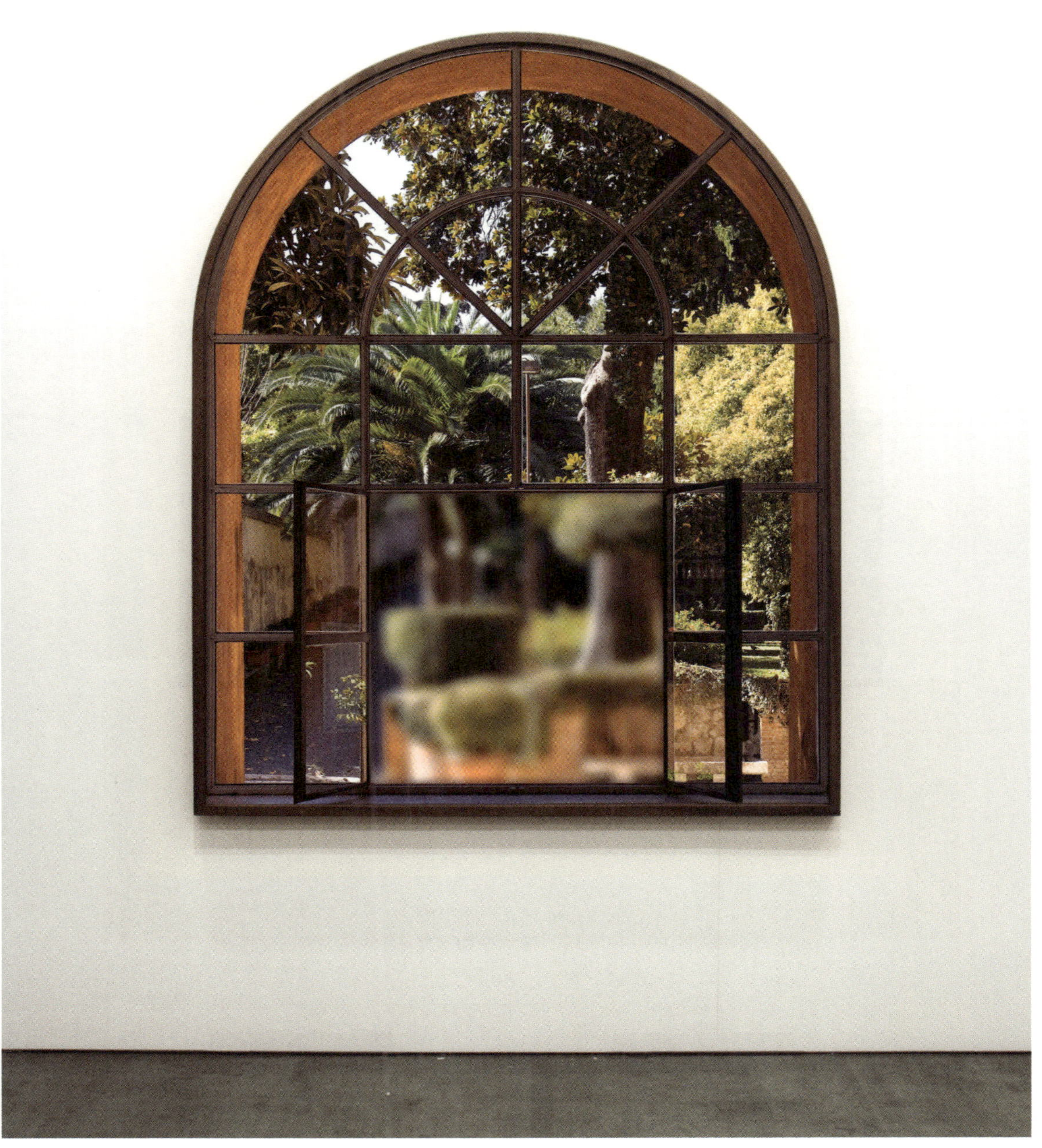

Oltre la griglia, oltre il vetro, 2015
Impresión digital en papel baritado y marco de madera
con arco de medio punto 190 x 150 cm

¿Qué diálogo puede existir entre el voraz consumo contemporáneo de la imagen y la creación de espacios en los que la producción visual pueda inducir a otros modos de hacer experiencia de lo real? En las tesituras de este diálogo, el trabajo de Almudena Lobera se dilata para ocupar nuevas posiciones y afirmar la necesidad de una perspectiva abierta a la multiplicidad innata de una simple mirada.

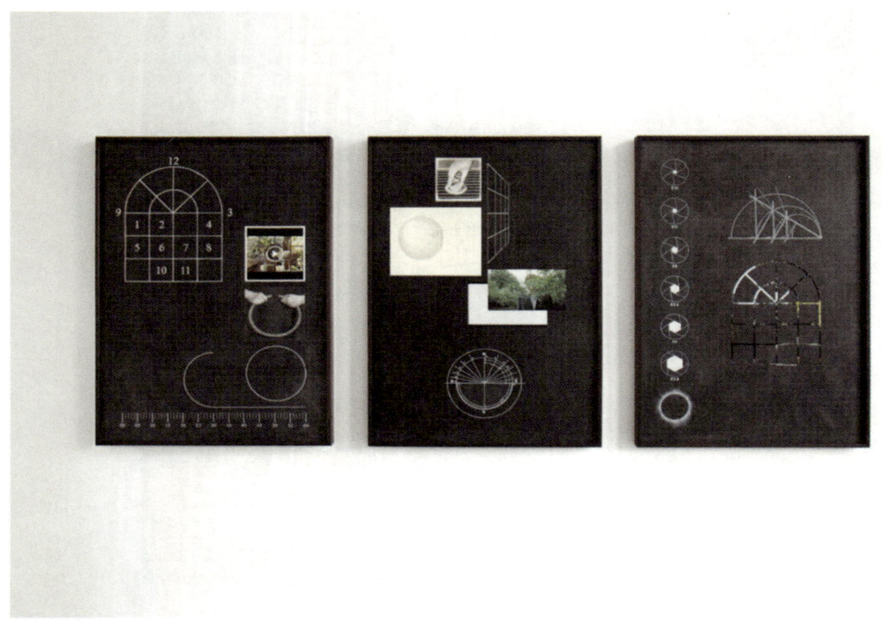

Oltre la griglia I, II y III, 2015
Dibujo técnica mixta y collage sobre papel. 100 x 70 c/u

---

* Matteo Lucchetti es historiador del arte, crítico y comisario independiente italiano residente en Bruselas (Bélgica). Es co-curador del proyecto Visible, un premio bienal de investigación en prácticas artísticas de implicación social, una propuesta iniciada y apoyada por la Fondazione Pistoletto y la Fondazione Zegna.

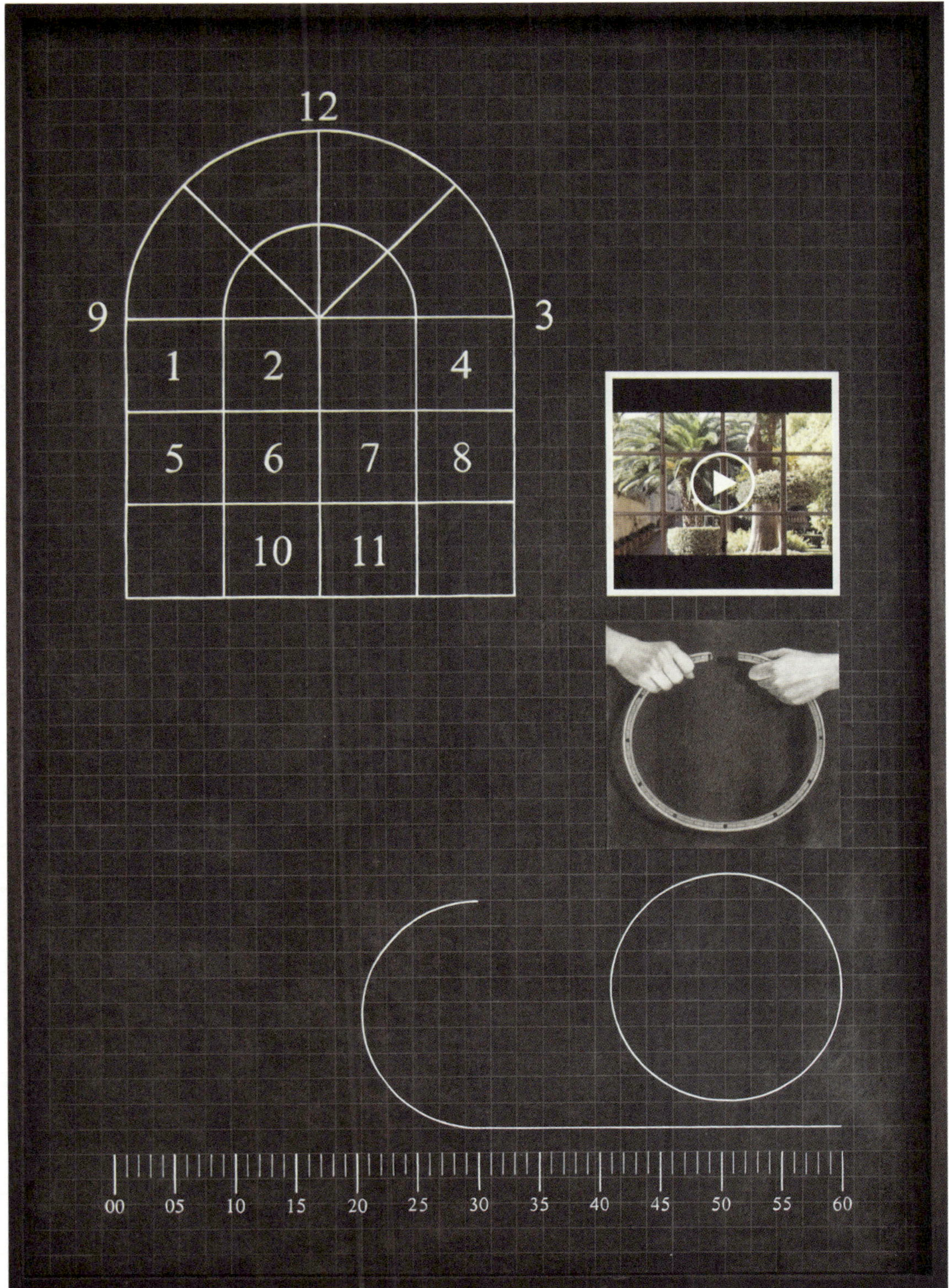

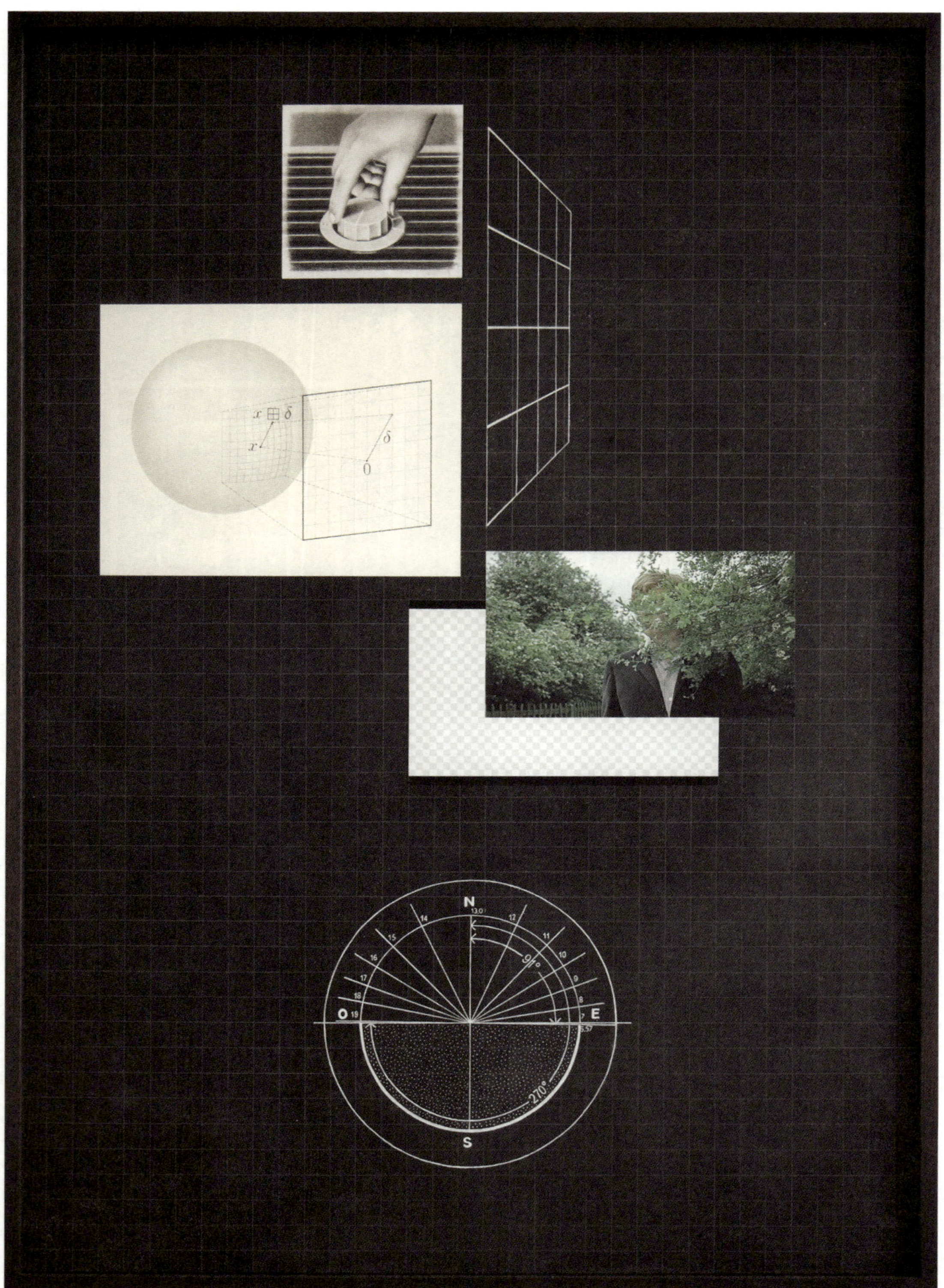
N
O
E
S
270°

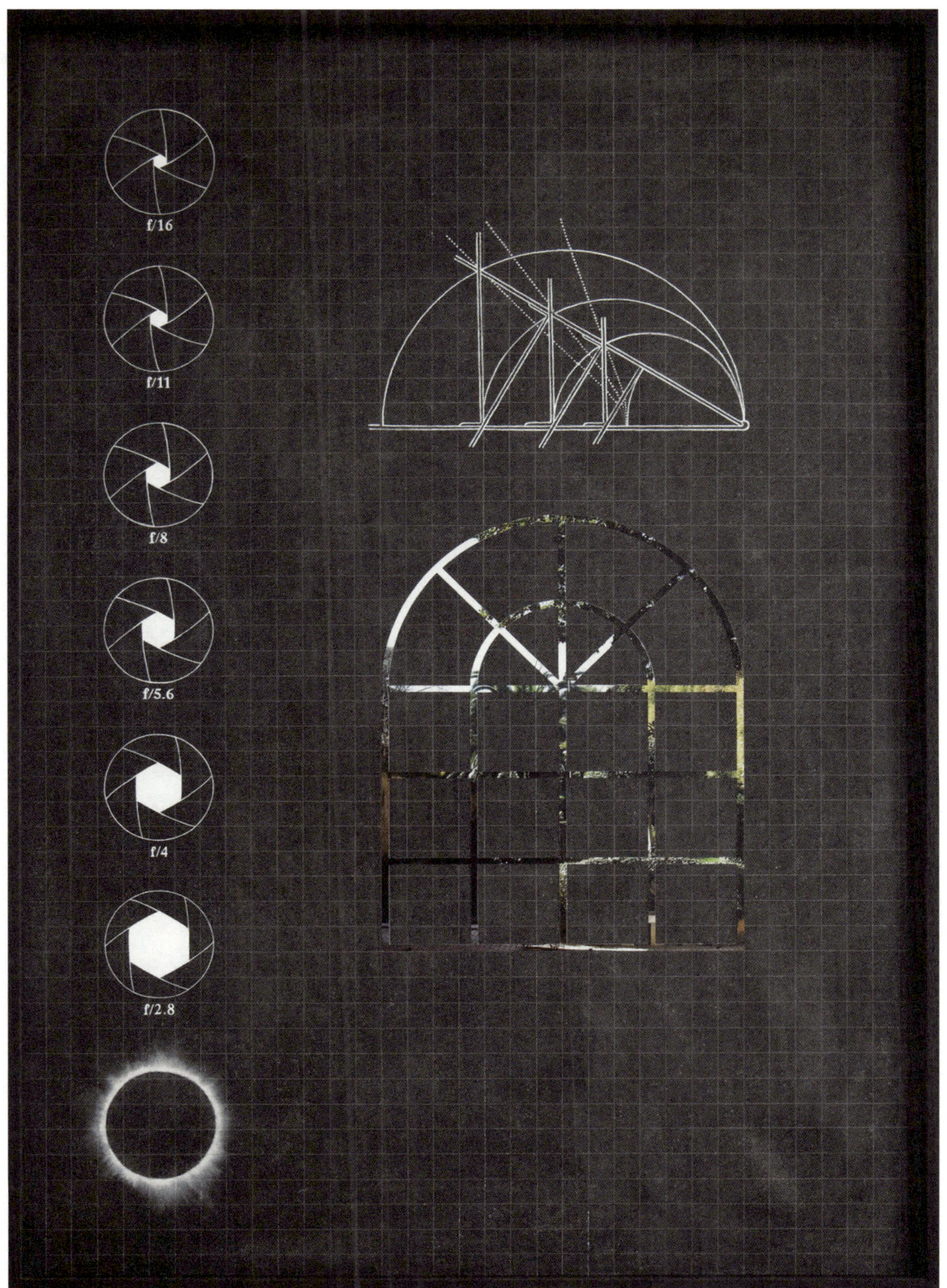

f/16
f/11
f/8
f/5.6
f/4
f/2.8

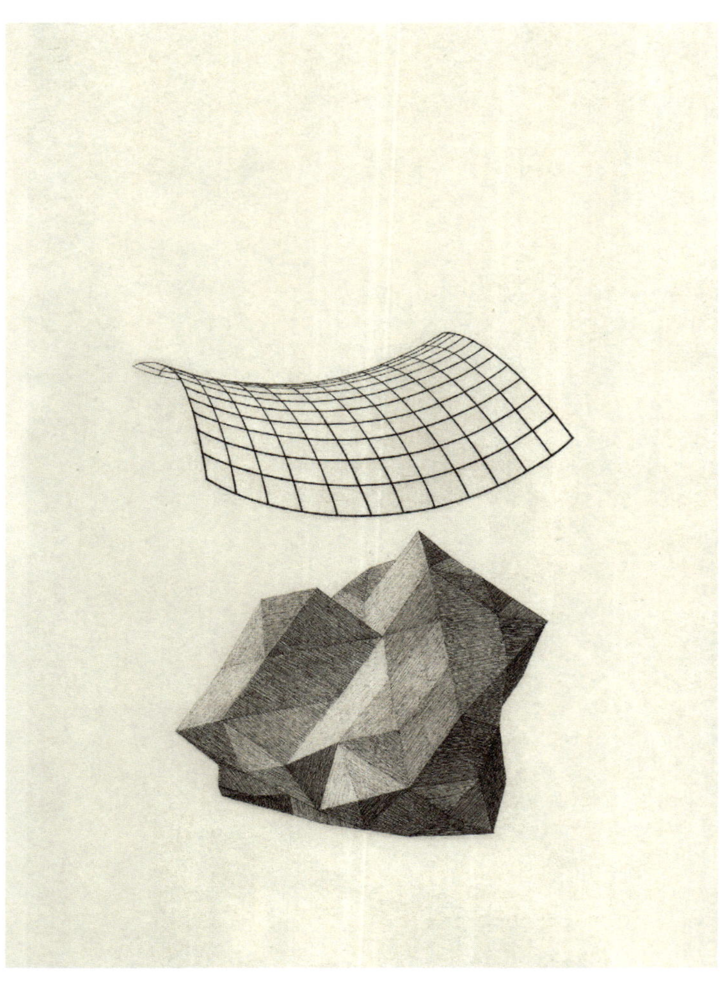

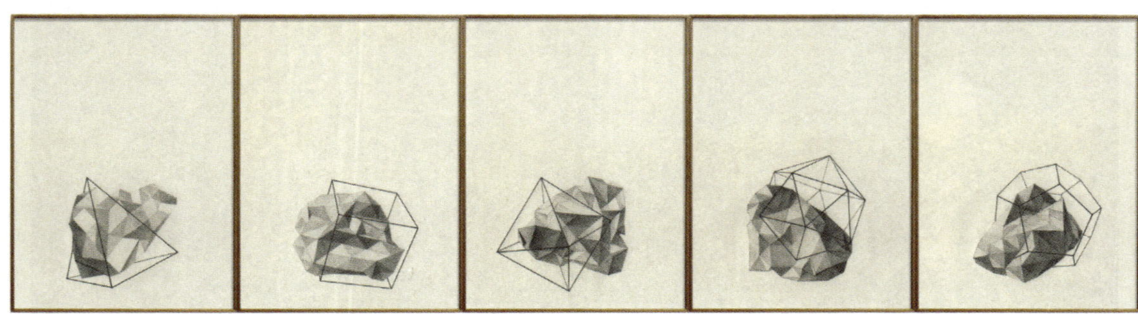

La regla que corrige la emoción, 2014-2015
Dibujos. Tina sobre papel japonés. 34 x 25 c/u

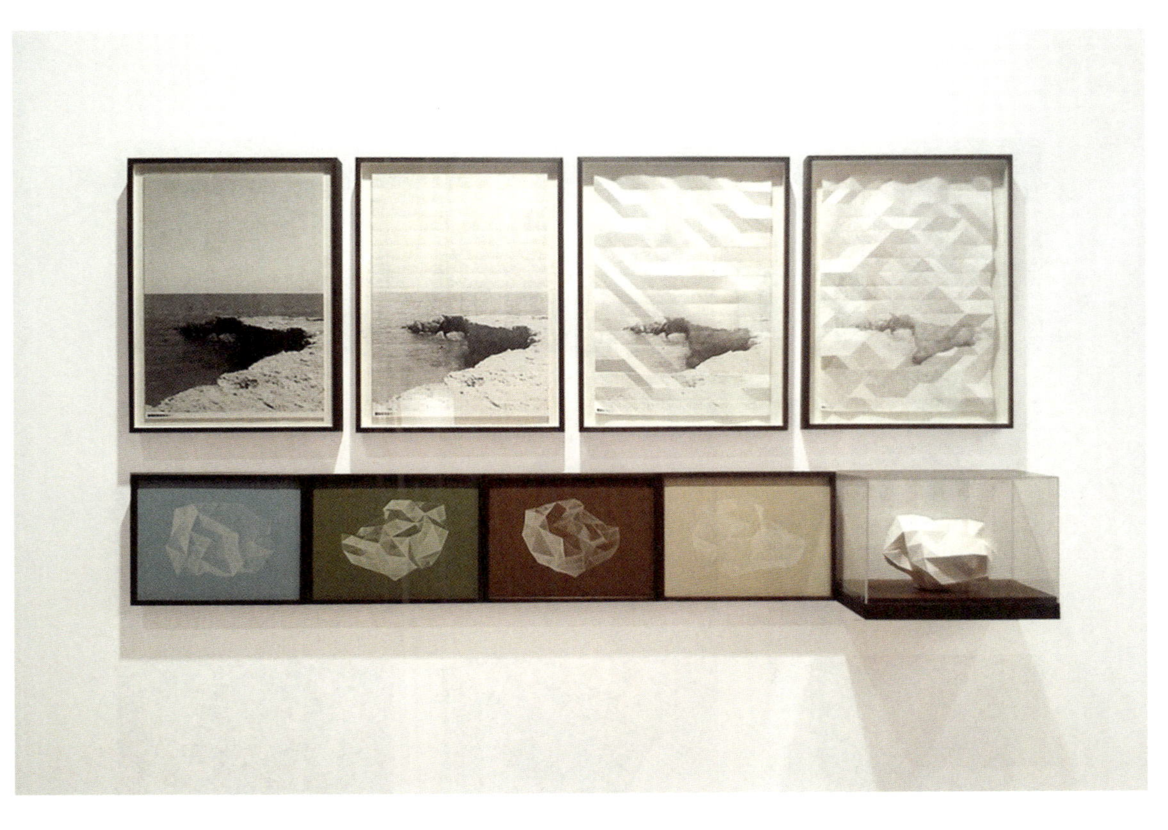

Imagine Corpore, 2014
Fotograbado, fotoaguatinta y plegados sobre papel.

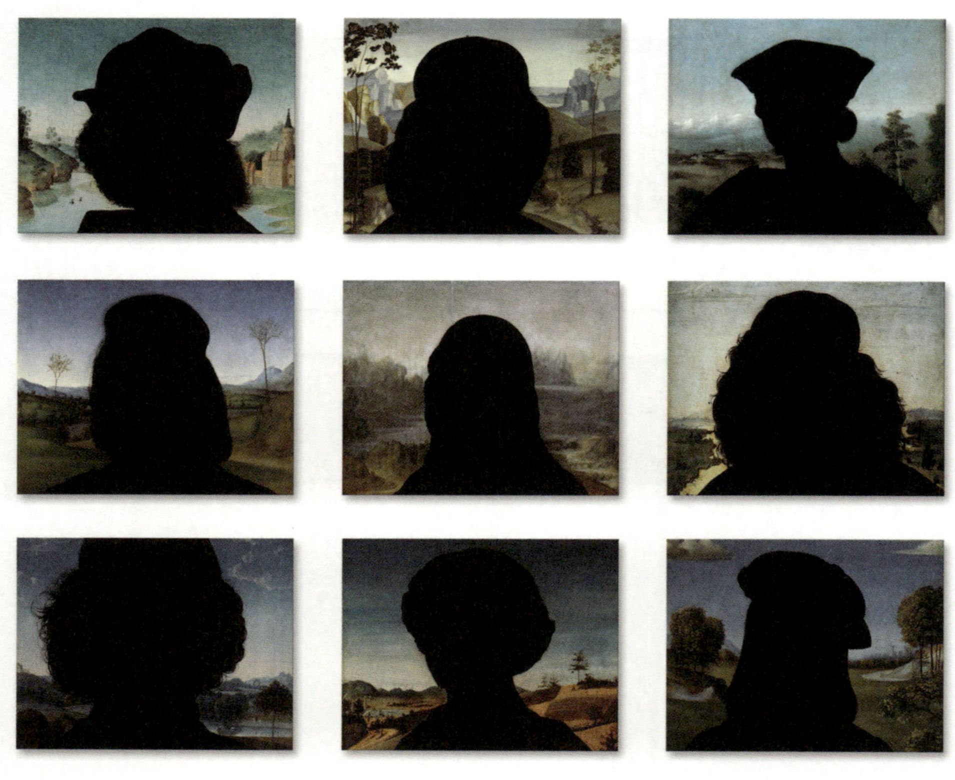

Nozioni di Paesaggio, 2015
Impresión digital sobre papel baritado. 33,6 x 42 cm c/u

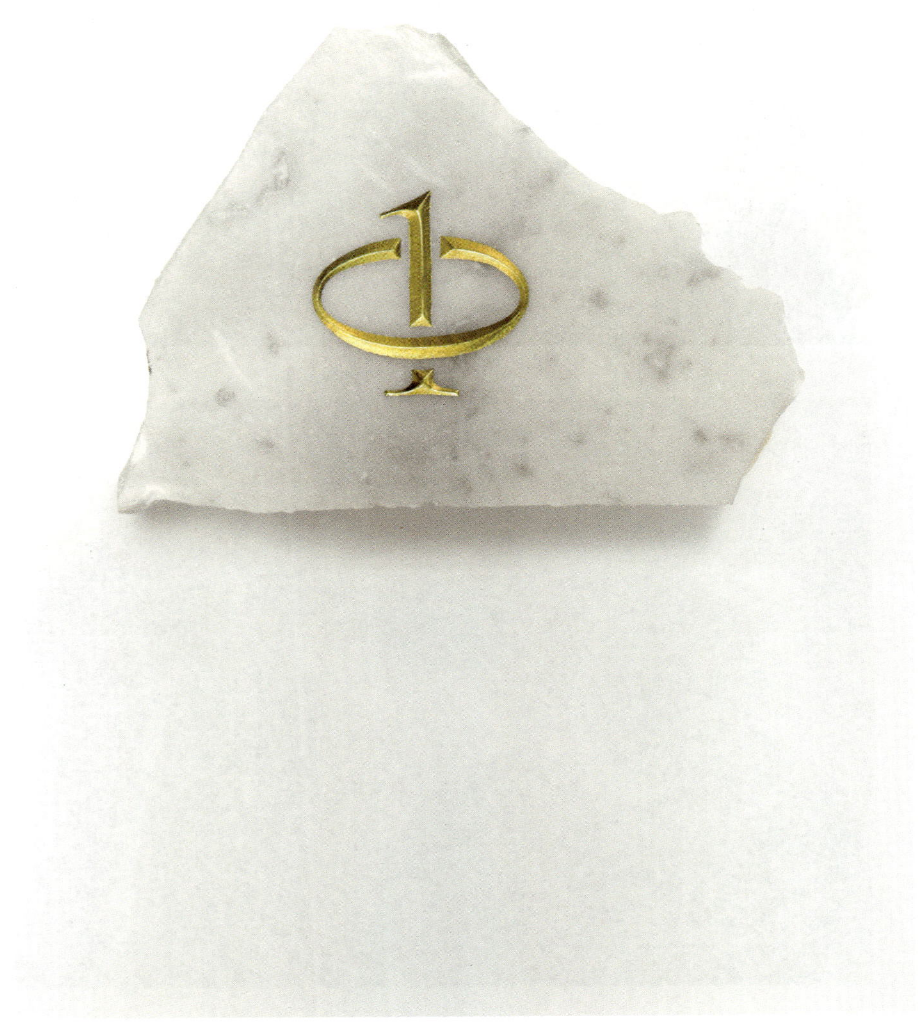

Código secreto P.H.I., 2015
Grabado a cincel sobre piedra de mármol de Carrara y pan de oro
18 x 12,5 x 3 cm

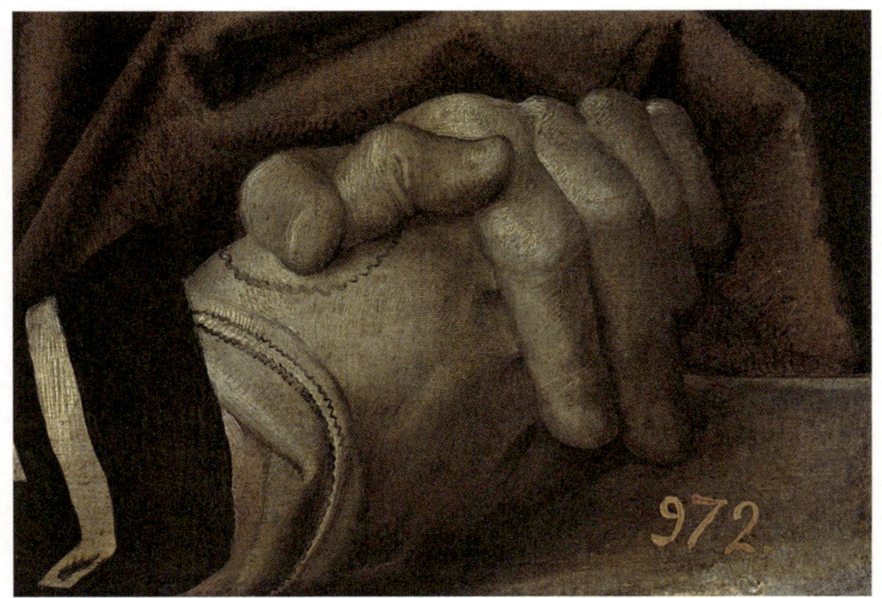

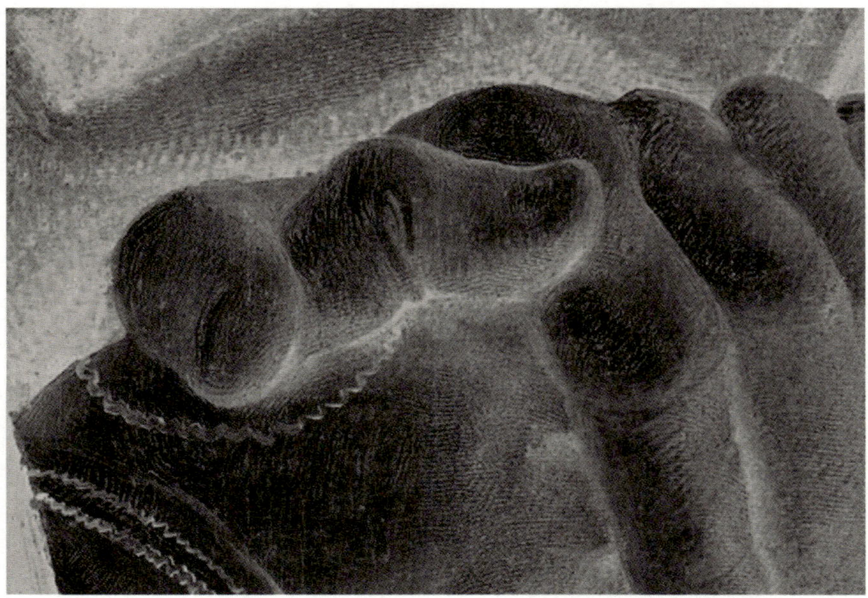

El mundo como factor radiante, el ojo como instrumento captor
Imágenes de proceso (manos de Durero)

Almudena Lobera

El mundo como factor radiante, el ojo como instrumento captor

Texto
Matteo Lucchetti

Fotografía
Diana Tamane (p. 186-189)
Begoña Zubero (p. 180-181)

Agradecimientos
A los profesores Marcello Pergola,
diseñador y constructor de la colección de
máquinas ubicadas en el Departamento de
Matemáticas de la Unicersità de Modena
e Reggio Emilia y Carla Zanoli, ambos
fundadores de la Associazionne Macchine
Matematiche de Módena (Italia).

Almudena Lobera

El mundo como factor radiante, el ojo como instrumento captor

Joan Morey

Il Linguaggio del Corpo

Escultura > Performance

Joan Morey

[Mallorca, 1972]

www.joanmorey.com

Licenciado y DEA en Bellas Artes por la Universidad de Barcelona. Ha participado en numerosas exposiciones en museos, centros de arte, galerías y otras instituciones públicas o privadas. Sus proyectos proponen alternativas a la exposición a través de una serie de confrontaciones entre obra de arte y audiencia.

En su práctica artística explora principalmente el lenguaje de la performance generando acontecimientos (por medio de actores o intérpretes), mise en scènes (desde aspectos propios de la producción teatral o cinematográfica) o intervenciones específicas (que nacen del espacio o contexto que alberga la obra) que son el origen de obras derivadas en diferentes medios y soportes. El elemento vertebrador de su discurso es la relación poco ortodoxa entre "Amo/Esclavo" –que va desde la dialéctica del amo y el esclavo en Hegel a las prácticas sub-culturales BDSM– en un acercamiento a los dispositivos de poder con el fin de resituarlos en un plano de actuación artística.

Dromologías del estar

Roberto Fratini*

> *Sunt lacrimae rerum et mentem mortalia tangunt.*
> Virgilio

> *I warn you to be careful of those with a noble glint in*
> *their eyes, those Greek cultists, Those priests of the new*
> *rythm, the exotics, the illuminated, who celebrate the*
> *hermaphroditic God with their black masses. These people*
> *will never let up in their hunt for you.*
> Jakob Wassermann

> *Delirio, Arsenio, d'immobilità.*
> Eugenio Montale

Más que performances, Joan Morey firma dromologías. Joan Morey diría *maquinaria de producción performática*: diseño no ya de un acaecer, sino de los dispositivos de autorreferencialidad que permiten a los elementos animados e inanimados involucrados en ellos de producir su propio acaecer. Durante años, estos diseños de una potencia de acción han hallado en el protocolo del encierro una gozosa oportunidad de desmovilizar la razón de ser —estructural y secreta— de la cosa-llamada-*performance* desde que la crítica convirtió esta palabra en el *passe-partout* de todas las estéticas posmodernas; desmovilizar, digo, cierto exhibicionismo no exento de tintes histéricos que ha contribuido a configurar la *performance* como el formato por antonomasia de la era *psi*, y la teoría inherente como un deprimente aquelarre de todas las victimologías en que la era *psi* se ha complacido.

No conozco a ningún artista que, al recorrer el mapa glorioso de las abyecciones somáticas y al rediseñar las liturgias del deseo, la misa negra del consenso pulsional en tiempos de totalitarismo espectacular, haya conseguido sortear tan hábilmente las trampas ideológicas, las tentaciones egolátricas (literalmente los *escándalos*) del *body art* folletinesco y desmentir los pietismos orgánicos de la performance digestiva. *Il Linguaggio del Corpo* no hace excepción: su bucle vuelve a ser un delito perfecto. Porque, lejos de articular la agenda política y estética de un nuevo Poder Constituyente (que fue y sigue siendo el ensueño de todo el arte autoproclamado disidente), ejerce si acaso —para utilizar las palabras de

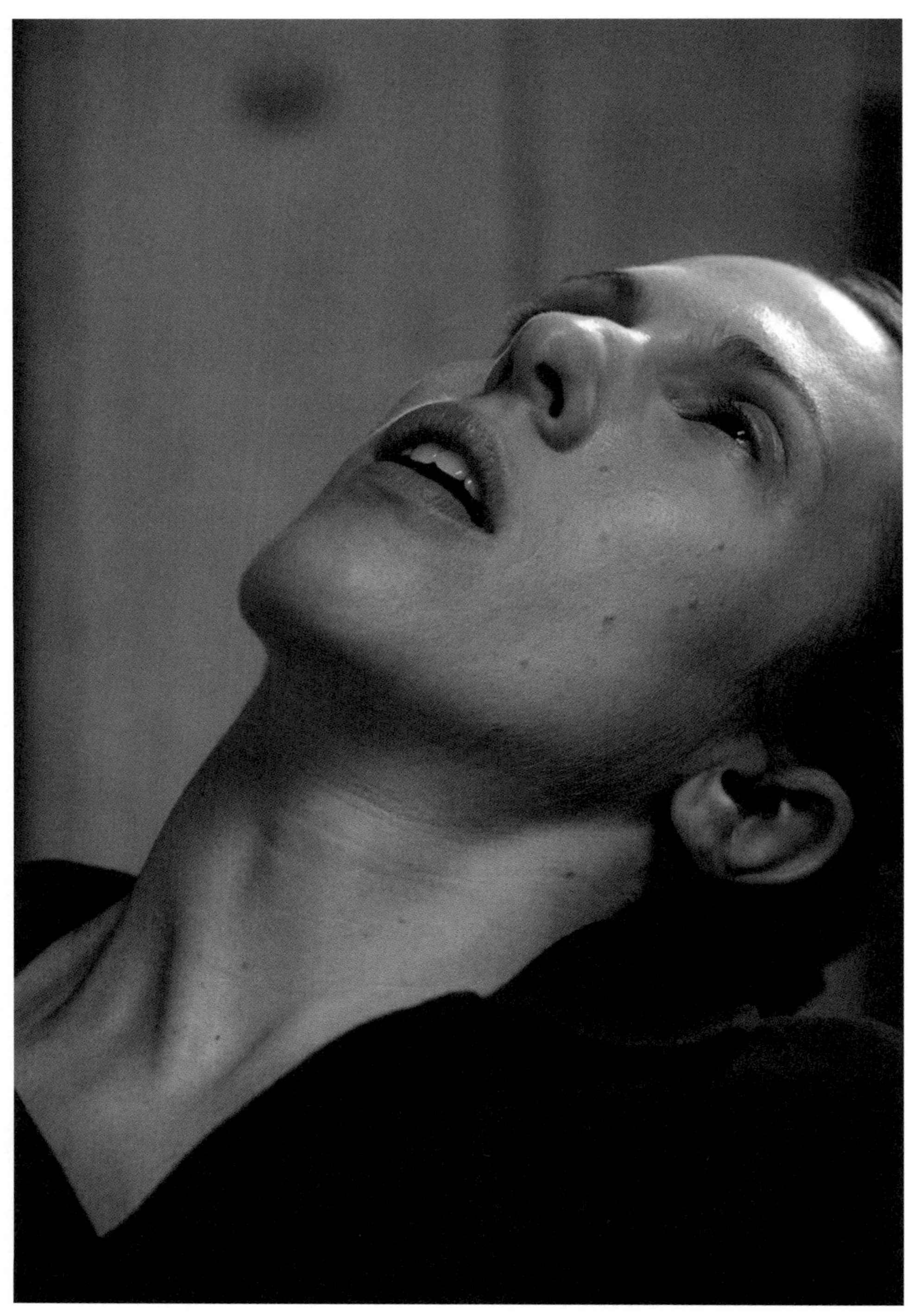

Berniniana. Il Linguaggio del Corpo,
Templete de Bramante

Agamben— una ilimitada Potencia de Destitución. La forma acompasada de un goce. La desertora *jouissance* de un uso de los cuerpos remitido, en silencio y sin testigos, a los cuerpos mismos.

Finjamos encontrarnos, pues, en el territorio de esa *bioescultura* que sedujo las artes plásticas ya en los cincuenta y a cuyo candor de intenciones la danza se arrimó con retraso sintomático en los ochenta. *Bioescultura*: las buenas viejas estatuas vivientes de los juegos infantiles, que las segundas vanguardias aceptaron rebautizar con tal de que se convirtieran en un claro apólogo sobre las implicaciones estéticas de todo paradigma biopolítico, sin siquiera intuir que precisamente el nuevo lema, bioescultura (cumpliendo ese paradigma), pasaría en un santiamén a ser de forma bastante obvia y terrible el nombre de pila de una serie de prácticas inherentes a la cirugía estética, es decir, a la mejora, redefinición y restauración de un cuerpo desesperadamente consensuado y muy poco sensual (de un cuerpo al que la ideología había trabajado suficientemente como para dejar que el bisturí completara su labor de formateo).

Mirada con atención, la bioescultura que cosechó entusiasmos en el marco del posmodernismo dancístico no dejaba de atestiguar una fidelidad marmórea a programas e intenciones que se trocaron en la ideología de la danza moderna (contribuyendo a forjarla) ya desde finales del siglo XIX, cuando las "poses estatuarias" de Geneviève Stebbins, implacable exponente del delsartismo americano y fuente secreta de mucho del histerismo heleno que Isadora Duncan prodigaría a diestro y siniestro en la Europa de comienzos del siglo XX, acostumbraron dos generaciones de yanquis a creer que la naturalidad naturalmente armónica del cuerpo inmanente pudiera ser el producto de una reeducación, de un formateo; a creer, también, que ningún formateo fuera más eficaz que inducir el cuerpo a reproducir los mejores aciertos plásticos del arte clásico; que esta *in-ducción* de una superficie idealtípica autorizaba el cuerpo agente a *ponerse*, literalmente, como una captación de ideas alternativa a la tradicional *deducción* de contenidos y profundidades propia de la mente pensante, y que copiar modelos exteriores y artificiales fuera la mejor manera de fomentar esa mítica interioridad natural ya lista para constituir el comodín y la comidilla de todo el siglo entrante. La danza no ha parado desde entonces de cebar, junto con la convicción de que vivencia y acción tienen un valor intuitivamente absoluto, una desautorización veladamente fascista del pensamiento abstracto y deductivo. Culpa de Winckelmann, sin duda, por habernos hecho creer que las estatuas antiguas fueran el teatro fenoménico de la tan codiciada cuadratura de Idea y Natura. Culpa de Nietzsche, por supuesto, que desmanteló el mito filosófico de la trascendencia solo para proceder a un no menos mítico endiosamiento de la inmanencia. Y culpa nuestra por haber vislumbrado un sucedáneo de

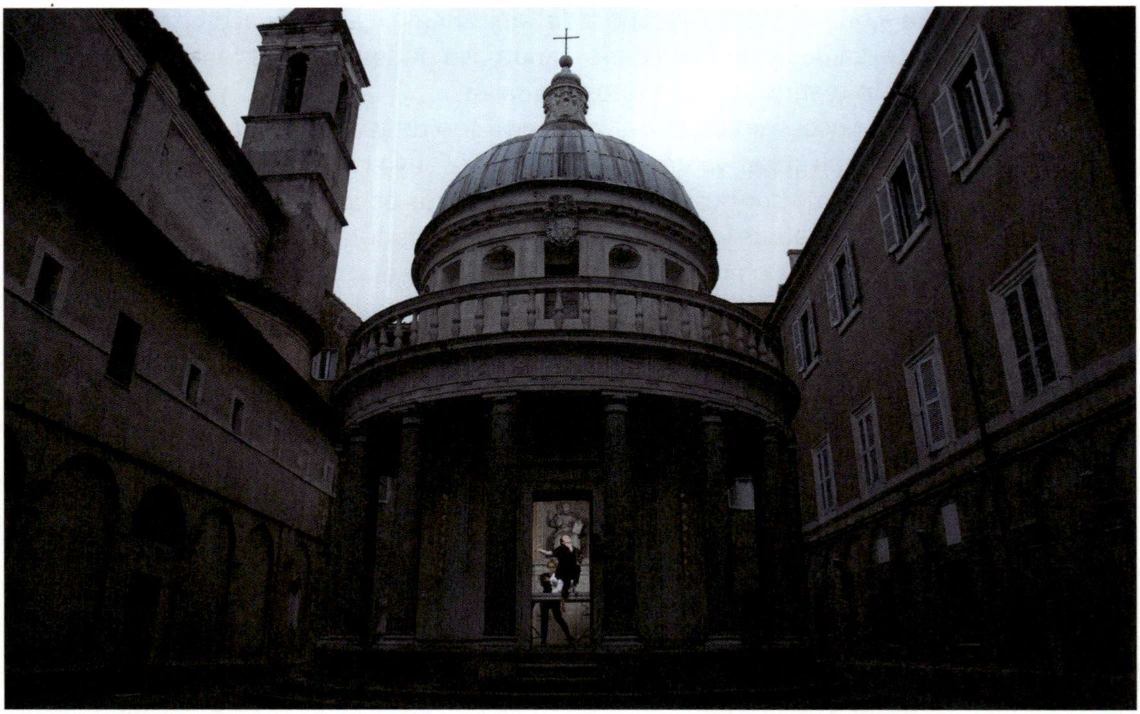

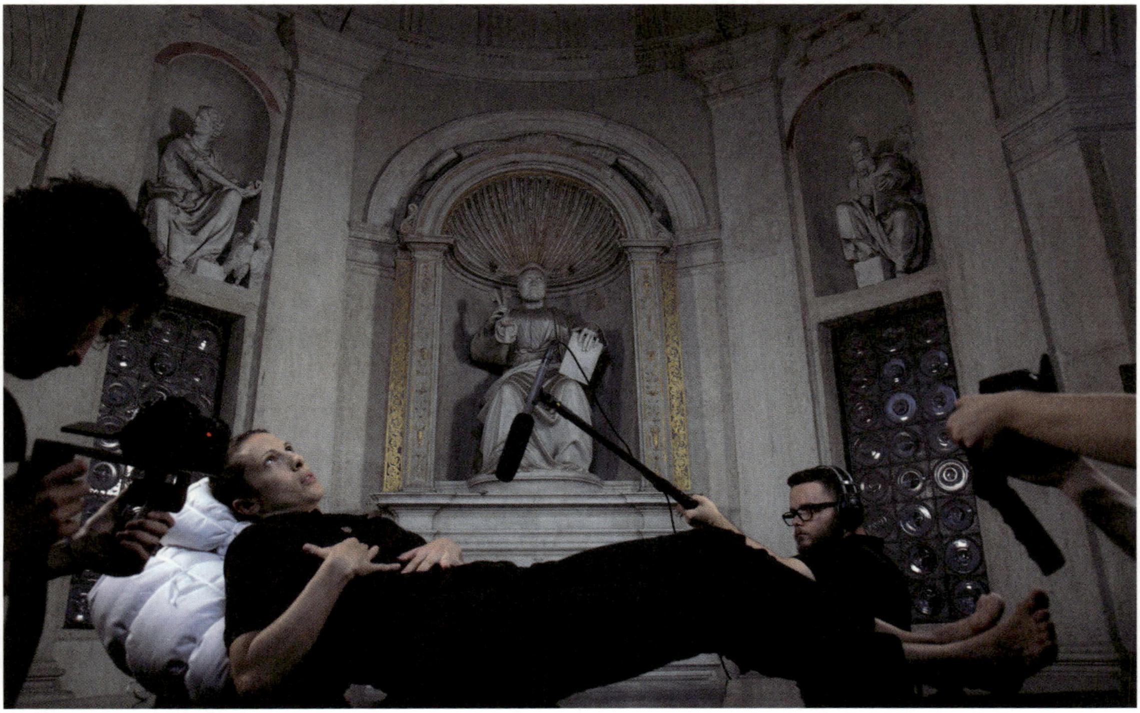

Performance *Berniniana. Il Linguaggio del Corpo,*
interior del Templete de Bramante (8 de Junio)

veracidad orgánica y de honradez dinámica en la desnudez de las estatuas antiguas, que fueron siempre, en cambio, pasmosamente engañosas y gloriosamente inorgánicas −imposibles, invivibles−; las estatuas antiguas, que constituyeron todas juntas una incontenible prosapia de levigadas exageraciones, tupidas de una carnalidad fantasmal y terminal que consistía de los mil imposibles, de las mil arrogancias de la carne viviente: aristocrática inmovilidad que dejaba fraguar en todas ellas la masa crítica, potencialmente explosiva, de una impensable retención de energías, deseos, voliciones, agonías y presiones; de un espasmo suspendido que ningún cuerpo, en el mundo fenoménico, toleraría sin prolapsarse.

En las antípodas de toda ensoñación armonista, la última aventura poética de Joan Morey abre un enigmático debate sobre todos esos imposibles, inscribiéndolos todos en una transacción, un quiasmo entre la beatitud del mármol y el martirio de la carne; entre la estable sacralidad del cuerpo hecho fenómeno y la resbaladiza santidad del fenómeno hecho cuerpo, instalado en el paganismo de una desvalida imitación estatuaria como los mártires, otrora en Roma, se instalaron en el protocristianismo de una desvalida *imitatio Christi*: exudar, gotear, chorrear −sangre y humores, aguas y sudores (sangre y agua como el costado de Cristo) humores y sudores como los performers que, aquí, aguantan los sublimes aspavientos de los ríos berninianos− fue desde siempre su escritura, su expresión común: la mortal espontaneidad, el sangrado incontenible que convierte drásticamente toda copia en un original. Está toda el agua de todas las fuentes de Roma (a muchas de ella proveyeron los papas) para lavarle la conciencia al espectáculo; para rebautizarlo como una promesa de vitalidad permanente (como la sangre del martirio rebautizaba en cada víctima una espectacular promesa de vida eterna). Quiasmo, pues, entre las resistencias del arte (las estatuas) y un Arte de Resistencia cuyo nombre técnico, Endurance Art, atañía menos a la facultad de los *body artists* que la practicaron de aguantar "como mártires" el tormento de una abyección fisiológica que a la petrificación, fáctica o simbólica, desde la que se ejercía ese aguante. *Endurando* la situación; trabajando en la membrana fenomenológica entre la dura obediencia de la piedra y la indocilidad tierna de la carne, puesta a *soltar* la más anti-discursiva de las aseveraciones: una *liquidez* que resulta tanto más abismal, textural, vibracional cuanto más cristalina e implacablemente superficial o vectorial es la forma, la sintaxis, el discurso, el guión, el protocolo al que se la somete (tortura, martirio, sumisión masoquista y, por qué no, pose artística, danza, deporte, trabajo obrero); llamaremos sudor, sangre, orina, mierda, moco, humor a esta arritmia en que se estremece la última desidia de la carne subordinada a la secreta inmovilidad del ritmo (*rythmos* designaba, en griego, la pose estática de la estatua, su inscripción *del* espacio y *en* el espacio).

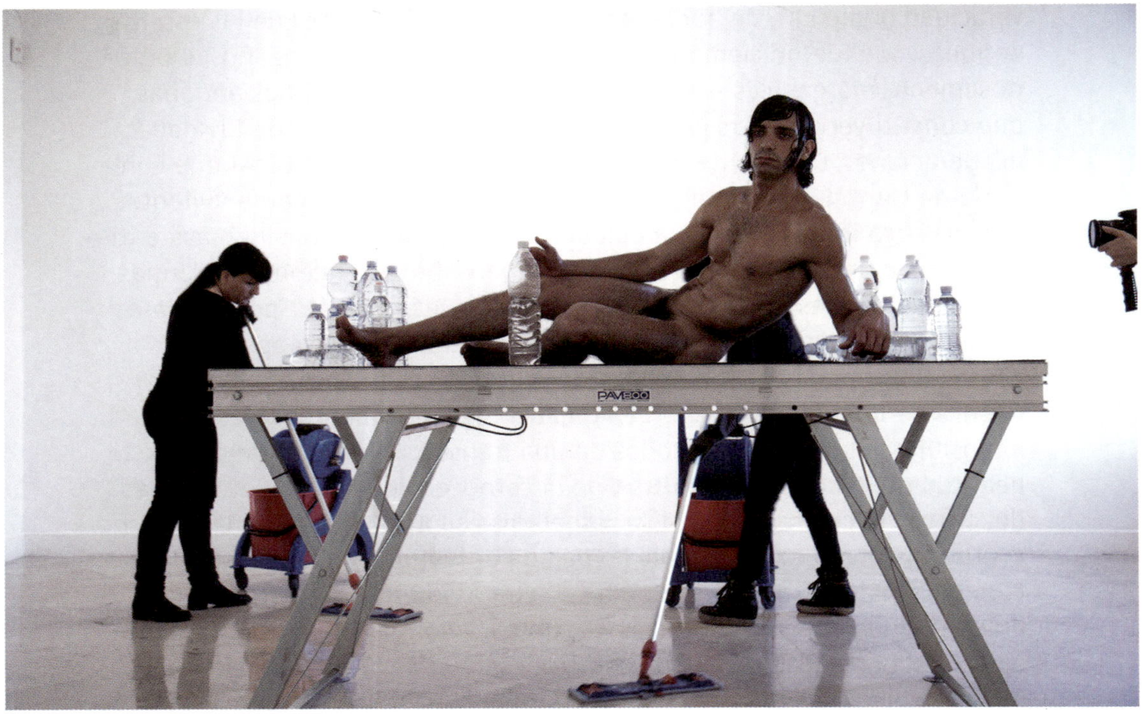

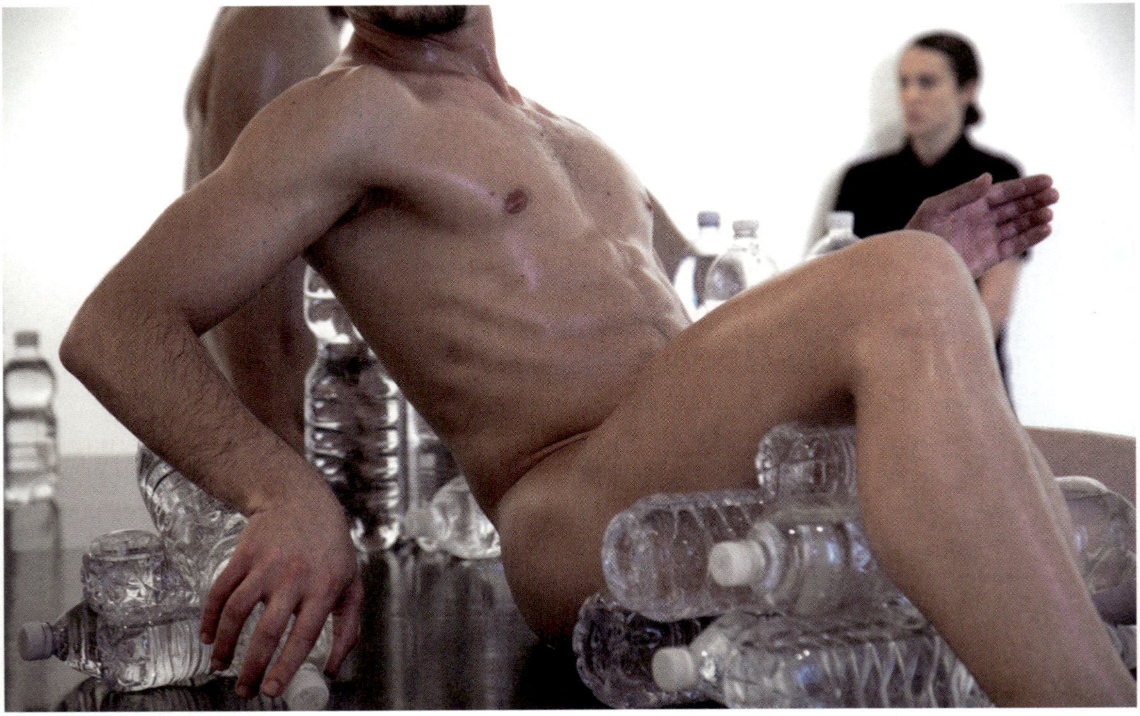

Performance *Le Fontane. Il Linguaggio del Corpo,* salas de exposición
de la Real Academia de España en Roma (15 de Junio)

Si vale el diagnóstico de Warburg, que analizó en la genealogía icónica y estatuaria de Occidente el historial de permanencia y transversalidad de algunas *Pathosformeln* o fórmulas de pathos, llamaremos *pathos de la fórmula*, en las réplicas vivientes de Joan Morey, a este punto de fusión y difusión, enuresis nocturna en la que lo orgánico desmiente su agenda, su guión de quietud. Y admitamos de una vez que, en su ceguera ideológica la danza moderna, tan volcada en repartir su economía de esfuerzo entre contracción y relajación, olvidó que entre *contraction* y *release* existía el término conceptualmente medio y fisiológicamente extremo de la *relâche*: laxitud, exudación, segregación, licuación —toda la desdibujada, paradójica vitalidad de lo ya muerto y mortalidad de lo aún vivo, precisamente como suele ocurrir en la enuresis, donde la actividad del sueño humedece a destiempo la cama del niño, expresando por él una especie de laxa disidencia contra la educación que decreta que el decúbito sea un lugar de suspensión, de quiete y de retención. La dialéctica que la escultura esgrime a conjurar esa arritmia radical (evocándola *a contrario*, forzándola a manifestarse) no se basa, por ende, en la simple inmovilidad, sino en una hiperinmovilidad, algo así como una histeria negativa. Las esculturas de fuente (y esculturas-fuentes) del barroco no hicieron sino explicitar alegóricamente una patología inscrita hace siglos en las "fuentes" de la escultura. En prototipos destinados, como el torso del Belvedere, a contraer una vez y *manar* para siempre el chorro incontenible de la profusión, de la imitación. Meándose encima todas sus gesticulaciones, variaciones, muecas posibles desde la noche de los tiempos.

Prototipos, en suma, cuya concentración no tuvo nunca por objetivo la sosegada síntesis de diacronías que Lessing teorizó, porque en ellos la temporalidad no fue objeto de una contención, sino como el sujeto de una "incontinencia". El flujo de la impermanencia no es aquello que la estatua consigue cristalizar, sino aquello que se escapa por todas sus grietas. Las "grietas del grosor de un cabello" descritas por László Földényi y ya evocadas por Joan Morey en *Misa Negra* son ya, en el mármol de las estatuas, los mensajeros de una imperfección, de un potencial eruptivo, de una aleatoriedad: atestiguan subliminalmente, todas ellas, de un tiempo incalculable en que el mármol fue un líquido, una candente viscosidad, suficientemente inhumana como para poderse convertir *a posteriori* en el recordatorio de todo cuanto, en las estatuas mismas, sigue siendo *demasiado humano*. Siniestro *retour du refoulé* que convierte cada veta en *vena*, y que reconfigura en la quietud de la estatua, según Didi-Huberman, la lividez, el decúbito de la carne dormida, recostada, inmovilizada, *pro-stituta* ("puesta delante" de una mirada medúsea que se dispone, inmovilizándola, objetificándola, a comprarla): trabajada por una muerte muy específica, llamada deseo, de la que

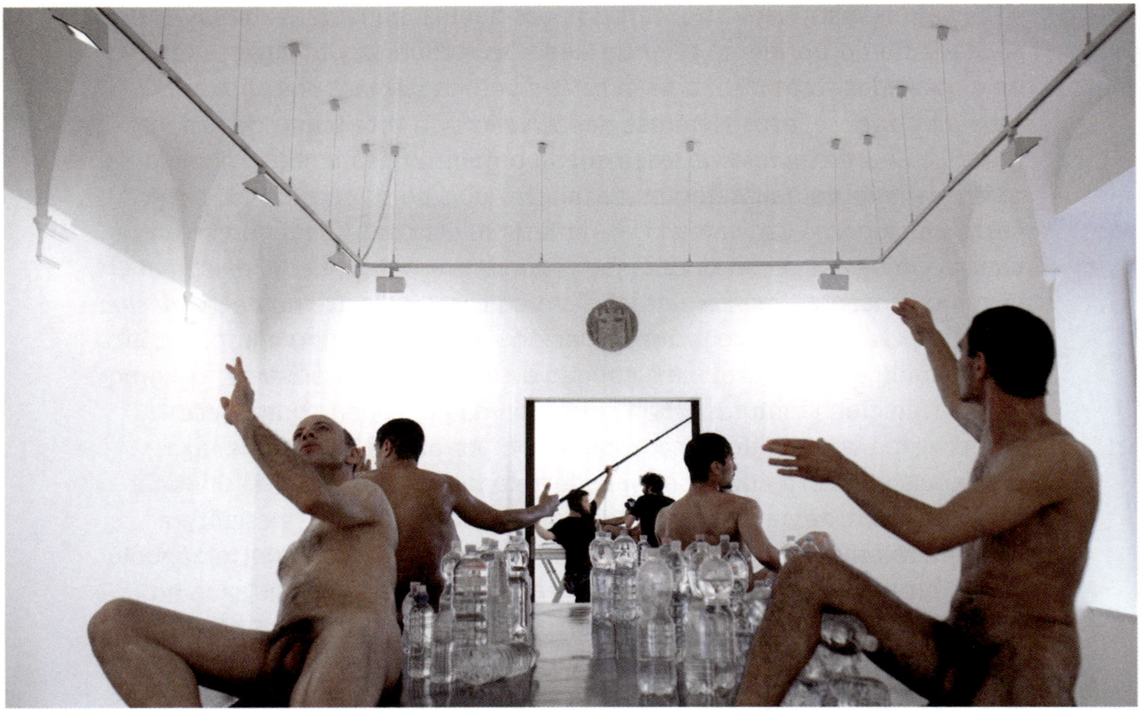

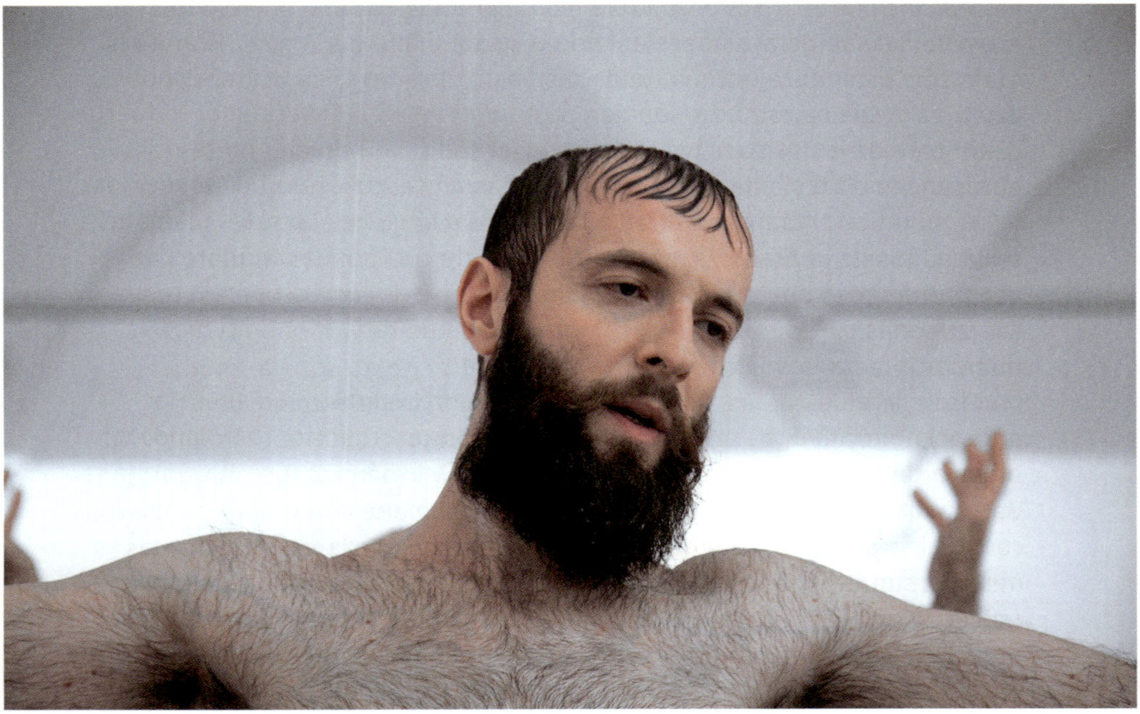

Performance *Le Fontane. Il Linguaggio del Corpo,* salas de exposición
de la Real Academia de España en Roma (15 de Junio)

—muy a pesar suyo— suda y tiembla. Carne viva *mancillada con tal de parecer estatua*, porque la quietud forzosa termina produciendo síntomas muy parecidos a los que dicta el terror: la carne *desiste su resistencia* estremeciéndose, escurriéndose, *corriéndose* por mil escapes.

While we were holding it together es el título de una emblemática coreografía de Ivana Müller en la que, clavados por la mirada del público a una única pose que mantienen a lo largo de la hora que dura el espectáculo —mientras devanan cada uno un paradójico cuento de viaje—, cinco intérpretes terminan la pieza sacudidos por el temblor incontenible de los músculos obligados a no moverse durante un tiempo demasiado extenso. Agotado el potencial de deseo que produce sus narraciones a lo largo de un eje tradicional entre moción y emoción (y que ha hecho de la danza moderna la aventura artística más anerótica de la historia) se despliega el embrujo sin historia de un *sex appeal* de lo inorgánico suspendido entre *estasis* y *metástasis*, entre concentración y profusión.

Si el objetivo es, pues, anunciar la naturaleza perversamente estática de los protocolos extáticos (de la santa, de la beata, de la alegoría, fulguradas todas ellas, en el templete bramantiano, por la claridad) tiene sentido considerar el conjunto de la operación como un gesto doble: *hipostasis* por un lado (lo absoluto del prototipo *descendido* en lo relativo de la persona), *epokhé* por otro (lo relativo de la persona *ascendido* a lo absoluto del *exemplum* —subido a un pedestal como se sube al cielo— o a un cadalso). Claro que este quiasmo, conjurado por Joan Morey, entre instancias horizontales y verticales que se anulan mutuamente, es suficientemente fuerte como para articular su propia histéresis, el ciclo cerrado de una terrible autosuficiencia. Es lógico que se haga en ausencia de cualquier espectador, y que su única presencia, así, sean las de los *operadores* literales (cámaras, encargados de la limpieza, transportadores de cuerpos, instaladores de esos volúmenes que permiten apuntalar la pose de los figurantes; todas las personas cuyas *maniobras* cuyo *opus* velan en todo momento por guardar intacta la inacción de una *obra*).

Tiene sentido que los únicos testigos sean precisamente quienes no cogen y no recogen, de las estatuas, sino los lapsus orgánicos (limpiando su orina, aislando los detalles de su carne, conteniendo con una toalla enrollada, con una botella de agua, con un bloque acolchado todo tipo de caída, de hundimiento de los miembros). Tiene sentido mutilar el paradigma de la visión en una época en la que la estatua viviente se ha convertido por excelencia en un ejercicio de voyeurismo clasista y turismo temático. En cambio, el eros de la escultura humana, perpetrado por Morey en la clausura del círculo de la presencia, es también el más terminal de los narcisismos: ser la imagen desnuda que, como una estatua, ha perdido conciencia de estar siendo vista. Piensa uno en esa *Mirror Dance* en la que la americana Loïe Fuller

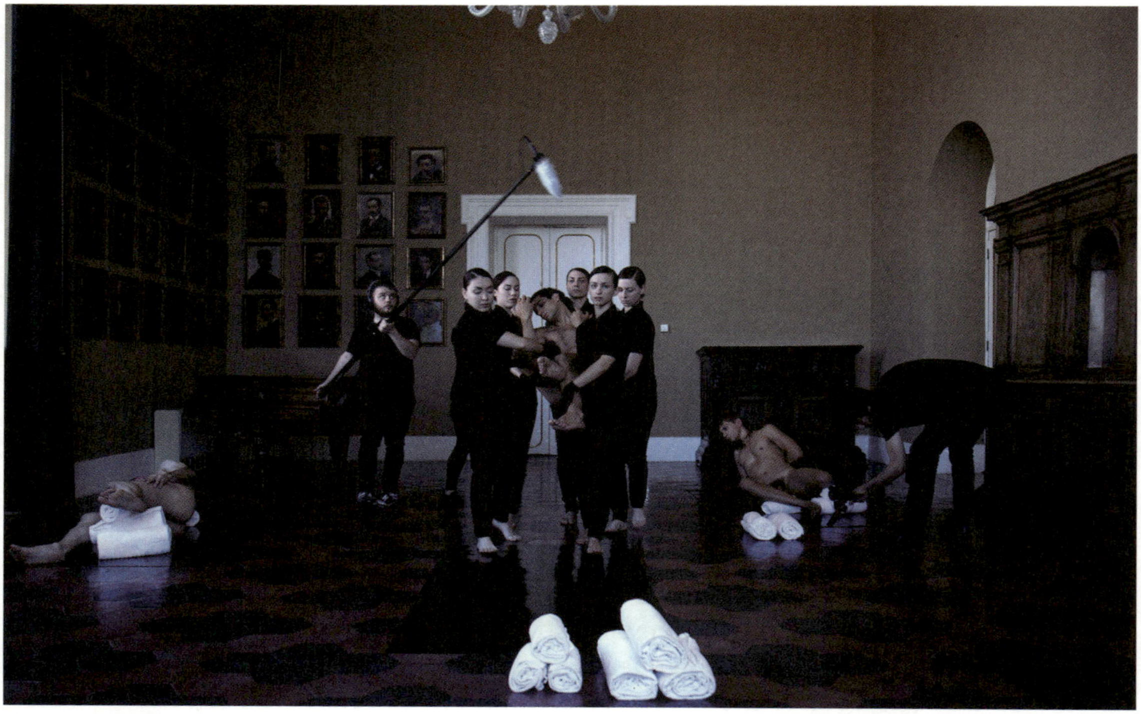

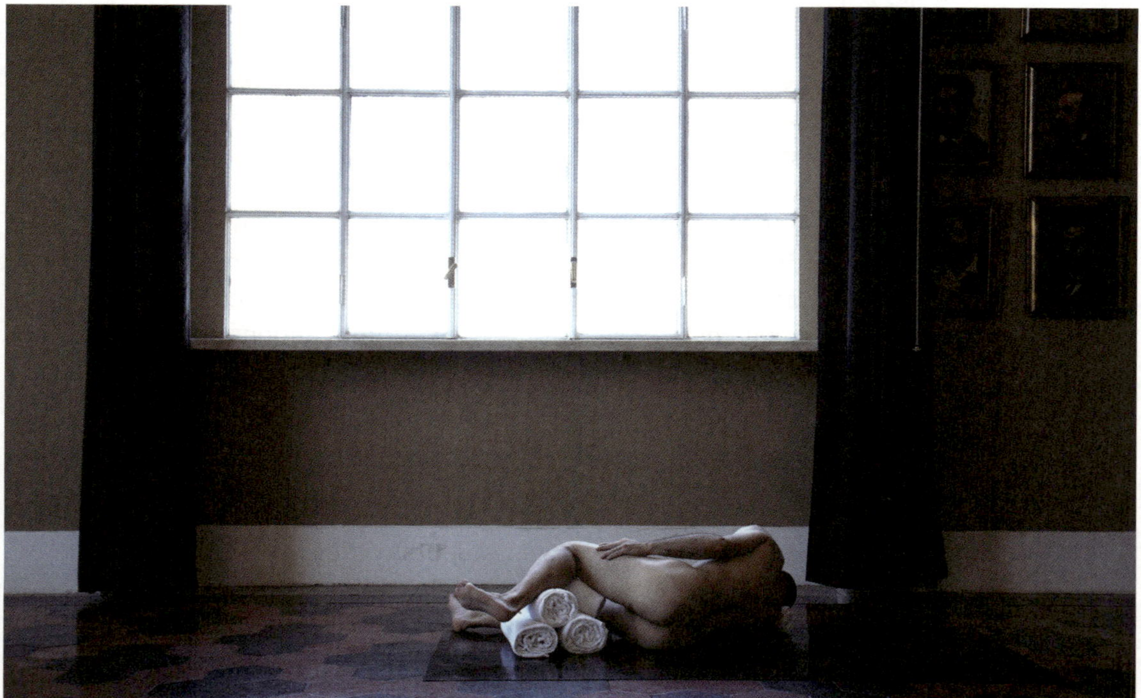

Performance *Belvedere. Il Linguaggio del Corpo,* Salón de Retratos
de la Real Academia de España en Roma (22 de Junio)

devanaba a ciegas el remolino de sus velos encerrada en un dispositivo de espejos que la rodeaba por todos los lados, con tal de no saber en ningún momento *si* y *dónde* se encontraría el público.

No es de extrañar que Mallarmé resumiera alegóricamente el sentido de esta *for-clusión* de una epifanía de sí comparando Fuller con un nenúfar: la flor que, flotando sobre su propio reflejo, ha obtenido una total disolución de la referencia; la extraña dignidad de la copia serial hecha prototipo, cuyo fulgor es propiamente alcanzar el máximo de presencia en el máximo de desaparición ("l'absente de tout bouquet").

Y que sobre una base análoga Lacan elaborara, unas décadas después, el protocolo cíclico de esa *fase del espejo* (la emergencia autoplasmada del *je* como *autre*), que resulta paradójica no tan solo porque fija un ciclo de retroalimentación entre identidad y alienación, sino porque inscribe los modos vertiginosos de este cortocircuito en el escenario de total inmovilidad del *sí* a solas ante el *mismo* reflejado que lo completa en yo. En el teatro autoescópico de Lacan, la identidad se da, en todos los sentidos, por *segregación*.

Volvemos, pues, al secreto potencial de circularidad y circularización de las tríadas (la tríada fundamental, la de las personas divinas, que también se hace en la órbita de tres diferentes *hipostasis* del dios judío-cristiano, ya había seducido Morey, con sus versos, conversos y reversos diabólicos en las tangencias dantescas de otros proyectos). El proyecto llevado a cabo por el artista en los espacios de la Real Academia de España en Roma vuelve a ser *triádico* en más de un aspecto. El primero es que, casi sin querer, al re-configurar el campo de competencias del "figurante" por triple de-negación o ab-negación de sus estatutos tradicionales (solo bailarín, solo modelo o solo estatua), termina plasmando un modo performativo suficientemente liminal, suficientemente dinámico en su esfuerzo de inmovilidad, como para recordar esa *Kunstfigur* cuya indefinición Oskar Schlemmer (inventor, justa-mente, de un *Triadische Ballett* que castigó en 1922 las pasiones orgánicas de la nueva danza) puso en el centro de su programa poético. El segundo es que, intuitivamente, la autorreferencialidad del proyecto (su autismo, si se quiere, o su autoerotismo) está estrechamente enroscada alrededor de distintas tríadas crónicas, espaciales y semánticas.

Morey lo desglosa, de entrada, en tres formatos de acción, tres dro-mologías, asignadas, cada una de ellas, a diferentes entornos de la Real Academia de España en Roma; cada entorno está marcado, a su vez, por diferentes cocientes de visibilidad institucional, del templete de San Pietro in Montorio (que es a la vez el más descaradamente circular, *autoinclusivo* de los espacios, y el más incondicionalmente abierto al público la ciudad), a las salas de exposición (cuyo acceso es normativamente condicionado por el guion cultural de la visita) al espacio totalmente interior y casi exclusivo

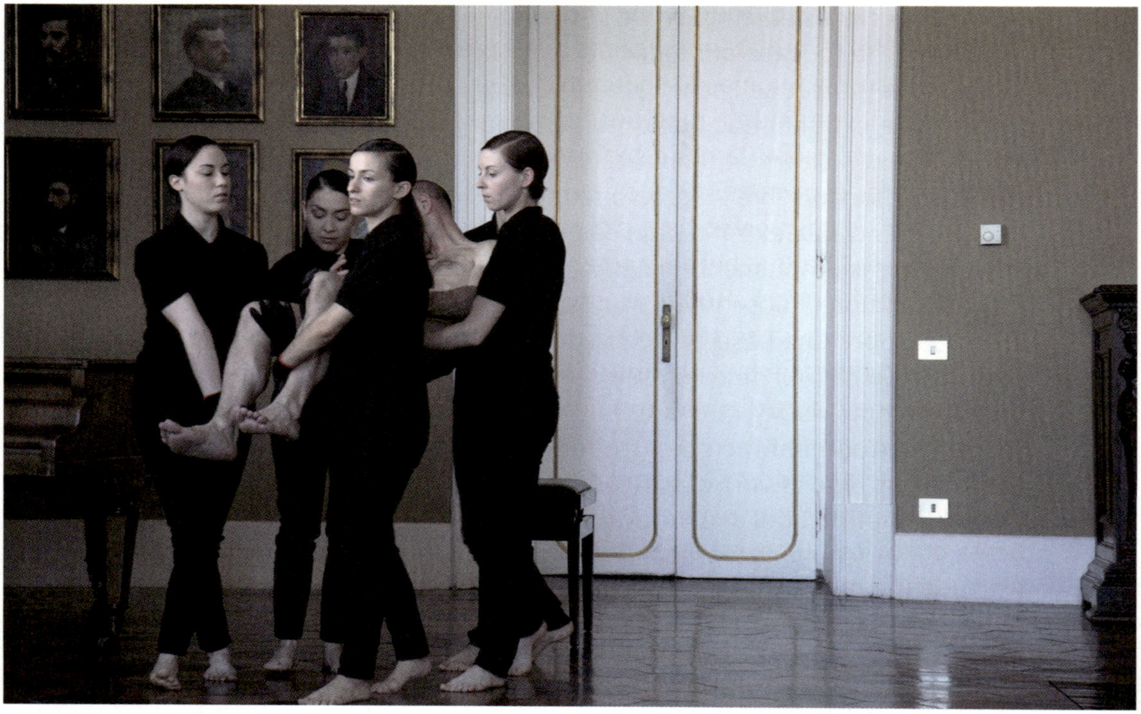

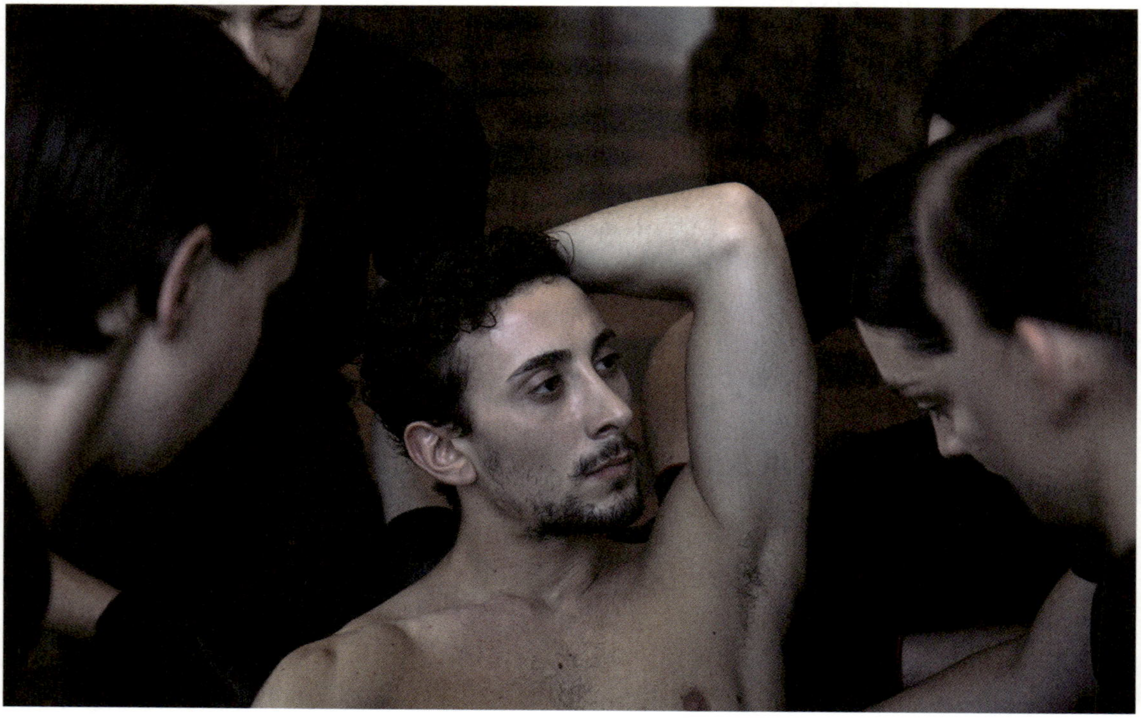

Performance *Belvedere. Il Linguaggio del Corpo,* Salón de Retratos
de la Real Academia de España en Roma (22 de Junio)

del Salón de Retratos (que representa al mismo tiempo el ganglio decisional de los poderes otorgados a la Academia como sinécdoque del Estado español en Roma). El segundo de estos entornos (el que ocupa una posición suficientemente umbilical como para que aquí el ciclo del agua, la autarquía del nenúfar halle su formulación más directa) se articula a su vez en tres espacios contiguos. Un triadismo análogo repercute en el interior de cada dromología: el ciclo casi estroboscópico de tres poses estatuarias del bloque berniniano en el interior del templete en un cierto sentido lo preanuncia a todas las demás fases del proyecto, que vuelve por ende a configurarse según una extraña *law of three*: altares (donde lo que sobredetermina la obstinación de la estatua viene desde arriba), fuentes (donde lo que infradetermina la obstinación mana desde abajo), excavaciones (el torso del Belvedere no es tan solo un fragmento de algo que fue desenterrado, es el paradigma de una contracción que el abdomen dicta a sí mismo *desde dentro*). Del cuerpo velado-revelado-revelador (de la beata Ludovica Albertoni, de Santa Teresa de Ávila, de la Verdad), al cuerpo desnudo (Fiumi, Marforio, Tritone), al cuerpo mutilado que es el torso del Belvedere. Y de nuevo, en la última estancia, el protocolo fúnebre que articula las variaciones sobre el torso del Belvedere en un ciclo constante de posición-exposición-deposición. Es también, este del salón de los retratos, el último arcano —y el más alucinatorio— de todos cuantos baraja el proyecto de Joan Morey: la analogía sutil entre el gesto comedido con el que las mujeres *deponen* las variantes vivas del espasmo arquetípico que fue el torso, y el cuidado que las Mujeres, protagonistas de todas las Deposiciones, prestaron al cuerpo más textual (o al cadáver más icónico) de la Historia Sagrada —el día que murió el mito de la mortalidad—, y que empezaron a recontarlo en mil torsiones, mil giros histriónicos las estatuas. *Tergi-versándose.*

---

* Roberto Fratini, dramaturgo y teórico de la danza. Docente de Teoría de la Danza en el Institut del Teatre de Barcelona. Colabora como dramaturgo con varias compañías internacionales como Caterina Sagna, Roger Bernat, Philippe Saire, La Veronal, Sol Picó, Germana Civera, entre otras.

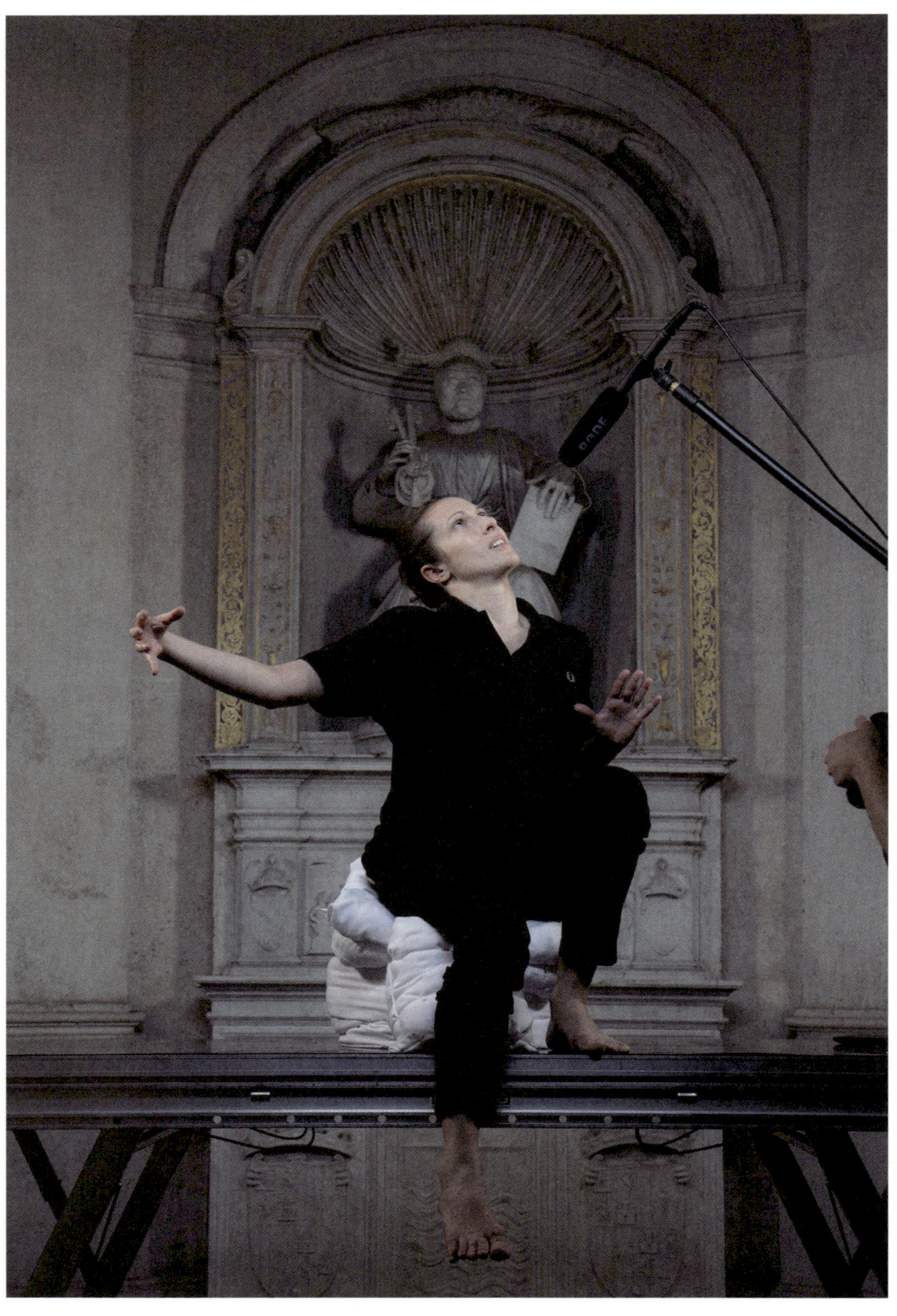

Marta Ciappina en la performance *Berniniana. Il Linguaggio del Corpo*, interior del Templete de Bramante

Il Linguaggio del Corpo

Joan Morey

Le silence est notre langue maternelle.
Samuel Beckett

Il Linguaggio del Corpo es un proyecto de Joan Morey —desarrollado en la Real Academia de España en Roma gracias a la beca MAEC-AECID— centrado en el estudio del cuerpo en la escultura clásica y su traslado al medio vivo de la performance. Trazando puentes conceptuales entre la antigüedad clásica, la modernidad y la posmodernidad el proyecto evita la utilización de parámetros historiográficos y adopta una actitud crítica frente a la (re)presentación del cuerpo.

Tomando como punto de partida "No Manifesto" de Yvonne Rainer (con el que en 1965 la bailarina americana, coreógrafa y *filmmaker* quiso revolucionar la danza y reducirla a sus elementos esenciales) el artista define una serie de constricciones que le impiden controlar los procesos de ejecución de la obra. Trabajando en estrecha colaboración con la bailarina y coreógrafa italiana Marta Ciappina se genera una metodología de trabajo normativizada para realizar tres performances en las que los intérpretes y los responsables de documentación de la obra son los únicos espectadores.

Por medio de una selección de esculturas o grupos escultóricos de diversos periodos, todas ellas ubicadas en Roma, se articulan tres bloques de trabajo entorno a la idea de cuerpo en la escultura. Cada bloque desencadena una *performance* de una hora de duración ejecutada "a puerta cerrada" en un emplazamiento de la Real Academia de España en Roma. La primera, *BERNINIANA* (Templete de Bramante), corresponde a una secuencia de movimientos a raíz de la representación del cuerpo femenino en tres esculturas de Gian Lorenzo Bernini —*La Verità* (1646-1652), *la Transverberazione di santa Teresa d'Avila* (1647-1652) y *L'Estasi della beata Ludovica Albertoni* (1674); en segundo lugar, *LE FONTANE* (Salas de exposición) plantea un estudio del desnudo masculino en relación al movimiento cíclico del agua desde las esculturas que conforman tres fuentes —*Fontana di Marforio* (siglos I-II d.C.), *Fontana dei Tritoni* (1610) y *Fontana dei Quattro Fiumi* (1651)— y, en última instancia, *BELVEDERE* (Salón de Retratos) aborda la contracción del cuerpo y su fragmentación mediante cinco variaciones libres del *Torso del Belvedere* (siglo I a.C.).

En cada performance, varios bailarines se someten a un rígido sistema de instrucciones y reglas (limitaciones motrices, memoria muscular y coreográfica, ejercicios de resistencia…) con el fin de trasladar las formas de un cuerpo escultórico inerte (que ha impregnado la historia) a un cuerpo real (que respira y se mueve ahora). De esta forma, el esquema de producción de *Il Linguaggio del Corpo* se sirve del cuerpo del *performer*, como si se tratase de un cuerpo-materia, situándolo en un primer plano con la intención de cambiar la manera convencional de entender la escultura.

Il Linguaggio del Corpo

Joan Morey

Performance

Ayudante de dirección, coreografía y casting
Marta Ciappina

Intérpretes femeninas
Vera Borghini, Marta Ciappina, Giulia Conte, Ilaria Chiari, Daria Greco, Lucrezia Micheli, Sabrina Rigoni, Simona y Maria Stacchiotti

Intérpretes masculinos
Saverio Cavaliere, Luca Esposito, Mirko Feliziani, Giovanni Impellizzieri, Giuseppe Claudio Insalago, Salvatore Lombardo, Andrea Morani, Valerio Sirna, Pablo Tapia Leyton

Documentación fotográfica
Leonardo Aquilino

Documentación videográfica
Libera Balzamo, Marco Mazzone

Ingeniero de sonido
Alessandro Bizzarri

Maquillaje
Stefania Piovesan

Peluquería
Danilo Spacca

Ayudante de producción
Rossana Miele

Video

Edición
Joan Morey, Mireia Sallarès

Sonido
Carlos Gómez

Estudio de edición
Hangar.org

Web

Diseño y desarrollo
Sebastian Berns

Agradecimientos

Antoni Abad, Greta Alfaro, Leonardo Aquilino, Enrique Bordes, Marisa Brugarolas, Pino Censi, Maria Luisa Contenta, Jesús Donaire, Eduard Escoffet, Ricardo Fumanal, Beatriz Herráez, Rossana Miele, Francisco J. Prados, Sergio Rubira, Mustafa Sabbagh, Manuel Segade, Graham Thomson, Brenda E. Zúñiga y todas las personas, en especial Marta Ciappina, que con su implicación han hecho posible este proyecto.

Joan Morey
Il Linguaggio del Corpo

<u>Joan Morey</u>
Il Linguaggio del Corpo

Adrián Silvestre

Los Objetos Amorosos

Cine > Largometraje de ficción

Adrián Silvestre

[Valencia, 1981]

www.adriansilvestre.com

Licenciado en Comunicación Audiovisual por la Universidad Complutense de Madrid, Graduado en Dirección por la Escuela de Cine y Audiovisual de Madrid (ECAM), y Máster de Historia del Arte Contemporáneo y Cultura Visual por la Universidad Autónoma de Madrid y el Museo Nacional Centro de Arte Reina Sofía.

Ha cursado una especialización en Desarrollo de Proyectos de Cine y TV y otra en Curaduría de Festivales de Cine en la Escuela Internacional de Cine y Televisión de San Antonio de los Baños (EICTV), Cuba.

Recientemente ha sido becario en la Real Academia de España en Roma y en la Academia de Francia / Casa de Velázquez.

En sus proyectos cinematográficos, explora los límites entre la realidad y la ficción, poniendo en escena a actrices profesionales junto a personas reales.

Asume la práctica artística desde el análisis de la experiencia cotidiana. Sus películas suelen ir precedidas por un proceso de estrecha colaboración con comunidades específicas. Son procesos participativos, donde se genera un diálogo, se implementa transversalmente la perspectiva de género y se fomenta el empoderamiento de las participantes.

Uno de sus proyectos más destacados es Exit, Un Corto a la Carta; una película de ficción inspirada en vivencias reales, desarrollada con la directora escénica Beatriz Santiago y un colectivo de 30 mujeres inmigrantes, residentes en Madrid. Exit tiene un formato de exhibición interactiva,

puesto que su desarrollo narrativo lo determina el espectador. Cada visionado tiene 8 desenlaces posibles, que definen las distintas realidades sociales, culturales y económicas de las mujeres que han participado en el film.

El proyecto nació con el apoyo de Obra Social La Caixa y el espacio Intermedia-E - Matadero de Madrid, y se estrenó en la Cineteca, en 2012.

En 2012 se marcha a Cuba con una ayuda para jóvenes artistas de la Comunidad de Madrid, y dirige el documental Natalia Nikolaevna, sobre una cantante soviética que desde hace dos décadas sobrevive cantando lírica en las calles de Cienfuegos. Natalia reside en la CEN, un punto urbano próximo donde se empezó a construir la que sería la primera central electronuclear de Cuba; proyecto abandonado en 1991, con la caída del Megaestado Comunista.

El documental se estrenó en la sección oficial documental del Festival de Málaga. Cine Español, en 2014.

Actualmente, acaba de finalizar Los Objetos Amorosos, su primer largometraje de ficción. La película Toma como punto de partida el estudio de la migración femenina en la ciudad de Roma. La producción fue precedida por un proceso de investigación de tres meses, donde programó una serie de talleres de intercambio de experiencias con mujeres migrantes residentes en tres ciudades europeas: Roma, Madrid y Germersheim. Su estreno está previsto para 2016.

La cámara que escucha

A propósito de *Los Objetos Amorosos* de Adrián Silvestre

Jordi Costa*

"Mi hermana me cogió así, de repente. Yo estudiaba en Perú, estudiaba en la Universidad. Todo. Un día mi hermana viene y me dice: ¿quieres irte a Italia? ¿Italia? Me voy, pero no sabía dónde". Así da comienzo el monólogo que una emigrante peruana desgrana ante la cámara, en plano fijo, en el primer tramo de "Los Objetos Amorosos", primer largometraje de Adrián Silvestre, en el que actrices profesionales conviven, dialogan e interactúan con presencias no profesionales en una de esas estrategias de difuminación de fronteras entre ficción y realidad que, en los últimos años, definen una de las direcciones más estimulantes del cine contemporáneo.

La peruana es Aurora Silva y se está interpretando a sí misma. Su interlocutora, su contraplano, es una actriz profesional, Laura Rojas Godoy, que en la película encarna a una colombiana que, dejando a un hijo de dos años en su país de origen, ha viajado hasta Roma por puro imperativo de supervivencia. Sin dramatismos, ni afectaciones, con tres focos de luz interior que emergen de su mirada vivísima y su sonrisa desarmante, Aurora narra su propia historia, su particular odisea que, con un pasaporte falso, la llevó de Perú a Bolivia y de allí a Chile para acabar cruzando la frontera europea en Turín, ante la mirada de unos funcionarios aduaneros que le franquearon la entrada pese a detectar a la inmigrante ilegal bajo la inconsistente fachada de la turista que viaja, en verano, con una maleta atiborrada de ropa vieja de invierno. *"Yo tuve suerte. Mucha suerte",* concluye Aurora tras esos diez minutos de bienhumorada confidencia en torno a un tema que, poco a poco, se ha ido afirmando en la breve filmografía de Adrián Silvestre como motivo recurrente destinado a encontrar su más ambicioso desarrollo y su más delicado afinamiento en este trabajo que marca la conquista de una voz propia.

La confesión de Aurora fija el momento preciso en que este crítico se enamoró, sin vuelta atrás, de esta película que alude al amor desde su mismo título y que, más allá de ese contexto de tránsitos migratorios y comunidades levantadas en pleno desamparo europeo, acaba contando una heterodoxa, intensa y desgarradoramente provisional historia de amor.

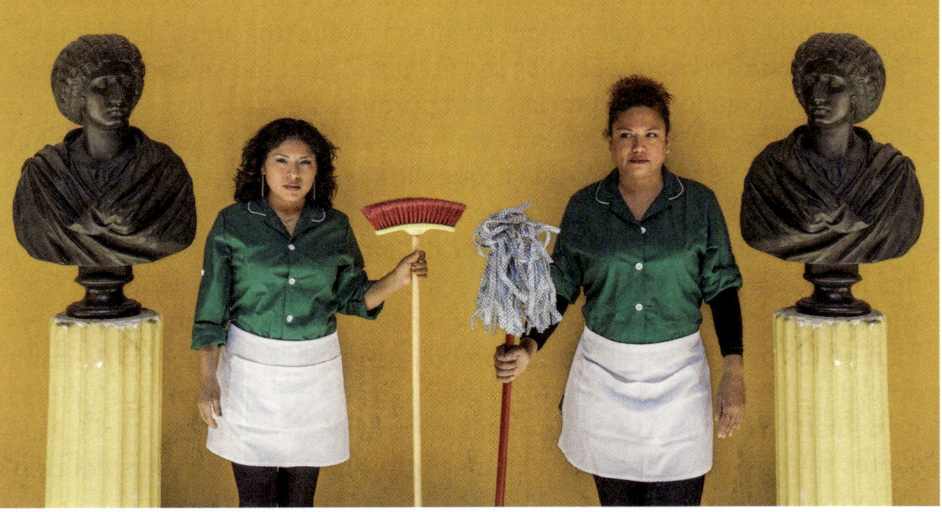

Los Objetos Amorosos, 2016
Cartel versión italiana

La historia de la relación entre una emigrante colombiana (Laura Rojas Gody) y una emigrante chilena (Nicole Costa) en una Roma que, en buena medida, es la des-glamurizada Cara B de la Roma que, en su día, recorrieron Gregory Peck y Audrey Hepburn a lomos de una Vespa y, también, de la Roma que, hace mucho menos tiempo, enmarcó la deriva cínica y decadente de ese privilegiado testigo de una gran belleza derrumbada que fue Jep Gambardella. La escena de Aurora –un personaje secundario en el conjunto- aparece ante el espectador como un temprano índice del grado de verdad atrapado en una película que afirma su identidad en ese territorio fronterizo entre lo testimonial y lo artificioso que, de hecho, no hace más que modular la esencia medularmente paradójica del cine.

En su lúcido y esclarecedor prólogo a la edición española del fundamental "Mutaciones del cine contemporáneo" (Errata Naturae) de Jonathan Rosenbaum y Adrian Martin (coord.), Pere Portabella apuntaba precisamente a esa conciliación de una vieja dialéctica, que quizá nunca había sido tal, al atraer la atención del lector sobre algunas de las última sintomatologías de la imagen contemporánea: *"Hay que pensar, quizás en este tiempo más que nunca, lo que está ocurriendo en las pantallas: (...) cómo se relacionan la ficción y el documental, cómo ambos dejan de ser una cosa distinta, o cómo, ahora, se diría que, de repente, descubrimos que siempre fueron esa única cosa"*. En su número de septiembre de 2014, la revista británica Sight & Sound organizó una encuesta entre más de 300 cineastas y críticos para elaborar un canon de los mejores documentales de la historia del cine: la aportación más provocadora vino de la mano de James Benning, cuyo único voto fue para el "Titanic" (1997) de James Cameron, *"un asombroso documento de mala interpretación"*, señalaba el director, antes de concluir: *"Y, debo añadir, todas las películas son ficciones"*. También se podría replicar a Benning aduciendo que, al mismo tiempo, todas las películas son, asimismo, documentales: registros de la muerte trabajando, que diría Jean Cocteau, o documentales de su propio rodaje, que diría Jacques Rivette. En cualquier caso, la entrada del cine en la modernidad vino a resolver, en cierto modo, esa forma de entender el cine a partir de la coexistencia –y la tensión- de dos fuerzas antitéticas: el registro y el artificio, el realismo (Lumière) y el sueño (Méliès). La descontextualización del rostro estelar de Ingrid Bergman en los parajes hostiles de Stromboli de la mano de Roberto Rossellini abre, definitivamente, la puerta a un porvenir de la imagen donde la línea de demarcación entre ficción y no ficción se desdibuja para propiciar incesantes saltos a uno y otro lado. En efecto, los dos polos opuestos del cine fueron siempre el mismo.

En este campo de batalla (o quizá, más bien, zona de juegos o territorio de fértiles cuestionamientos e incertidumbres) donde el cine de ficción se apropia de estrategias del documental y este, a su vez, vampiriza

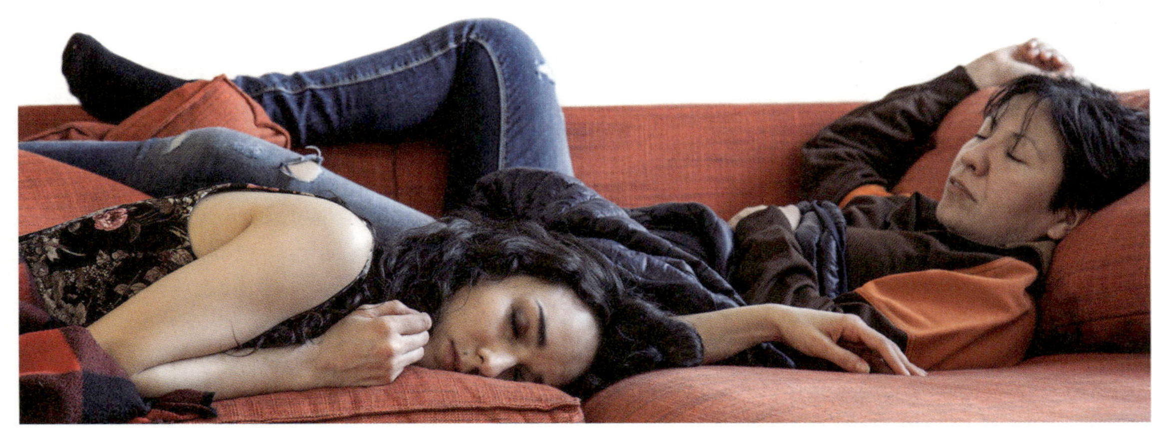

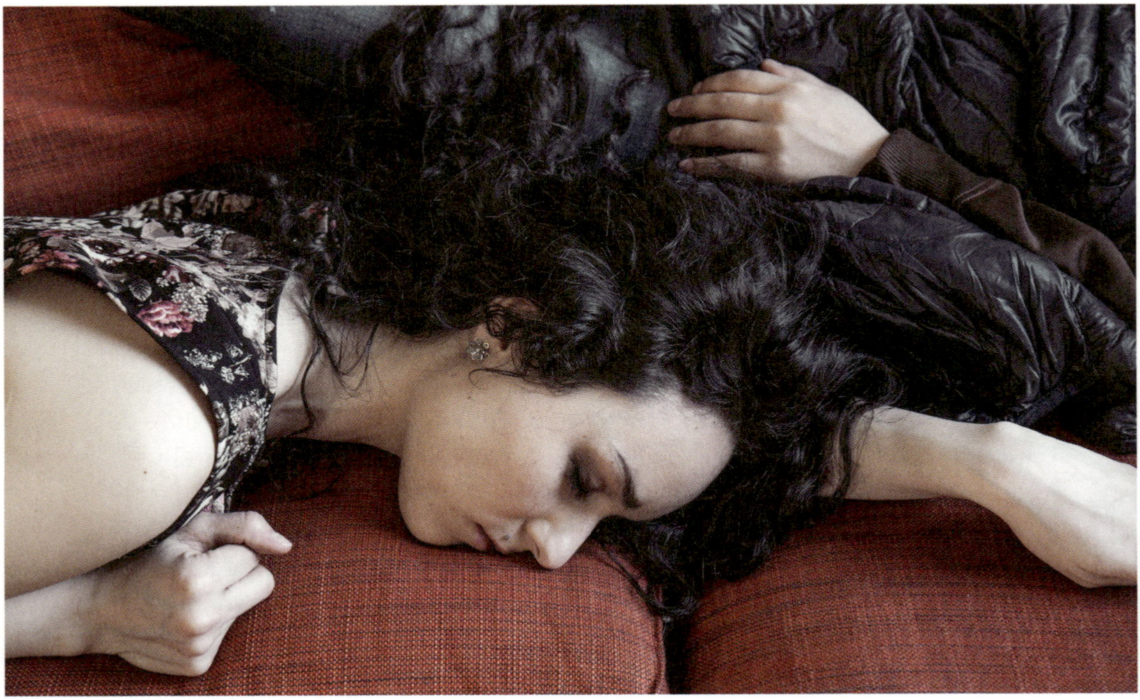

Los Objetos Amorosos, 2016
Fotogramas

a su supuesto contrario han sido numerosos los gestos radicales en los últimos años: desde las controvertidas puestas en escena construidas para hacer emerger una verdad escalofriante de Joshua Oppenheimer en "The Act of Killing" (2012) hasta la reconstrucción a escala de una memoria lacerante, personal y colectiva, emprendida por Rithy Panh en "La imagen perdida" (2013).

Una enumeración exhaustiva sería imposible, pero permítase a este crítico traer a colación dos casos especialmente llamativos que, por motivos diversos, podrían mantener algún vínculo con lo que propone Adrián Silvestre en "Los Objetos Amorosos": los casos, tan distintos entre sí pero tan hermanados por su común síntesis entre verdad y artificio, del iraní Jafar Panahi y del austríaco Ulrich Seidl. En "Esto no es una película" (2011), trabajo que Panahi realizó bajo arresto domiciliario, el cineasta interrumpía su relato acerca del proyecto cinematográfico que el gobierno iraní le había impedido para pasar a formular una sintética teoría del cine sirviéndose de sendas escenas de sus precedentes "Crimson Gold" (2003) y "El círculo" (2000). ¿Qué sentido tendría hacer películas si pudiesen ser contadas?, se preguntaba el director antes de ilustrar su concepción del medio como la fricción creativa entre un espacio (real) y una presencia (no profesional), factores capaces de amplificar o aportar matices y sentido a esa ficción que, sí, podría ser contada, pero sólo antes de ser transubstanciada y convertida en forma innegociable, identidad indisoluble entre las intenciones del creador y las injerencias del azar y la realidad.

Documentalista de mirada gélida e inquietantemente neutral, el austríaco Ulrich Seidl se pasó a la ficción con "Canícula" (2001), una película ambientada en un suburbio vienés bajo el inclemente sol del verano que pecaba de un exceso de morbosidad que aportó una falsa pista sobre las futuras gratificaciones que traerían sus futuros trabajos en ese ámbito, como "Import/Export" (2007) y su trilogía "Paraíso" (2012-13), fundamentados ambos en las reacciones éticas y estéticas provocadas al contemplar a actores no profesionales haciendo de sí mismos (o de una versión cercana a sí mismos) en escenarios reales comúnmente regidos por la sordidez y el desamparo. "Import/Export" hablaba de flujos migratorios con una mirada mucho más cruel e inclemente que la que emplea Adrián Silvestre en "Los Objetos Amorosos": la metáfora detrás de la película de Seidl pasaba por considerar a sus personajes –una ucraniana que emigra a Viena en busca de una vida mejor (que no encontrará) y un vienés que viaja a Europa del Este para ayudar a su padrastro en un oscuro negocio de máquinas tragaperras- como meras mercancías en los circuitos de una economía globalizada entendida como última y crepuscular supuración de un capitalismo agónico. Con todo, la mirada, aparentemente vaciada de empatía, de Seidl no podía evitar aquí que afloraran briznas de vulnerable humanidad al fondo del pozo, abriendo el camino a ese mosaico de fragilidades que fue el tríptico "Paraíso", cuya ordenación temporal –"Paraíso: Amor" (2012), "Paraíso: Fe" (2012) y "Paraíso. Esperanza" (2013)- parecía describir un tortuoso camino desde la gelidez a una extraña forma de humanismo. Con su cámara fija y sus encuadres en plano general a media distancia, Seidl acostumbra a filmar a sus actores como si fueran peces de acuario –o reptiles en un terrario-, evitando que cualquier manipulación emocional se interponga entre el espectador y la pantalla. En algunas imágenes de "Los Objetos Amorosos", Silvestre parece ejercitar un gusto por la composición simétrica que podría evocar las estrategias formales de Seidl, pero la naturaleza de la mirada es completamente distinta: Silvestre no ve mercancías, sino individuos y tampoco contempla a sus personajes como otredades en un terrario, sino que concibe y construye su ficción como proceso colectivo, democrático y participativo. En otras palabras: no observa, dialoga. Con todo, en la trayectoria del creador de "Los Objetos Amorosos" hay un estimulante pulso entre artificio y verdad y un progresivo interés en explorar la tensión entre espacio y presencia que permite aventurar esta aparentemente temeraria afinidad con los modelos de Panahi y Seidl.

En el breve recorrido creativo de Adrián Silvestre antes de llegar a "Los Objetos Amorosos" se detecta el estimulante empeño de cuestionarse a sí mismo, de asimilar arriesgados referentes y ponerlos en cuarentena en la búsqueda de una mirada propia que, finalmente, ha ido cobrando una cierta forma de camino de despojamiento en aras de hacer invisible o subterráneo el artificio. En "Dácil" (2009) -cortometraje de ficción realizado en el seno de la ECAM tras una etapa de aprendizaje cuyos frutos, puntuados por ocasionales hallazgos en el apartado interpretativo, aún no permitían intuir una identidad y, por así decirlo, un programa creativo-, Adrián Silvestre manejaba como referente el tono de las historietas de Daniel Clowes para contar un cuento cruel, un relato de aislamiento y brutalidad grupal en una escuela de arte que también activaba el recuerdo del primer tramo de "Cosas que no se olvidan" (*Storytelling*; 2001) de Todd Solondz, cineasta que, precisamente, había recurrido al creador de "Como guante de seda forjado en hierro" para la elaboración del cartel de su fundamental "Happiness" (1998). "Cosas que no se olvidan" era una película partida en dos, cuyas partes respondían a los nombres de "Fiction" y "No Fiction" como si estuviesen lanzando su particular embrujo sobre el porvenir de Silvestre, que asumiría explícitamente el influjo del cineasta de New Jersey en su siguiente y ambicioso proyecto: "Exit, un corto a la carta" (2012), un jardín de senderos que se bifurcan en quince piezas audiovisuales que crean una consistente experiencia interactiva a partir de las diferencias posibilidades narrativas (y existenciales) que se abren ante una inmigrante que llega a nuestro país con todas las incógnitas de supervivencia por delante. Silvestre emulaba la

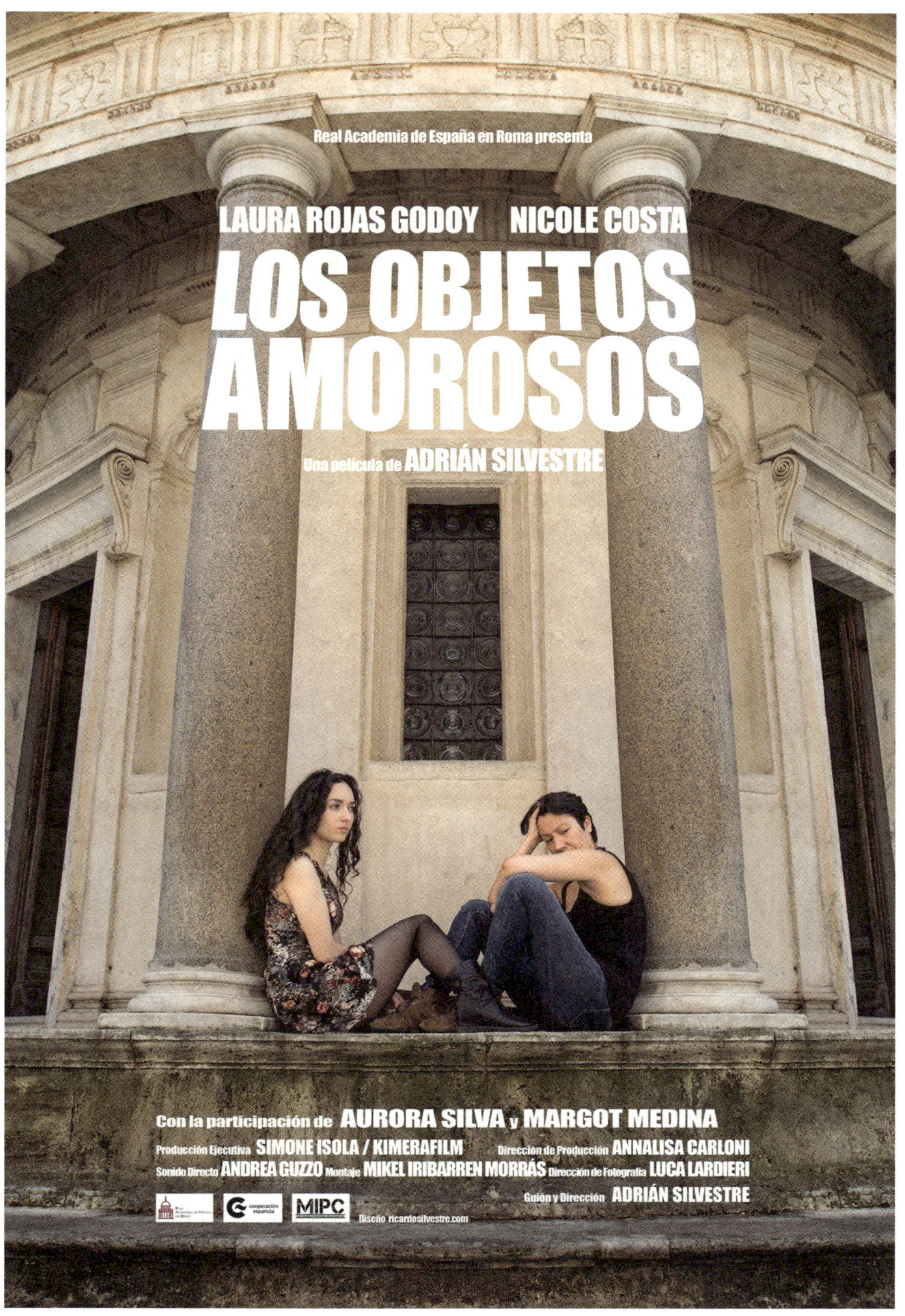

Los Objetos Amorosos, 2016
Cartel versión española

dinámica estructural de los librojuegos juveniles de la colección "Elige tu propia aventura", creada por Bantam Books en el mercado anglosajón en 1979, y se apropiaba de un dispositivo que Solondz había desarrollado a fondo en su radical "Palíndromos" (2004) a partir del juego de dualidades propuesto por Luis Buñuel en "Ese oscuro objeto de deseo" (*Cet obscur objet du désir*; 1977) al reclutar a dos actrices –Ángela Molina y Carole Bouquet- para encarnar las enfrentadas facetas de un mismo personaje, la tórrida/helada Conchita. Solondz había empleado a siete actrices de contrastados físicos y edades y a un joven actor para dar vida a la protagonista de "Palíndromos", una niña de trece años empeñada en quedarse embarazada y desafiar los consejos abortistas de su madre. En "Exit, un corto a la carta", cada decisión que se abre ante la inmigrante Oti transformará su cuerpo en el de otra actriz, pero no sólo eso: la experiencia que vivirá se nutrirá de la experiencia real del cuerpo y la identidad que la encarna temporalmente. Oti es, así, una y muchas. El espectador, sí, elige su propia aventura, pero cada actriz formula su propio discurso, sirve su actuación a partir de su propia vivencia. Nada puede parecer más artificioso que la estructura arbórea de "Exit, un corto a la carta", pero el mecanismo se pone al servicio de lo testimonial. Titánico trabajo fruto de más de dos años preparatorios invertidos en talleres de comunicación e integración social, "Exit, un corto a la carta" subordina su estrategia hipertextual al discurso de sus intérpretes, proponiendo un frágil pero muy logrado equilibrio entre el rigor del artificio y la porosidad del proceso participativo y democrático que rigió el proyecto. El compromiso feminista de la co-guionista y productora Beatriz Santiago también se convertiría en rasgo identitario determinante dentro de una propuesta que encontraba una solución –laboriosa y nada obvia- al problema de afrontar un tema poliédrico, susceptible de generar múltiples variables, a través de una narración que pedía a gritos un carácter abierto, protegido de toda tentación de formular un mensaje apriorístico y unidireccional. En cierto sentido, Silvestre y Santiago encontraron la manera de instrumentalizar un juego narrativo que podría tener su modelo primigenio en "La vida en un hilo" (1945) de Edgar Neville para otorgarle una verdadera significación política en fondo y forma.

Tras ese do de pecho, Silvestre viajó a Cuba con una beca del Ministerio de Cultura y de ahí salió su siguiente proyecto: en apariencia, una miniatura desnudísima, pero, en realidad, una punta de iceberg, el retrato de un enigma que, a su vez, es una odisea de supervivencia entre dos universos derrumbados –dos fantasmagorías- y un sorprendente recorrido a través de una Cuba invisible de la mano de un personaje que ocupa una suerte de limbo existencial. "Natalia Nikolaevna" es un documental puro –si es que acaso tiene sentido tal afirmación después de lo expuesto en párrafos anteriores- que captura la resistencia vital –y la luz- de su protagonista:

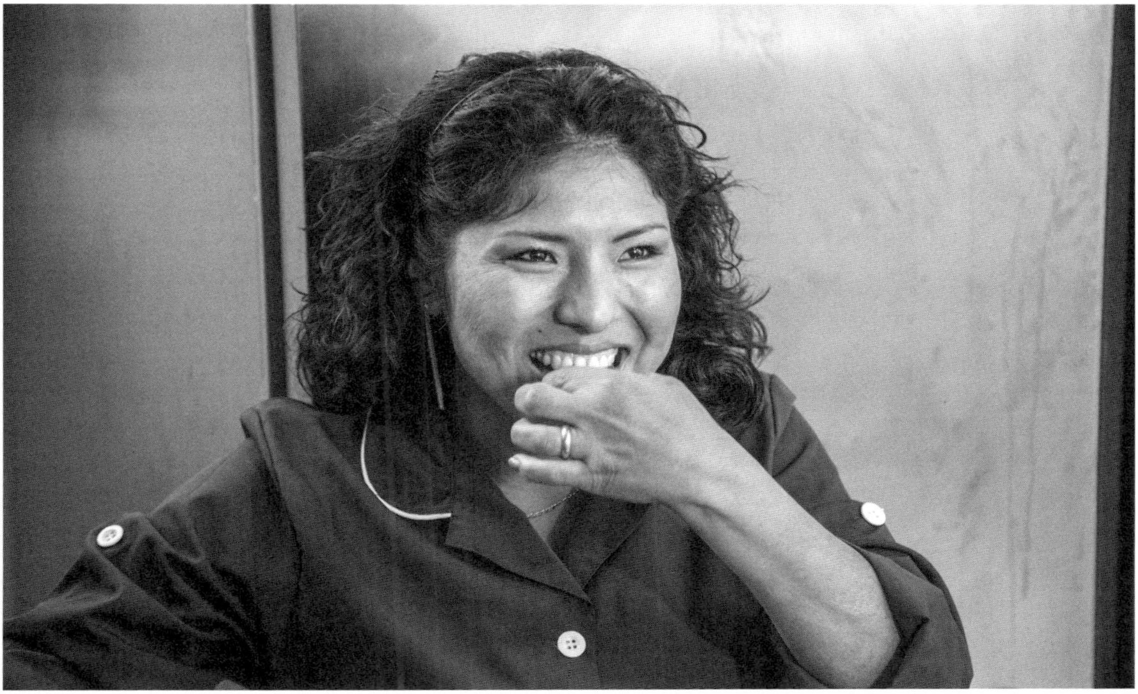

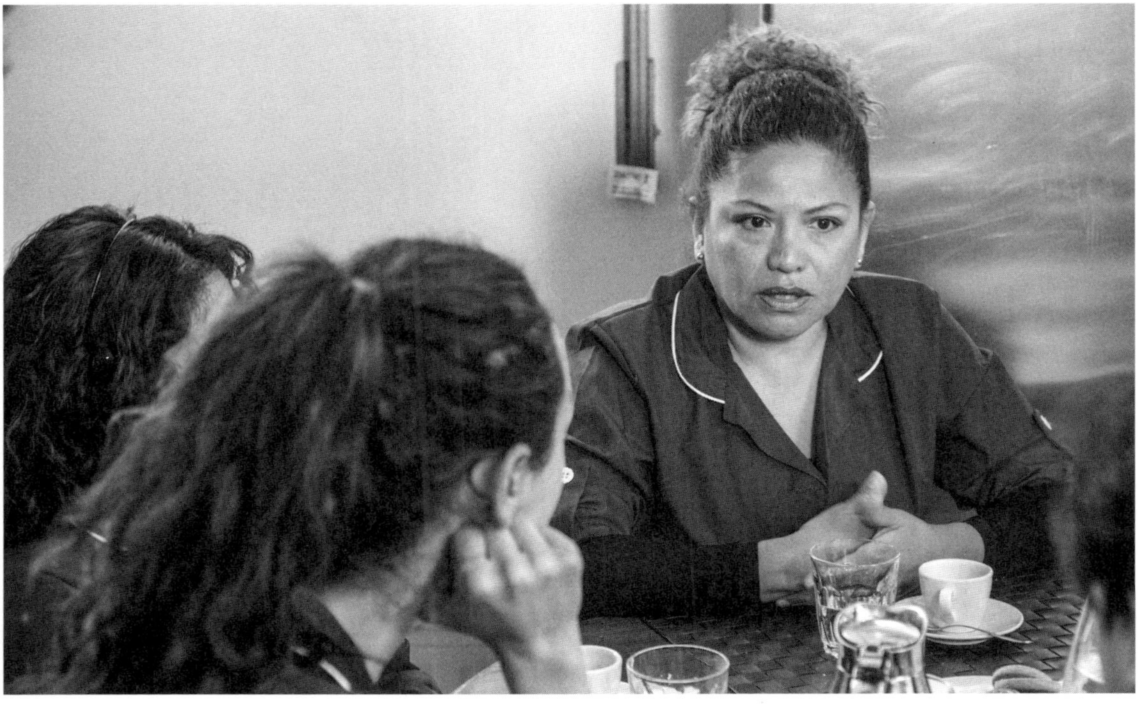

Los Objetos Amorosos, 2016
Fotogramas

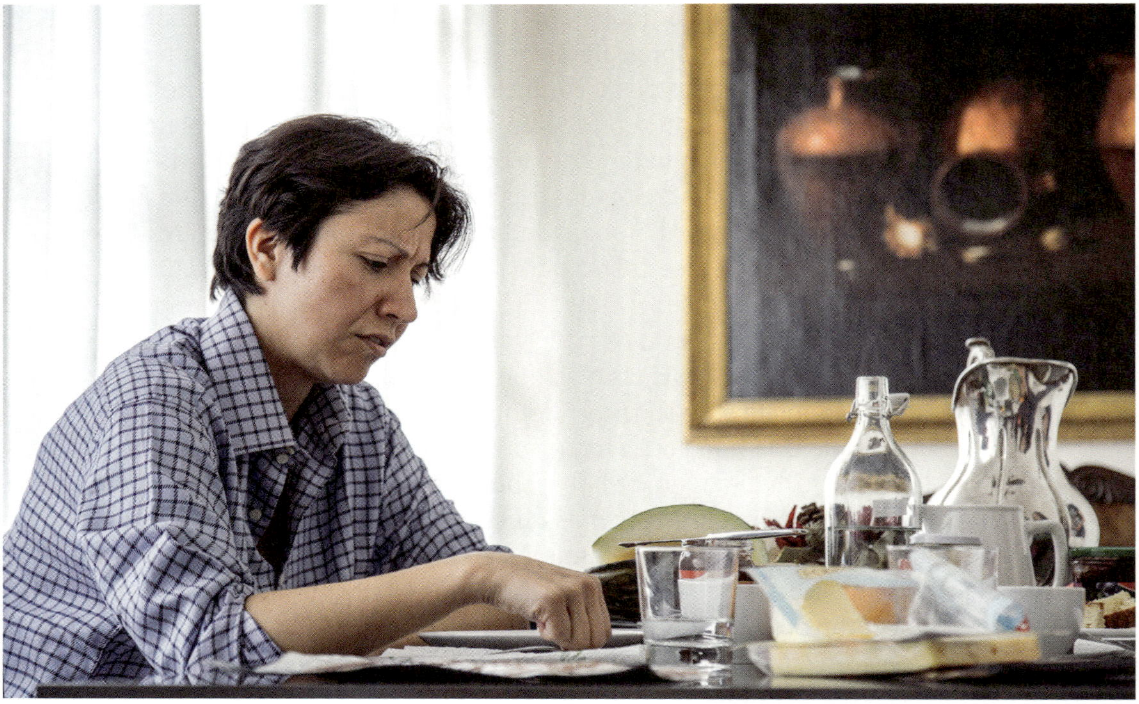

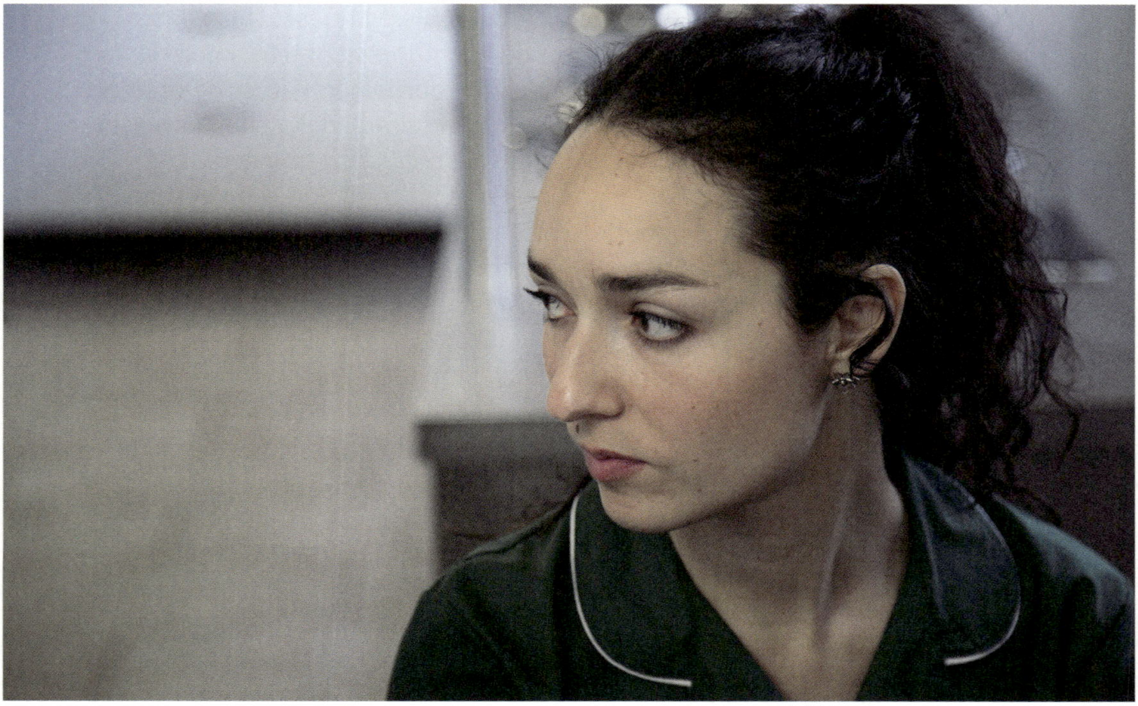

Los Objetos Amorosos, 2016
Fotogramas

una mujer kazaja que viajó a Cuba para reunirse con su marido y acabó en tierra de nadie, entre naufragios afectivos –su divorcio-, desaires profesionales –el no reconocimiento de su condición profesional de cantante lírica por parte del gobierno cubano-, protocolos de exclusión –el diagnóstico oficial de una esquizofrenia paranoide- y crepúsculos geopolíticos –la desintegración de la URSS, la llegada del oscuro Período Especial en Cuba-. El marido de Natalia Nikolaevna trabaja en la construcción de Ciudad Nuclear, proyecto urbanístico de Fidel Castro para dotar de residencia a los 20.000 operarios de la que iba a ser –y nunca fue- primera central de energía nuclear de la isla. El paisaje de esa ruina sin historia va construyendo un discurso sobre el ocaso de las utopías por debajo de la musicalidad de la voz de su protagonista y de su recorrido obstinado a través de los márgenes de un mundo que nunca la acogió con los brazos abiertos, pero que tampoco la venció. La imagen de la báscula que la protagonista utilizó para sobrevivir durante los momentos más duros del Período Especial –la suerte de Natalia, como la de Blanche DuBois, está en manos de la bondad de los extraños, de los turistas que se pesaron sobre ese desvencijado instrumento o que aceptan ser ocasionales espectadores de sus arias de ópera- se convierte, así, en icono de una perseverante lucha individual cuando han fallado todas las oportunidades para integrarse en (o ser aceptado por) lo colectivo. El pudor y profundo respeto con que Silvestre escucha y filma los monólogos de su objeto de afecto –de hecho, de su objeto amoroso: la naturaleza de este documental convierte en inapropiado hablar de objeto de estudio- dan buena medida de la ética de la mirada desplegada en este trabajo. En uno de sus momentos, Natalia se embarca en una deriva de discurso de trazos conspiranoicos frente a una interlocutora –una de sus amigas y vecinas- que, tras poner discretamente en duda sus aseveraciones, sale de la habitación para entrar en la cocina, pero la cámara de Silvestre no se va. Sigue allí. Y lo más importante: a la altura de Natalia, sentada en el suelo mientras habla de espionaje psíquico.

Esa capacidad de saber escuchar –quizá una de las virtudes más infrecuentes en un cineasta- fue esencial en la fase preparatoria de "Los Objetos Amorosos", fruto de la estancia de nueve meses de Adrián Silvestre en la Real Academia de España en Roma: el cineasta ocupó los primeros tres meses de ese período en un laborioso trabajo de campo, que le puso en contacto con diversas comunidades de mujeres emigrantes procedentes de Europa del Este, África y Latinoamérica. A través de la organización de una serie de talleres de intercambio de experiencias con mujeres migrantes residentes en Madrid, Roma y Germesheim, Silvestre desarrolló una labor de captura de gestos, giros lingüísticos, pero también de memoria y experiencia –vertida en testimonios escritos o filmados- que, poco a poco, fue definiendo y esculpiendo el argumento de "Los Objetos Amorosos".

La película, como "Natalia Nikolaevna", también habla de resistencias individuales pero acaba narrando la historia de una complicidad –la que nace entre la colombiana Luz y la chilena Fran- en el marco de esa otra Europa habitada por mujeres inmigrantes capaces de reformular el desamparo de su situación a través del afectuoso lazo solidario o de una picaresca superviviente que adopta las formas de un activismo vital cuyo único horizonte razonable es salvar el día (dado que toda previsión de futuro resultaría quimérica).

Ficción sustentada en presencias y experiencias reales, "Los Objetos Amorosos" puede parecer, a primera vista, un gesto más conservador con respecto a la desnudez de "Natalia Nikolaevna" por su condición de mirada dirigida, por la fagocitación de lo vivencial en un contexto formal presidido por dos actrices profesionales –pero de acorazada y llamativa naturalidad- y ambientado en escenarios que no son espacios reales, sino su emulación hiperrealista, pero, en realidad, supone una crucial afinadura en las estrategia de Silvestre que logra convertir aquí en irrelevante la pregunta de dónde termina la realidad y empieza la ficción. "Los Objetos Amorosos" logra algo muy difícil: hacer verosímil y verdadera una historia de amor frágil e improbable, transmitir toda su condición de salvavidas afectivo en el seno de la desesperación, también toda su carnalidad, todo su deseo desbordante, y convertirla en acto de trangresión y gesto político cuando los discursos imperantes dan por hecho que un colchón mugriento en un Posto Letto es un hogar.

*   Jordi Costa, profesor en el Grado de Cine de la UCJC y en la Escuela de Escritores. Periodista y crítico cinematográfico en las páginas de El País y Fotogramas.

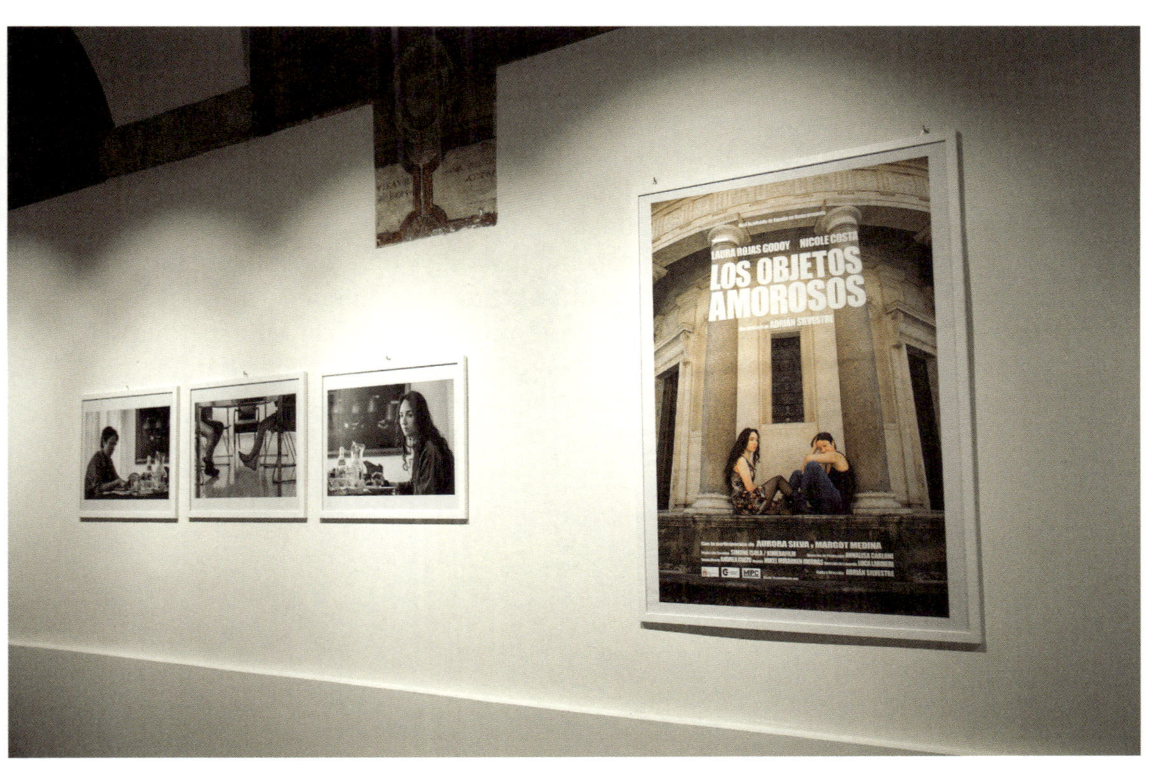

Los Objetos Amorosos
Puertas Abiertas, Real Academia de España en Roma, Junio-Julio 2015

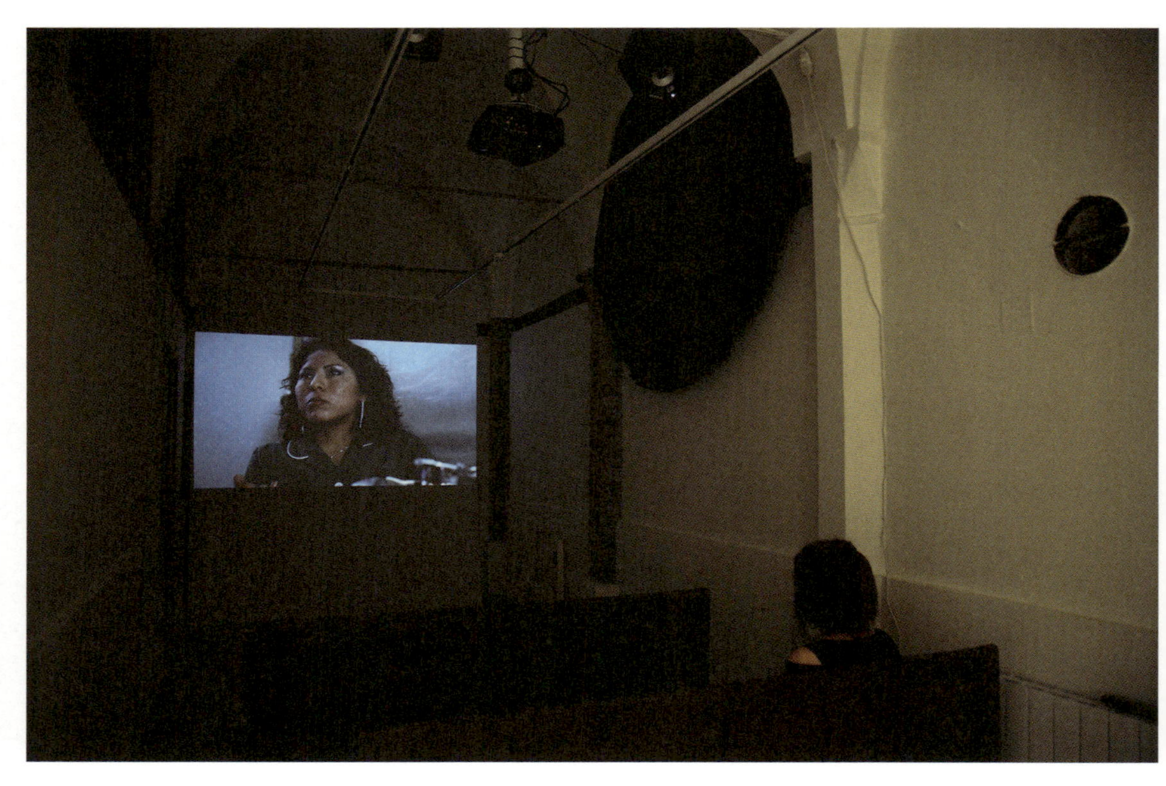

Los Objetos Amorosos
Puertas Abiertas, Real Academia de España en Roma, Junio-Julio 2015

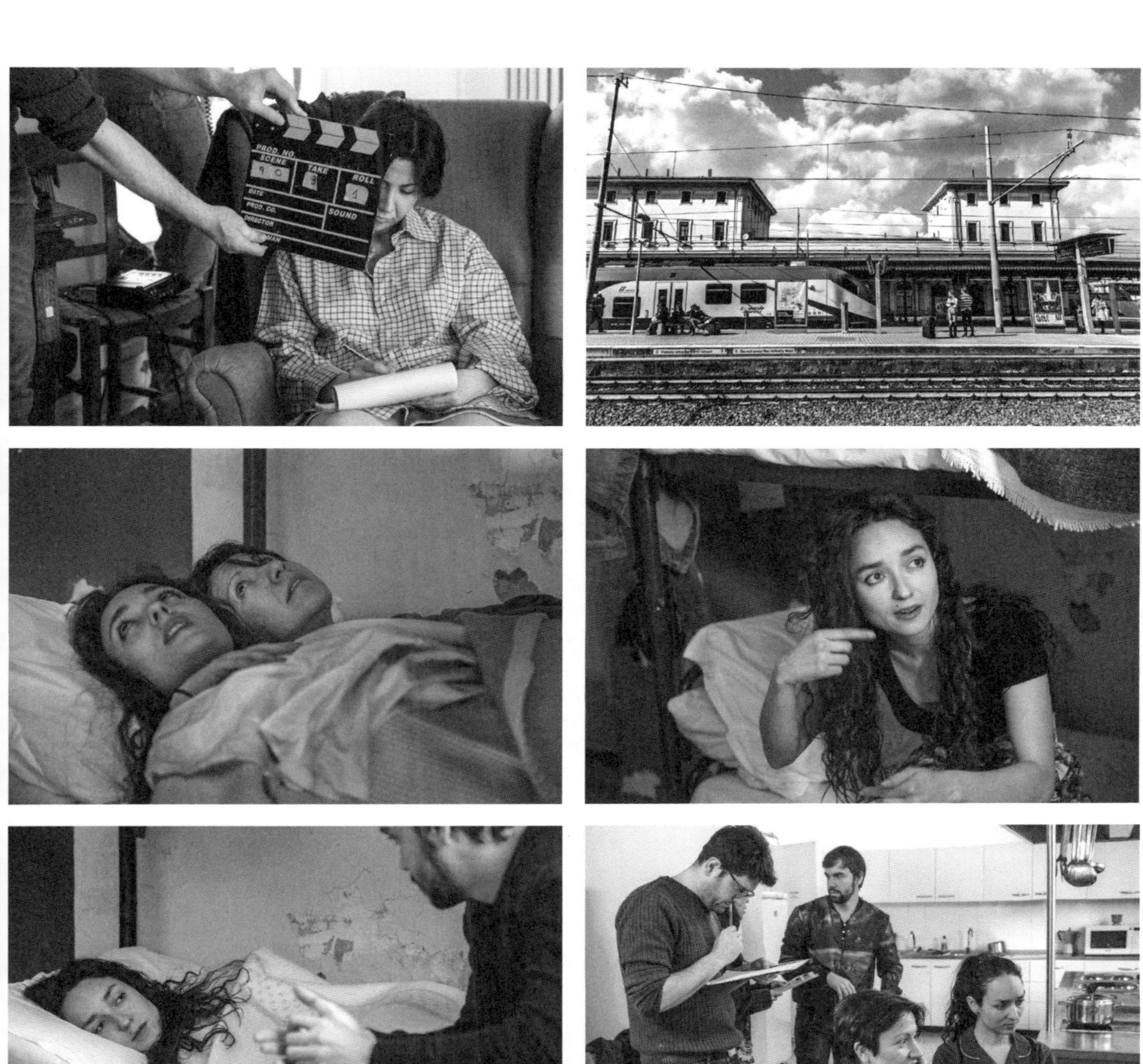

Los Objetos Amorosos, 2016
Making off

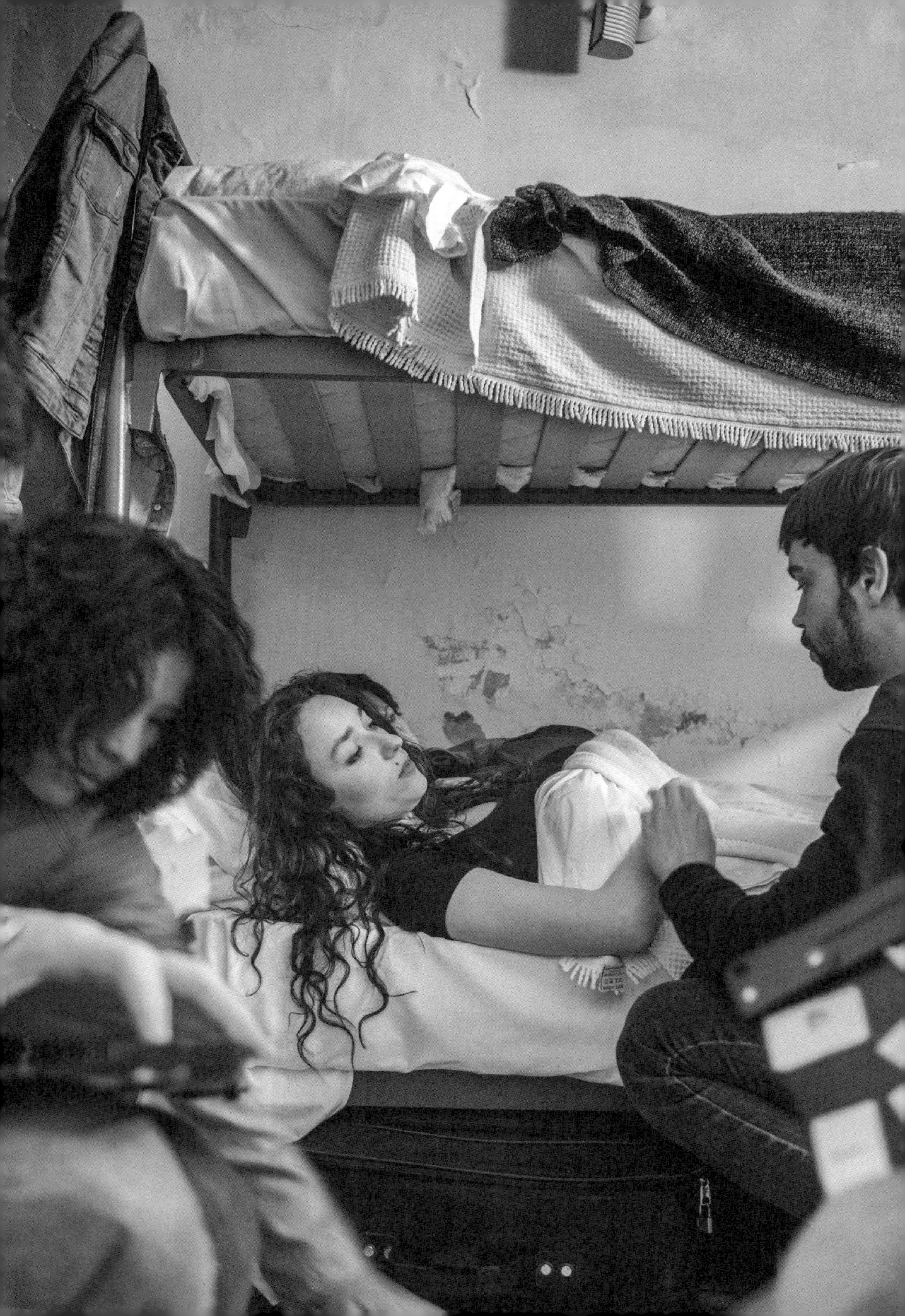

Los Objetos Amorosos
Adrián Silvestre

Ficha técnica

__Género__
Ficción

__Duración__
115´

__Nacionalidad__
Española

__Año__
2016

__Idioma__
Castellano, Italiano

__Guión y dirección__
Adrián Silvestre

__Producción__
Adrián Silvestre

__Producción ejecutiva__
Simone Isola – Kimerafilm

__Dirección de producción__
Annalisa Carloni

__Fotografía__
Luca Lardieri

__Montaje__
Mikel Iribarren Morrás

__Música__
Gary Geld & The Dead Monegros

__Sonido directo__
Andrea Guzzo

__Montaje de sonido__
Sergio González

__Intérpretes__
Laura Rojas Godoy, Nicole Costa,
Aurora Silva, Margot Medina, Andrea
Iacovacci, Diana Agámez, Maddalena
Recino, Miguel Ángel Tarditti, Marco
Bomba, Marco La Ferla, Paolo Floris,
Chiara Multari

__Catálogo__

__Texto__
Jordi Costa

__Fotografía__
Ricardo Silvestre
www.ricardosilvestre.com

__Agradecimientos__
Beatriz Santiago, Lula Gómez, Fernando
Villalonga, Josefina Villalonga, Juan
Francisco Del Valle, Sabina Catanorchi,
Maria Luisa Contenta, Francisco Campos,
Sergi Farré, Jorge Peralta, Diego Mayoral,
Javier Duero, Patricia Almeida, Fabio
Polverini, Brenda Zuniga, Margarita
Alonso Campoy, Paola Di Stefano,
Adriano Valentini, Cornelia Sieber, David
Díaz Prieto, Verónica Abrego, Luca
Pietricola, Salvo Tagliavia, Emilio García,
Tito Multari, Gregory Costa, Roberto
Bermúdez, Yann Leto, Cecilia de Val,
Antoni Abad, Enrique Bordes, Cristina
Ojea, Miriam Isasi, Enrique Martínez
Lombó, Jesús Donaire, Joan Espasa, María
Cristina García González, Álvaro Ortiz,
Antonella Zerbinati, Patrick William
Cardoso, Roberto Santos, Domenico
De Donno, Diego Del Valle Goribar,
Corinna Boscolo, Giovanni Celli, Ines
Cicirielli, Rada Rozenberg, Miri Dondish,
Davide Pani, Gabriele Antonio Penna,
Elisa Procopio, Mariolina Ricci, Annalisa
Notarangelo, Luigi Angelo, Notarangelo,
Marco Turchetta, Stefano Fassina, Cristina
Montanaro, Fuensanta Morales, Marta
Vergonyós, Susana Calderón, Paloma
Tabasco, Piccola Ruoz de Azua, Laura
del Valle, Raquel Sánchez, Pablo Peña,
Encarna David,

Adrián Silvestre
Los Objetos Amorosos

Álvaro Ortiz

Rituales

Cómic

Álvaro Ortiz

[Zaragoza, 1983]

http://veranomuerto.blogspot.com.es

Estudió diseño gráfico en la Escuela Superior de Diseño de Aragón e ilustración en la Escola Massana de Barcelona. Después de ganar varios concursos de cómic —entre ellos, el Premio Injuve en 2003—, participa en álbumes colectivos y en varias autoediciones. En 2005 publica Julia y el Verano Muerto, al que seguiría en 2009 Julia y la Voz de la Ballena, ambos publicados en Edicions de Ponent; gracias a este último será nominado como mejor autor revelación en el Salón del Cómic de Barcelona en 2010. A finales de ese año, vuelve a la autoedición con Fjorden, dibujado durante su estancia en la residencia para artistas Messen de Alvik, en Noruega (cuya versión dígital se puede descargar en www.veranomuerto.blogspot.com), antes de embarcarse en su proyecto más ambicioso hasta entonces, Cenizas, cómic realizado entre 2011 y 2012 gracias a la beca de cómic de Alhóndiga Bilbao en la Maison des Auteurs de Angoulême. Cenizas está publicado en España por Astiberri, en Francia por Editions Rackham y en Alemania por Egmont. A finales de 2014 vio la luz su cómic, Murderabilia, editada por el momento en España y en Francia.

Estos dos últimos libros le valdrán sendas nominaciones a mejor obra en el Salón del Cómic de Barcelona, y formarán parte de la selección oficial de festivales franceses como el del "Salon du livre et de la presse jeunesse de Montreuil", el "Festival Quai des Bulles de Saint-Malo" o el "Festival Internacional de la Bande Dessinée de Angouleme".

El libro realizado con la presente beca, Rituales, ha sido editado recientemente en España mientras que en Francia lo hará en primavera de 2016 a cargo de Astiberri y Rackham respectivamente.

Álvaro Ortiz: de la utopía al hogar

Santiago García*

> "Así empieza la historia. Con tres amigos que hace casi cinco años que no se ven discutiendo dentro de un coche. Con siete días de viaje y un montón de kilómetros por delante… hasta un punto desconocido marcado en un mapa".

Con estas palabras se presenta Cenizas (2012), la obra que puso en el mapa (utilizo la expresión deliberadamente) al dibujante Álvaro Ortiz (Zaragoza, 1983). No fue el primer cómic del precoz autor aragonés, que siendo un veinteañero ya había publicado diversas historietas cortas y un par de álbumes (*Julia y el verano muerto* en 2005; *Julia y la voz de la ballena* en 2009), pero sí fue donde de forma deliberada dio un giro decisivo a su carrera. Por un lado, se embarcaba en una novela gráfica de gran envergadura, y lo hacía dentro de la editorial que había venido a definir ese movimiento en España, Astiberri. Por otro, concretaba unas constantes narrativas y estéticas que ha seguido refinando hasta el día de hoy, mostrándose como un autor de personalidad inconfundible dentro de la última oleada de historietistas de nuestro país. Ortiz conecta con el horizonte visual y temático de la moderna novela gráfica internacional, pero lo hace desde unos rasgos marcadamente suyos, tanto en los elementos del diseño como en los narrativos y los gráficos: la acumulación de viñetas como partículas que densifican la página, los personajes apenas abocetados pero palpablemente vivos, los colores apastelados y amables, y, de forma muy peculiar, la escenificación de un mundo que se derrite. Los personajes de Álvaro Ortiz y los escenarios que ocupan parecen hechos de una arcilla que se está deshaciendo ante nuestros ojos, y quizás esa maleabilidad no sea casual. En sus superficies chorreantes vemos la mano de un autor que continuamente parece a punto de tomar una decisión distinta de la que ha tomado. Un autor que gusta de sorprenderse a sí mismo y que por tanto prefiere no cocer demasiado sus figuras.

En todo caso, es necesario tener las ideas muy claras para poder seguir la hoja de ruta que sigue Álvaro Ortiz desde *Cenizas*, porque buscar "un punto desconocido marcado en un mapa" es otra manera de decir *perderse*. Y los personajes de *Cenizas* se pierden como se pierden los personajes de las novelas de Paul Auster: en la llanura de su propio desierto interior, sabiendo que es inútil buscar una salida, pero sorprendiéndose siempre al descubrir que, en efecto, si vagamos lo suficiente y nos perdemos de verdad, acabaremos dando con una estación término. En *Cenizas*, Ortiz referencia *Brooklyn Follies*, y sus personajes alcanzan al final una utopía. Como la de Tomás Moro, es un reino insular. No sabemos dónde está realmente, porque no está en este mundo. Ortiz tampoco lo sabe, pero sueña con que existe precisamente porque no ha salido a buscarla.

Por el contrario, el improbable Malmö Rodríguez, protagonista de *Murderabilia* (2014) se pierde como se pierde el protagonista de *El palacio de la Luna*, en un laberinto aterrador hecho de su propia vanidad. Malmö quiere ser escritor, pero no sabe cómo serlo, ya que sólo está equipado con cuatro tópicos y recetas estériles de manual: "Escribe de lo que sabes". El problema es que Malmö no sabe de nada. El propio nombre del personaje revela su conflictiva identidad. Ortiz se apoya en referentes prestados, sus ficciones transcurren en escenarios espectrales que imitan lo que ha visto en otras ficciones. Si Malmö Rodríguez es un nombre que asume sin complejos su propio absurdo, el pueblo donde se ambienta *Murderabilia* es simplemente un borrón, algo inexpresable, una abstinencia onomástica. Sospechamos que se trata de alguna localidad rural de Estados Unidos, pero Ortiz nos lo sugiere con poco convencimiento, como si él mismo aceptara que su imaginación ha quedado atrapada en un limbo extraño entre el allí de ellos y el acá de él mismo.

Cenizas se prologaba con un fragmento de la letra de *Vamos*, la primera canción memorable de los Pixies, uno de los grupos seminales del indie norteamericano de los 90. Es significativo que el fragmento elegido por Ortiz sea precisamente aquél en el que Black Francis canta en un español confuso, mezclado, falso, un español prestado que es obvio que no es su lengua materna, sino sólo *algo que ha oído*:

> Estaba pensando
> sobre viviendo
> con mi sister en New Jersey,
> ella me dijo
> que es una vida buena allá;
> bien rica
> ¡bien chévere!
> ¡Y voy!

Musicalmente, los Pixies refinaron el arte del contraste brutal: melodías dulces sobre guitarras hirientes, remansos de paz seguidos de descargas atronadoras. Es un esquema bipolar sobre el que luego erigirían sus carreras maestros del oleaje eléctrico como Mogwai o Godspeed You! Black Emperor. En Ortiz, esa alternancia ruido-placidez tiene una traducción en la oposición entre la dulzura y la atrocidad, lo cursi y lo macabro. Nada lo representa mejor que los adorables gatitos antropófagos de *Murderabilia*. Este contraste es algo más que un detalle cosmético. Catherine Bell describe el ritual como "un tipo de articulación crítica dentro de la cual se unen parejas de fuerzas sociales o culturales opuestas". Viéndolo así, no es de extrañar que Ortiz haya hecho de las oposiciones su mecanismo creativo fundamental, ya que todas sus obras contienen o realizan rituales. En *Cenizas*, obviamente, se trata de un ritual funerario que actúa simbólicamente como rito de paso, aunque esa función escapa a sus practicantes, como sucede por otra parte en todo ritual clásico. En *Murderabilia*, el festival de la caza se presenta como ritual expreso en el pequeño pueblo anónimo, pero como en el caso de la película *El hombre de mimbre* (Robin Hardy, 1973), el verdadero ejecutante del rito es el extranjero que se verá obligado a realizar su propio exorcismo personal.

Pero, sin duda, el ritual más potente de Álvaro Ortiz se encuentra en su último libro, el que precisamente se titula *Rituales* (2015), que es además su obra más completa y lograda hasta el momento.

Rituales se lleva a cabo como proyecto amparado por una beca de la Academia de Roma, partiendo de una idea presente ya en *Cenizas* y *Murderabilia*, la de vertebrar el conjunto a través de las microhistorias. Pero en esta ocasión, Ortiz lleva el tapiz de relatos diversos más allá de la categoría de recurso, hasta convertirlo en un verdadero proyecto narrativo. Por fin *la historia* son *las historias*, sin más excusas.

Parte de esas historias –los episodios de Caravaggio y la Orden de Malta, por ejemplo- componen una condensada biografía del pintor milanés, y la concreción de los datos que impone la documentación histórica obliga a Ortiz a dar un paso adelante en la concreción de las otras historias entrecruzadas en *Rituales*. Ya no estamos en ciudades de nombre borroso con personajes tan rimbombantes como Malmö Rodríguez, ni tampoco conducimos por una imprecisa carretera americana vagamente parecida a un decorado de los hermanos Coen. De pronto, estamos en Nápoles, sí, pero también en Cornualles y en Estocolmo, y aquí además acompañando ni más ni menos que a un tal Ernesto Álvarez, natural de Móstoles. Y sobre todo estamos en Barcelona y estamos en Zaragoza, y estamos con veinteañeros que comparten piso y se llaman Lorenzo y Manuel, y estudian Bellas Artes, por ejemplo.

Dicho de otra forma, en *Rituales*, Ortiz por fin llega a casa y descubre su propio universo de ficción. "Escribe de lo que conoces", que diría Malmö, que no conocía nada.

Para llegar a este destino, Ortiz necesitó invocar un último ritual: el del regalo. En *Rituales*, una misteriosa estatuilla cósmica rueda de mano en mano. Como mostró el clásico de la antropología *El regalo* (1950), de Marcel Mauss, el regalo es un instrumento de cohesión social. No hay regalo gratis, y a través de las obligaciones que genera cada don se teje la estructura de la sociedad. La fertilidad a la que alude el hiperfalicismo de la estatuilla es, por otra parte, una virtud doméstica, un aglutinante familiar, y la familia es el hogar. No es de extrañar, por tanto, que Rituales acabe con una familia unida en su hogar bajo el manto apotropaico del fetiche estelar. Después de dos libros alojados en hoteles, esos no lugares ajenos donde sólo estamos de paso, los personajes de Ortiz por fin desembocan en su propia casa, y el autor les concede el dominio de su propia ficción.

El viaje desde *Cenizas* hasta *Rituales* es, pues, el recorrido desde la utopía (un lugar donde no se puede vivir) al hogar (el único lugar donde se vive), con una escala intermedia en la isla desierta de *Murderabilia* (el lugar donde se naufraga).

Y lo interesante es que, ahora que por fin Álvaro Ortiz ha llegado a su casa, le va a tocar salir de ella. Y yo estoy deseando ver a dónde va.

---

* Santiago García, historietista, coautor junto a Javier Olivares de "Las meninas", Premio Nacional del Cómic 2015. También es el autor del ensayo "La novela gráfica".

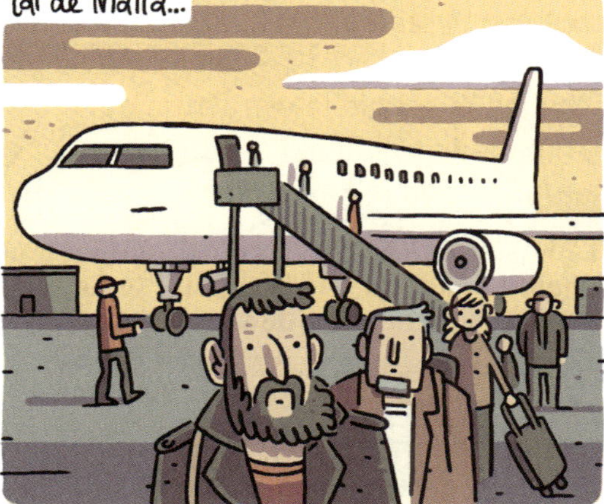

Tras unos meses investigando en Roma, Ismael Albero aterrizó en La Valeta, la capital de Malta...

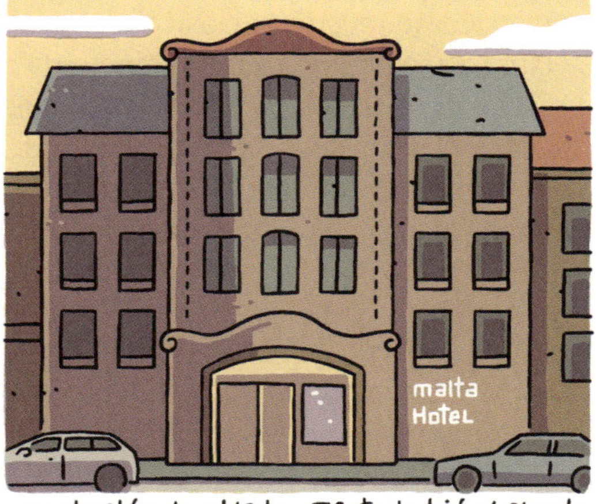

...y se instaló en un hotel pequeño, sin wifi, sin ventana en la habitación y sin escobilla en el baño.

Esa noche, mientras tomaba una cerveza en el bar del hotel...

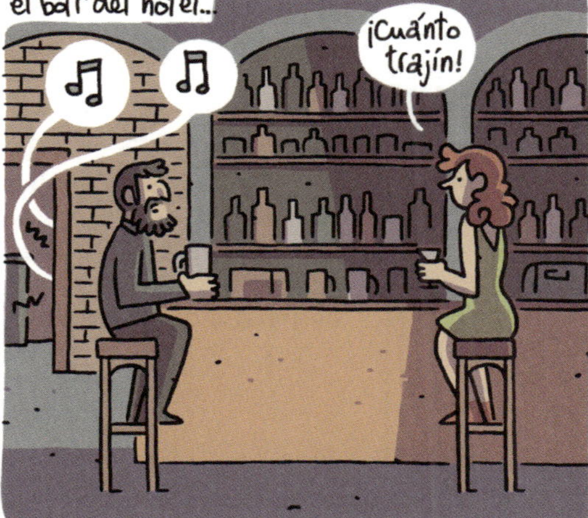

...en el salón de al lado, se estaba celebrando un bautizo.

Tanto bebió el abuelo de la criatura que tuvieron que llamar a una ambulancia.

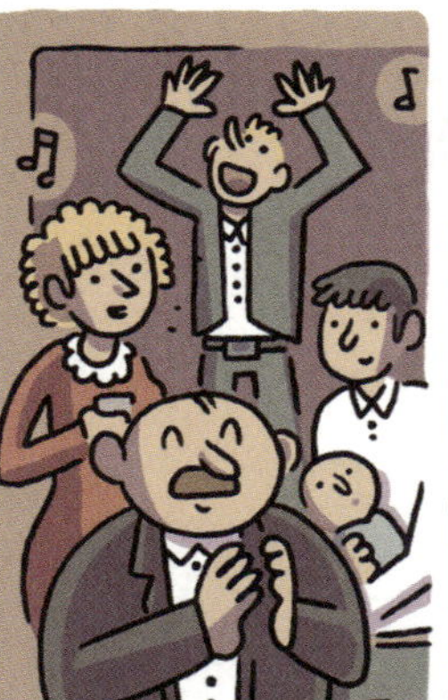

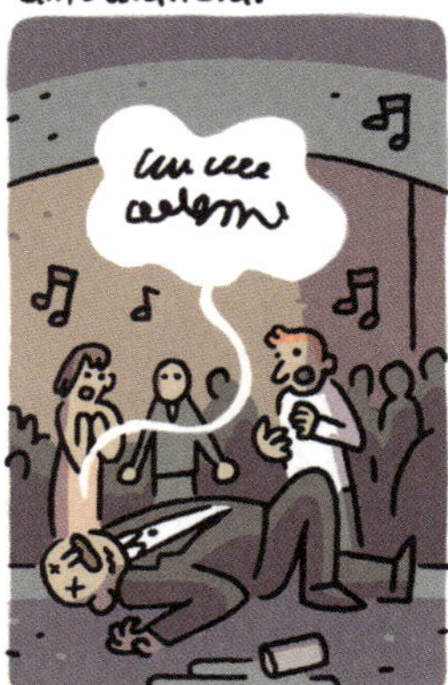

Y aunque puede que a esas alturas el abuelo ya estuviese muerto, los invitados seguían bailando.

Mientras lo sacaban en camilla una compañía de circo acrobático chino volvía al hotel tras una actuación.

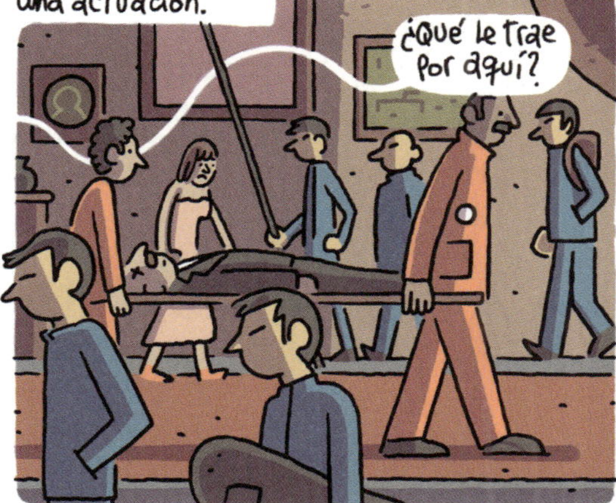

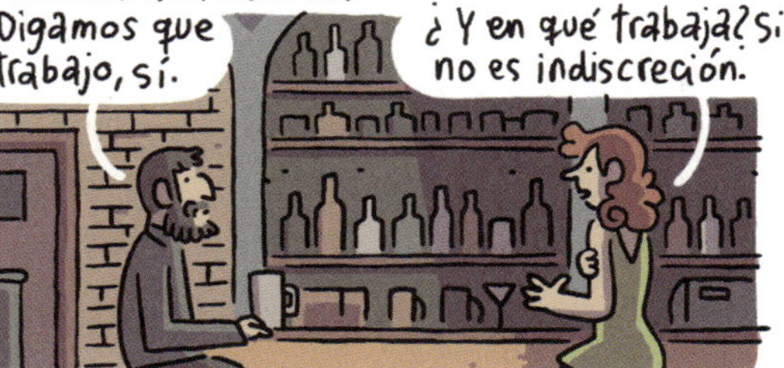

El primer cuadro de Caravaggio que vio Ismael fue "La muerte de la Virgen".

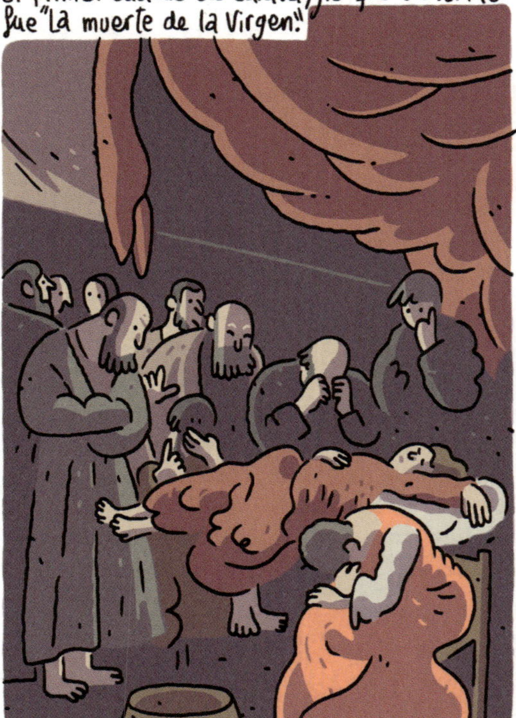

Y el profesor de historia del arte les contó que como modelo había utilizado el cadáver de una prostituta.

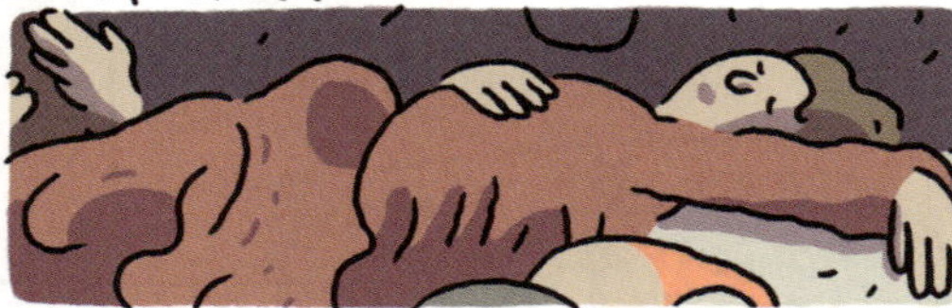

La habían encontrado ahogada en el río...

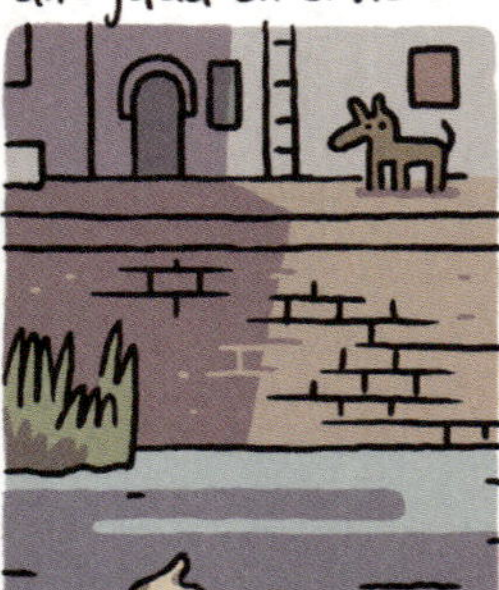

...y el pintor pidió que la llevasen a su taller, donde la tuvo varios días hasta que se empezó a descomponer y hubo que sacarla de allí.

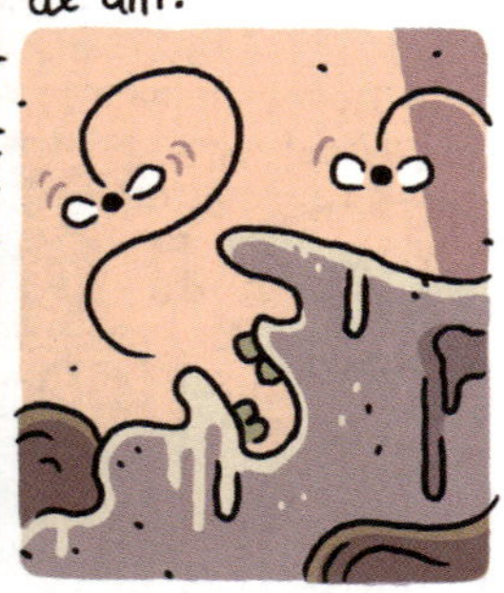

Aunque se trataba de una leyenda urbana, sí que es verdad que el cuadro causó mucho revuelo en su momento.

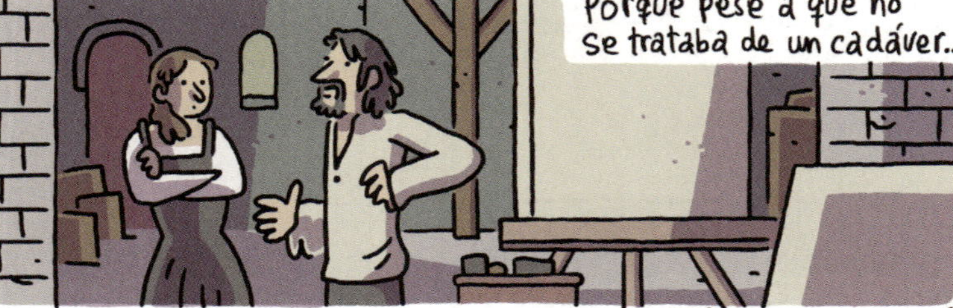

Porque pese a que no se trataba de un cadáver...

...la modelo ciertamente era una prostituta.

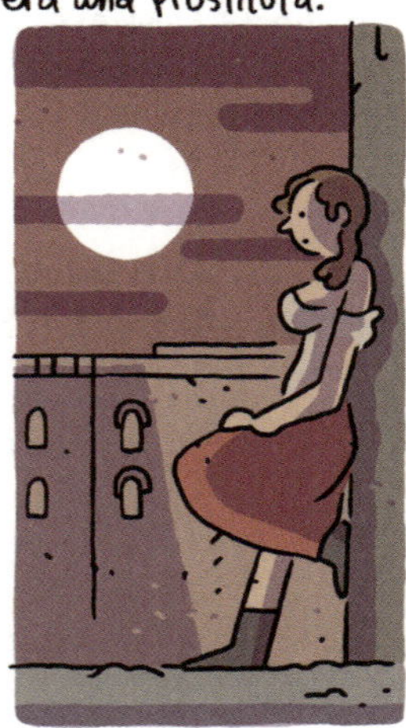

Se llamaba Fillide Melandroni y era una de las modelos habituales del pintor.

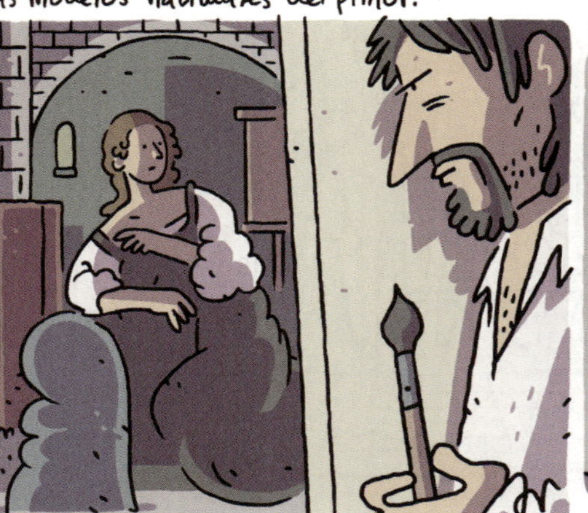

Algún cura que debió reconocerla puso el grito en el cielo...

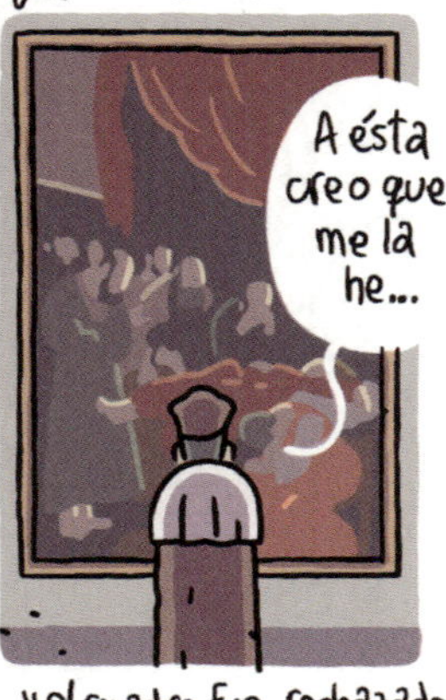

...y el cuadro fue rechazado.

Fillide no era la única prostituta que posaba para él. Al parecer Caravaggio además trabajaba como proxeneta para poder disponer más fácilmente de modelos, a la vez que ganaba un dinero extra. De ahí que estuviese todo el día metido en broncas y en peleas.

Fue detenido por destrozar la fachada de una de sus chicas.

Fue detenido también por romperle varios dientes a un tabernero al tirarle un plato de alcachofas.

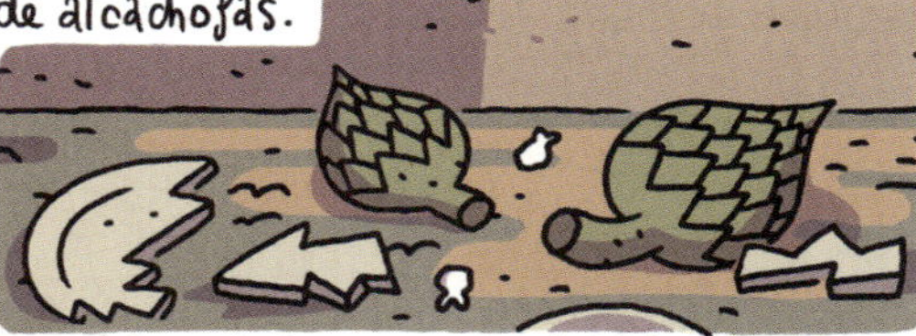

Intentó apuñalar a un tipo por la espalda.

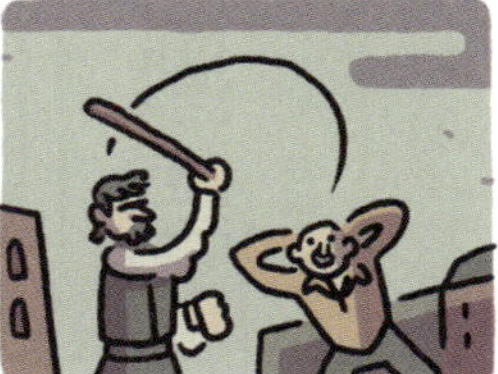

Le abrió la cabeza a un notario a bastonazos.

Y un día, en una especie de riña barriobajera o duelo...

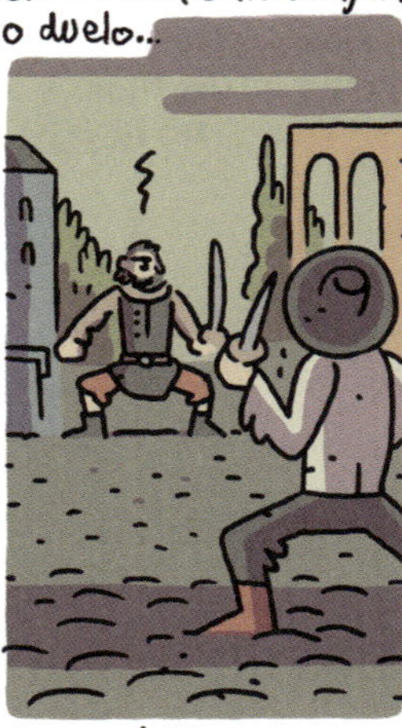

... se cargó a su rival...

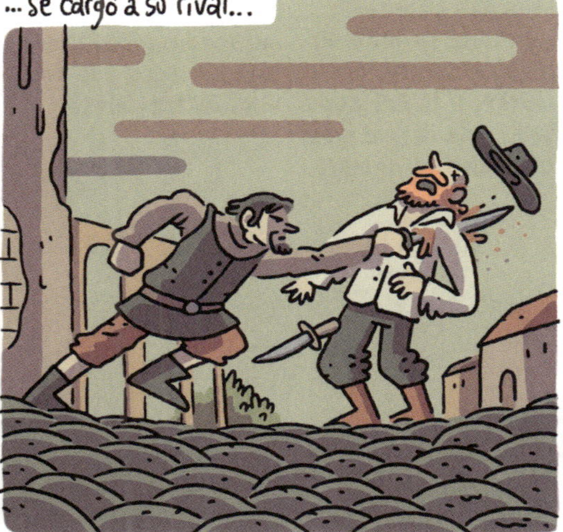

... y tuvo que pasarse el resto de su vida huyendo, ya que le pusieron precio a su cabeza.

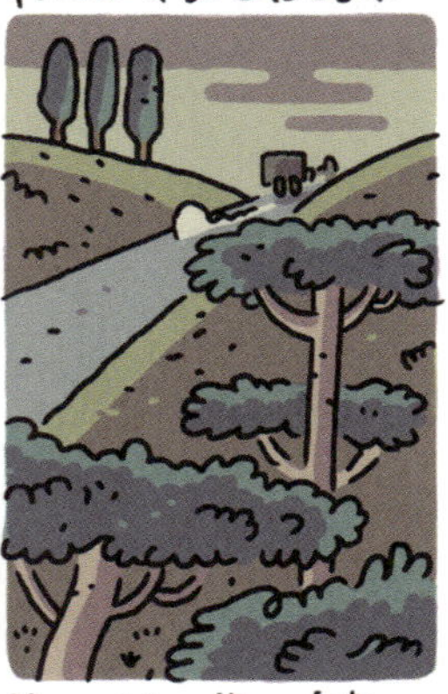

Aun así, Caravaggio pasó a la historia como uno de los mejores y más revolucionarios pintores religiosos.

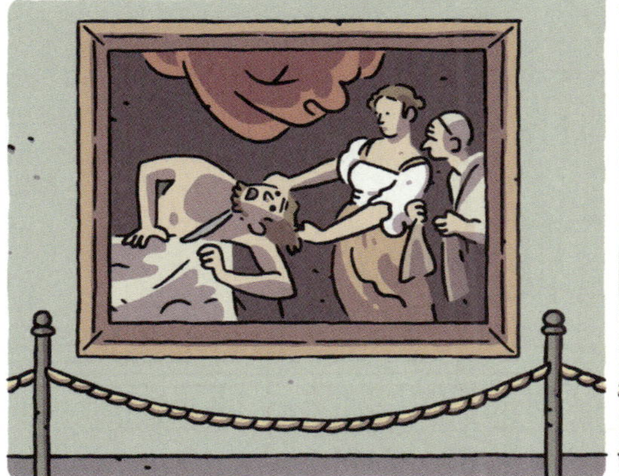

Y por eso fue Ismael a Malta, porque estaba haciendo una biografía en cómic sobre el pintor.

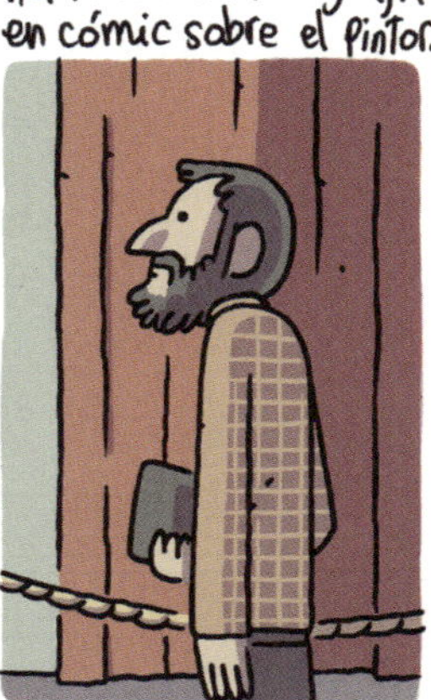

Y en su exilio, éste llegó hasta Malta.

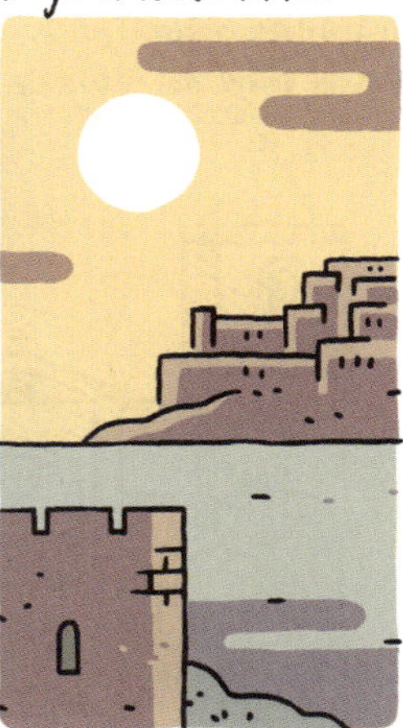

En su primer día paseando por La Valeta, Ismael Albero comprobó que la presencia de la Orden de Malta aún seguía siendo visible.

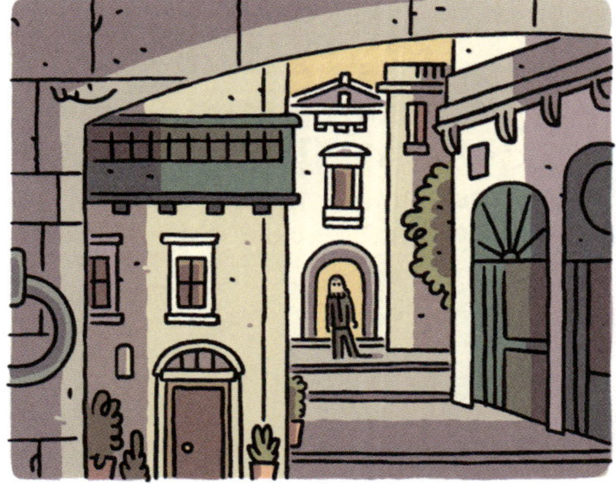

Originalmente creada en Jerusalén para ayudar a los peregrinos que llegaban hasta allí...

...la orden no tardó en militarizarse durante los turbulentos años de las Cruzadas.

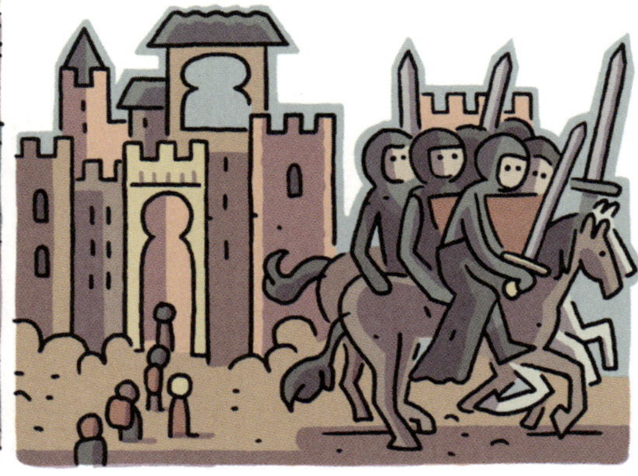

Tras ser expulsada de Jerusalén (junto con el resto de los cristianos) y pasar por Chipre y por Rodas...

La orden se instaló en Malta cuando en 1530 el emperador Carlos V le entregó la isla de la que entonces tomó el nombre.

En 1565 resistieron un asedio por parte de los turcos que duró más de tres meses.

Y fue entonces, cuando para celebrar la victoria (bueno, y porque todo quedó hecho trizas), construyeron tanto La Valeta...

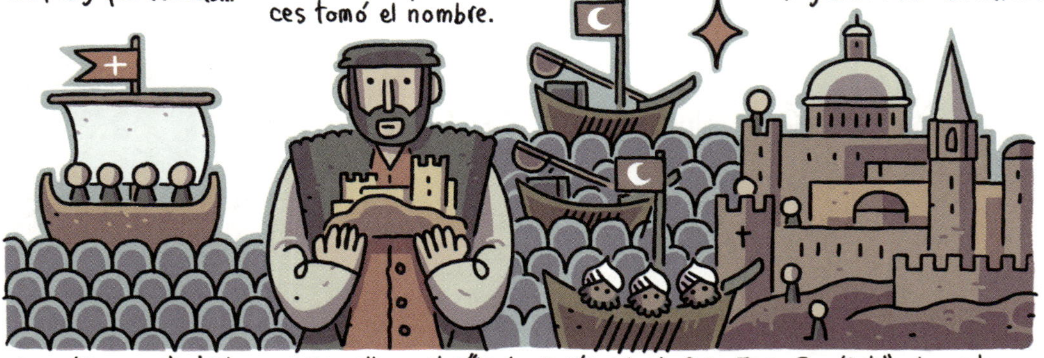

...como la concatedral, que era una de las paradas obligatorias en el viaje del dibujante...

...ya que albergaba "la decapitación de San Juan Bautista", el cuadro que Caravaggio pintó como pago a la orden tras ser nombrado caballero de honores.

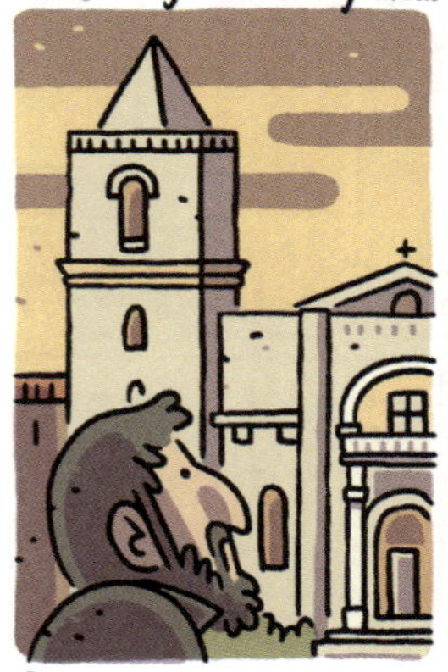

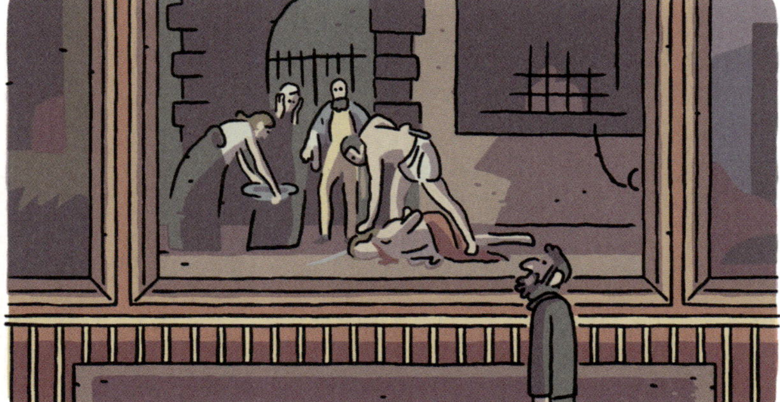

Caravaggio estaba obsesionado con el tema del estátus y le gustaba mucho la idea de ser nombrado Caballero. Además pensó que si lo lograba, quizás podría conseguir el perdón papal y volver a Roma.

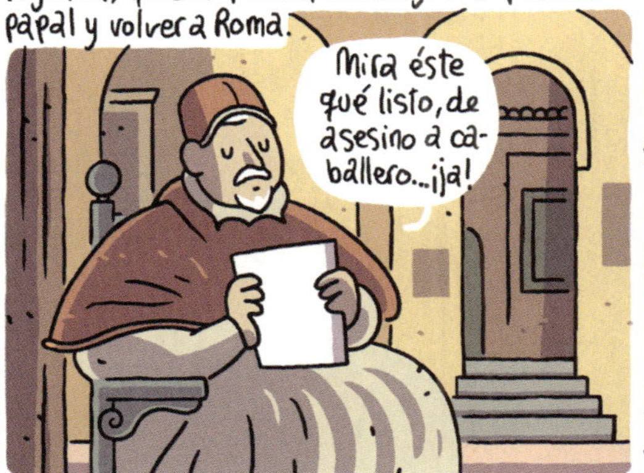

No resultó sencillo y no consiguió el perdón, pero como por entonces ya era un célebre pintor, y a la orden le convenía tener a un artista de su nivel entre ellos, tras pasar un año en la isla fue nombrado caballero.

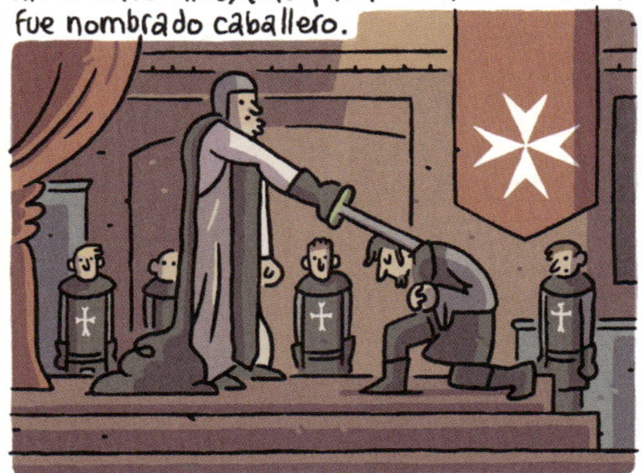

Dado que no podía pagar el precio del nombramiento, a cambio pintó el cuadro, del que debió sentirse muy orgulloso, pues fue el único de toda su carrera que decidió firmar.

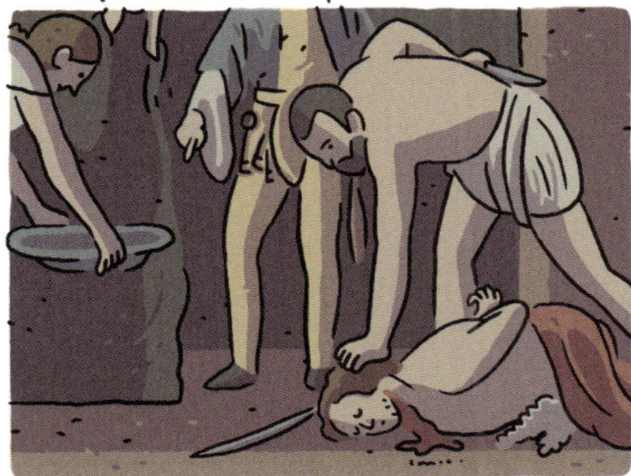

Justo debajo, con la misma sangre que gotea.

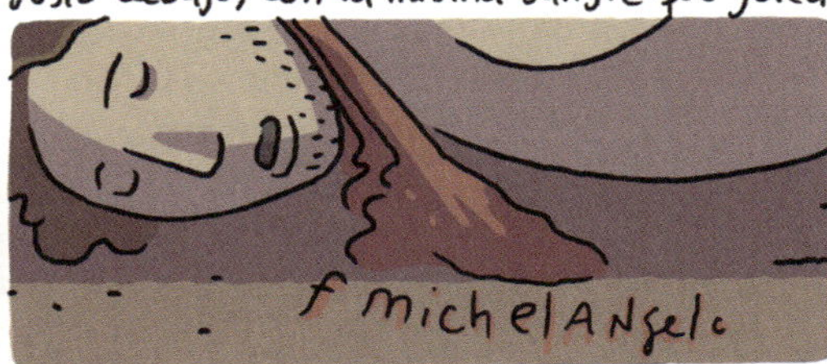

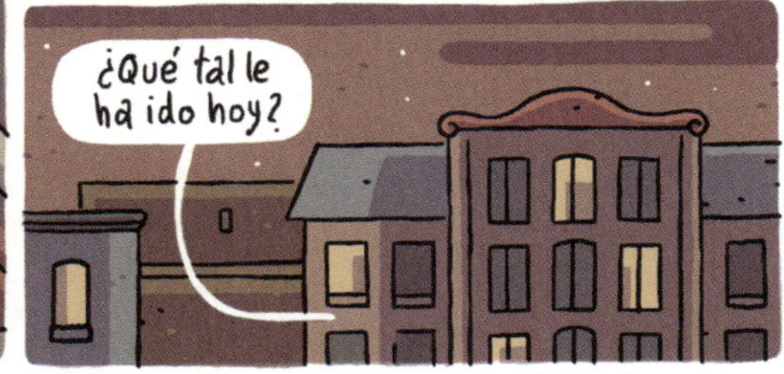

Esa noche no había bautizo ni acróbatas chinos. Sólo una pareja jugando al Scrabble y bebiendo vino en tazas de desayuno.

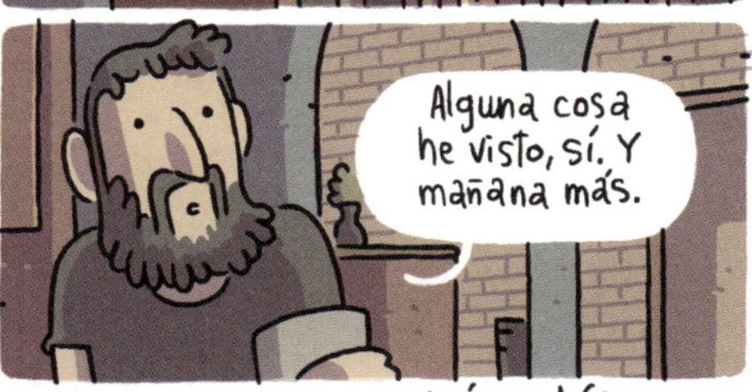

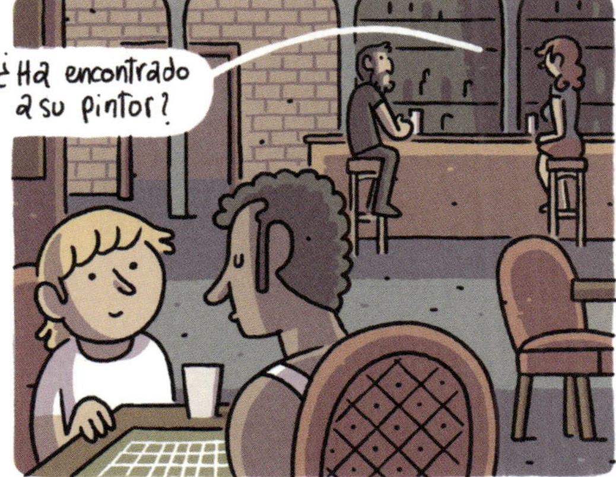

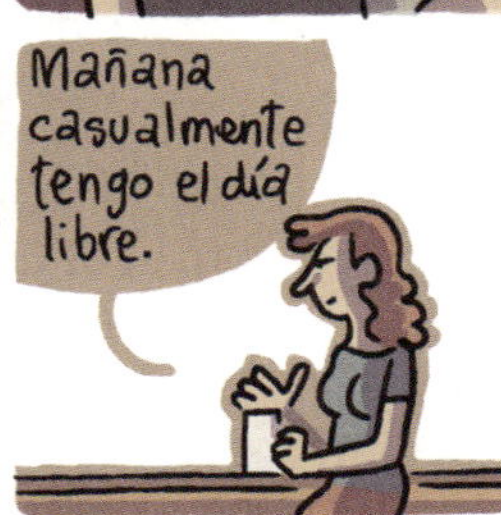

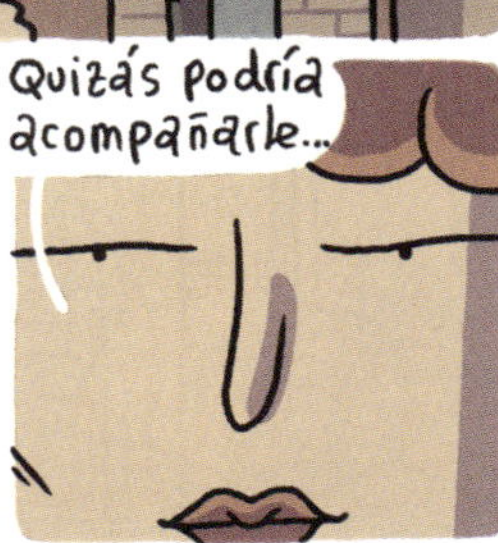

A la mañana siguiente madrugó para salir del hotel cuanto antes.

Lo último que quería era tener que soportar a nadie.

Visitó el Palacio del Gran Maestre.

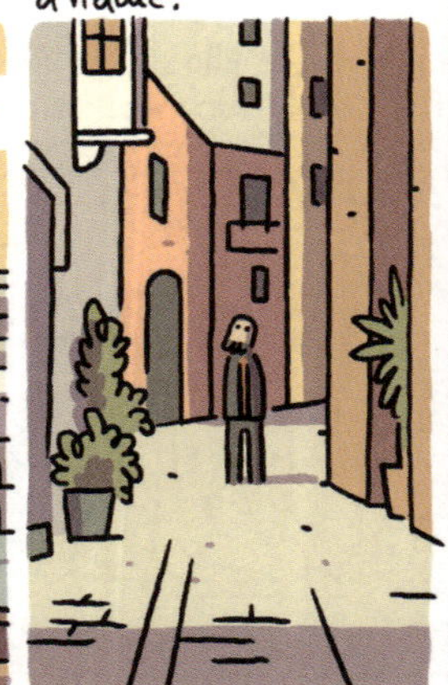

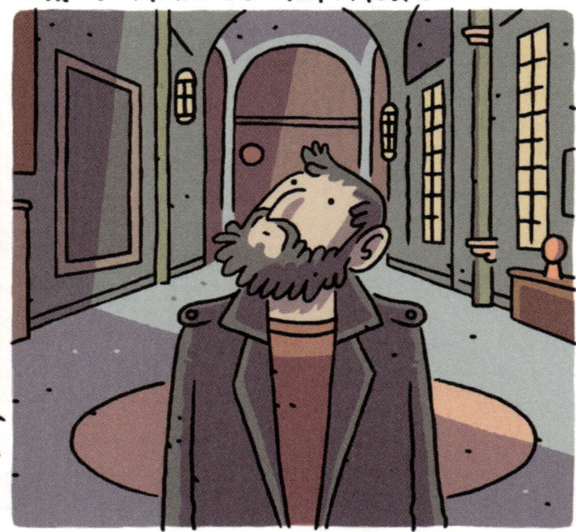

Y pudo ver, entre otras cosas, la armadura que perteneció a Alof de Wignacourt, maestre y colega de Caravaggio mientras éste residió en la isla.

Y otra, que pese a haber pertenecido a otro caballero...

...fue la que el pintor decidió utilizar para inmortalizar a su amigo.

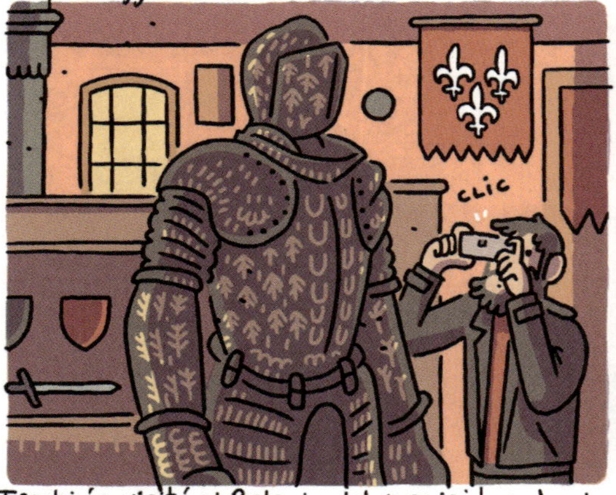

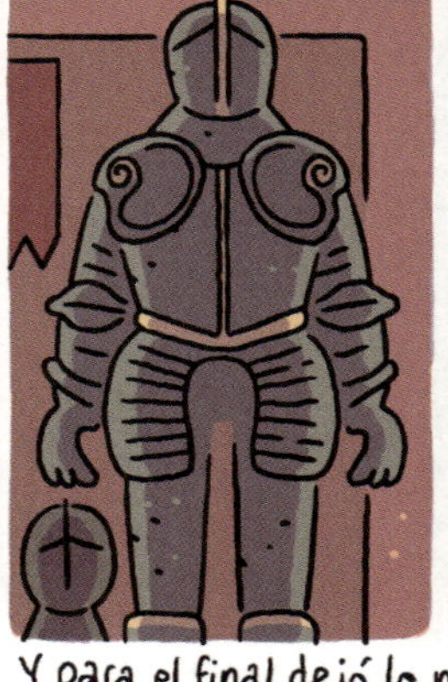

También visitó el Palacio del Inquisidor, donde el pintor italiano sólo tuvo que ir una vez a testificar en un caso relacionado con otro pintor, griego y bígamo.

Y para el final dejó lo más importante:

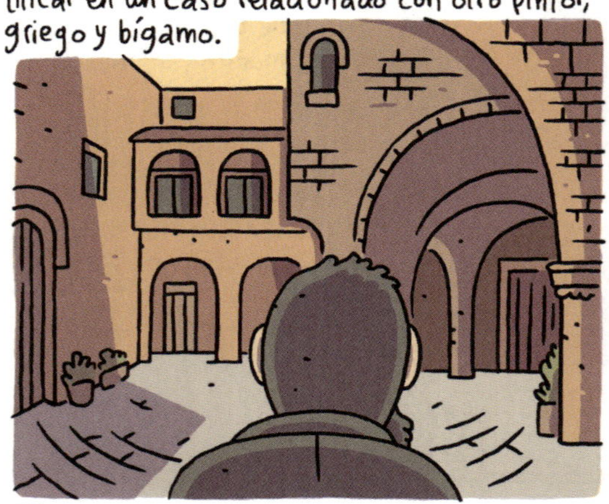

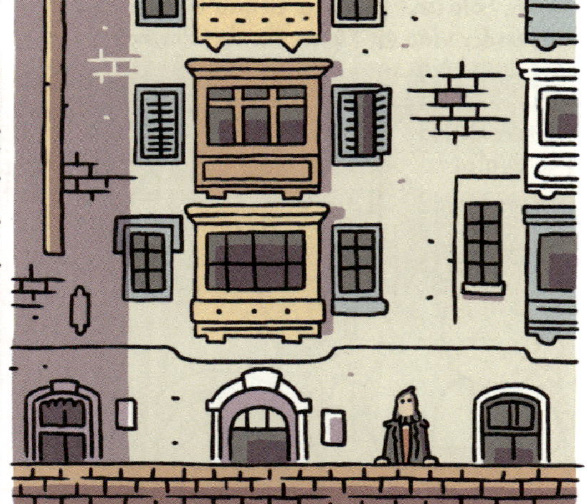

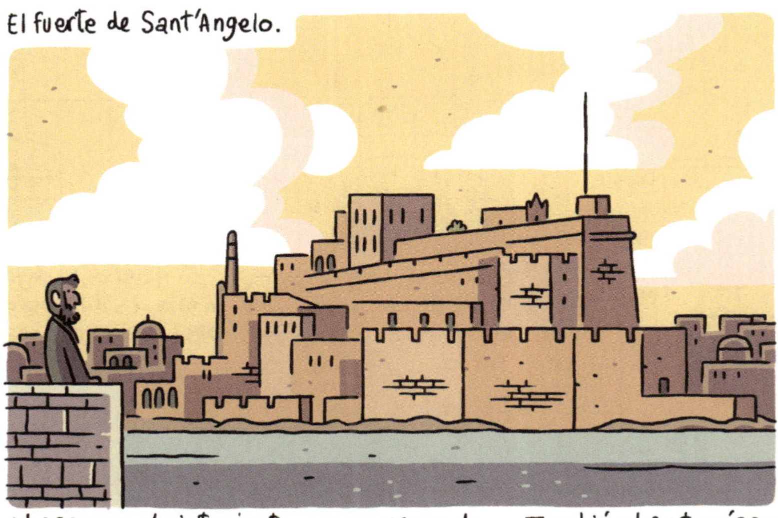

Como era previsible, una vez nombrado caballero, Caravaggio empezó a liarlas como había hecho durante toda su vida. Un día se vio envuelto en una trifulca con otro miembro de la orden.

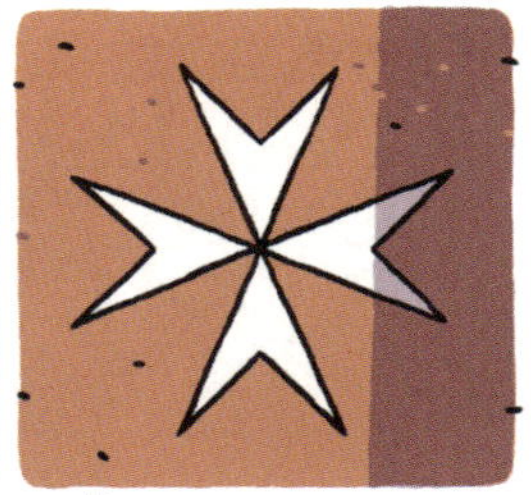

Al parecer, el pintor junto con un grupo de hombres asaltaron la casa de este caballero con el fin de propinarle una paliza o incluso matarlo.

También hay teorías que dicen que nunca hubo tal intento de asesinato y que lo que hizo fue tener algún tipo de escarceo sexual con un alto mando de la orden.

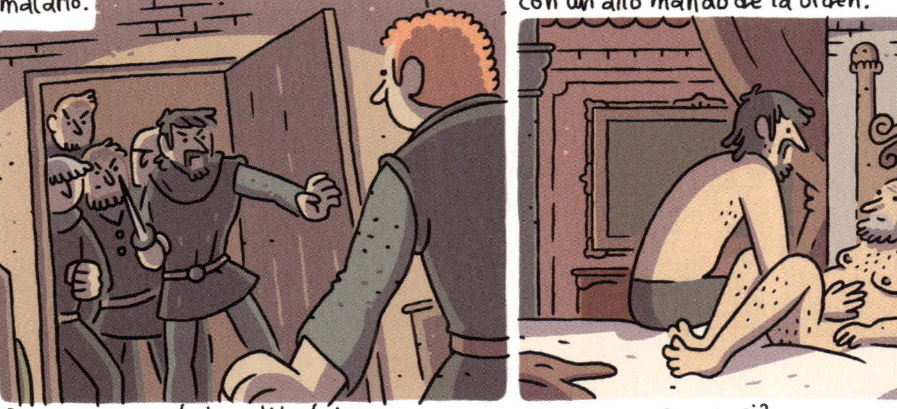

Sea como sea, todas las pruebas o documentos al respecto desaparecieron.

Y lo único seguro es que como consecuencia de uno u otro acto, Caravaggio fue detenido y encarcelado en el fuerte.

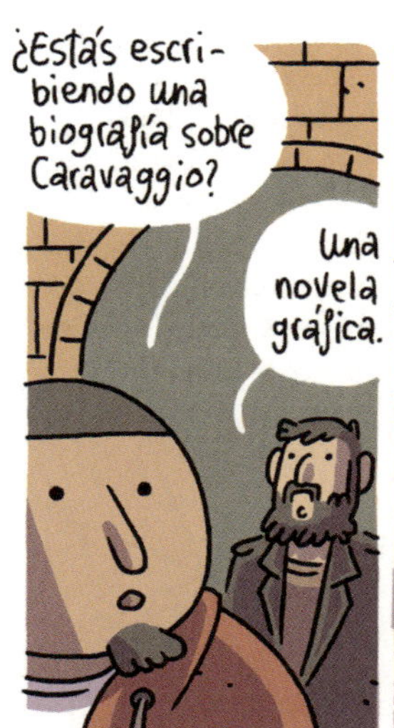

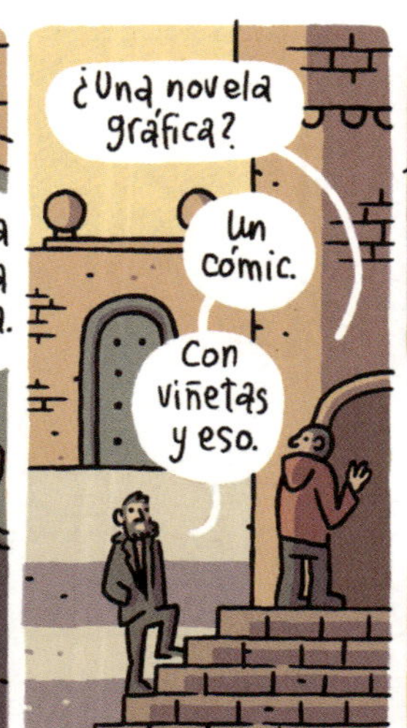

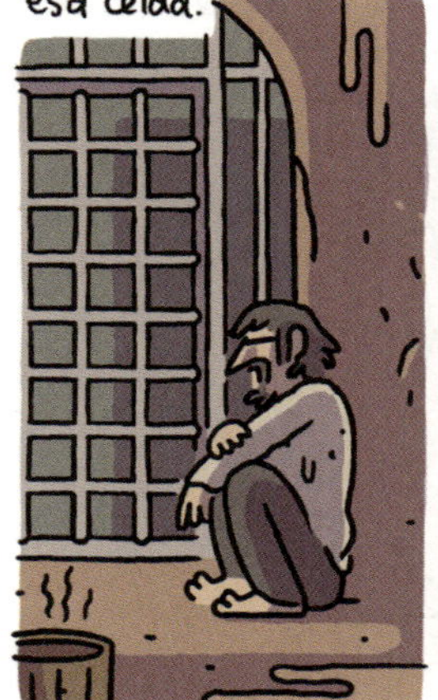

Caravaggio estuvo varios días encerrado en esa celda.

Hasta que una noche alguien debió echarle una mano y consiguió escabullirse dramáticamente descolgándose por la muralla con una cuerda.

Le esperaban con una barca.

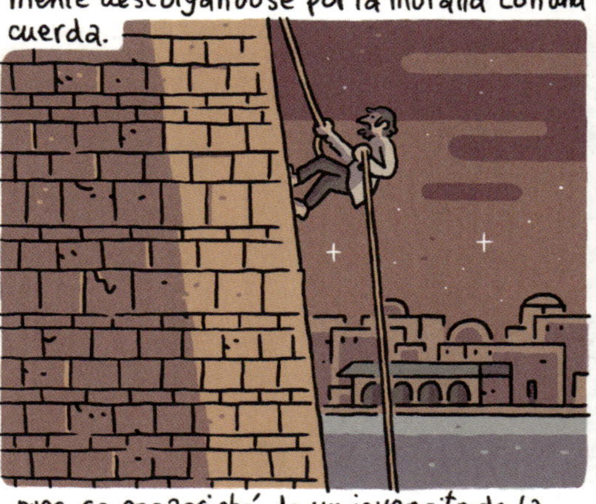

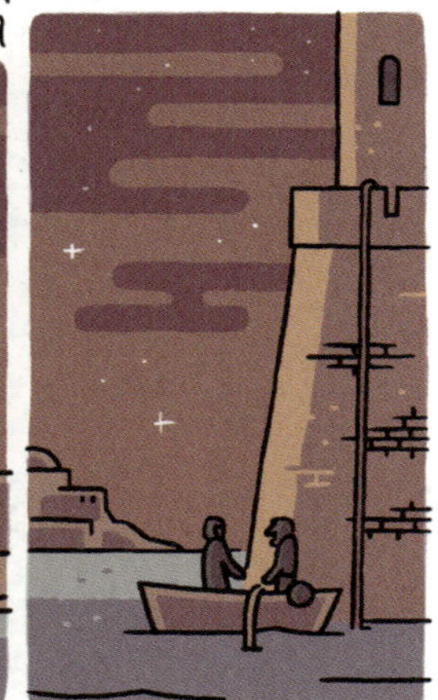

Huyó a Sicilia, donde tampoco duraría mucho...

...pues se encaprichó de un jovencito de la isla, y cuando se corrió la voz...

...tuvo que volver a huir.

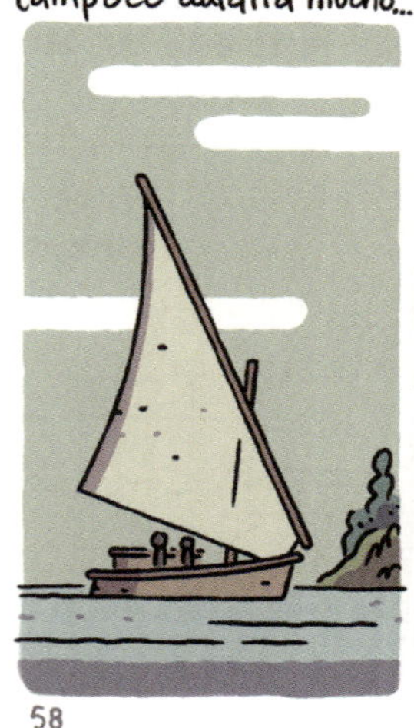

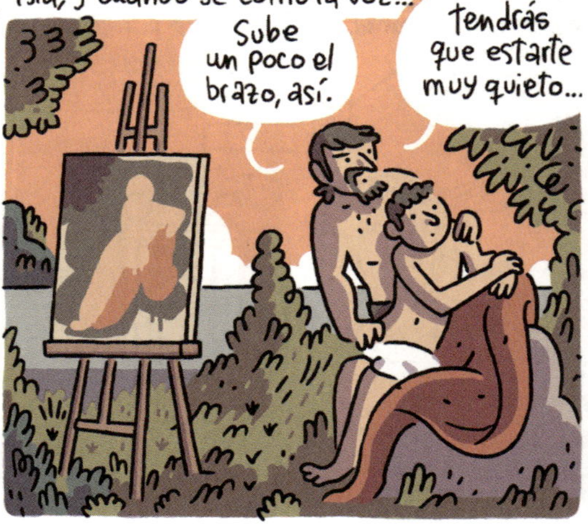

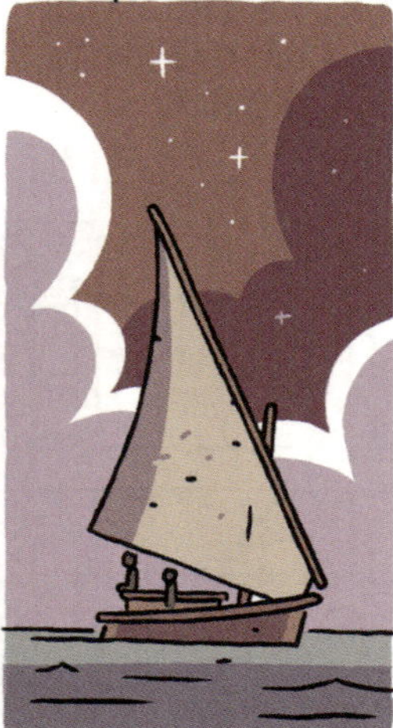

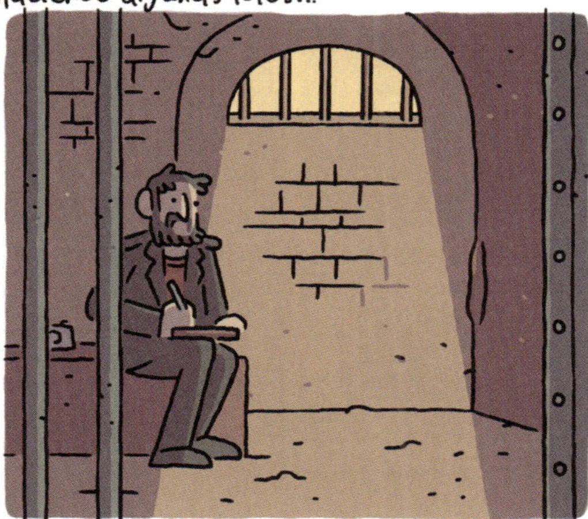
Nuestro biógrafo pasó un rato tomando apuntes, haciendo algunas fotos...

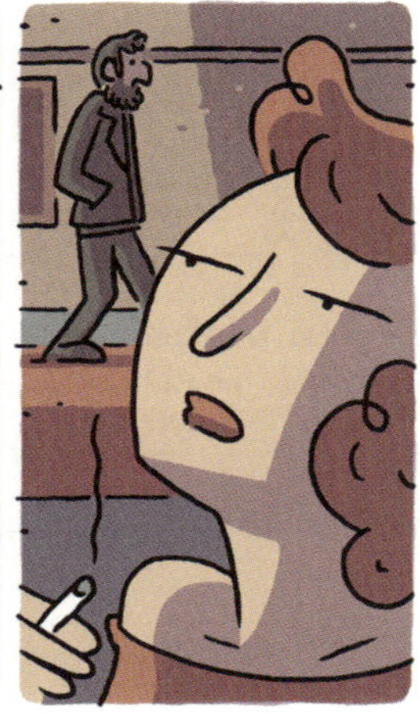
...y cuando esa noche volvió al hotel...

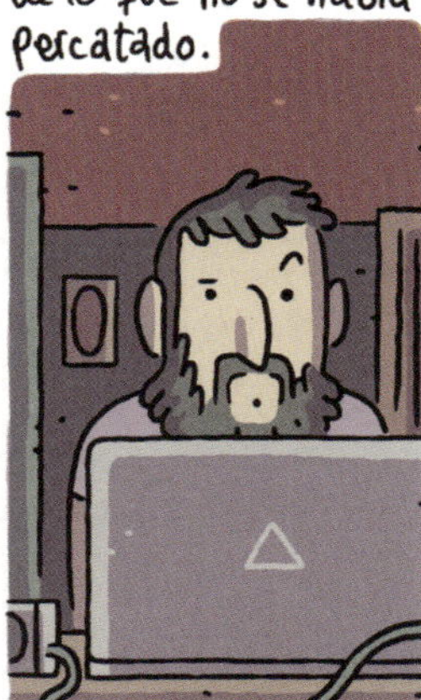
...y las descargó en el portátil encontró algo de lo que no se había percatado.

Entre los grafitis que los presos habían grabado en las paredes había un curioso dibujo.

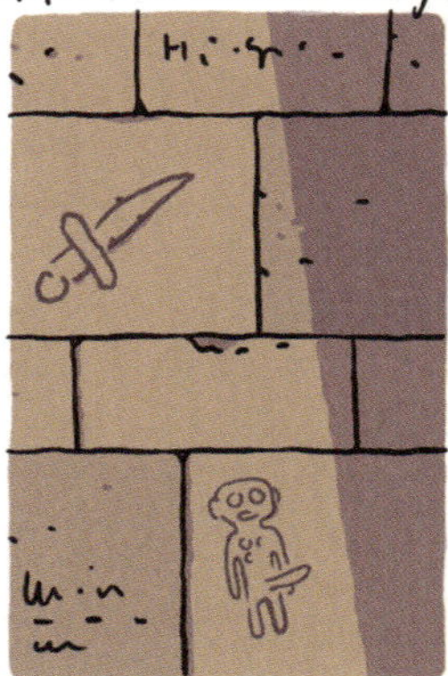

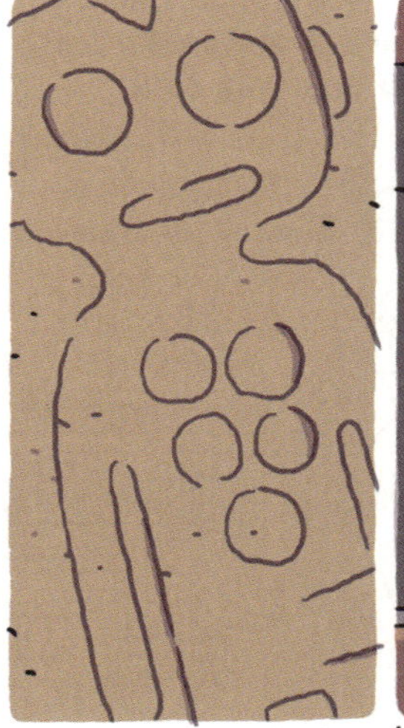

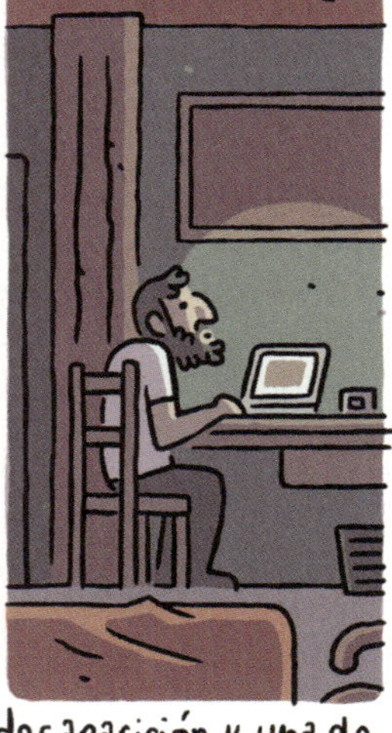

A Ismael Albero no se le volvió a ver nunca.

Parece ser que no llegó a tomar el avión de vuelta a Roma.

La policía investigó la desaparición y una de las principales sospechosas fue la mujer con la que se le había visto hablando las dos noches anteriores.

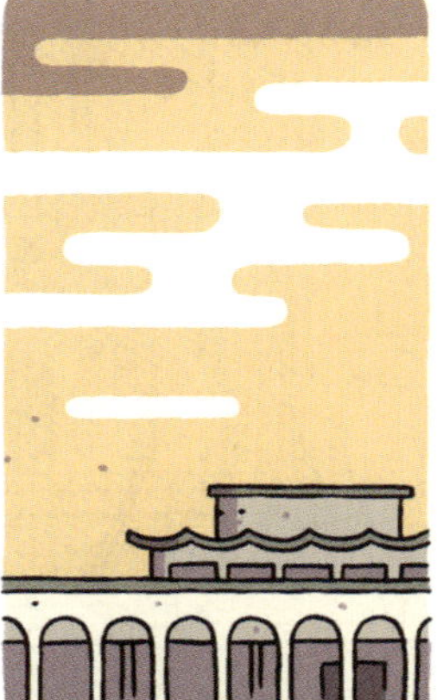

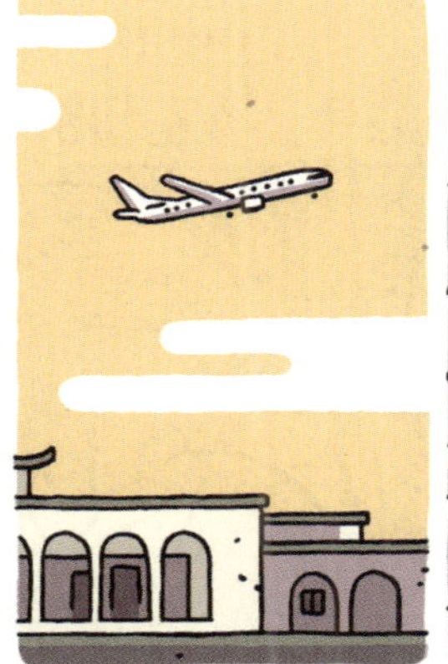

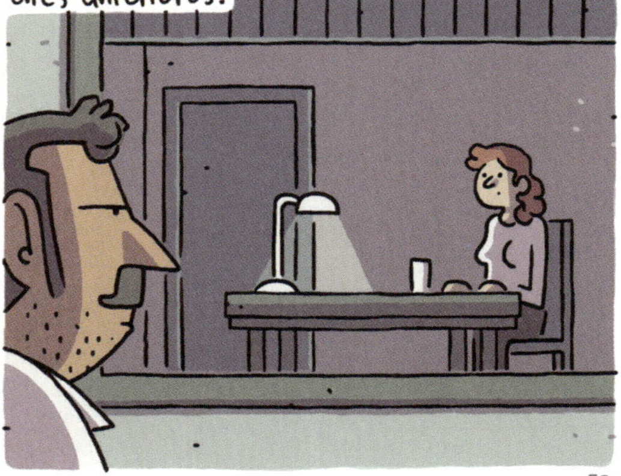

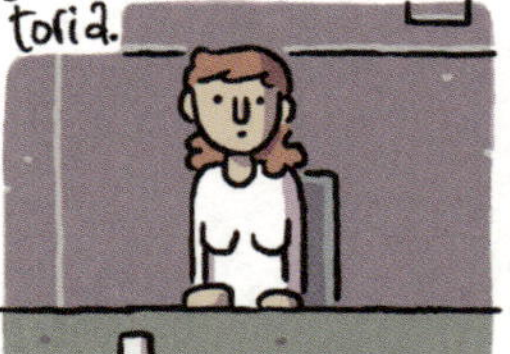

Pero no se obtuvo ninguna prueba incriminatoria.

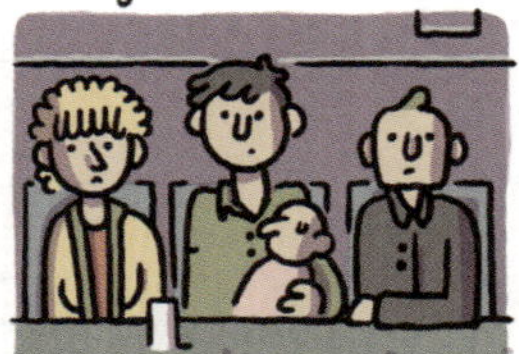

También se investigó a la gente del bautizo.

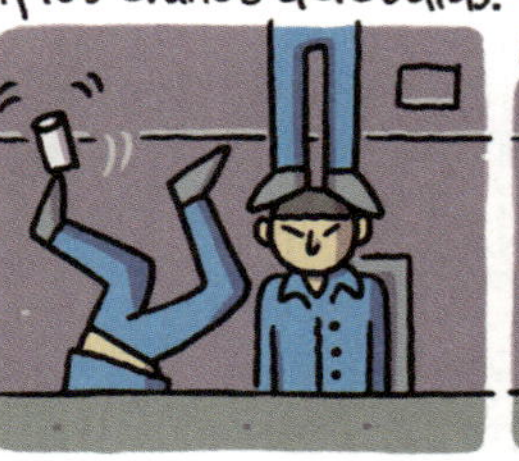

A los chinos acróbatas.

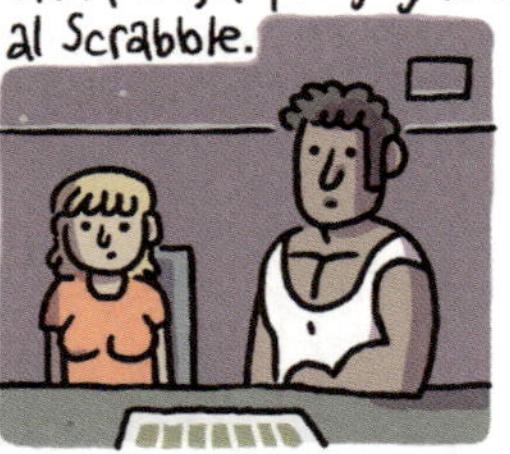

A la pareja que jugaba al Scrabble.

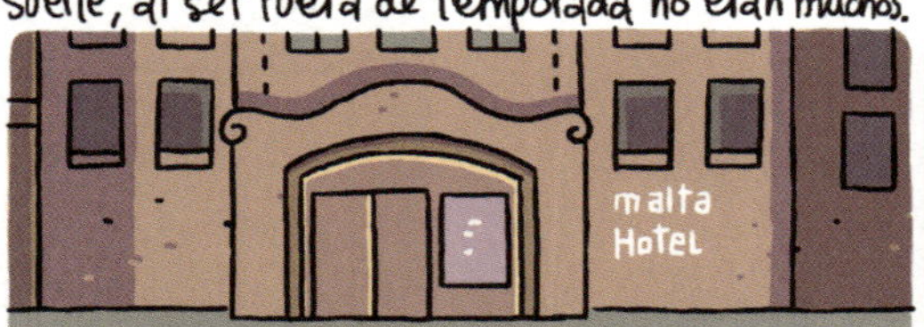

Y al resto de los huéspedes del hotel, que por suerte, al ser fuera de temporada no eran muchos.
malta Hotel

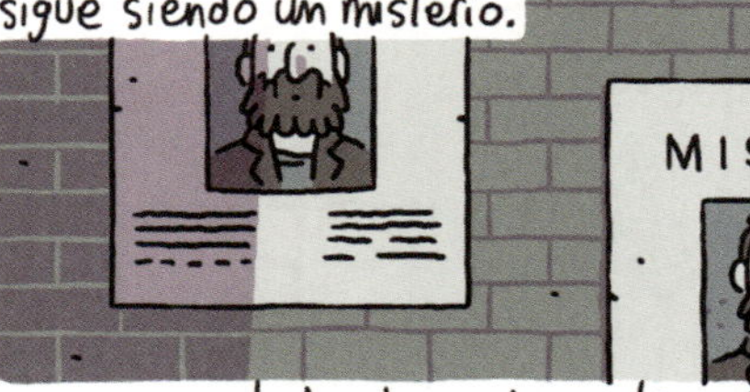

Años después, la desaparición de Ismael Albero sigue siendo un misterio.
MISSING

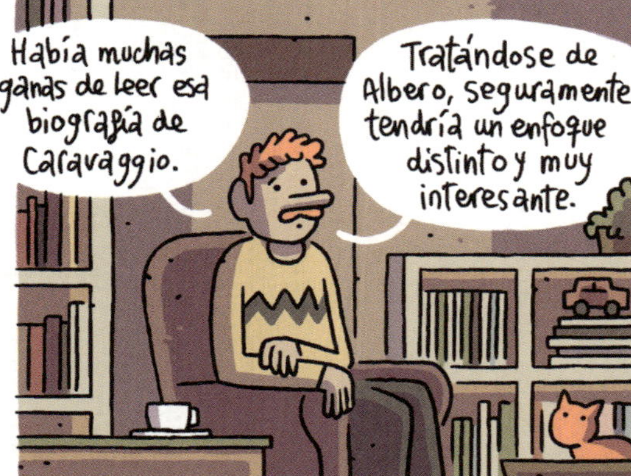

Algunos entendidos en materia de cómic y novela gráfica dijeron que seguramente con su desaparición se perdió una gran obra.
Había muchas ganas de leer esa biografía de Caravaggio.
Tratándose de Albero, seguramente tendría un enfoque distinto y muy interesante.

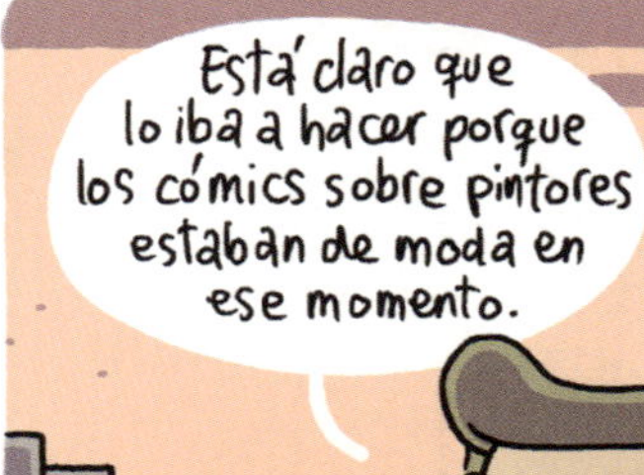

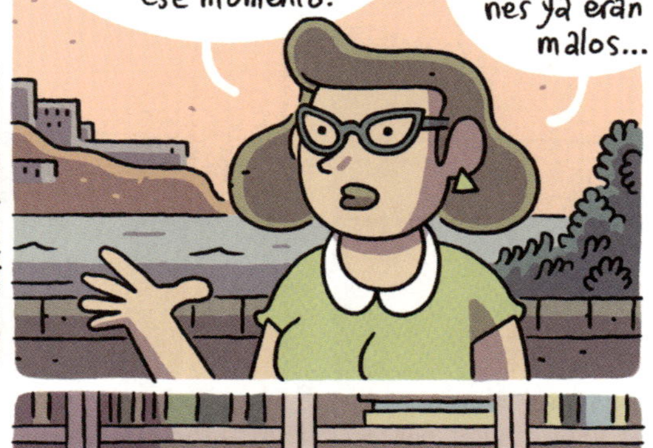

Aunque no todo el mundo era tan entusiasta.
Está claro que lo iba a hacer porque los cómics sobre pintores estaban de moda en ese momento.
Pero si sus cómics sobre gatos y crímenes ya eran malos...

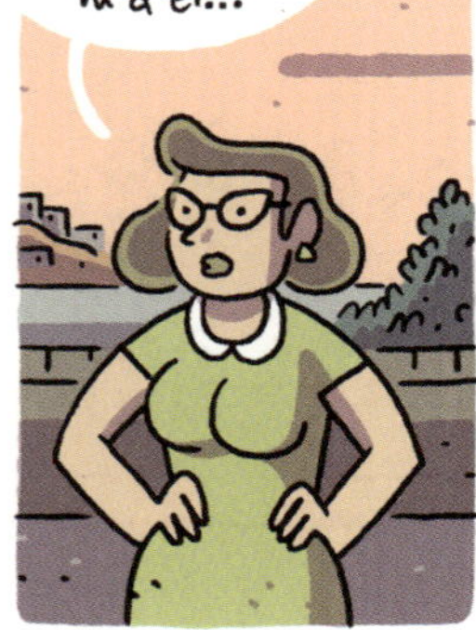

No me quiero ni imaginar una pedante biografía sobre un pintor que no le interesaba ni a él...

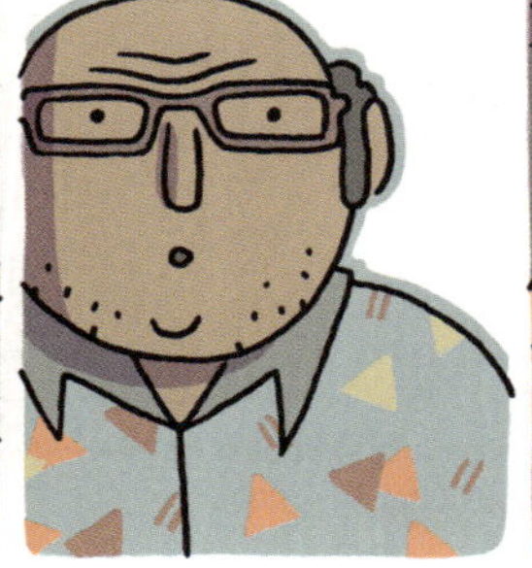

¿En mi opinión?

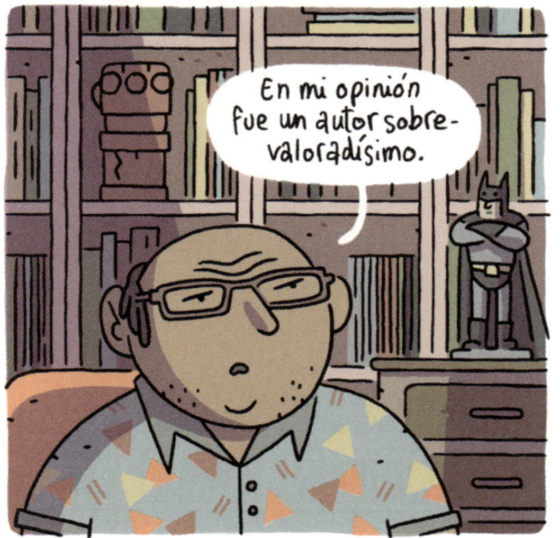

En mi opinión fue un autor sobrevaloradísimo.

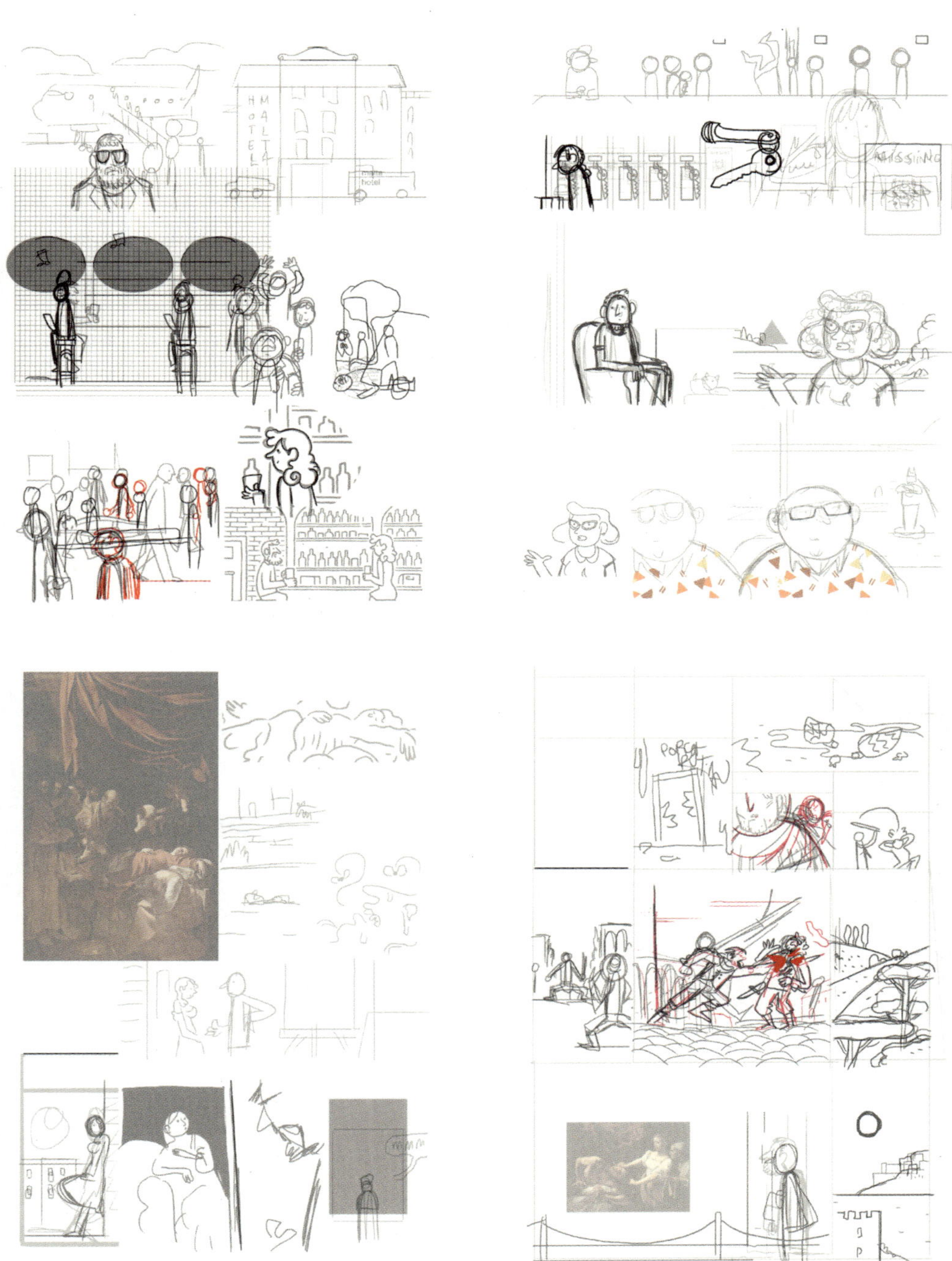

Rituales, 2015
Bocetos y pasos previos de las páginas 51 a 60
Técnica digital

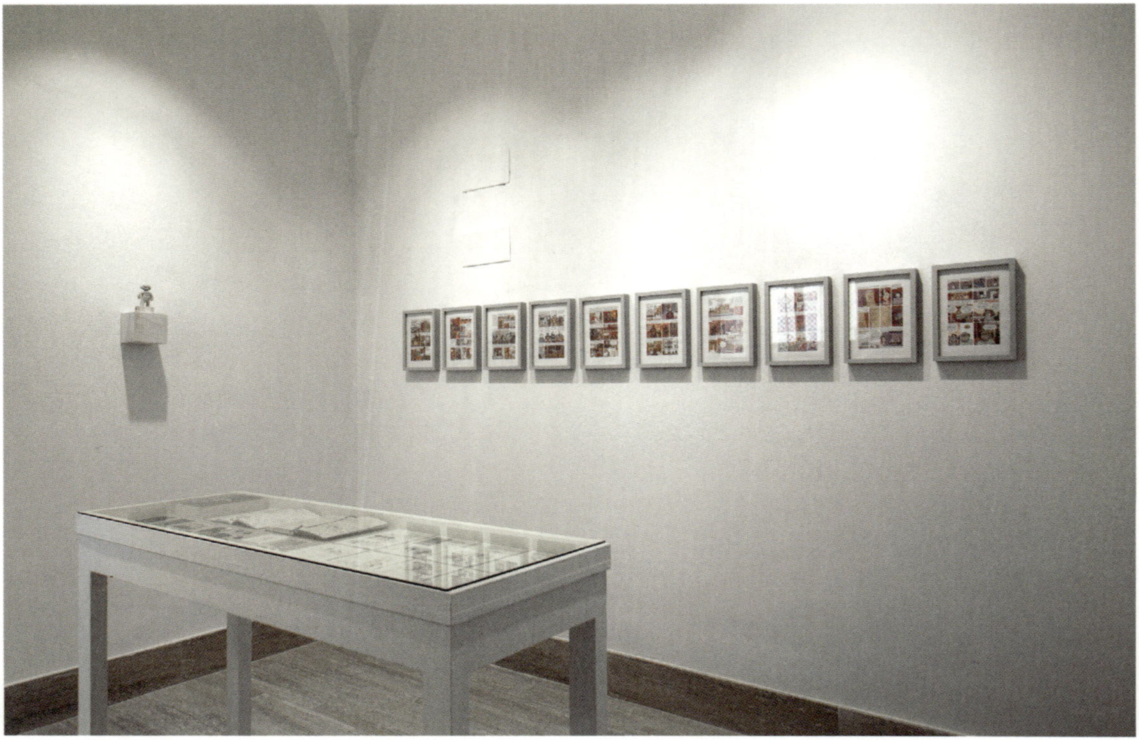

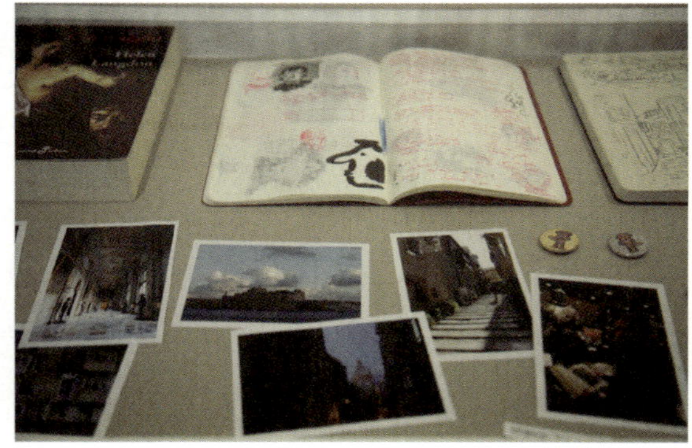
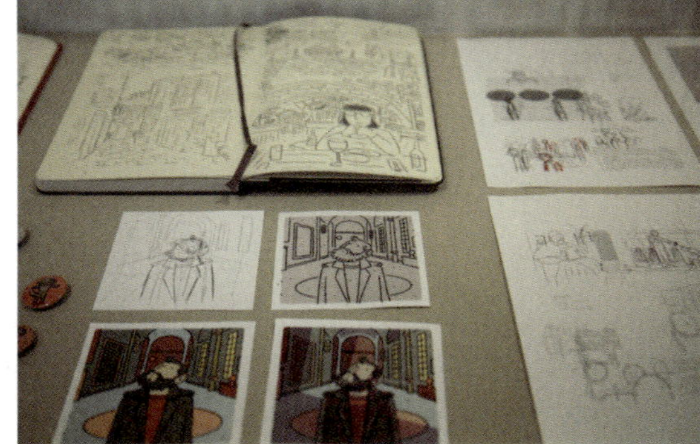

Rituales, 2015
Vistas de instalación y detalles
Puertas Abiertas, Real Academia de España en Roma, Junio-Julio 2015

Rituales
Álvaro Ortiz

Créditos del cómic

Título
Rituales

Edita
Astiberri

ISBN
978-84-16251-32-2

**1ª edición Noviembre de 2015
En 2016 será editado en Francia
por Editions Rackham**

Catálogo

Texto
Santiago García

Cómic
Rituales, 2015, páginas 51 a 60

Agradecimientos
MAEC-AECID y Real Academia de
España en Roma.Becarios, Santiago,
Germán e Isabel.

Álvaro Ortiz
Rituales

Giuseppe Vigolo
Antonella Zerbinati

Santos días

Grabado / Instalación

Giuseppe Vigolo

[Vicenza, 1979]

Antonella Zerbinati

[Vicenza, 1982]

Licenciado en Artes Visuales y Escénicas, sección Artes Gráficas por la Academia de Bellas Artes de Venecia. Ha realizado residencias artísticas en lugares como la Academia de Bellas Artes de Varsovia (2010).

Ha sido galardonado con importantes premios como "1er Premio Internacional Bienal de Grabado de Monsummano Terme Tributo a Andy Warhol y Giorgio Morandi" (2009), "Premio Arte 2006" en el Palazzo della Permanente Milano.

Entre sus exposiciones individuales y colectivas destacan "Dolomiti Contemporanee: Et un'oseliera et non vi è" (2013) en el Castillo de Andraz – Belluno, "Giuseppe Vigolo" (2014) en la GAMeC– Bergamo, "Estación XV" (2014) en la Academia San Fernando – Madrid.

Licenciada en Pintura por la Academia de Bellas Artes de Venecia. Ha realizado residencias artísticas en lugares como la Academia de Bellas Artes de Varsovia (2010).

Entre sus exposiciones individuales destacan "Inside 7b" (2010) en el 10º aniversario de la Copa del Mundo Rolex Fei en Italia, "Erotismo quotidiano" (2013) en la Galería Pramantha Contemporarygallery en Lamezia Terme, "Photissima Art Fair & Festival" (2015) Chiostri dei Frari, Venezia.

Santos Días

Giuseppe Vigolo/Antonella Zerbinati

El proyecto *Santos Días* tiene como objetivo realizar una obra de grabado que genere un diálogo a diferentes niveles: la tradición gráfica española (a través de la interpretación de temas recogidos por Francisco de Goya en *Los Desastres de la Guerra*), la tradición de la fe católica representada en todo el mundo a través del Vaticano y su extensa iconografía y, finalmente, la relación de la sociedad contemporánea con grandes temas como la guerra.

La decisión de elegir la obra de grabado de Francisco de Goya como punto de partida es natural por la afinidad técnica y por la eficacia con la que se transmite el mensaje.

Si en *Los desastres de la guerra* Goya fue testigo directo de los acontecimientos, narrándolos mediante sus grabados como si fuera un reportero que hacía uso de los medios de difusión masiva contemporáneos para su época (el grabado y la impresión), en nuestro caso nos acercamos al tema de la guerra de forma simbólica, produciendo iconos que contrastan con la acción banal y de censura de los medios de comunicación, que, frecuentemente, omiten los detalles más incómodos, los que la sociedad conoce aunque no quiere ver realmente.

La razón de esta investigación se basa en nuestro origen geográfico. Ambos nacimos y vivimos cerca de Vicenza, una ciudad que sufre un condicionamiento constante por la presencia militar estadounidense de la *US Army Southern European Task Force*, que tiene su sede en esta zona con tres bases de la OTAN (Caserma Ederle, Aeropuerto Dal Molin y Sitio Pluto) desde donde parten misiones a las zonas de conflicto y en las que se producen armas y municiones.

Esta convivencia forzada entre la sociedad civil y la realidad militar nos muestra cómo la historia se repite, motivando la conexión entre nuestra investigación y la "modernidad" de los *Desastres de la Guerra* de Francisco de Goya conservados en la Academia de Bellas Artes de San Fernando de Madrid.

La obra se compone de 366 imágenes de santos grabadas sobre otras tantas balas correspondientes a cada uno de los días del año. La decisión de intervenir en balas, compradas a propósito a los productores americanos a través de proveedores italianos, dada la masiva presencia de Estados Unidos en los conflictos mundiales, es intencionada. Las balas representan un claro icono de guerra, y, mediante la impresión de la imagen de un santo en ellas, se convierten en objetos simbólicos paradójicos.

La iconografía del proyecto deriva de nuestros orígenes católicos y se encamina a los santos, ya que, consciente o inconscientemente, nos encomendamos a ellos en la mayor parte de nuestras decisiones y acciones. La vida de un católico está influenciada muy estrechamente por la religión.

Un calendario donde las balas, nacidas para matar y mensajeras de muerte, llevan efigies de salvación, convirtiéndose en herramientas para exorcizar la muerte y, al mismo tiempo, conducirnos a reflexionar sobre el valor de la vida día a día. Es entonces cuando la bala se convierte en un icono tan trágicamente irónico, porque es, simultáneamente, símbolo de salvación y de martirio.

Realización Técnica

La primera fase del proyecto consistió en un trabajo considerable de identificación de las celebraciones de los santos relacionados con todos los días del año mediante la consulta *Martyrologium Romanum*. A este trabajo le siguió el estudio iconográfico e iconológico en archivos, museos, visitas a iglesias y colecciones de arte antiguo y moderno. Esta fase de investigación concluyó con la selección de las pinturas, esculturas y dibujos adecuados adaptándolos a "diseños para el grabado" a través de bocetos preparatorios para la ejecución del grabado. Por último se grabaron las balas calibre 50 BMG obtenidos, directamente, de las provisiones del ejército.

Se dio una nueva vida a las balas compradas en estado bruto a través de un trabajo de pulido realizado por el maestro orfebre Renato Festa, con quien hemos trabajado en distintas fases técnicas del proyecto. En principio estaba previsto llevar a cabo los 366 grabados usando la técnica de buril y aguafuerte pero, con posterioridad, y gracias a una intuición, decidimos utilizar la "manera negra" aplicando técnicas más modernas en lugar del antiguo *Berceau*. De este modo, el icono es reconocible en unos pocos segundos y de impacto inmediato. Por último, se ha aplicado a las balas una película protectora con el fin de bloquear completamente la oxidación.

La idea de crear un calendario representando la imagen de un santo sobre un número de balas igual a los días del año es un modo de exorcizar la muerte y, al mismo tiempo, reflexiona sobre el valor de la vida día a día.

Santos Dias consta de 365 balas (más 1 para el año bisiesto), cada unidad está catalogada en un archivo digital con las especificaciones sobre el santo y la obra de arte elegida para representarlo.

También el formato expositivo ha sido modificado con respecto a la idea inicial optando por una clásica caja de transporte de obras de arte realizada en madera que parece una opción controvertida: un contenedor sobrio y pobre que contrasta fuertemente con la preciosidad de su contenido y que recuerda la imagen de las típicas cajas de expedición con las cuales las municiones se envían a las bases militares en todo el mundo. Tumbada y protegida por una cubierta de plexiglás, permite al espectador al acercamiento y no el alejamiento que habría generado la tradicional vitrina expositiva inicialmente pensada.

El objetivo de *Santos Días* es el de provocar una reflexión natural en cualquier persona que se encuentre frente a la obra: religiosa, laica o de diferente culto.

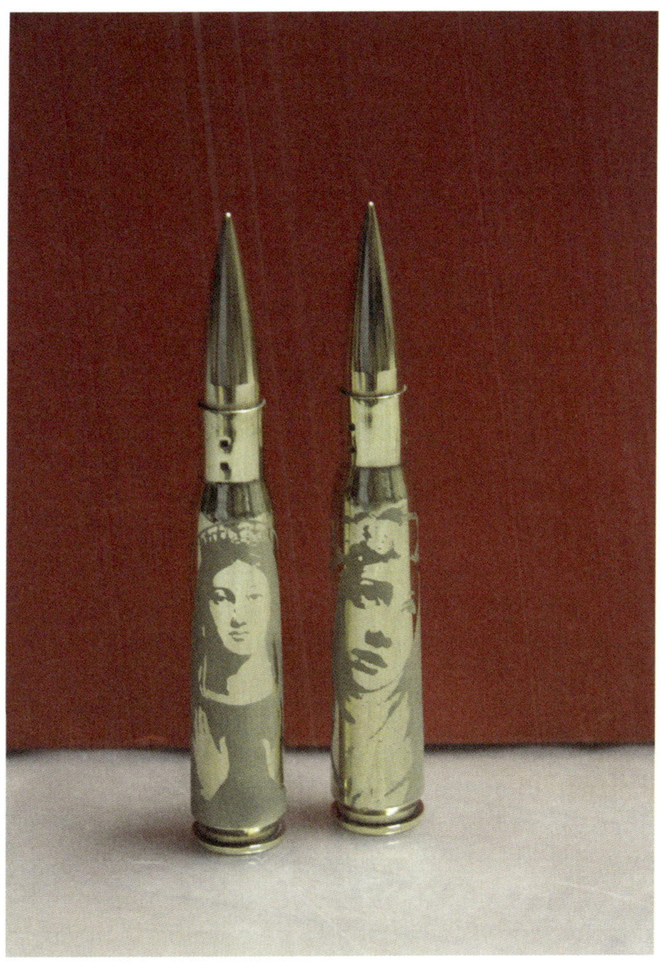

sacred bullets, war of being

pero qué es el arte, si no este sutil proyectil del sentido, realmente incisivo en el meter,
opuesto en esto al cartucho instantáneo que solo quita.
y, aunque en su relatividad maleable de escala (definitiva pero dúctil, y en ello *ofensivo*
respecto de las inercias, he aquí el intento crítico de nuestro proyectil: para hacer, rehacer:
ya que nada está dado), rápido o lento, el alcance es el mismo, y diferente: mina refleja
del cerebro, oasis propulsivo de pensamiento y sensación, rompe los bloques, *mueve el*
espacio.

entonces el artista es un combatiente, no un pacificador.
resuenan potentes, los fragores del arte, desde que el hombre inició a eregir los primeros edificios –complejos- de la propia conciencia, espiritual y racional, lanzándola por las
tierras y por los cielos.

las   explosiones   del   arte   son   violentas,   a   veces,   extremas.
en otros lugares desplegan paisajes quietos encima de jirones de la realidad, de sus sentidos y ancestros, de sus escombros y vísceras, de los amniocorales.

las formas nuevas de los pensamientos –eternos o en los ciclos de arquetipo- coinciden con
el rechazo de las sentencias, ciegas, y, por consiguiente, con la renovación, indispensable.

así, cada renovación es *cataclismo*: inundación de la presencia, del *cuidado*, del sentido.
paisajes a veces quietos, hemos dicho, quietos en apariencia, y sin embargo siempre móviles.
porque otra cosa que es el arte, es este *movimiento, quieto.*

el   movimiento   de   aquello   que   está   parado
la indispensable firmeza en el *cultivo del espacio*, aquí está.

el movimiento de la montaña, por ejemplo. que es sólida casi eterna, en la perspectiva
actual, minúscula, propia del hombre contemplativo, pasivo – la parálisis expresiva no es
firmeza, la solidez estable no es inmóvil.

mientras no es más que un polvo que vendrá, la montaña, de un agua que fue.
como nos dicen las ciencias prodigiosas. que no saben, sin embargo, saltar los fosos, y esa
maravilla parcial construye entonces, a menudo, solo la jaula.
pero, de nuevo, donde la maravilla es expandida, integral, y no un pálido reflejo de la suya,
he aquí las canciones de asalto, y la mina que dona, y es, precisamente, la jaula que salta.

entonces explosión, no obstante quieta, aunque si no quiere -y nunca lo quiere- definir y
cerrar, sino abrir y preguntar.

el arte no puede, ni debe, generar las paces atróficas, los sosiegos estáticos, las consolaciones estéticas, que hacen la ilusión del hombre, ciertamente de este hombre, hoy, epidérmico, papilar.

es el día, contra la noche de *destouches*, y es el viaje en el día del mundo, *un viaje que es del todo imaginario: de ahí su fuerza, que va de la vida a la muerte. hombres, animales, ciudades y cosas: todo está inventado* (l.f.c., *voyage,   bout, nuit*). aún más: es necesario –sabiéndolo- inventar todo siempre -de otro modo todo se daría siempre por sentado- pero eso no es posible, hasta lo sabe la historia.

y entonces:

si el arte es una búsqueda primaria del sentido, comprendiéndolo, ya lo tiene en sí mismo, líquido, como hemos dicho, en el potencial cataclísmico de su reconquista.

y el sentido no está nunca en calma, pero el desacuerdo y el roce de las partes, opuestas, abriendo brechas, a la caza de derrames.

no existe nada simple, excepto para los simples: cada cosa que nos parece simple es el éxito de una batalla campal, de las graves complejidades: simplificar la vida cuesta la vida, y aquí está el arte, aquí está flaubert.

las más grandes simplicidades, son las máscaras traducidas de las demasiado grandes e incomprensibles complejidades de cada cosa, perdidas en los desiertos clásticos.

si entonces, para no pararse, los opuestos tienen que ser resonados, recogidos en el jarrón y removidos, mezclados los polvos y encendidos, aqui tenemos que *los santos* pueden y DEBEN, precisamente, estar sobre las balas, y áun más, dentro de ellas, siempre, lanzando-adelante el propio significado.

no hay nada, en esta afirmación, de belicoso, en el sentido propio de la brutal acepción: es el sentido   aquí   el   que   da   batalla   a   los   vacíos. *¡no nos gusta la guerra!, ni merope*

aquella sangre que gotea es el apetito del hombre, su coacción carnal, no nos interesa ahora, el biologismo: hablamos aquí del hambre y de la agitación del concepto y del ser, en la forma: de la realidad del pensamiento.

y entonces: una caja, limpia y simple, de madera clara, es el altar que contiene el calendario armado de los santos, las representaciones de 366 divinidades del alma, grabados lustrosos, en el protagonismo icónico, en urna con el *berceau*

los santos son la vida, su carga positiva es llevada sobre el vector de explosión, destinado a quitar, a destruir, a desmembrar.

la guerra atención y análisis, que abre entonces, retratada sobre la lisa carcasa lisomodelada (que suele terminar en pedazos): la coincidencia de las actitudes inversas, que genera el contraste critico, mordaz (en *manera negra*, mordiendo la plancha, exaltando los efectos de la luz).

la teoria de estos proyectiles, que no van ya en la canana, a armar las metralletas, y sin embargo están, uno al lado del otro, rectos como husos testimoniales, contando la historia de una cultura, la historia de los hombres, que se cumple entre el dar y el quitar, el crear y el destruir, el amar a dios y al resto, y matar, por dios.

los santos armados, guardianes vigilantes *siempredespiertos*, como asomados sobre el umbral, el bastión, para cargar el obús en el tiro, y en realidad contenidos en la estrecha cámara del proyectil, sin vías de escape, que no les da refugio sino más bien una garita, preparado para la incandescencia (el oro, también, es preludio de una chispa). y están con los pies bien fijados en los polvos de ignición, polvos que sólo pueden mover ellos mismos. los polvos calmados (los santos, no).

y la opulencia del soporte. el negro neto sobre el oro. el oro de los santos de dios y la tradición antigua del icono, la batalla, el desencadenamiento dialéctico de los opuestos, duras las formas dignas de veneración, aplcadas a las superficies lisas preciosas de retablos convexos de guerra, seguras.

oro encendido que estalla, riqueza prodigiosa de proyectiles alineados, el potencial balístico del orden en hilera, potencial humano y más allá de lo humano, que es el arte, que enciende e inflama y arma, la mente que busca, y sabe gestionar la técnica de los maestros antiguos, con las fracturas sinápticas de los hombres nuevos, que vienen ahora y entonces en la historia, a fijarles sus atomos, excavar las raíces, dándolas las formas perfectas de proyectiles, que es el pensamiento afilado que quiere seguir recto, lleno y fuerte, que penetra el muro blando de lo hierático del concepto atrófico, explotando siempre las luces en el cielo. y cada cielo está comprendido en una grande oscuridad. cada cielo en la caja oscura. y está claro como estos santos-proyectiles tengan trayectorias, aéreas, amplias, abiertas, curvas; múltiples, y circulares, que vuelven.

y no están hechas para ser lanzadas contra un único objetivo uno. volver: es el estar, persistente, que refleja.

los disparos sagrados, la guerra del estar: es decir.

gianluca d'incà levis,* borca di cadore, 5 de enero de 2016

———

*   Gianluca D'Incà Levis, curador y creador de Dolomiti Contemporanee, y director del Nuevo Espacio Expositivo de Casso.

El inevitable ser real del arte

Raffaele Gavarro*

Desde hace ya tiempo escribo que, si hay algo que hoy puede lograr sorprenderme, eso es, sin duda, la realidad. Aunque aquello que nos rodea y donde nos encontramos es consecuencia de nuestra propia actuación, el hecho de que siga sorprendiéndonos es, sin duda, resultado de una separación ilusoria entre nosotros mismos y la propia realidad. Una separación causada, de manera evidente, por una esquizofrenia latente y que, en la mayoría de los casos, se resuelve por la necesidad de actuar en esa misma realidad garantizándonos una forma de supervivencia.

Ante la pregunta de porque hoy el arte tiene en la política su significado decisivo y su necesidad, respondo que las dos, la política y el arte, tienen, de manera evidente, una estrecha relación con la realidad. Ambas tienen la capacidad y la posibilidad de modificarla, induciéndonos a repensarla y, así, llevarnos a un inevitable cambio de nuestro modo de estar y de actuar dentro de ella. El fatal encuentro entre ellas se debe al destino común de las consecuencias de sus actuaciones. Aunque esa relación se nos presenta unilateral, desde el arte hacia la política, los efectos que esta última tiene en sí misma como consecuencia de las elaboraciones de la primera son, no obstante, invisibles en el presente, efectos profundos y decisivos para la formulación de su propio futuro, que es el nuestro.

Santos Días es una obra que concentra toda una serie de elementos del estado de la realidad en la que nos encontramos y de los niveles de significado que la atraviesan, incluida la dimensión temporal, histórica, incluida en lo específico de la técnica del grabado, y, por consiguiente, de la elección lingüística, que caracteriza la obra. Intentemos dirimir los distintos aspectos que la componen.

366 balas calibre 50 colocadas ordenadamente en una caja-vitrina, sobre la superficie de estas balas los grabados de 365 + 1 imágenes de Santos de la tradición católica, uno por cada día del año, más uno para los años bisiestos. La iconografía de los santos se ha sacado, en su mayoría, del *Martyrologium Romanum*, un texto litúrgico del siglo XVI que constituye la

base de los calendarios que, cada año, determinan las fiestas religiosas. A esta búsqueda se ha añadido la investigación iconográfica sobre pinturas y esculturas presentes en iglesias y museos italianos y españoles. La elección del uso de la técnica del grabado nos lleva directamente a las 82 planchas de la serie de *Los Desastres de la Guerra* realizada por Francisco de Goya entre 1810 y 1815. El tema de la guerra y su relación con la religión se afronta de modo directo, diría que brutal. La exposición de los proyectiles con las imágenes de los santos, brillantes y perfectos en su forma portadora de muerte, no nos engaña, para nada, con su estética, más bien induce, de inmediato, a la paradoja de la superposición entre la violencia de los hombres y la paz de la santidad religiosa.

Obviamente es fácil relacionar Santos Días con los terribles sucesos de nuestros días, con la violencia y la muerte causada en nombre de Dios por los yihadistas musulmanes del Estado Islámico, sin embargo, el sentido de esta obra es, en primer lugar, atribuible a la experiencia directa vivida por Giuseppe Vigolo y Antonella Zerbinati, una experiencia tanto cultural, como existencial. De hecho, los dos son católicos, y los dos han nacido y crecido cerca de Vicenza, una ciudad que sufre un fuerte condicionamiento por la presencia militar americana, la *US Army Southern European Task Force*, con la presencia del cuartel *Ederle*, del aeropuerto *Dal Molin* y del *Sito Pluto*, lugar donde parten las misiones con destino a las zonas de guerra en el cuadrante del sureste asiático y en donde se producen y almacenan armas y proyectiles. Es conveniente, de hecho, recordar que el calibre 50 nace en origen para la *Browing Machine Gun*, una ametralladora pesada americana proyectada por John Browing justo después del final de la Primera Guerra Mundial. La elección de este proyectil en concreto está, de este modo, directamente relacionado con la presencia militar americana existente en el territorio de origen de los artistas.

Santos Días genera, por consiguiente, un giro del sentido político de aquello que sucede en nuestros días, provocando una inevitable reflexión sobre las importantes responsabilidades de Occidente en la actual guerra, añadiendo, evidentemente, la reflexión del bagaje religioso y cultural, y que no es menos político, que la acompaña.

Tal y como decía al inicio, el arte produce una serie de consecuencias en la realidad, añadiendo elementos reales en sí mismo y perturbando, de este modo, la morfología y el sentido. Y lo hace interviniendo en esa dimensión política que actúa en la realidad de una forma no menos categórica.

Santos Días adopta la forma de una ejemplificación de nuestras responsabilidades, tanto en un modo directo, como simbólico, usando el carácter tangible del proprio ser como objeto físico indeleble, perceptible y transmisible además como imagen. Una acción implementada por la multiplicidad de significados directos y metafóricos que cambian, inevitablemente, nuestra capacidad de entender la realidad y, consecuentemente, el mundo.

Si no es para esto, ¿Para qué otra cosa serviría el arte?

"Solo las obras de arte que se pueden percibir como un modo de comportamiento tienen una *raison d'être*. El arte no es solo el lugarteniente de una praxis mejor que la que ha dominado hasta hoy, sino que es también una crítica de la praxis entendida como dominio de una brutal auto-conservación hacia el interior y por amor de lo vigente." (pág. 18 de la edición italiana, Einaudi, 2009). Estas palabras son de Theodor W. Adorno, y están extraídas de la inacabada *Teoría Estética*, publicación póstuma de 1970, y que, sin duda, son decisivas para el intento, hoy más necesario que nunca, de entender el sentido de la dimensión concreta del arte en la realidad.

––––––––

* Raffaele Gavarro, crítico, escritor de arte y comisario.

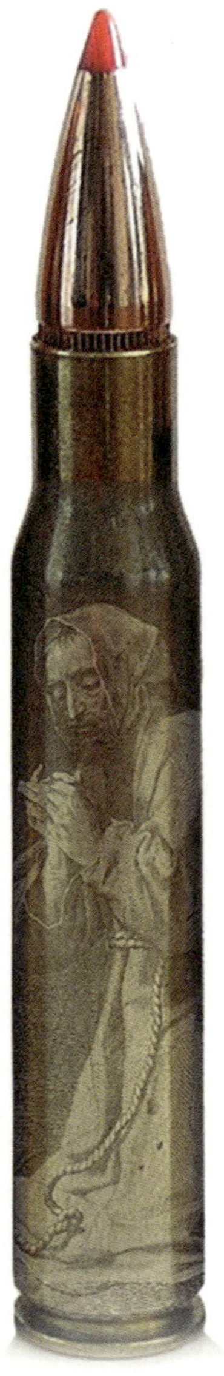

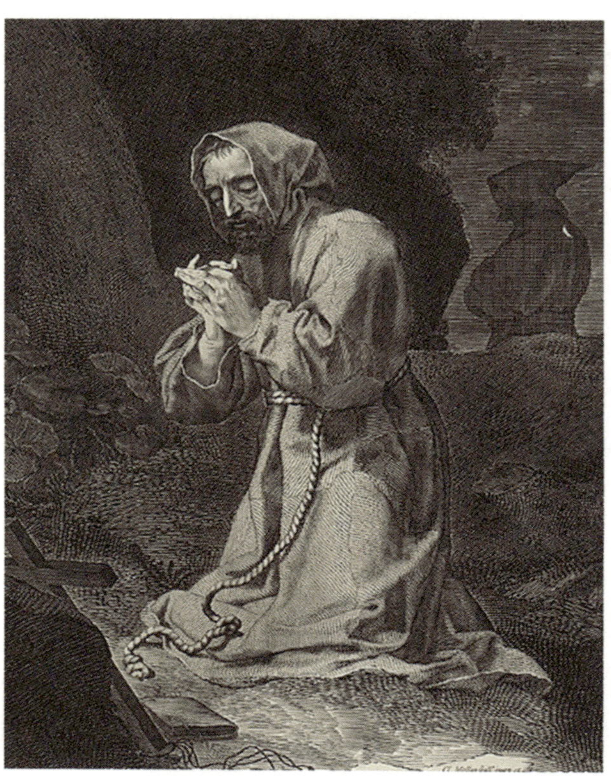

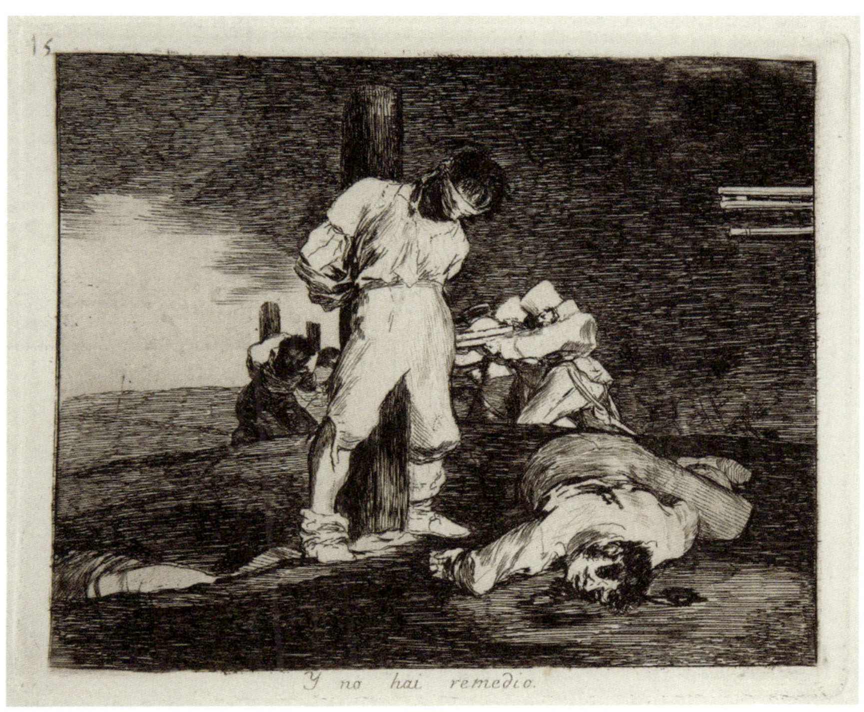
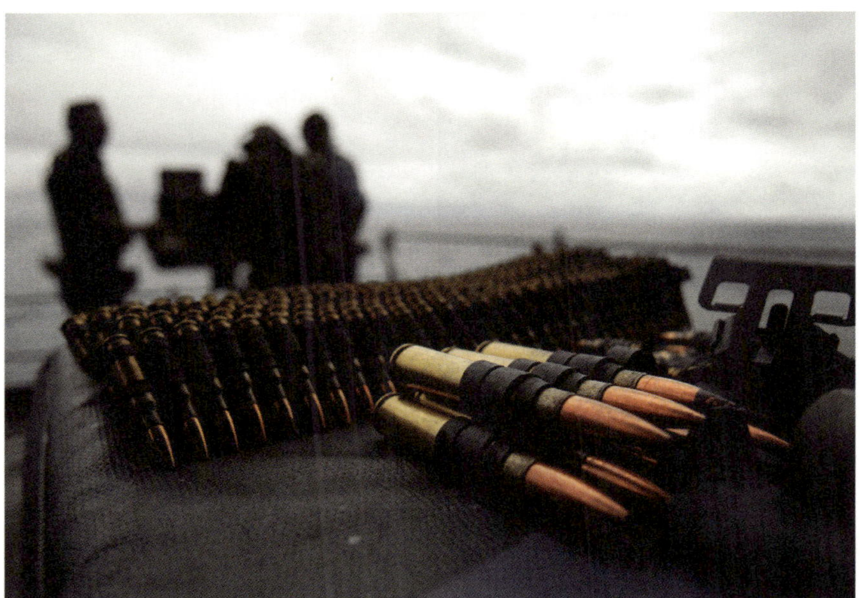

Francisco Goya, *Los desastres de la guerra*, plancha No. 15: "Y no hay remedio"
primera edicion, Madrid - Real Academia de Bellas Artes de San Fernando, 1863

OCÉANO PACÍFICO (28 de junio de 2007) - Los marineros asignados al departamento de armas de fuego con una ametralladora calibre 50 durante un ejercicio de de familiarización de fuego.
Foto de Mass Communication Specialist third class James R. Evans.

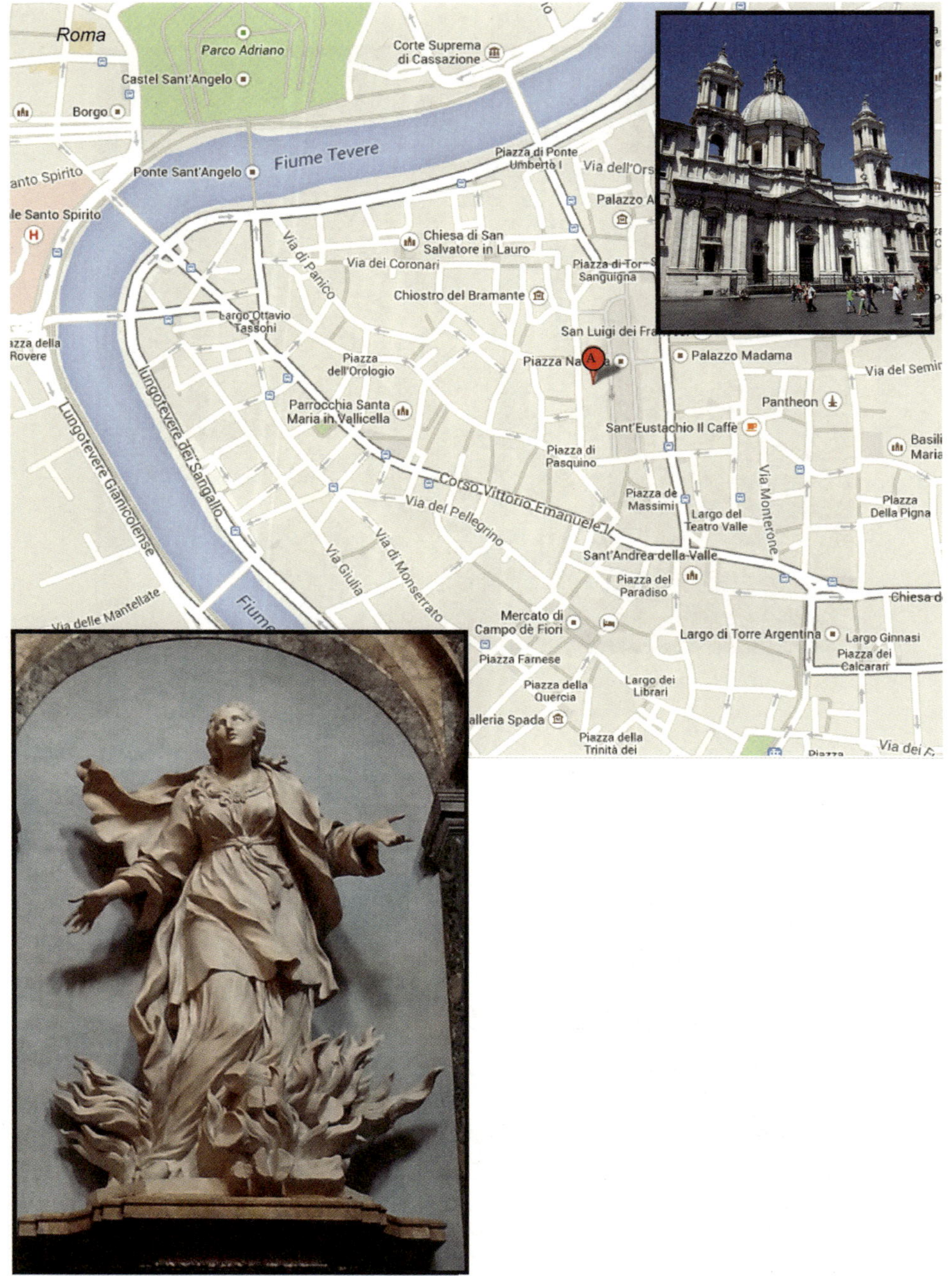

Ejemplo de detección de las obras de arte seleccionadas para la realización del proyecto:
1- Localización geográfica de la Iglesia de Santa Agnese in Agone en Roma
2- Detalle fotográfico de la fachada de la iglesia
3- Estatua de la "Muerte de Santa Inés" hecha por Ercole Ferrata en 1660, que se encuentra dentro de la Iglesia

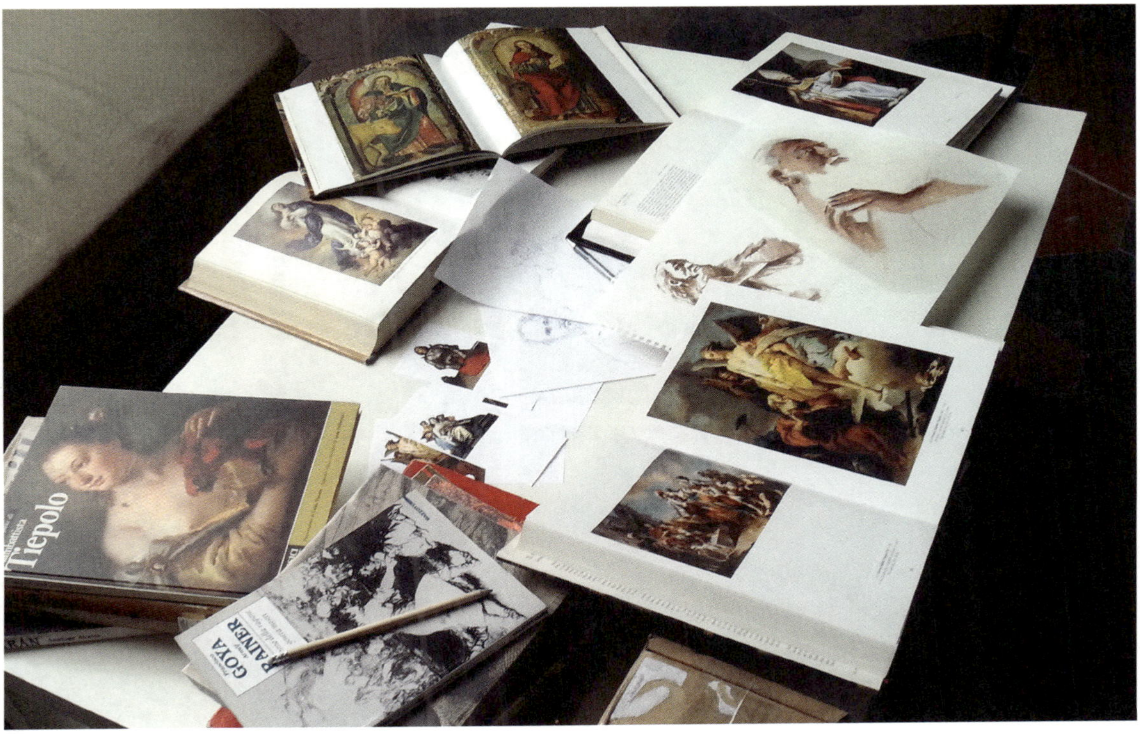

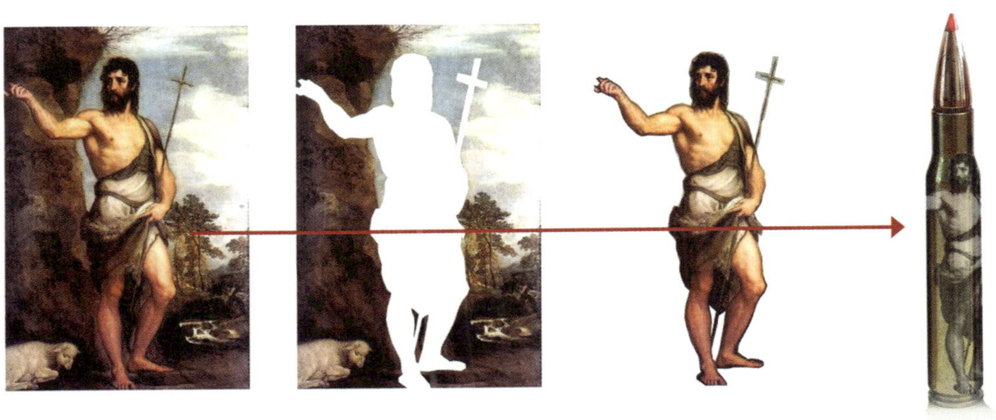

Estudio iconográfico y pictórico de las obras
de los grandes maestros, examinadas

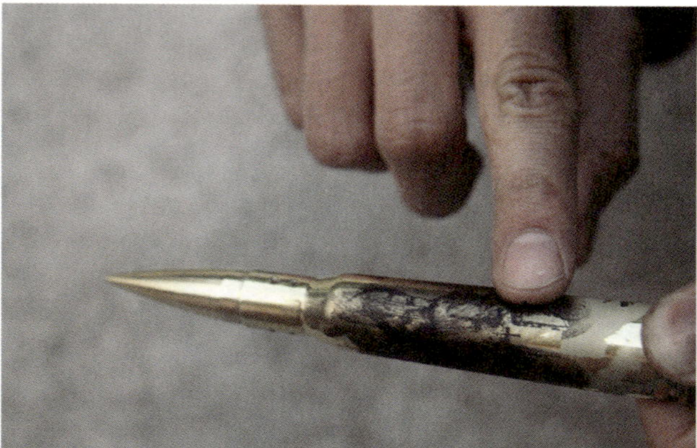

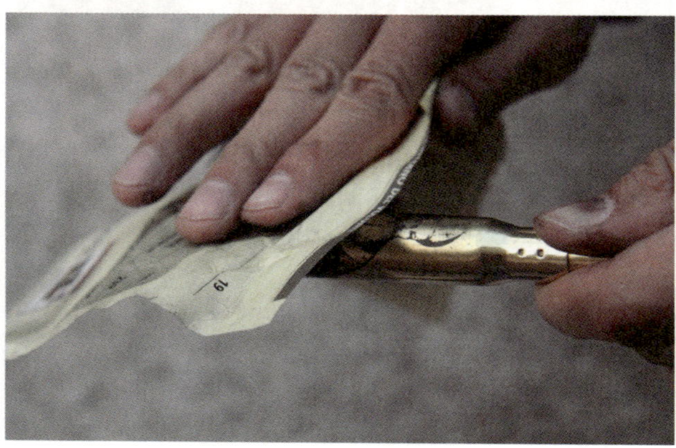

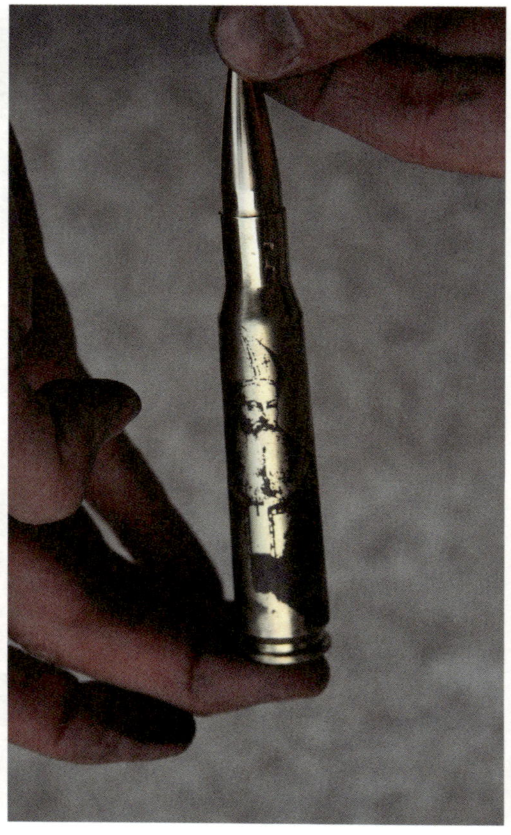

Etapas de entintado del grabado con
manera negra realizado sobre la bala

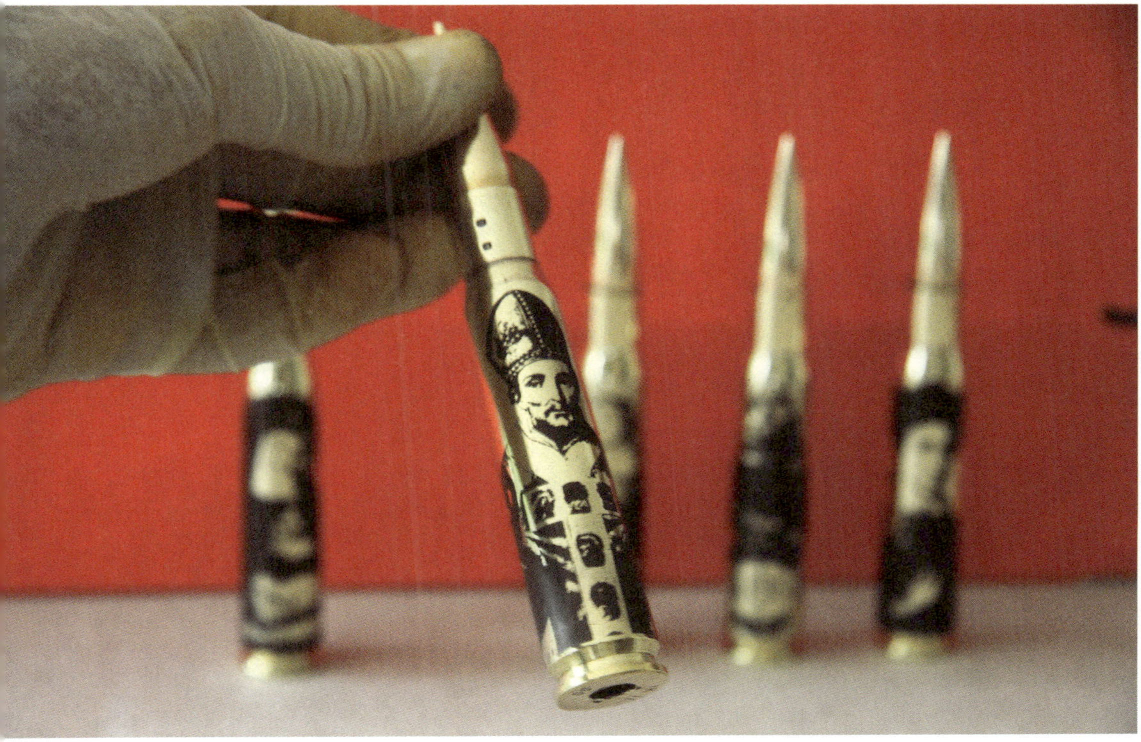

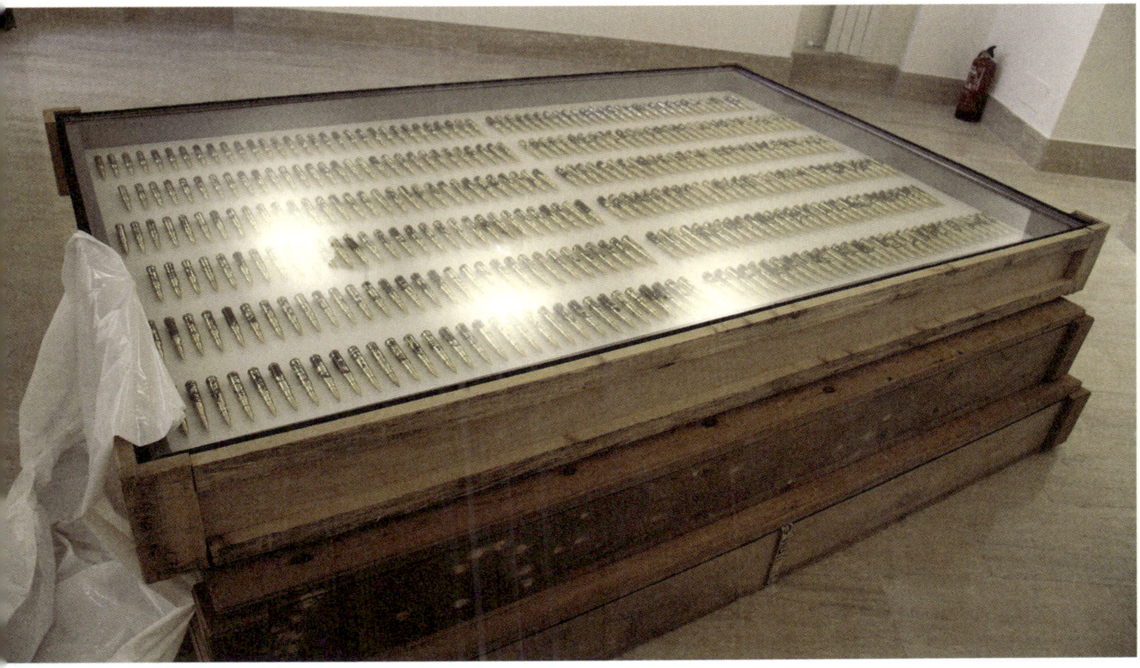

Santos días, 2015
Vista de instalación
Puertas Abiertas, Real Academia de España en Roma, Junio-Julio 2015

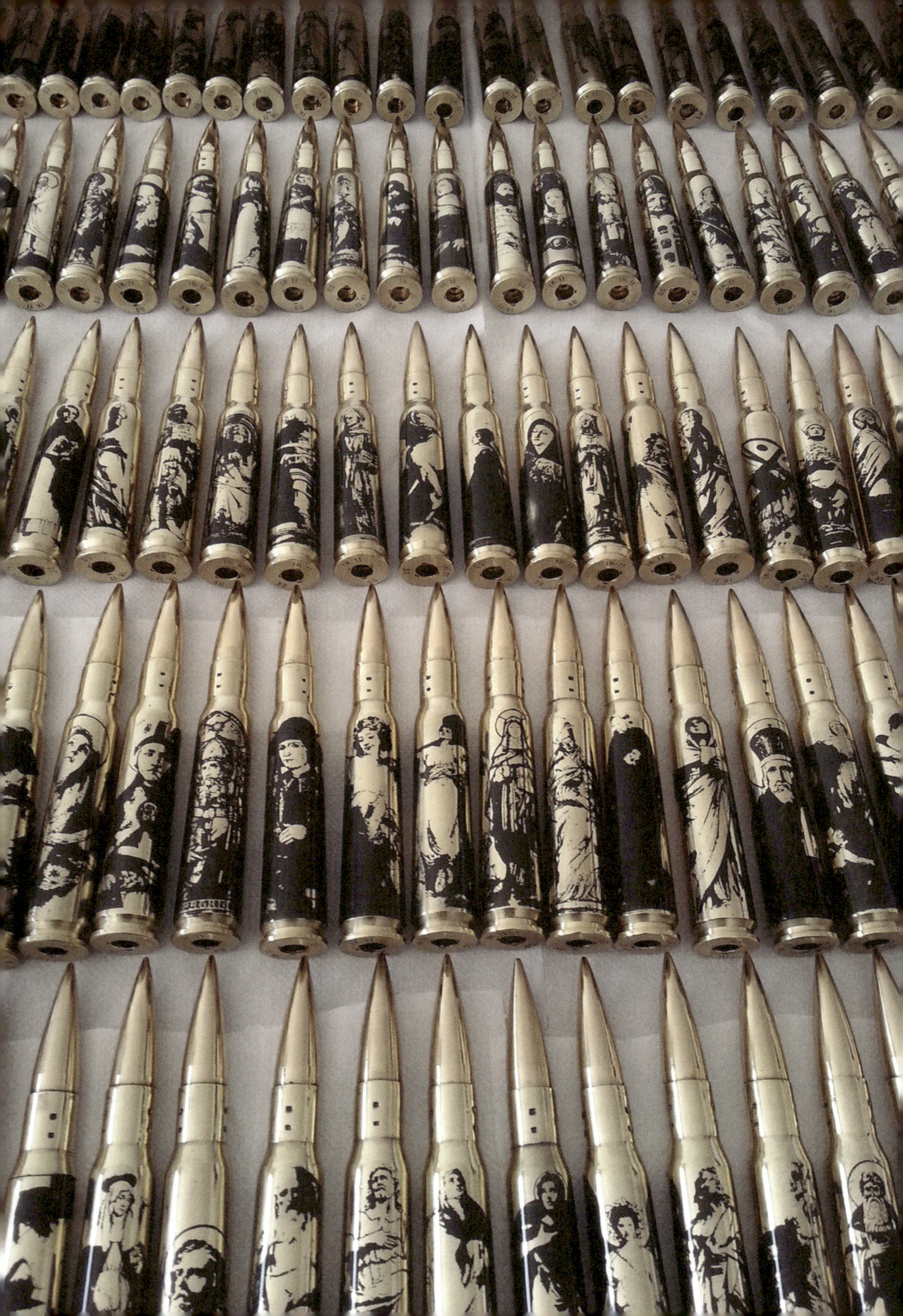

<u>Santos días</u>
Giuseppe Vigolo / Antonella Zerbinati

Catálogo

Textos
Raffaele Gavarro
Gianluca D'Incà Levis
Giuseppe Vigolo
Antonella Zerbinati

Fotografía
Begoña Zubero Apodaca

Agradecimientos
Cesar Espada y AECID por la
oportunidad que nos ofrecieron

Fernando Villalonga por su apoyo en la
realización del proyecto Santos Dìas

Raffaele Gavarro por el texto crítico

Gianluca D'Incà Levis por el texto
crítico

Paola Cassinelli – Antonio Paolucci
- Maria Cristina Rodeschini - Alberto
Balletti - Gloria Vallese - Alberto
Dambruoso - Cecilia Andersson por el
interés y apoyo mostrado hacia nuestro
proyecto

Renato Festa por el excepcional apoyo
técnico y profesional

Begoña Zubero Apodaca y Enrique
Martínez Lombo por la constante ayuda
y la amistad

Todos los colegas becarios

Javier Duero - Patricia Almeida – Ana
Rico y todo el equipo de Pista34 por el
gran trabajo realizado

Miguel Angel Cabezas Ruiz – Cristina
Redondo Sangil - Cristina Ojea
Calahorra

Real Academia de Bellas Artes de
San Fernando/ Calcografía Nacional
y Istituto Nazionale per la grafica en
Roma por la colaboración que nos
ofrecieron

Equipo de montaje AECID

Nuestras familias: Annalisa Girardi-
Antonio Zerbinati – Alessio Zerbinati –
Angelina Faccin – Pia Vigolo

Giuseppe Vigolo / Antonella Zerbinati
Santos días

Samuel Leví

Filias y fobias

Samuel Leví

[Vigo, 1982]

http://samuellevi.es

Su formación musical se inicia en el Conservatorio de Música Mayeusis de Vigo. Años más tarde se traslada a Madrid donde prosigue sus estudios en la Universidad Complutense de Madrid. Allí, publica su carta de presentación musical, un disco-libro titulado; "Con mis propias manos". Comparte escenario con algunos de los principales cantautores de la llamada "nueva generación"; Pedro Guerra o Javier Álvarez entre otros, y recibe clases de Quique González. Publica su primer disco como autor, intérprete y ejecutante; "Turno de noche", del que se agotó la 1ª edición de más de mil ejemplares.

Se traslada al Instituto Superior de Arte de La Habana (Cuba) donde reside un año, siendo el primer español en actuar en el renovado Centro Hispanoamericano de la Cultura, y pasando por el Festival Longina de la Trova, y el Teatro América entre otros.

A su regreso a Vigo, dirige un proyecto cultural, juvenil, y solidario, en colaboración con Amnistía Internacional, llamado "La Tanda, que programa semanalmente artistas emergentes locales. Su proyecto "Concierto en las aulas" le lleva por distintos centros educativos de Galicia, y se encarga también de ciclos de conciertos, festivales, y eventos, que compagina con su participación en varios programas de radio de Radio Ecca y Radio Voz, y en la revista cultural Dot.

Con más de 350 conciertos a sus espaldas, ha formado parte de programas culturales tales como; "Vai de Camiño" de la ruta xacobea; red gallega de música en vivo; plan cultural de la diputación de pontevedra. Premiado en el año 2009 por el Instituto de la Juventud Española como el mejor autor novel de canciones en español dentro del género "canción de autor", ha sido el primer artista vigués en presentarse en el Auditorio Mar de Vigo de su ciudad.

En los últimos años, ha estudiado la carrera de músico profesional en la Escuela de Música de Buenos Aires (Argentina), luego de haber publicado su 2º disco "Y tú más!", que ha obtenido el reconocimiento de crítica y público a partes iguales.

En el 2015 se traslada a la Real Academia de España en Roma (Italia) para concretar su 3er álbum, que verá la luz en el verano de 2015 con una gira de conciertos y de "peregrinación cultural" entre Roma y Santiago de Compostela, y que se completará con una película documental "cómo se hizo", además de con videoclips de los temas del disco. Junto a sus músicos, conocidos bajo el sobrenombre de "los niños perdidos", pretende llevar su música a todos/as los/as peregrinos/as con los que se cruce en su camino.

Filias y Fobias

Unas líneas sobre el disco

Samuel Leví muestra sus "Filias y Fobias" en su mas reciente trabajo musical, un disco grabado en los Forward Studios de Roma, lugar por donde han pasado voces históricas de la canción italiana como Andrea Bocelli, Lucio Dalla, Francesco di Gregori, o Humberto Gattica, y producido por Danilo Pao y Stefano Quarta.

Leví vuelve a acompañarse por los "niños perdidos", un grupo de músicos formados en escuelas y conservatorios de referencia en España (Conservatorio del Liceu y Taller de Músics de Barcelona, Ateneo Jazz y Escuela de Música Creativa de Madrid), y también en centros internacionales (Escuela Nacional de Arte de La Habana, Escuela de Música de Buenos Aires, Escola Superior de Música de Porto y Lisboa).

Para remarcar el carácter cosmopolita del álbum, se incluyen dos bonus tracks; uno cantado íntegramente en gallego, y otro en el que colabora la cantante italiana Erika Savastani del grupo Deserto Rosso. Y como broche de oro, la colaboración especial de Luis Eduardo Aute, –uno de los máximos referentes de la canción de autor española–, con el que firma un dúo.

Madrid, La Habana, Buenos Aires, Roma, y su Vigo natal, son algunas de las ciudades en las que Leví ha vivido en estos 17 años de carrera, en las que atesora más de 400 conciertos a sus espaldas y que se reflejan de algún modo en su disco más pasional y comprometido con su audiencia.

La productora Casa de Tolos (propiedad de Segundo Grandío Ex–Siniestro Total) es la responsable de la grabación de una película documental sobre la estancia de Leví y sus Niños Perdidos en Roma.

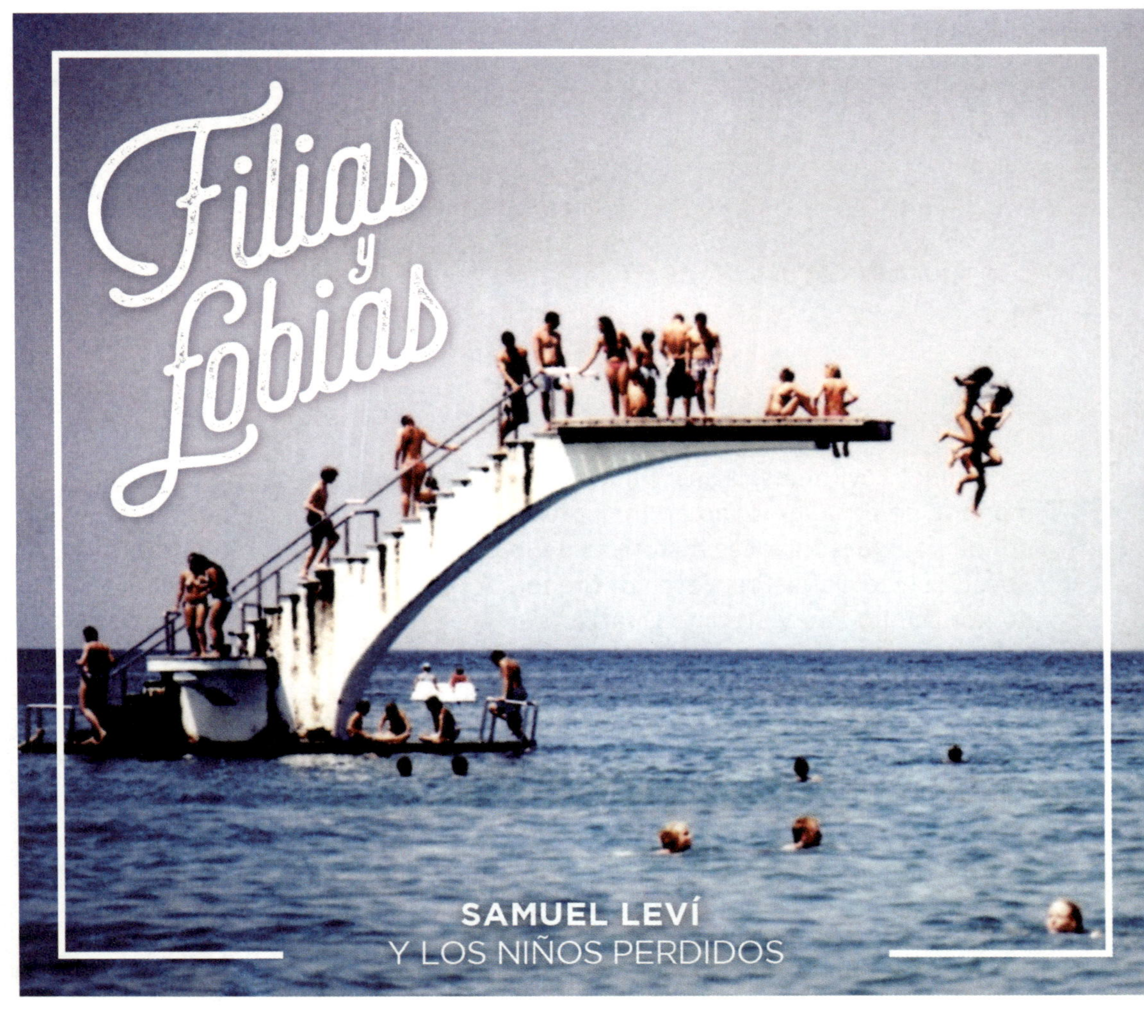

Filias y fobias, 2015
Portada

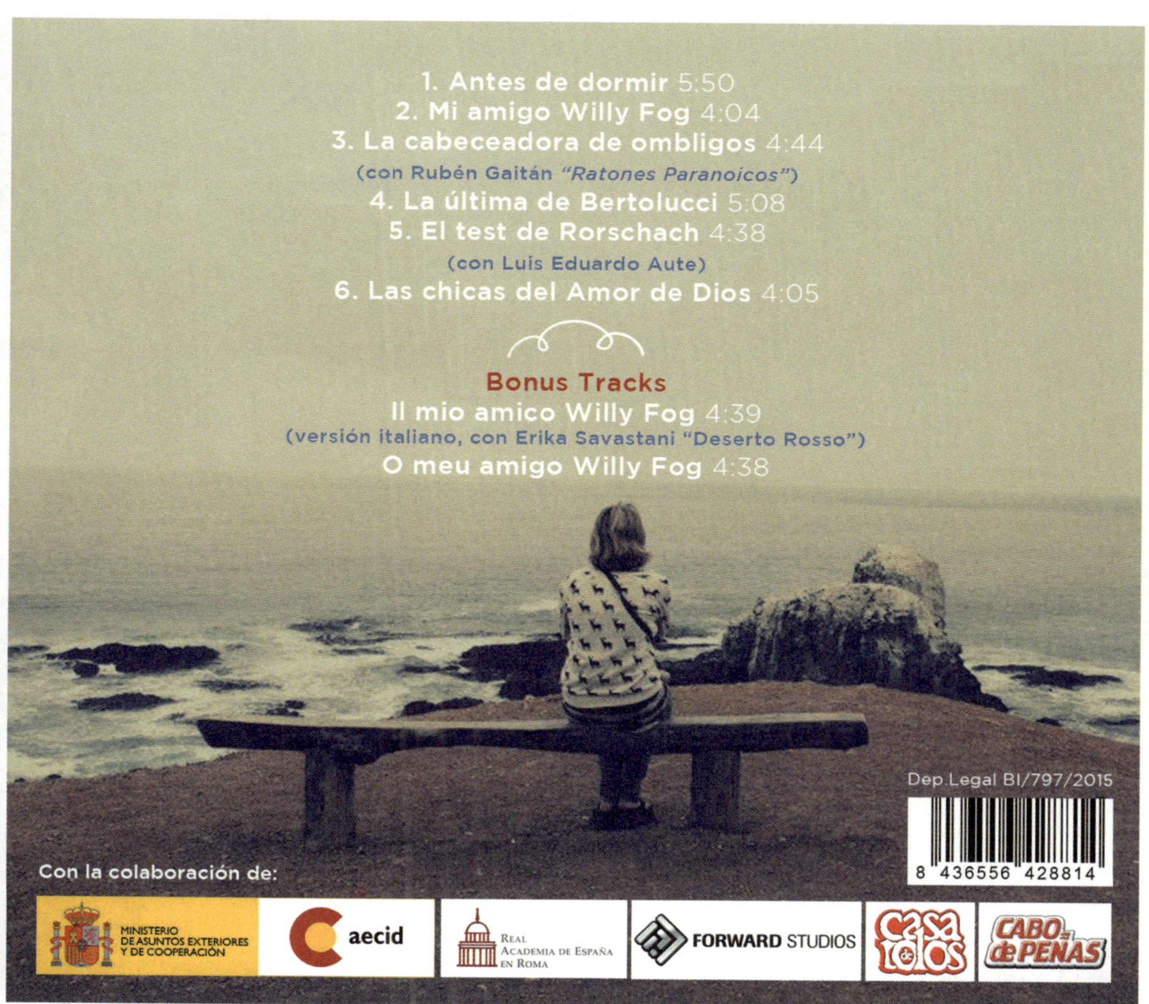

Filias y fobias, 2015
Contraportada

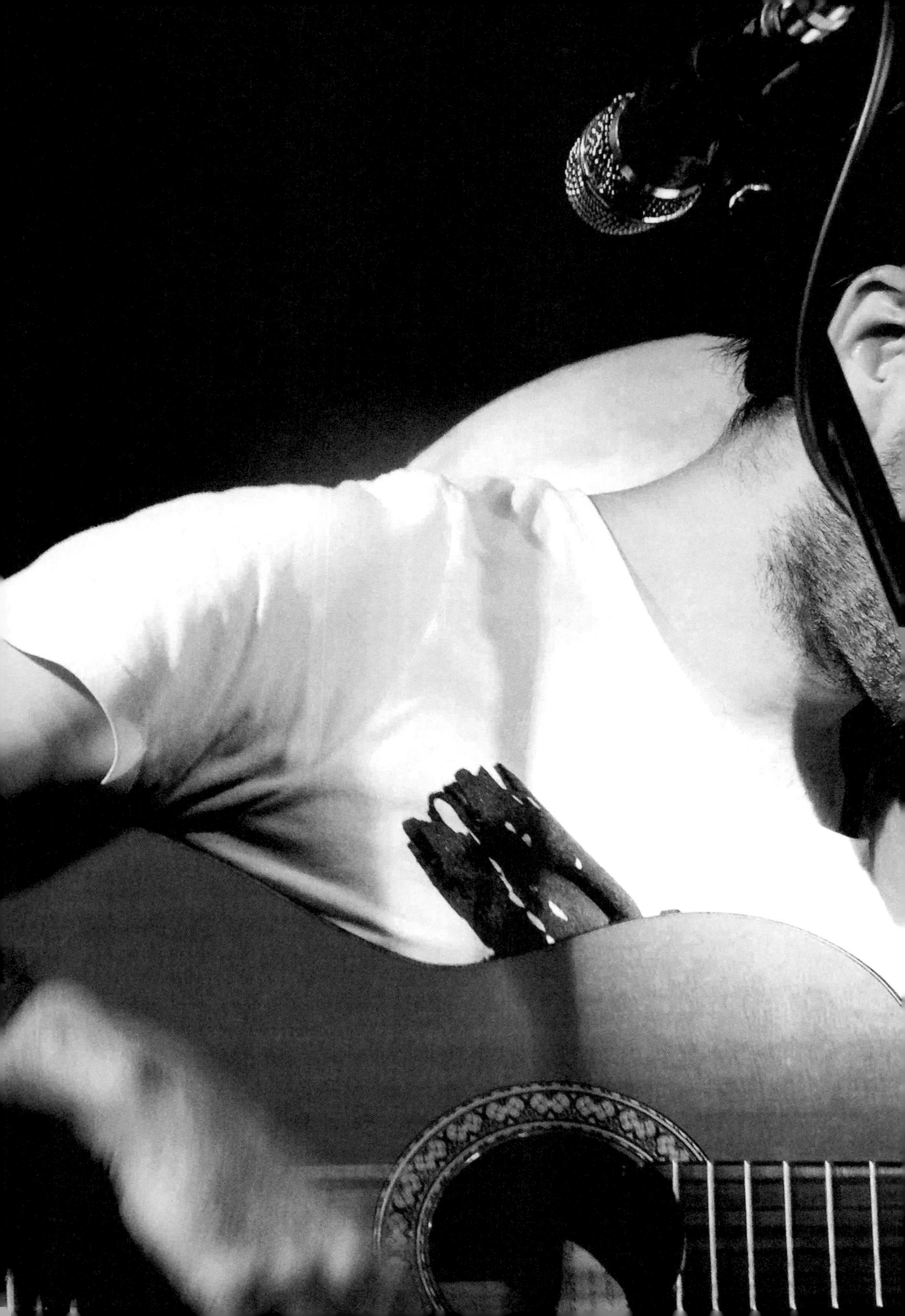

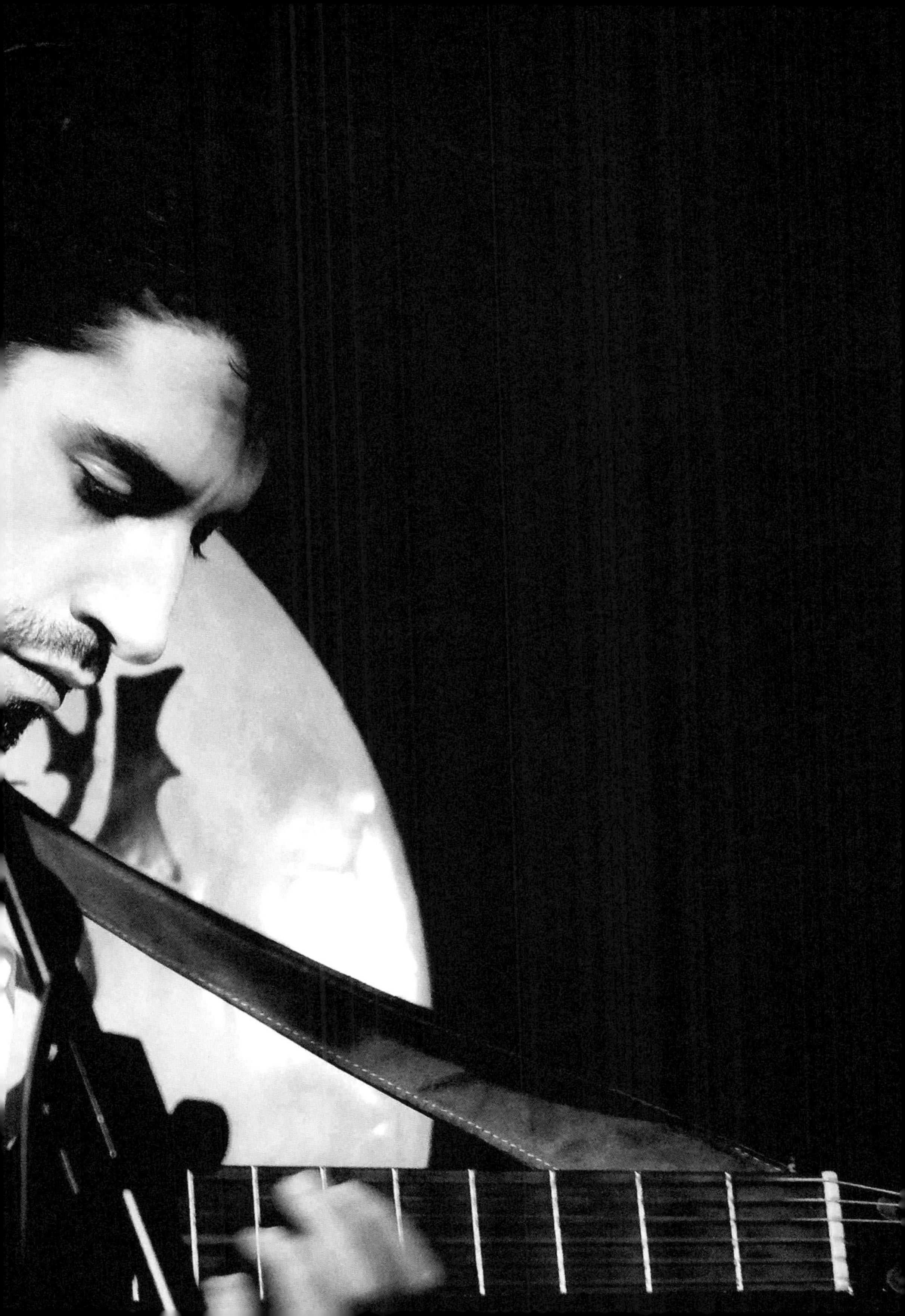

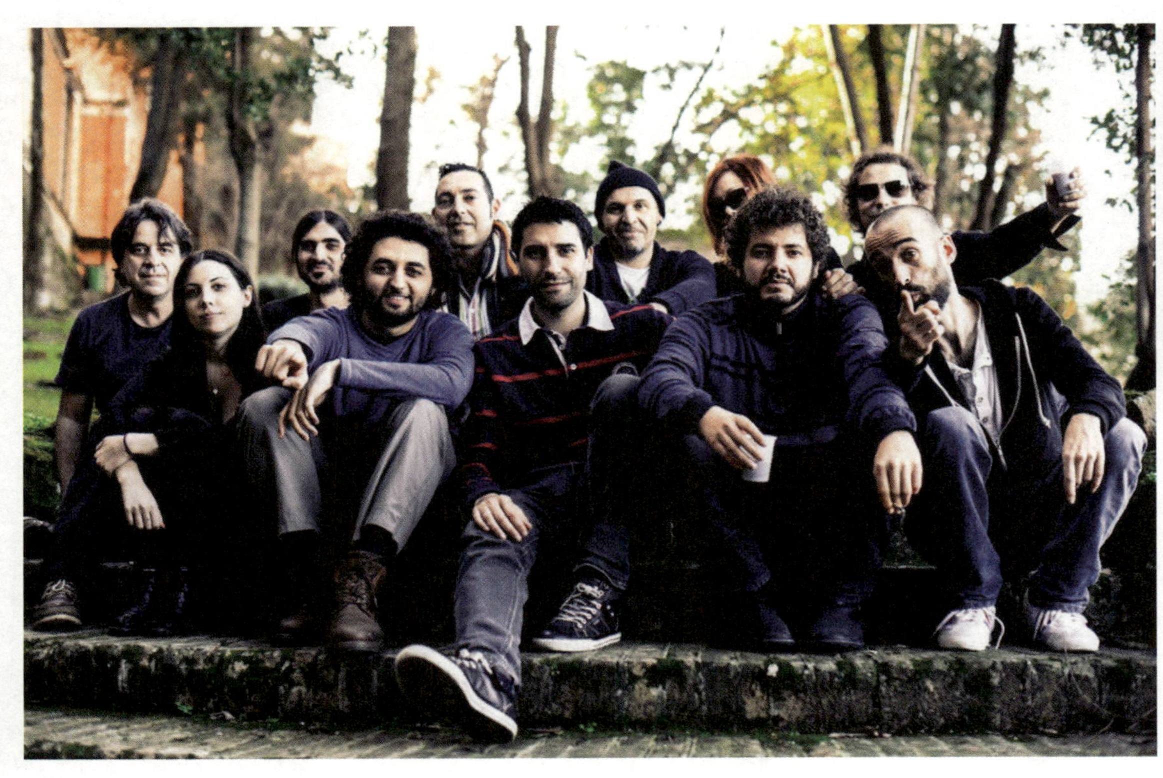

Filias y fobias, 2015
Foto de equipo, Roma

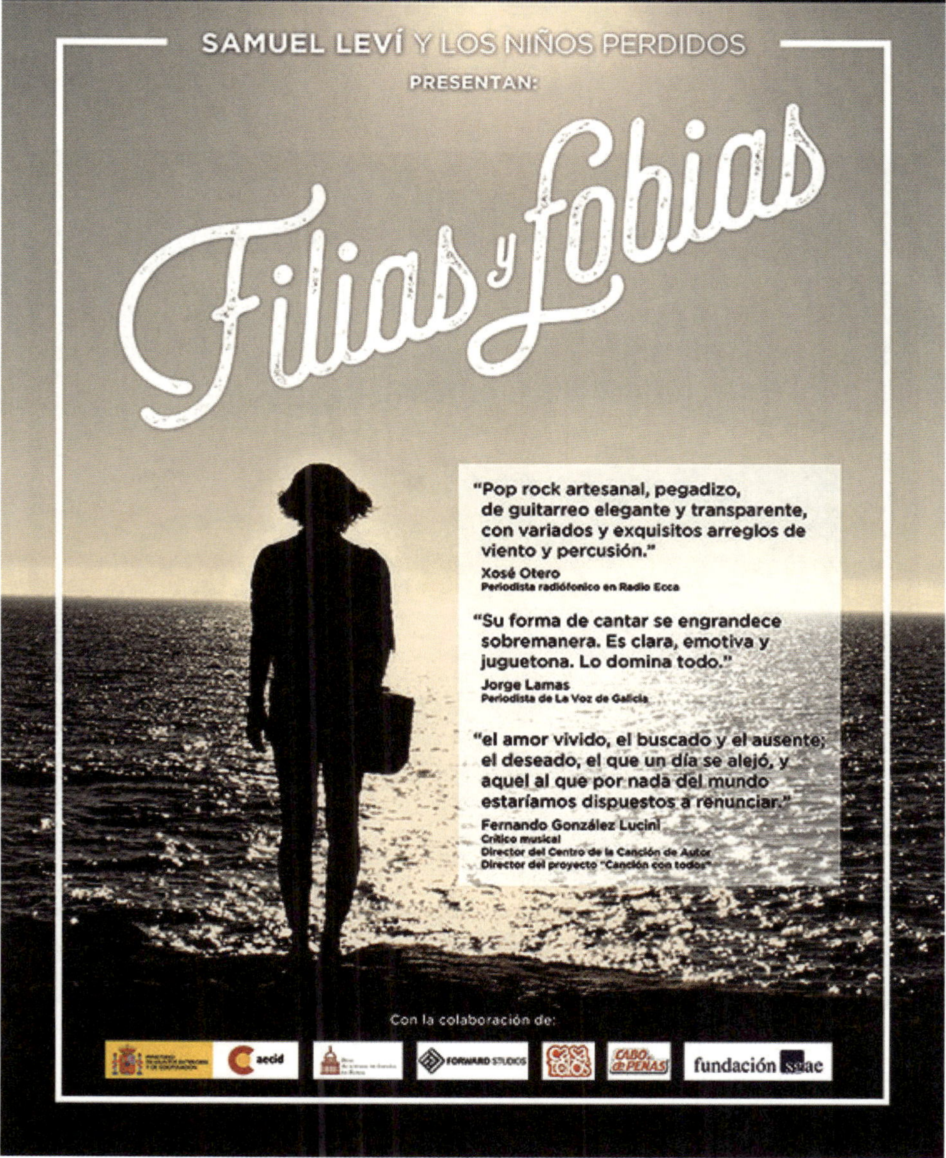

Filias y fobias, 2015
Material promocional: cartel

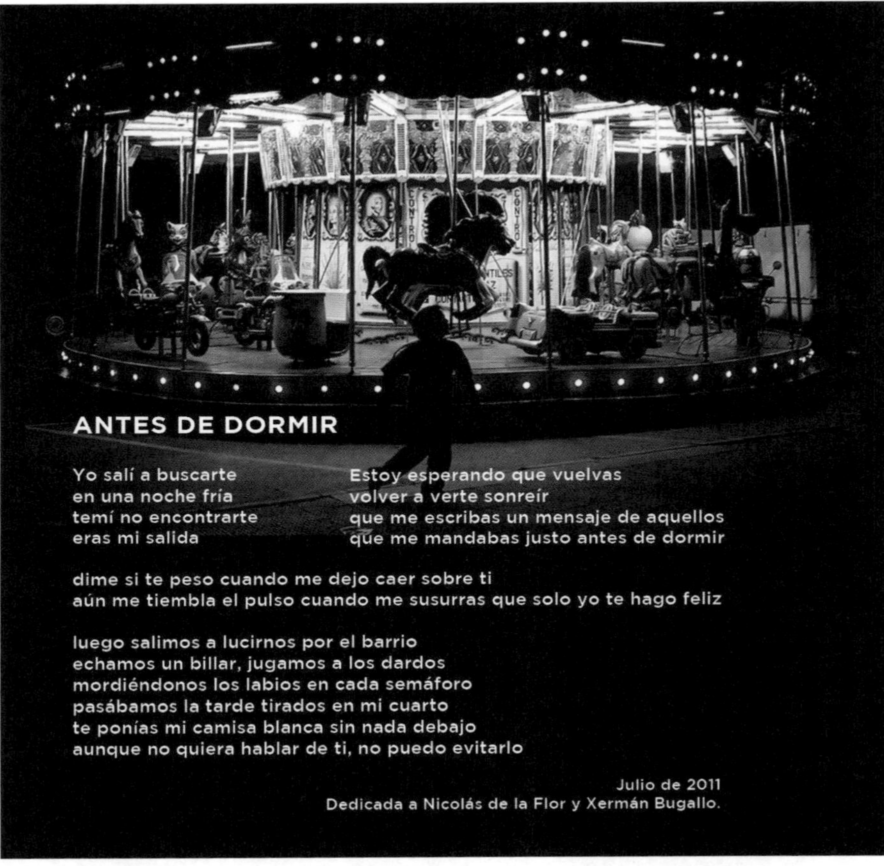

Antes de dormir
Material promocional

MI AMIGO WILLY FOG

Diciembre de 2009
Dedicada a Mi "hermano" Borja Carvajal,
porque es increíble que tu mejor amigo sea
Cocodrilo Dundee, Batman y el Che al mismo tiempo.

. . . .

*Lo conocí con seis años. A los diez era mi mejor amigo. Ya nos nos volvimos a separar.
Se hizo biólogo y aventurero. Recorrió países con la mochila a cuestas. Creyó que otro
mundo era posible. Yo le hice este homenaje. Porque las cosas más importantes de la
vida no son cosas. Porque si estás a gusto contigo mismo, te gusta la persona que
eres, y sabes lo que quieres, nada te puede parar. Para la gente que como nosotros
ama este planeta y quiere conocerlo todo, saberlo todo, aprenderlo todo, y
únicamente se angustia por lo pequeños que resultamos ante tanta inmensidad.*

. . . .

Le vi morirse de frío
le vi asarse de calor
se bañaba en los ríos
conocía a gente haciendo auto stop

porque hay más fieras en las oficinas
que en los bosques en los que suele dormir él
en Madrid no hay calidad de vida
al borde de un lago ve atardecer

quemó todas sus tarjetas
le dio a un amigo su reloj
cogió un día la puerta
"que te vaya bonito" y se largó

sabe seis idiomas
pero nunca fue a Londres a aprender inglés
ha viajado por todo el mundo
ha pasado hambre y ha pasado sed

sólo saca billetes de ida
nunca sabes cuándo va a volver
las estrellas son las que le guían
ha decidido no perderse ningún tren

las fronteras son solo una forma
egoísta de repartirse el pastel
lo que importa es lo que hay dentro de cada persona
lo que importa es lo que juntos podemos hacer

comer todo lo que se pueda del buffet libre de un hotel
aceptar si tus amigos te ofrecen, algo de beber
tocar entera a esa chica, oler toda su piel
bucear en unas sábanas blancas, amar al menos una vez
correr como si la policía, te pisase los pies
escalar hasta lo alto de una cima, no dejar nunca de aprender
sentir todo muy adentro, saltar sin miedo a caer
hablar hasta llegar a un acuerdo, dar la razón a quien la pueda tener

mañana saldrá el sol otra vez

Il mio amico Willy Fog
Adaptación de E. Savastani

L'ho visto morire di freddo
L'ho visto sciogliersi al calore
Si lavava nei ruscelli
Ha incontrato te facendo l'autostop

Lui fa biglietti solo andata
E non sa mai quando tornerà
Sono le stelle che lo guidano
La decisione di non perdere nesun treno

Conosce tutte le lingue
Ma non è mai andato a Londra per parlarle
Ha viaggiato tutto il mondo
È passato oltre ed ha pensato a te

. . . .

*"La cosa va de lujo... cada día es diferente; lo mismo tengo que despellejar
una vaca recién sacrificada, que apañar patatas, coger dos barcos para llegar
a mi destino, construir una cabaña, encender la chimenea, galopar a lomos de
un caballo negro por un bisque de cerros centenarios, conducir un tractor,
hacer una ruta en piragua, subir una montaña, coser un pantalón, pintar,
cantar una canción, tocar la guitarra, fumar hierba, comer tarta de manzana o
de calabaza, beber cerveza artesana, plantar unas lechugas, observar un
ciervo y su cría comiendo en mi jardín, una nutria intentando romper una
almeja, cortarle las uñas a las ovejas, un águila americana sobrevolando mi
cabeza o 50 cuervos que están esperando a que les lleve el desayuno (los
restos de la matanza de las vacas), coger un tomo de la enciclopedia británica
edición de 1910, conversar con Jim que tiene 93 años y ganas de seguir
viviendo....*

*Así hasta el infinito.
No hay limites en este viaje. Lo único que me fastidia son las fronteras.
El tiempo se ha detenido y he empezado a vivir de nuevo, una nueva vida."*

- Borja Carvajal

Mi amigo Willy Fog
Páginas del libreto del álbum

***

¡Ganas tenía yo de escuchar las nuevas canciones de Samuel Levi!...; y ahora que he podido disfrutarlas con calma pienso que ha merecido la pena la espera. Me he reencontrado con un Samuel maduro y brillante tanto en sus compasiones musicales, como poéticas; un gran cantautor que ha sido capaz de crear –o de crearse– un entramado de palabras, melodías, instrumentaciones y cantares muy coherente, hermoso y tremendamente sugerente.

La trama argumental de las nuevas canciones de Samuel Levi es la vida cotidiana regida –como suele y debe ser– por los latidos sensitivos que suscita y deja el amor: el amor vivido, el buscado y el ausente; el deseado, el que un día se alejó, y aquel al que por nada del mundo estaríamos dispuestos a renunciar. Latidos de amor entretejidos en caricias, rupturas, esperas, sueños e insomnios; noches que duran días enteros, y tardes inolvidables y apasionadas en las que nos tiembla el pulso y asaltamos desnudos la nevera después de quemarnos y "antes de dormir".

***

***

*Una trama argumental que Samuel teje con referencias
elocuentes y simbólicas como el mundo mágico de
Bertolucci, el test de Rorschach –que da título a una
muy bella canción interpretada con Luis Eduardo
Aute–, o el amigo Willy Fog para quien "las fronteras
–canta Levi– son solo una forma egoísta de repartirse
el pastel"; viajero incansable que solo saca billetes
de ida porque es imprevisible cuando va a volver; que
se deja guiar por las estrellas; y que cree, de forma
irrenunciable en que "mañana saldrá el sol otra vez"...*

*¡Felicidades a Samuel Levi! Comparto plenamente
contigo –entre otros muchos– dos versos de tu canción
"Mi amigo Willy Fog": "lo que importa es lo que hay
dentro de las personas y lo que juntos podemos hacer"...
En eso estamos. En ese sentido, tus nuevas canciones
son importantes y juntos –con tus canciones– vamos
a seguir haciendo posible que se siga cantando, y
cantando bien, ¡como quien respira!*

Fernando González Lucini
Crítico musical
Director del Centro de la Canción de Autor
Director del proyecto "Canción con todos"

***

***

La música de Samuel Leví es viajera. Capta lo mejor de los mundos que visita. Mundos mentales pero también físicos. Es como Willy Fog, aunque con guitarra. La Habana, Buenos Aires, Roma... todos son excelentes lugares para saber que mañana saldrá el sol otra vez. Que se pueden añadir experiencias y conocimientos al zurrón de la vida. Que el aprendizaje tiene sus resultados, como ocurre en La última de Bertolucci. En esta canción se concentra todo esos conocimientos adquiridos como cantante por este vigués de toda partes. Su forma de cantar se engrandece sobremanera. Es clara, emotiva y juguetona. Lo domina todo. Y eso que el envoltorio está a la altura de las expectativas. Samuel Levi ha sabido rodearse para esta empresa con flores y natas que cuadran notas con corazón pero también con matemáticas. El test de Rorschach, según Samuel, más que un análisis de manchas de tinta es una prueba de swing, donde la orquesta vuela sobre la voz. Qué gran trabajo. Qué ganas de oírlo en directo. Filias y fobias quiso titularlo, pero yo lo reduciría a las filias que ha logrado concentrar en estas historias de largo recorrido.

Jorge Lamas
Periodista en La Voz de Galicia

***

***

*"Samuel Leví es de esos compositores que buscan
continuamente la canción pop perfecta, algo imposible
pero que desde luego, hay que seguir intentando, y
Leví en eso es incansable. Las cosas que son realmente
válidas de los seres humanos como el amor, la sonrisa
del alma, lo positivo ante la adversidad, las relaciones
humanas, los amigos perdidos son los ingredientes
que usa para llegar a esa canción perfecta. Lo busca
viajando por el mundo y trovando. Leví lleva muchos
años componiendo y tejiendo historias musicales que
llegan a esta última colección de canciones, con especial
lucidez. Pop rock artesanal, pegadizo, de guitarreo
elegante y transparente, con variados y exquisitos
arreglos de viento y percusión."*

Xosé Otero
Periodista radiofónico en Radio Ecca

***

***

¡Qué bien suena Samuel Leví! Estoy oyendo -mientras escribo- lo que será el tercer disco del guitarrista, cantante y armonicista vigués, y es como un masaje a los sentidos. Yo vi nacer en la música a este compositor e intérprete, y oí "Turno de noche" e "Y tú más", sus dos discos anteriores, y con el paso de los años fui testigo, primero, de un espíritu combatiente que no se doblegó ante el medio ambiente musical hostil que le tocó, de cambio y de crisis discográfica; en segundo lugar, de un continuo afán de aprendizaje que le llevó a Cuba primero, a Argentina después, y a Italia ahora becado como el único músico español seleccionado por la Real Academia de España en Roma para realizar su proyecto artístico; tercero, fui testigo de una continua mejora en su proyección artística.

*Ese proyecto becado ha sustanciado su primera
parte con este tercer álbum, "Filias y Fobias", que
se presentará oficialmente en agosto aunque ya
lo escucharon en directo hace unos días en la Real
Academia de Roma, y desembocará en una gira de
conciertos siguiendo la ruta del Camino de Santiago
desde Roma hasta la capital de Galicia.*

*Ahora oigo "El test de Rorschach", en el que canta con
Aute.
Un placer.
¡Buona fortuna, Samuel!*

Fernando Franco
Periodista en el Faro de Vigo

***

Facebook

Spotify

twitter

Personal

<u>Filias y fobias</u>
Samuel Leví

<u>*Los niños perdidos*</u>

Voz
Samuel Leví

Pianos y Teclados; Rhodes, Hammond C3, Mini Moog,…
Jesús Bravo Vivas "Cachuli"

Guitarras eléctricas, acústicas, flamenca y española
Albert Casanova "Masapan", Diego Pacheco y Samuel Leví

Batería
Dani "El Pelado" Díaz

Percusión
Xoán Rodriguez "Toño"

Saxo
Miguel Sucasas

Bajo
Nicolás de la Flor

Coros
Laura Guarch

Voces
Erika Savastani de "Desserto Rosso" [Canción: "Il mio amico Willy Fog"]
Luis Eduardo Aute [Canción: "El test de Rorschach"]]

Armónica
Rubén Gaitán de "Ratones Paranoicos"

<u>*Producción*</u>

Arreglos
Samuel Leví y Los Niños Perdidos

Productor artístico
Danilo Pao y Samuel Leví

Ingeniero de Sonido
Stefano Quarta

Editor digital
Andrea Secchi

Ingeniero de Mastering
Carmine Simeone y Marcello Spiridioni

Jefe de sala
Massimo Scarparo

Tartas y bizcochos
Loredana

Grabado, mezclado y masterizado en Forward Studios de Grottaferrata (Roma, Italia) en los meses de marzo y abril de 2015.

Todas las canciones, han sido compuestas por Samuel Leví. Letra y música; Samuel Levi y Los Niños Perdidos

<u>*Arte:*</u>

Fotografías
Lucía Torrens
Vicky Mayer
Tuky Waingan
Anatoliy Boiko
Mamen González López
Fernando Alonso Ruiz de Martin Esteban
Manuel Cosme
Diego Meijido
Cora Alvarez
Patricia Fernández

Diseño gráfico
Luis López "Luislove" –

Fabricación del álbum
Duradisc

Diseño web
Raúl Montero de Telco

Audio Video e Iluminación S.L.
Video
Segundo Grandío de Casa de Tolos S.L.

Samuel Leví
Filias y fobias

English Translations

Index.Roma

Pista34 < rethinking the institution >

Greta Alfaro < El cataclismo nos alcanzará impávidos >
Dépense, production, desire and catastrophe around the critical parable
of greta alfaro: *el cataclismo nos alcanzará impávidos*
Nacho París Bouza

Enrique Bordes < La piel de la historia >
The skin of the story
Pedro Medina

Jesús Donaire < La transformación de la fachada >
The Façade: Mirror of the Architecture's Soul
Jesús Aparicio
Introduction to the Images of the Grant Recipient's Research Study
Jesús Donaire

Antoni Abad < Blind.wiki >
When the Margin Reaches the Centre
Valentino Catricalà

Joan Espasa < Tiempo Muerto >
Tiempo muerto by Joan Espasa
Lucía Vilanova

María Cristina García González < Roma circa 1930: hoc opus, hic labor >
Italy, seen —in 1929 and 1935— from Spain
Carlos Sambricio

Miriam Isasi < Monumento Inmaterial _ Joyas con Memoria >
(Im)material memory
Leyre Goikoetxea
Scrap and memory
Julio Llamazares

Yann Leto < Iconofobia >
Spaghetti, neon lights, cardinals and petrol stations. Yann Leto in Rome
Ángel Calvo Ulloa

**Almudena Lobera < El mundo como factor radiante, el ojo como
instrumento captor >**
Typing images
Matteo Lucchetti

Joan Morey < Il Linguaggio del Corpo >
Dromologies of Stillness
Roberto Fratini Serafide
Il Linguaggio del Corpo
Joan Morey

Adrián Silvestre < Los Objetos Amorosos >
The Camera that Listens
Jordi Costa

Álvaro Ortíz < Rituales >
From Utopia to Home
Santiago García

Giuseppe Vigolo / Antonella Zerbinati < Santos días >
Art's inevitability of being real
Raffaele Gavarro

Samuel Leví < Filias y fobias >
A few lines on the album

Between October 2014 and June 2015, within the framework of the annual invitation to submit a candidacy, 15 artists resided in the Academia de España en Roma, with a scholarship from the Department for Cultural and Scientific Relationships, of the Ministry for Foreign Affairs and Cooperation. This catalogue presents the works created by the beneficiaries of these grants during their stay in the Academy, and in line with tradition they will be exhibited in the Real Academia de Bellas Artes de San Fernando, in Madrid.

The reference to tradition is inevitable in the Academia de España en Roma: an institution created in 1873, which in its almost 150 years of history has housed and taught hundreds of creators and researchers from our country. In the Academia, and in Rome, these residents found the stimulus to delve deeper into their art and research projects, and to discover (and connect with) other cultural benchmarks and institutions.

However, tradition coexists in the Academia alongside the necessary adaptation to a changing reality, and a belief in the most contemporary artistic expressions. In this sense, the 2014/2015 course, protagonist of INDEX, was particularly significant: for the first time, the Ministry for Foreign Affairs and Cooperation (on which the Academia is dependent) decided to assign the scholars a budget specifically conceived to finance projects that would be carried out during their stay.

Thus the scholarship programme this year became a programme for the production of projects comparable to those undertaken in benchmark centres of art creation and research within the international culture context. Through this change, the Academia has taken on a renewed work philosophy.

The residence in Rome is now linked to a process of creation and research, but also a reflection on art practices. At the same time, institutional exchange, collaborations with other spaces and the co-production of initiatives are fostered. It is, in short, a desire to preserve and extend the role played by the Academia, with its residents, as a platform for the projection and promotion of our culture.

Furthermore, in line with this objective of favouring the promotion of Spanish art abroad, considerable effort is being made to facilitate the insertion of the residents, once their scholarship ends, into international networks associated with the visual arts, architecture, film, design and contemporary literature. An accompaniment that aims to multiply the impact the scholarship may have on the career of young artists in our country.

Though it is still early days for an evaluation of the implications of this change of model, the works included in INDEX prove that the residency in Rome has met its core objective: to foster the creativity and curiosity of the scholars. It also serves to demonstrate the diversity and plurality of disciplines, styles, curiosities and references; a diversity that is synonymous of vitality, and which enriches the Academia and its legacy.

In short, the purpose of INDEX is to show that in the Academia, thanks to its residents, the most diverse and also the most contemporary artistic languages are combined and contained. Thus, from the springboard of its tradition the Academia de España en Roma renews itself as a space for the creation and irradiation of our culture, and as a place for meeting and exchange.

For all of the above, the Ministry for Foreign Affairs and Cooperation would like to thank those who have made INDEX possible through their effort and hard work, and those who contribute to preserving the legacy of the Academia and projecting it towards the future.

Department of Cultural and
Scientific Relation

The Real Academia de Bellas Artes de San Fernando would like to thank the AECID for sponsoring and organising the exhibition showcasing the work carried out by the interns at the Academy of Spain in Rome during the 2014-2015 academic year. We are also proud, following the warm welcome over recent years given to this display at our head office, to restore a tradition that dates back to the historical beginnings of the interns sent to Rome by our Academy.

Since the creation in the eighteenth century of these awards, which involved honouring the work of the most outstanding students who completed their artistic training at the Real Academia de Bellas Artes de San Fernando, the works and research performed by the recipients during their stay in Rome have not only served as personal gain for their development as an artist, but they have also been used by our teachers as a stimulus and model for other students, by means of a display in the Academy classrooms. This also provided details about the latest artistic trends in the city of Rome.

After all these years, and in very different circumstances because the Real Academia de Bellas Artes de San Fernando has gradually handed over the teaching of artistic studies to other institutions, by hosting this display again we have regained the essence and objective of those original educational exhibitions. And so once again, the Academy has "approved" the quality of the work of these interns, whilst also publicly displaying their accomplishments to the citizens of Madrid.

However, the main value that is shown year after year by the work of these young artists is the endless source of creative stimulus that continues to emanate from the Eternal City.

Fernando de Terán
Director of the Real Academia
de Bellas Artes de San Fernando

< RETHINKING THE INSTITUTION >
Pista34

Cooperation and solidarity are two different concepts. Often when we are performing such intricate cooperation, solidarity is not possible. The forms of cooperation in which we are engaged, such as how to react to natural disasters or manage everyday problems, do not lead us to solidarity; they lead us to a different and more complex idea, which entails being together and working together whilst still keeping the differences.

[Richard Sennett]

We live in a time of profound change in how we produce, display and distribute contemporary creation. And the institution has joined this dynamic by opening up to the public discussion of its work and its mission. Activating audiences and intervening in communities of users that form around cultural centres mark out the priorities when establishing effective tools for the transfer of knowledge as a social return to an empowered and critical citizenry.

A citizenry that feels challenged and which now can access more opportunities for participation at different levels. Technology plays an essential role in this process because it involves the individual more and creates an alternative definition of problems by incorporating a sum of multiple views, ideas and perspectives.

An alternative definition of problems, and to which contemporary creation has much to contribute, as it entails an alternative definition of the answers in a new paradigm in which qualitative change lies in the redefinition of the role played by different agents: the state, the market, knowledge creators and citizens.

And it is not just about participating; it is about co-producing collective imagination that is built up together through the creation of hybrid management spaces channelling the concept of public towards collective and mobilising public and also private resources in a kind of open cooperation between equals.

Contemporary creation develops and participates in the city, an environment in which there is already an interest in naming something as collective when it is still unknown how much change will be involved in the digital revolution, which is already dramatically taking place. Not without contradictions, because the introduction of new technology affects the environment, infrastructure, buildings, public spaces and information flows. The policies found in the transition from public to collective attempt to intensify collective intelligence in a new technological and social paradigm aimed at improving people's quality of life, making knowledge accessible and effectively redistributing productive resources and economic wealth.

And the public authorities are responsible for managing the institution with intelligence, a notion that all citizens require today. And this requirement implies responsibility, and so it is assumed by more and more people, in many individual behaviour patterns related to good practices, and in a broader sense with public-spiritedness, social empathy, responsible consumption, energy saving, etc. And the private sector is witnessing new types of organisations, companies and groups that set their goal on improving these parameters, from a stance that we currently refer to as social entrepreneurship.

In the cultural field, people who create something create it for themselves and for others and, likewise, people who do not create for others do not create for themselves.

[Luis Michelena]

The renewed scholarship programme for resident artists and researchers at the Academy of Spain in Rome will enable the institution to act as a mediator in the local context and initiate a process of reflection on burning issues that are open to debate in the professional contemporary creation industry and that are also causing concern shared by broad sectors of society and citizens: the role of the creator, professional mobility, the use of technology, the creation of community, decentralisation, the creation of institutional networks and the ways of supporting artistic creation.

Thinking about the educational component in the context of artistic residence and using the quote that Doris Lessing always repeated when she was questioned about the educational factor in an individual, "Whatever you're meant to do, do it now. The conditions are always impossible", it seems necessary to investigate possible connections that the work of a creator can generate by redirecting collective processes towards innovation factors.

In recent years we have learned to expand the concept of education and to taint experiences that have established very enriching synergies, which foster the transition that blurs the roles of teacher and student and repositions learning dynamics outside formal, rigid and academic education.

It is therefore time to transcend the traditional frameworks of creators and encourage their attachment to environments which need their skills, talent and empathy. Giving value to work underway in other areas, many still in prototype phase, but whose experiences can be very stimulating if transferred, with the logical adaptations of scale and context to the Academy-Residency institution.

Initiatives like *Transforma*, an educational programme resulting from a partnership between the Banco Santander Foundation and the Reina Sofia Museum of Art in Madrid, in which four artists under the age of thirty are engaged in four different contexts: school, youth, children and people at risk of exclusion. Questioning whether art can be a real driving force behind social and educational change or which possibilities creators have to perform their work in educational contexts by leveraging the transformative potential of creative work, the idea is to contrast the experiences and results obtained in different contexts, whilst the four young artists receive specific training that will enable them to propose and develop quality educational projects in the future. For this, analysis is made of the role that art can play in formal, non-formal and social education.

Levadura is based on the same premises and as an educational residency programme for artists-educators introduces creative projects into the primary classroom where the student is the protagonist. The methodology is based on a creator and a class (tutor and pupils) working together to develop an art project. The aim is to introduce concepts and methodologies of contemporary creation into the primary curriculum where pupils play an active role and have direct contact with contemporary artists.

Developing innovative projects on the understanding that the student can play an active role in their education is a vital feature of the *Aquí Trabaja Un Artista* project, a new long-term line of work long-that CA2M is developing at two state schools on the outskirts of Madrid. Given the gradual disappearance of art-based subjects in formal education, it comprises a residential project based on the work of an artist in a primary class during school hours.

Efficiently dealing with this transfer of education to art and of art to society is fundamental. The sustainability of such complex processes of academic emancipation can only be achieved through work placement tools carried out with a focus on professionalism, ethics and acceptance of collaborative practices. Historically, the educational sectarianism of artists and artisans turned into a markedly universal educational component. A natural and logical evolution of the erudite tradition that covers a fundamental human right. However, the fragmentation of institutions and social stratification have triggered a mismatch between employment and education in contemporary creation.

Investigating the relationship and circumstances of creation and its professional connection with the current model of society is essential. The economic-political system, the overall aspect of the concept of art and its commercialisation, and a breakdown of ideologies and values have led to a paradoxical symbiosis of relativity and contradictions that have produced a "professional" reality incompatible with an organic integration - identification, recognition, affection - of the arts sector into the rest of the community.

With the passing of time, creators went from being associated with sacred ritual to being slaves specialising in a particular technique, making their importance grow and their institutionalisation become a fact. Subsequent powerful trade associations stipulated who was and how and when to be an artist. Secrecy and an unquestioned hierarchy strongly marked the guidelines to follow. The old regime in the sector welcomed in an erudite substitute in the form of the Academy.

Again, anyone who wanted to ascribe to this category knew the "professionalising" channels that they should not ignore. Political changes and the inherent social implications triggered the start of a free market economy that has arrived to our era in a transmuted form, a kind of semi-controlled chaos that we call neoliberal economy. A chaos that involves a lot of high-risk games and consists of linking economic growth to the private sector, assuming it will be able to regulate, grow and reabsorb any fluctuation in the different economic sectors.

If the construction of values is essential in education, in professionalisation the key tools that can disable the dynamics mentioned above are responsibility, good practices, innovation, the recognition of diversity and social return.

Looking towards the university environment and the museum sector, which are being rethought from within through initiatives that break the traditional frameworks of action, is the chance for the Academy to see itself in possibilities that once replicable will enable its transformation from within by assuming a residency model consistent with its future mission.

From the Complutense University of Madrid, *intransit* functions as an experimental platform aimed at professionalisation and as a space for sharing and debating social and artistic discourse. This initiative is part of the need for specialised post-academic training for recent graduates to become agents in the cultural sector, taking on an active commitment to society.

Les Clíniques d'Es Baluard is the first ongoing training programme launched by this Mallorcan museum and sets out to foster the professionalisation of the arts sector by enabling analytical tools, knowledge and monitoring of professional artistic practice. It is open to all professional artists or those entering the field.

Both cases respond to the paradigm shift in traditional positions held by the aforementioned institutional contexts, and which involves such initiatives in lines of work aimed at generating stable links with communities of users who come from hybrid environments within the field of humanities.

Without a doubt, this process of reflection approached from education and professionalisation in public institutions is connected with the possibility of identity development and the organisation of collaborative projects which a nineteenth-century Academy-Residency like the Academy of Spain in Rome can take on and develop. And to do so as a way of re-thinking from within and as an exercise of introspection which calls for external and neutral help once past the first stage of adjustment.

To this end, in January 2015 a group of professionals were invited to share with the Academy management team and the artists and researchers in residence their experiences in three projects with organisational and methodological processes contributing elements that could nourish the task of re-thinking the institution, opening it up to a context of more innovative work and connecting it with respected areas of research and production.

Eva González-Sancho, who together with the independent curator Per Gunnar Eeg-Teverbakk was chosen through a public call to curate the Oslo Pilot project, provided an interesting reflection on temporary or ephemeral events and their relation to the context in terms of participation and return. The pilot project for future biennial in the capital of Norway set out to question the biennial format, challenge the meaning of art in public spaces, analyse reality and the city's social and economic issues, and to raise interest in and awareness of art amongst the Norwegian public.

That an active agent in the Roman context like Lorenzo Benedetti could convey his vision on the specific situation of the Academy of Fine Arts in the city seemed relevant in the sense that his view addressed aspects related to training strategy and online working. As the then head of training programmes for curators and gallery owners at The Apple residency, he shared the adjustments made in the syllabus using new educational techniques. The first programme was held in 1994 and aimed to provide opportunities and experiences for curators in order to improve their career development. Today it focusses on practical learning and collective curating.

Coinciding in time and place with the Venice Biennale made it necessary to find key issues in the work carried out by the curator selected for the 56th edition. With "Los Sujetos" (The Subjects), already quite an indicative title, Martí Manen addresses starting points and options that define activation languages, attempting to take some responsibility for collective construction from private construction. The political construction of the subject is key in a context of crisis like the present and the commitment taken on by the curator is understood as the closure of a cycle after several years of honest and rigorous work very close to, almost hand in hand, projects undertaken for numerous public institutions. Discussion was on curating and the management of public resources, focussed from both fields on the visibility of Spanish artists abroad and the responsibility of this visibility in the various organisations and agencies whose remit includes the mission.

As an essential tool for visibility, knowledge transfer, archives and memories, this publication confirms the end of the 2014-2015 Residency Programme and the results of the projects produced under the renewed MAEC-AECID scholarship programme.

INDEX Roma documents the research and artistic projects conducted by: Adrián Silvestre (film), Almudena Lobera (print), Álvaro Ortiz (comics), Antoni Abad (graphic design), Enrique Bordes (architecture), Giuseppe Vigolo and Antonella Zerbinati (print), Greta Alfaro (video), Jesús Donaire (architecture), Joan Espasa (literature), Joan Morey (sculpture), María Cristina García (architecture), Miriam Isasi (sculpture), Samuel Leví (music) and Yann Leto (painting).

We would like to recognise and highlight the editorial input carried out by specialists and thank all those participants who accepted the invitation to contribute to this project with their reflections and analysis: Valentino Catricalà, Nacho Paris, Pedro Medina, Jesús Aparicio, Lucía Vilanova, Carlos Ambricio, Julio Llamazares, Leyre Goikoetxea, Ángel Calvo Ulloa, Matteo Lucchetti, Roberto Fratini, Santiago García, Jordi Costa, Raffaele Gavarro and Gianluca D'Incà Levis.

And finally to thank the support given by the heads of the AECID Department of University and Scientific Cooperation, with special mention for the close collaboration and involvement of César Espada and Sergi Farré. We would also like to thank Miguel Cabezas and Cristina Ojea, who from the Academy of Spain in Rome always responded with seriousness, restraint and affection to complex situations that a collective project entails.

Greta Alfaro

[Pamplona, 1977]
www.gretaalfaro.com

She is a Fine Arts graduate from Universidad Politécnica de Valencia and holds an MA in Fine Art from the Royal College of Arts in London. Visual Artist. She creates her work using different mediums, mainly video, photography, installation and collage.

She has received awards and scholarships such as the Premio El Cultural de Fotografía de El Mundo, the Premio Generaciones de la Fundación Caja Madrid, the Genesis Foundation scholarship for studying in the RCA in London, the CAM Visual Arts scholarship, The James Price in the Moving Image Video Art Fair in New York, the foreign artists scholarship from the Mexican Government, and Special Mention in the Rencontres Cinematrographiques de Cerbere-Portbou. She has been a resident scholar at the Academia de España en Roma, the Casa de Velázquez in Madrid, the Fundación Bilbao Arte and the Rogaland Kunst Centre.

Her solo shows include El cataclismo nos alcanzará impávidos (2015) and European Dark Room (2014) in the Rosa Santos gallery in Valencia; Still Life with Books, in Artium, Vitoria (2014); In Praise of the Beast, A Window to the World, MoCA, Hiroshima, Japan (2013); A Very Crafty and Tricky Contrivance in the Fish and Coal building in London (2012); Invención en el Museo ExTeresa in Mexico City (2012); Elogio de la Bestia in the Centro Huarte de Arte Contemporáneo in Pamplona (2010); In Ictu Oculi in the Marta Cervera gallery in Madrid (2009); Ricorrenza, in Dryphoto arte contemporánea in Prato, Italy (2008).

She has participated in numerous group exhibitions, including in Whitechapel Gallery, Saatchi Gallery, Institute of Contemporary Art in London; CCBB Brasilia, Brazil; Bass Museum of Contemporary Art, Miami; Armory Center for the Arts, Pasadena; Centre Pompidou, La Conciergerie Paris; Kunsthause, Essen, Germany; Trafó House of Contemporary Art, Budapest; La Casa Encendida, Madrid.

Her video work has also been shown at film festivals, among which the International Film Festival of Rotterdam 2011 and the Festival Punto de Vista de Pamplona 2013, stand out.

Her work forms part of collections such as Saatchi, Igal Ahouvi, Yinka Shonibare, DKV, Fundación Caja Madrid, Art Collection of the Universidad Politécnica de Valencia, among others.

DÉPENSE, PRODUCTION, DESIRE AND CATASTROPHE AROUND THE CRITICAL PARABLE OF GRETA ALFARO: _EL CATACLISMO NOS ALCANZARÁ IMPÁVIDOS_
Nacho París*

Then perhaps the forms of the voluptuous emotion will reveal their simultaneously secret and tragic connection to the anthropomorphic phenomenon of economy and exchange
Pierre Klossowski

We know that disaster will strike, but we do not believe what we know
Jean-Pierre Dupuy

Hominem te esse cogita[1]
(Think that you are (only) a man)

El cataclismo nos alcanzará impávidos brings together a series of photos of still lifes, an installation with mobile phones and a half an hour-long video projection, as the backbone element. They were made by Greta Alfaro during her stay at the Academia de España en Roma, as part of a research project revolving around the iconography of martyrdom.

In the course of this research, an element of the Counter-reformation martyrdom doctrine became the centre of interest, as it felt strangely contemporary: the way in which the sacrificed has to accept the punishment. An apology of the indifferent expression during sacrifice that called for injustice, arbitrariness and violence in the exercise of power as a necessary complement. Hence the title of this project –*El cataclismo nos alcanzará impávidos*– *The cataclysm will take us undaunted* is an adaptation of the verse, *impavidum ferient ruinae*,[2] which, as an example of the stoic ideal, was taken by the Baroque martyrdom discourse as being emblematic of the martyr's exemplary attitude. On the other hand, the anecdote that serves as an excuse for the project was remotely inspired by the legend of Saint Anastasia.[3] Finally, all the imagery used to stage this project is taken from the Dutch still life tradition. Greta Alfaro rigorously composes a Baroque pronkstilleven[4],

taking into account the compositional structure and the symbols inherent to it: the burning candles, that allude to the briefness of life, the peeled lemon as the bitterness of existence discovered behind tinsel, the flowers… the beautifully produced scenography of a bountiful banquet, a *mise-en-scéne* at the service of a profanation; of the strange, irreverent, obscene and wild irruption of desire. A parodic and tragic dramatization deprived of a narrative progression nor an end, which beautifully and in slow motion, transforms painting into a critical parable about desire and its bonds to the commodity dictatorship.[5]

But this will not be the only profanation. Not only nature and matter are affronted here, but also the very image of the profanation is in turn profaned. Thus a game of mirrors is created; the structure of meta-language is complexly rendered in order to speak about Baroque through a Baroque language, and about image throughout image. The meticulous production of the main video exhibits its backstage from the perspective of the "witnesses" who, situated in a second scene at the back of the action, the event is recorded on a mobile phone. This video has been filmed, edited, sent and exhibited on mobile phones. It refers to the debate on the possibilities of democratic production, access and creation of ideas promised by the poor image and to its condition of testimony of the catastrophe; as well as to the nature of the image as minor and bastard, of questionable truth and object of consumption. The dialectic between the main video and the image captured by the mobile phone is inserted on the problem of the current statute of the image.

In any case, it would seem natural to ask oneself the meaning of these relationships: Why bring Baroque iconography into the present? What does this ritualised representation of a transgression tell us? What are the images of *El cataclismo nos alcanzará impávidos* questioning?

In my opinion, there are four (inseparable) aspects that bring us near to the perspective from which this project looks at us: 1/ The current-day relevance of the Baroque; 2 / The symbolic power of the "still life" 3/ *La dépense* (the waste, expenditure or squandering as referred to by Bataille) 4/ Catastrophe and indifference.

1/ The current-day relevance of the Baroque

The reflections on the notion of the Baroque as a way of approaching present times, based on the analysis of its logic, its *ethos*, or its resonance, have (controversially) intensified since the second half of the 19th-century.[6]

Criticism to the Capitalist system starts in the 1960's. The culture of the image and a radical reflection on the question of representation establish a correspondence between our times and the notion of Baroque, aimed at advancing in the search for an aesthetic comprehension of reality[7]

War, conflicts between nations, the economic recession, the rupture of a civilizing project, the epistemological and social crises, and the disturbances these gave rise to, all forced the powers of the Counter-reformation to produce an apparatus of physical repression and penetration into the consciences, a semiotic machine, a vast generator of propaganda and control over imagery. The situation of crisis and the central importance of the spectacular image in preserving a sovereign power seem to build a bridge between the 17th-century society and today.[8]

It could be said that if the ethics of Baroque and current-day representation present a parallel regarding the will to control the symbolic production, they may also do so when it comes to the possibility of disobeying the "state culture".

2/ The symbolic power of the "still life"

The Baroque Dutch still life progressively lost its condition of *vanitas*. Despite its moralistic disguise, which was theoretically proposed for domestic painting and aimed at restraining a consumerist desire, the truth is that the *pronkstilleven* is clearly a celebration of abundance, the victory of flaunting material goods. The representation of this entire production of objects grants them sense and meaning, giving form to a symbolic world. To produce, represent and consume objects is to produce, represent and consume meaning. The layout of a *banket* of raw and cooked products, of elements coming both from nature (wild fruits, game, etc.) as from agriculture speaks about the domestication of the wild, production capability, mastery of culture and appropriation of nature as merchandise. It is a display of the virtues of consumption, the victory of the bourgeois society and the economic and trade power of a capitalist economy such as the Dutch in the 17th century, which was cynically supported by the slave trade.[9]

3/ *La dépense*

The link established by Greta Alfaro in *El cataclismo nos alcanzará impávidos* between martyrdom, desire, acceptance and the production of goods raises numerous questions around "the way power makes itself loved".[10] Are there libidinal ties that establish a voluntary subjection to disciplinary power? If desire lies at the core of this social submission, how do consumption and spectacle act in this scenario?

The irruption of "the perpetrator" in *El cataclismo...* as the human action over nature and production, generated by frustration and frenzied and meaningless desire, may refer to two ideas by Bataille: *La dépense* (squandering, wasteful spending)[11] and "the heterogeneous". Wasteful spending, squandering, understood as sovereign behaviour, emancipated from its function or any utilitarian interest, are present in the subversive idea, in the ostentation of luxury and in erotic perversion. The heterogeneous dimension in Bataille, according to Habermas,[12] is that which resists the bourgeois ways of life. The heterogeneous would be: inebriation, fantasy and the drive -which fight the norms dictated by convention-; the pariahs, the mad, the troublemakers, the revolutionaries or the poets. But also fascism, which feeds from the forms of affective life.

But when more products than ever are desired, produced, consumed and disregarded, when the crowd is split because the dreamed world is now just a private conquest and it is specially dedicated to you... are the heterogeneous and expenditure not fully incorporated into the destructive mechanics of crazy consumerism? Has the provocative gesture not lost its rule-breaking ability once accepted as a celebration of the system? Is the notion of excess not fully fulfilled in the accumulation of goods? As Klossowski says, "the accelerated pace of manufacturing must constantly prevent inefficacy in its products, against which there is no resource but squandering".[13]

4/ Catastrophe and indifference

In the face of catastrophe, we attend destruction as witnesses,[14] like those two figures at the back of the image. They gaze and transmit a reality that is always mediated, conditioned by technological devices interposed between life and its perception. Devices created to be part of the consumption chain. Witnesses as "third parties", as if this were not about us. As explained by Agamben,[15] there are two words in Latin to refer to the witness. The first, *testis*, which would etymologically be the person who positions themselves as the third party (*terstis*) in a dispute between two contenders. The second, *superstes*, refers to the person who has experienced a certain reality and therefore is qualified to bear witness.

Dominated, subjected to power because of desire, and simultaneously subjugators. Perhaps we do not even hold the status of witnesses anymore. We bear indifferent to the destruction of the world and to the pain of others, insensitive in front of Apocalypse: Auschwitz, Hiroshima-Nagasaki, endless wars, the world wide industry of death, the climate change, the exhaustion of resources, the environmental collapse... The knowledge of the threat is ignored as such.

Günter Anders[16] speaks about "blindness in front of Apocalypse". For him we are in a blind spot in which we do not see that we do not see. This is the consequence of both the "gap" between our capability to produce and our incapability to perceive the effects of our production, and our insistence in confusing what we can do and what we must do.

Epilogue

Bataille[17] writes: "The moral of Sade, according to Maurice Blanchot, «is based on the primary fact of absolute solitude. Sade said it, and repeated it every possible way; by nature we are born alone, there is no relation between one man an another. Thus the only rule of behaviour is to prefer what affects me favour-ably, and not to care at all about how my preference could be harmful to another one. The biggest pain of others will always be smaller than my pleasure. It does not matter if I have to buy the most insignificant pleasure with an unheard-of amount of misdeeds, for pleasure is enjoyable, it is inside myself, while the effect of crime does not affect me, it is outside myself»".

I think that the ironically exposed concerns in *El cataclismo...* are neither about nature, nor about human nature, but about what it means to nature and human nature to be subjected to human action. The situation represented in *El cataclismo nos alcanzará impávidos* is as strange and disconcerting as the enormously unfair social and historic facts that evidence the dominion and incomprehension of some men towards others, and which are truly difficult to understand.

[1] *Hominem te esse cogita*: emblematic sentence that proves an entire dialectic stance in opposition to the Cartesian motto *Cogito ergo sum*.

[2] *Si fractus illabatur orbis / impavidum ferient ruinae* (Horatio, *Odes* III, 3,7-8) meaning: "if the entire world falls to pieces, the ruins will find him fearless", or destroying the Latin conciseness to get a better understanding of its meaning, "Though, reduced to rubble the whole world should fall on top of him (the fair man), the ruins will wound him without making any mark on his soul". We thank Tomas Pollán for his translation and comments on the translation of these verses that we have so briefly included here.

[3] The legend of Saint Anastasia, that describes the libidinous outburst of a Roman prefect in a kitchen when his desire is refused by three young Christian ladies, can be consulted in: De la Vorágine, Santiago. *La leyenda dorada*, Madrid, Alianza Forma, 2008.

[5] *Pronkstilleven*: Luxurious still life in which the presence of ostentatious objects stands out.

However much it has been rebutted, the interpretation remains limited to a correspondence in line with the author's intention. This text offers a specific perspective, just one of the possible interpretations of a polysemic work. On the relation between the author's intention and interpretation, the following work can be consulted: Curry, Gregory. "Interpretación y pragmática" *Artes & mentes*, Madrid, Machado, 2012.

[6] Either from more formal or historicist analysis, restricting Baroque to its artistic expression or to a given time, or, on the contrary, from a perspective of return or contemporary resonance, analysing it on a broader sense. The list of authors is wide: Buckhardt; Wölfflin; Weisbach; Worringer; Riegl; Nietzsche; Bergamín or the Generation of 27 (vindicating certain authors such as Góngora or Lope de Vega); Benjamin; D´Ors; Lezama Lima; Carpentier; Echevarria; Sarduy; Ortega; Lacan; Deleuze; Calabrese; Buci-Glucksmann; Buck-Morss; Bifo…

[7] Cornago Bernal, Óscar. *Nuevos enfoques sobre el Barroco y la (Pos)Modernidad*, Dicenda. Cuadernos de Filología Hispánica, 2004.

[8] In this respect, the following work should be consulted: Maravall, José Antonio, *La cultura del Barroco*, Barcelona, Ariel, 1975.

[9] See: Buck-Morss, Susan. *Hegel y Haití. La dialéctica amo-esclavo: una interpretación revolucionaria*, Buenos Aires, Norma, 2005.

[10] Legendre, Pierre. *El amor del censor: ensayo sobre el orden dogmático*, Barcelona, Anagrama, 1979.

[11] Bataille Georges. "La noción de gasto" *La parte maldita*, Icaria, Barcelona, 1987.

[12] Habermas, Jürgen. *El discurso filosófico de la modernidad*, Madrid, Taurus, 1989.

[13] Klossowski, Pierre. *La moneda viva*, Valencia, Pre-Textos, 2002.

[14] The word *martyr* from the Ecclesiastical Latin martyr deriving from the Greek μάρτυρας (martyros) which means witness; he who would give account of his faith under torture.

[15] Agamben, Giorgio. *Lo que queda de Auschwitz. El archivo y el testigo. HOMO SACER III,* Valencia, Pre-Textos, 2000.

[16] Anders, Günther. *La obsolescencia del hombre*, Valencia, Pre-Textos, 2011.

[17] Bataille, G. *El erotismo*. Scan Spartakku. Revisión, TiagOff

---

* Nacho París Bouza, is a visual artist and develops his works between artistic theory and practice.

Enrique Bordes

[Madrid, 1975]

Architecture graduate from the ETS in Madrid. In contact with the world of graphics since collaborating with Tapiro in Venice in 1998.

He has created a lot of graphic scene setting and signposting, architecture applications, film and numerous exhibition assemblies from Tokyo to Medellín (Instituto Cervantes, Acción Cultural Española, Fundación Santander, Patrimonio Nacional, Matadero...), editorial work (Ministerio de Cultura, Cátedra), posters... He has worked closely with the sculptor Juan Bordes on numerous projects.

In 2003, he participated in the Young Artists from the Mediterranean Biennial held in Athens, representing Madrid in the photography section. He has an ongoing drawing and photography collaboration with the Pelayo47 gallery.

Since 2003, he has been combining his professional work with his university teaching. At present, he is a part-time instructor at the ETSAM and is preparing to read his thesis "Comic, architectural narrative. Describing four dimensions with two", in which he interweaves another of his passions with his training and work: the comic and visual narration

LA PIEL DE LA HISTORIA
Enrique Bordes

One of my main activities is working with space to tell stories, but I have never stopped looking through the camera as a tool with a triple intention: it allows to generate images which can be used to narrate in space; it documents and explores with its gaze the final result of my work; but it is also a starting point to transform and build the spaces where the exhibition narrative takes place.

To look through the monsters' eyes, that´s the subtitle I gave to a workshop that takes place in the ETS of Architecture in Madrid, in the context of a *ephemeral architecture* masters. In that workshop we explore that triple presence of the camera in the exhibition process, with special attention to the constructive aspect (like Isidro Blasco or Jan Smaga could do with their work).

Since in my teens I lost the opportunity to work with a wonderful professional reflex, I started experimenting with all kinds of cameras, from *use and throw* panoramics to *ultracompacts,* jumping from play in laboratory to hack digital scanning as soon as I could. Following this path, I ended up buying a misterious robotic arm, the Gigapan, that was developed from 2008 at Carnegie Mellon University with a NASA research center, initially with the intention of building ultra high definition landscape panoramic images.

This mechanism belongs to a *new* group of autonomous camera that could include from photographic satellites to the cars the digital companies use to map our cities, or the robots that explore Mars. In this artifacts, the eye of the machine ends up separated from our arm, making evident its condition of a gaze that is alien to men. Thinking that way creates a interesting starting point to reflect upon our way of looking and the act itself of photographing (like Michael Wolf did in his *A Series of Unfortunate Events).*

So, i took a Gigapan to Rome. One evening, immersed in the Gianicolo's magic, two minutes after entering the American Academy, I met artist Corn Hewitt. Corin told me that a year ago Gigapan developers had gave him one of his machines to explore with but he had not found the moment to use it. I was a big surpise to discover that interest in arts. Little before publishing this catalogue I finally could contact Illah Nourbakhsh and Dror Yaron, and could confirm their openness towards this kind of exploration around their technology. Yaro shared whit me this words for this text:

"Since GigaPan's inception, we have continually pushed boundaries. We adapted the technology and its support systems for some very specialized groups of people – from schoolchildren to world renowned scientists. We are constantly looking for ways to improve the technology and inspire people to use it to expand their world view and see in ways they've never seen before. We think the most important people we could hope to engage with the GigaPan technology are artists. We welcome a new set of eyes – who can take the existing technology and use it to create work never imagined before."

The door is open.

THE SKIN OF THE STORY
Pedro Medina*

From pure time to the archive

There are no spaces without time, although some do guard it with more privilege than others. Enrique Bordes is aware of this, and seeks those urban surfaces with complexity enough to describe a story. There are numerous examples in Rome with a density that is hard to reproduce in other places; but what are they? Monuments, ruins, hazardous archives …?

At the start of his *Time in Ruins,* Marc Augé says that "the contemplation of ruins allows us to glimpse a time that is not the time described in the history textbooks or the restorations. It is a *pure* time, to which no date can be assigned, which is not present in our world of images, simulations and reconstitutions, that does not reside in our violent world, a world in which the rubble, the lack of time, does not manage to become ruins. It is a time lost, and it is up to art to recover it".

In the images that comprise the series by Enrique Bordes, it would be easy to extract an interpretation revolving around the monumental view. Is it the fruit of his perspective or an unavoidable characteristic of this context? The latter would appear to be true, as we will see further on. Even so, and although we avoid the *kairos* inherent to each monument, a concept of history takes shape, which is more mimesis than diegesis, occurrence rather than a way of revealing the facts.

All of this strongly adapts the form of fragment, the remains of an emblematic tale, in which it is up to the spectator to name the spaces and come up with their own sense of an era. Whether it corresponds to the history books or personal experience is up to the observer, because photography tends towards purity in the form of a document that dreams of banishing the conditioning factors of subjectivity.

In a certain sense, scientificity is sought to serve a particular historiography, in which the image expands without pertaining to any specific epoch, like a layer that suspends time, momentarily cancelling out the happening. There is no interpretation, but rather reconstruction, no judgement or diagnosis whatsoever, but rather the topography of the story. In fact, the logic of the essential historicity around the event is followed, always bearing in mind its historic reflection on the symbols that arise wherever the marks of an experience take place.

This logic discards what might appear initially obvious, the archaeological view, which begins by observing through history but without giving in to interpretation. Enrique Bordes' photography pursues neutrality through the purely formal experiment, interested in photography per se while combing through the complexity and the detail. Thus, the narrative elements and the density are far more important than the monumentality, in the awareness of consciously looking from our time.

We could therefore speak of an intense dialectic of the file he creates, but it is far removed from the social characteristics that frequently colour this trend, given that he cools the document with the intention of reducing in as far as possible the excessive ego always present behind the creation of a photo.

Enrique Bordes does this by using a machine called the GigaPan, a robotic arm that composes the shot and separates the photographer from the camera.

Photography has always been a visual selection system that reveres a place in a specific moment; however, if conception of the work as a means of expression is excluded, an extraordinary, impartial archive is created comprising thousands of images. From the very beginnings of photography, technology has always changed the way we see and relate to our environment. Now we have these neutral archives to draw a cartography without any ideological premises or centre.

Fragment, classify, exhibit a city

There is no longer a monument, but rather an imprint treated with a different strategy: a fragmentation that aims to strengthen the neutrality demanded ever further, to avoid any exciting or excited construction, though without tending towards spectator ataraxia either. The record of the works is merely simplified, fractioned, by selecting and, and not at this moment of recording at least, discarding a specific positioning.

And following the document creation, it needs to be classified and, above all the mechanisms need to be activated that make it possible to view over the 15,000 photos taken, digital files for which Bordes will seek different scenarios in which seeing has a place, in the knowledge that -as John Berger states in *Ways of Seeing*– "we never look at just one thing; we always look at the relationship between the things and ourselves". Which why the immeasurable play of fragments laid out is so important.

The moment of projection is therefore the most significant, taking into account the forms system that determines it in order to verify the set of realities it corresponds to. This is a taxonomy that is conscious of the fact that language is never innocent and that the story reflected will ultimately be the one framed in the limits of this choice.

These images become names and are grouped around a territory, that of a city: Rome, exempt of any specific function, but where the familiarity of History lies. Parts of the metropolis adhere to a specific moment and cannot be detached from the force of a story, activating exercises of direct recognition among other narratives that remain anonymous. Over there is the Arch of Constantine, Trajan's Column just here, the Pyramid of Cestius on the other hand… But where is this wall? what period does this other vestige pertain to?...

It is not a question of reconstructing the fragments of what no longer exists, as Piranesi thought, but rather of dispersing the image again, for a new collective composition. Perhaps that is where the nostalgia for harmonious living appears, once we realise it is impossible. However, this glance does not feel unease but rather hones in on the game of re-elaborating a section, that brings to mind the project of recreating the world.

So where do fundamental architectural concepts such as "inhabiting" go then? They are left out of the matters relating to the transformation of the space, like others associated with the construction of a community or the revaluation of our environment. Even so, photography as a ruin, as a space that speaks to us of the passage of time, appears to enclose an ancestral legacy, as a witness to a timeless form.

In fact, in the specific case of the Rome series, in spite of the image neutralisation operations undertaken by Enrique Bordes, the monument still imposes itself, activating the spectator's memory. These photos have the mere function of being shown, yet they inevitably awaken recognition processes that engage us in a search for our emotional geography, though a more attentive and slower eye might also discover other remembrances, from the Great War to odd typography games or votive offerings which also have a place within urban art.

Indeed, monumentality does impose itself, but for one sole reason: this is Rome. This same method is leading to different results in Madrid, where the urban surfaces offer another sort of complexity, finding new tales, the skin of which is not to be found in the monument. Context is always decisive and the Roman context is the stela that is *caput mundi.*

A "landscape is inherited", as if remembering the 2007 exhibition in the Ara Pacis Museum, which broached the relationship between photography as a conscious observation of the transformations and as a diffuse practice of symbolic appropriation: an act of indirect colonisation, a form of domesticating places.

Here the landscape is exhibited diaphanously as a human landscape, and the choice of a medium like photography emphasises the idea of a document and a witness that records the marks of cultural action, their economic, social and political structures, deposited in the atmosphere.

In light of this, Rome is not just any place, certainly not a non-place, but rather it displays itself with all of its past, showing its specificity. The city appears, although the neutrality exercise proposed by Enrique Bordes also extracts its own "view" so that the metropolis speaks and can be reconstructed by the spectator.

Even so, the author reappears in the *mise-en-scène* of all these fragments, in the dramatization of a space that is always different, in which the staging suggests unusual scenarios, their peculiarity residing in their installation-type dimension.

The skin of Rome

This work should be understood as a formal exercise that continuously explores the expressive possibilities of the material accumulated. Material which in this case, extends so far as to contain 15,000 photos. So how to render it visible? Enrique Bordes seeks ranges of possibilities, forms of presenting this vast panorama in such a way that the visual triggers possible narratives.

A need is detected to establish an ordering principle, a bridge that links to the past from a period in which there is a consciousness of the continuous reconstruction of reality. And it will be in the *mise-en-scène* that a certain amount of re-subjectivisation will be unavoidable, taking place in the staging, even if the author, like an ethnologist, would prefer to remain outside the context studied. In the end, we are all involved in the process of seeing and making see, although Enrique Bordes' positioning places the work within a mainly formal context.

As such, the work is not as conditioned as in other social practices, although it must be "located". In the case of the exhibition in the Academia de España in Rome, the space itself suggested the way in which the work should be shown. In the macro-archive itself, close contact was fostered, a section appearing while the corporeal dimension of the discourse was being woven.

A large part of the images conceived to be digital were printed on silk, one of the possibilities that is being tested at present, along with wood, dibond, the use of small mock-ups, in an experimentation with different surfaces that seeks the limits of this process.

We know that current-day perception prioritises sight, as McLuhan so successfully explains in *The Gutenberg Galaxy*. Proof of this lies in the emblem of Leon Battista Alberti with its impressive winged eye, representing the leap from medieval man to modern man triggered by the sight of renaissance perspective: where the medieval man -tactile and auditory- would only perceive two dimensions, the modern man sees three and the eye flies, also commencing a long virtual journey.

With the "occupation" of the space, an investment is made in this process to make the digital and virtual conditions compatible with an immediate moment that is more primitive and intimate thanks to touch through which we relate to the pieces. Thus a reference to a differently conjugated exterior is achieved in the transferral to other mediums; on this occasion it would be the museological (taking of the image to a real space it is possible to move through), but it is also conceived to be translated into an editorial project, with each format offering a different experience.

However, if we remain within the set-up in the Academia de España, understood in its central section as the touchability of the photography, although it is also accompanied by other documents still installed in the two-dimensional, we discover that silk transforms the image into the skin of Rome, darkened by the passage of time.

This *Skin in strips* is that of a Rome that has been skinned, as if it were a new satire of Marsyas, flayed by Apollo after a musical competition, as narrated by Ovid in *The Metamorphoses*. But there is no sacrifice or Apollonian victory, but rather the possibility of detecting a topography, of contemplating how life has changed this skin; the place in which -according to Valéry- we "always bear the most hidden secret".

Thus presented, the urban body and its history are not discovered like a cemetery of memory. On the contrary, this tale is stamped on a skin that is discourse, it is the way in which the facts are revealed. In this way, the neutrality mechanisms activated to erase the author's ego are delivered, ultimately, to the emotion that lies in the perception and contact of the spectator with the pieces. Nonetheless, the start of the process should not be forgotten, in which the intervention of the machine determines the rest of the possible evolutions.

There are numerous distances, from the removal of the camera for a topographic view to the contact with the skin of what has been photographed, but in each and every one of them, a fundamental circumstance is present: we contemplate what happened in Rome without positioning ourselves in a specific point of view, hence without conditioning our relationship with what is shown. And so our urban experience of the space is extended, not as a relic of the past but rather as a rich document in which the *mise-en-scènes* promise numerous directions.

---

*   Pedro Medina, publications director at IED Madrid (Istituto Europeo di Design) and art critic at ARTECONTEXTO.

Jesús Donaire

[Ciudad Real, 1974]

www.jesusdonaire.com

Doctor of Architecture from the UPM and Master from Columbia University, New York, he has also received the Honorary Prize for excellence in Projects and the William Kinne Award. Fulbright Scholar, member of the Social Affairs Council of UPM and of RAER through the Fundación Rafael del Pino.

Part-time Teacher at the ETSAM-UPM, in Universidad Nebrija and in Suffolk University (Boston). He has been a Teaching Assistant at the Barnard + Columbia College of Architecture, New York, and has given conferences in European, North American and Canadian Universities. He directs the 'Jesús Donaire Architecture + Communication office' undertaking architecture projects, curatorships and diffusion of architecture. Awards Secretary of the BigMat International Architecture Award and Chief Editor of the architectural culture blog, BMIAA.

Awarded with the Architizer A+ prize in New York, the International Interior Design Association award in Chicago or the Distinciones del COA de Madrid award, among others. His projects have been internationally published and exhibited in the XIII Venice Architecture Biennial and the III edition of the Architecture Triennial in Lisbon.

THE FAÇADE: MIRROR OF THE ARCHITECTURE'S SOUL

Jesús Aparicio*

"The transformation of the façade" is a research project which has occupied Professor Jesús Donaire García de la Mora for many years. This task has become the icing on the cake of his doctoral thesis, a project he creates from the Technical Architecture School of the Polytechnic University of Madrid, and I am privileged to be his director. Within the structure of his thesis, the study of the façade in both classic architecture and in the Renaissance and Baroque is particularly relevant, which is why the Architecture Scholarship granted to Jesús Donaire by the Real Academia de España in Rome has been so important to this work. Within this Roman phase, he concentrated his studies on Francesco Borromini and, more specifically, his church of San Carlo alle Quattro Fontane, where he discovered a turning-point in the concept of the façade.

This is the study of a theme (the wall, the limit, the façade, etc.) that is in line with my research interests in theory. Which is why I would like to reflect the following considerations in relation to these in this text:

To speak of the façade, there are two concepts that it would be helpful to define, the concepts of the boundary and the limit. Understanding the boundary as something that divides and the limit as something that unites. Boundary, which denies what is alongside it. Limit, which brings together two different realities in a new space, in which said realities coexist.

The history and evolution, which are not linear, of the idea of the wall and the idea of the façade are related to these concepts that include the façade as an enclosure that limits the view, the façade as the property boundary, the façade as material that encloses light and the façade as a physical support.

For this, there is a series of necessary themes to speak of the façade, themes such as the relationship between façade, wall and nature; the cavity or hollow of the shadow and light; the gravity or the border or the limit of the property.

The wall has a more structural content, understanding structural to mean the gravitationally necessary or physical structure that prevents things from falling down. This physical structure changes over the years as new structural systems and new materials appear, in such a way that this physically structural entity makes way for other more representative, narrative or spatial considerations on the same wall-based reality.

This is where the term façade comes into play, which deep down has a touch of the representative artifice over a reality that is no longer physically necessary. If we look up the term façade in the dictionary, it refers to something that allows us entrance, to move into another world, it is the union of two worlds.

The first perforations start to appear on these façades, perforations that unite these two worlds, first of all to give them light, ventilation, protection. With the passage of time these hollows proliferate. The specialisation of the hollow not only bears a relationship to need, the usefulness of opening and ventilating, but different intensities can be attributed to different hollows. Initially, there is a clear difference between the inside and the outside when speaking of cut out hollows subtracted from the wall which an exterior space enters through, whether this wall or future façade is more a border, a boundary than a limit capable of encompassing a space in itself in which both outer and inner worlds coexist, or not.

Taking a twenty century leap, this idea is still present in La Casa del Fascio, by G. Terragni, in Como, where the external reality is being narrated in fragments. But in this case, the visual intervenes above all else, while in the Pompeian house the spatial narrative of the cut out wall had different references in terms of light, illumination and ventilation.

While up to now, we have spoken of the world of subtraction, of the cave and the link to the earth, it is worth mentioning that there is another way of building naturally on the façades, which consists of using nature itself to make them, like for instance in the cabin, the Caribbean cabin, where elements that configure the outer presence of the architecture appear but at the same time housing a space that can be entered, in which the inside and outside are far more closely connected to these four elements that constituted Semper's architecture and which refer to the floor level in relation to the earth, the enclosure level, the roof and the fire or centre and heart of the space.

Thus the elements that constituted the ancient wall structure have clearly proliferated to allow the space to flow between the inside and the outside, but nature is present on the constructed border of the architecture and in this split between what resists and what closes there is an evolution that allows us to reach, for instance, the gothic cathedral, in which we have a structural part made up of the cross ribs and on the other hand, we have the vault compartments capable of filling the actual architecture itself with another non-supporting material and that is where a light connection between the inside and the outside of the space begins, even though the façade level still remains quite constant. However, at this point these spaces begin to have a certain depth in the clerestory vaults of the cathedral façade and it is this nature, divine in this case as it represents the sky, that is ultimately present as a landscape in these cathedrals.

In the Greek temple, the colonnade space between the cella and the landscape, is one of the first ambivalent situations of the intermediate space of the façade. Ambivalent in the sense of the façade limit, where the inside and the outside are mixed. From outside the temple, this space is interior and from inside the temple, this space is exterior. And that is where the architecture begins to find more development possibilities. The creation of these intermediate spaces between the interior and the exterior is very important.

In short, we have two models: the first would correspond, for instance, to the Pantheon, which is a closed model pertaining to the world of the mass that vertically and discontinuously relates to the exterior. The second model, like in the case of the Farnsworth House, would be positioned on the Surface of the earth, with a far more horizontal and continuous relationship with nature.

In the congress entitled "*Facciata, concetto in evoluzione*", that took place in the Real Academia de España in Roma under the direction of Professor Donaire, a number of approaches to the idea of the façade were seen.

In the case of the Lalibela Project, in Ethiopia, the most important thing was to see how an absolutely monolithic architecture aims to emulate an architrave construction, that is, the intention is to create the illusion that this façade is made of elements that support a lintel, such as pilasters, when there is no need for them. It is simply the representation of a reality that is not structurally the real one. The space, naturally, does not correspond to the reality represented.

In the Court of the Myrtles there is a diaphragm space between the inside and the outside. In the case of this palace, the spaces are linked up to each other one after the other, though what's interesting is to understand this court as an exterior space and the Hall of the Ambassadors as an interior space. And the intermediate spaces as those places that belong to both and which unite the different realities while at the same time they are necessary, simply to accustom the pupil to the two worlds, the interior and the exterior.

In Sant'Andrea al Quirinale, by Bernini, in Rome, more and more intermediate spaces are developed. The Baroque style attempted to plump up that flat reality of the façade by giving the thickness dimension the passage between two different realities. Here we find not only black and white, but also that range of greys that exist between silence and music, or between two almost opposite realities.

On the ground floor level of San Carlino alle Quattro Fontane de Borromini it is clear that work focused on the façade, the secret lay between that relationship between the inside and the street.

Another trait to bear in mind when considering architecture is its location within the urban scene, as this has a series of requirements, of possibilities that are not present in the wildest nature. Which is why we cannot compare Hadrian's Villa and the dimensions of the Pescile wall with the Via delle Quattro Fontane and the barely 40 centimetres of façade thickness available to render the two different realities compatible.

Another interesting case from an educational point of view is the Basilica of Sant'Andrea in Mantua, as there we can see how Alberti built a more transparent space and used shadow only to create a limit space between the reality of the street and the interior of the church.

In the case of the Roman Pantheon, an ante-space was also built, capable of uniting these two realities.

Deep down, the constructions we've seen up to now, particularly the Greek colonnade, the Pantheon, Sant'Andrea of Mantua or Sant'Andrea al Quirinale all speak to us of the same things, of a limit space that unites two different realities.

Returning to Granada and the Palace of Charles V by Machuca in the Alhambra, it is interesting to underline how it is dressed at the lower part, while arabesque motifs appear above, that is, what exists here is the will to represent gravity, to build a gravitational representation. Meaning, the wish to pass from a horizontal, gravitational, dark space to an open space is present in the work not out of necessity but out of an interest in expressing gravity. Spatial or structural necessity are no longer motivating things, but rather representation, the search for more façade and less wall.

From the Palace of Charles V the speeches of the congress moved on to Villa Savoye by Corbusier, and the interesting part here is how the technical capacity of steel and flat glass is capable of creating intermediate spaces that house and multiply the façade concept.

Having got to this point, it is the moment to point out the fact that throughout practically the entire history of architecture the relationship between the inside and the outside has been greater from the interior towards the exterior than vice versa. It is when steel, flat glass and electric light are discovered, that the relationship from the exterior towards the interior appears in the architectural space. This is something that starts to happen from the 20th century, when it becomes possible for the interior lighting of the architecture space to be similar to that of the exterior.

Thus the transition from the load-bearing wall with vertical spaces to the steel and cement horizontal walls that are capable of opening up the entirety of the horizontal space appeared. Different structures mediate between two worlds: the appearance of reinforced concrete, particularly, steel and glass are capable of piling up spaces and vertical transitions that replace the horizontal also emerge.

In the case of Japanese architecture, more specifically, in its temples, other constructions that multiply the wall spaces appear. In these temples there is a will to dilate what is dimensionally small, bringing about the transformation of a small scale into a large, more distant scale that allows us to come into contact with the cosmic world.

The spatial continuity between architecture and nature exists in buildings like the Farnsworth House, with that transparency that causes nature to enter into it or in the Casa de Huarte de Oiza in Mallorca, where the trees pass through the roof, which is just one more plane of the façade.

Nature has always been present as part of architecture, given that man is part of it and attempts to resolve this relationship between being able to live with nature and the difficulty of living in it, because if this difficulty of living in nature did not exist, we would not need architecture.

It is in this representation of the unnecessary reality or of architecture beyond necessity, that it is no longer just food but gastronomy, where the façades begin and other requirements beyond primitivism emerge to enter into modernity.

* Jesús Aparicio, PhD in Architecture and chair of Architectonic Projects at Universidad Politecnica. Curator and President of the BigMat International Architecture Award.

INTRODUCTION TO THE IMAGES OF THE GRANT RECIPIENT'S RESEARCH STUDY

Jesús Donaire

The research study carried out at the RAER (Royal Spanish Academy of Rome) is part of a wider work called "The transformation of the façade in 20th Century Architecture. *Evolution of the architectonic elements toward a unique space*", which examines the main design mechanisms that have given rise to an architectural transformation of the façade.

The term "façade", interpreted normally and as a synonym for architecture, has been analysed under historiographical, socio-political, formal, compositional or material taxonomies. Beyond these classifications, this research examines how the architectonic elements have evolved toward a unique space, and in so doing, transformed both the physical reality and the concept of the façade. As Robert Venturi would say, "designing from the outside in, as well as the inside out, creates necessary tensions, which help make architecture". Hence the importance of examining the transformation of the façade in its conception as the *faccia* (face), mask, disguise or system of representation, the façade as an active diaphragm, as a spatial relationship or as a limit where the architectural experience becomes imbued with new meanings.

The term façade, from the Latin *facies* and the Italian *facciata*, was created in this sense during the 16th Century, although as an architectural element it has been a classical reality and humanist concept that has undergone successive reinventions since the Renaissance. In the early 20th Century, the façade transformed radically, with the appearance of large-sized sheet glass and it was divested of its historicist burden. Figurative and literal transparency makes the façade itself disappear (denying its existence). The façade is built with new materials, new technologies and responds to a global space that is to be colonised by a society that is in constant flux; a space that becomes increasingly complex as the 20th Century progresses, with one of the main consequences being a greater degree of abstraction in façades.

To develop to a more detailed extent the intentions of the work carried out during the stay in Rome with the MAEC-AECID grant, we analysed the broadly accepted definitions of the concept of the façade and its precedents, providing the context within which this line of research falls, and dedicating the first chapter precisely to this analysis, so as to reinterpret the Baroque façade from a contemporary perspective. The Baroque façade is considered in this research as a turning point, and as the first of the design mechanisms that we studied, examining the *compositional transformation* of the façade through the *dynamic space* in Francesco Borromini's oeuvre in Rome, with special interest in the project of San Carlo alle Quattro Fontane. A transformation that is summarised in the book *La Roma de Borromini: la Arquitectura como lenguaje* ("*Boromini's Rome: Architecture as a Language*") by Paolo Portoghesi, as follows:

"*L'architettura di Borromini è architettura di movimento ed aspira ad una condizione di equilibrio dinamico. Il movimento è evocato attraverso una serie di operazioni compositive ricostruibili nell'immagine finale e tali da provocare nell'osservatore l'impressione, volta a volta, di un movimento in atto, di un movimento inminente, di un movimento passato. Le operazioni compositive fondamentali sono la crescita, la rotazione, la traslazione, la curvatura, la torsione e il rovesciamento.*"

The research concludes with an analysis of Renaissance and Baroque structures of the *città eterna* to reassess the evolution of the concept of the architectural façade from a contemporary perspective. It includes an analytical study of a series of key buildings from both historical periods, taking the Renaissance Tempietto of Bramante as a turning point toward the dynamic space proposed by Borromini. The study of the tools and concepts used in the construction of the façade in Rome's architecture is summarised in the research as a series of themes that converge between the geometric composition and the resulting interior space.

On the occasion of this research, an International Architectural Symposium called *Facciata, Concetto in Evoluzione*, was held in the Spanish Academy of Rome on 17 April 2015. During the Symposium, thirteen Italian and Spanish architects and academics of recognised standing gave ten lectures, in which they discussed their particular visions of the concept of the façade.

Antoni Abad

[Lleida, 1956]

www.blind.wiki

He graduated in History of Art from Universidad de Barcelona in 1979 and received a Master's Degree in European Media from Universidad Pompeu Fabra in Barcelona in 1997. In 2006, he received the Premio Nacional de Artes Visuales de la Generalitat de Cataluña and the Golden Nica Digital Communities of the Prix Ars Electronica in Linz, Austria.

He has participated in the biennials of Venice and the Ibero-american Biennial of Lima in 1999, Seville in 2004 and 2008, and Mercosul Porto Alegre in 2009. His projects have been presented in the Centro de Arte Reina Sofía, La Casa Encendida and Matadero en Madrid; Museo de Arte Contemporáneo and Centre d'Art Santa Mónica in Barcelona; New Museum and P.S.1. in Nueva York; Hamburger Banhof in Berlín and ZKM de Karlsruhe in Germany; Musac in León, Centre d'Art Contemporain in Geneva, Museo de Arte Moderno in Buenos Aires; Laboratorio de Arte Alameda and Centro Cultural de España in Mexico, and Centro Cultural Sao Paulo and Pinacoteca do Estado de Sao Paulo in Brazil, among other centres.

From 2004 to 2014 his activity revolved around the creation of online audio-visual communication projects, based on the use of mobile phones by groups at risk of social exclusion in Mexico DF, Lleida, León, Madrid, Barcelona, San José de Costa Rica, Sao Paulo, Geneva, Manizales (Columbia), the Algerian Sahara, New York and Montreal (Quebec, Canada). Taxi drivers, young Romas, sex workers, immigrants, motorbike couriers, refugees and displaced people, demobilised guerrilla fighters and people with reduced mobility were all active participants in these experiences, publishing their audio-visual chronicles each day on www.megafone.net

In autumn of 2014, he began the BlindWiki project in the Real Academia de España en Roma, a prototype of an online citizen network conceived for blind people and people with limited sight. The participants used mobile phones to make geo-located audio recordings of their everyday experiences in the city. Through the BlindWiki application, the previously published recordings are always accessible from the mobile phones, reflecting the urban landscape as experienced by the people with visual diversity. The project promotes the collaborative creation of sensorial public signposting to be extended to other cities and which not just the group of people in question will benefit from, but also the rest of society.

Apart from Rome, the BlindWiki programme was also implemented in October 2015 in Sydney, and it is foreseen to be carried out in Berlin, and Wroclaw in Poland, in 2016. The contributions of the participants with visual diversity are accessible on www.blind.wiki

THE FOLLOWING PROJECT WAS DE-
SIGNED ACCORDING TO RECOM-
MENDATIONS FROM LA ONCE (OR-
GANIZACIÓN NACIONAL DE CIEGOS
ESPAÑOLES), ON THE PRESENTATION
OF ACCESSIBLE PRINTED TEXTS FOR
LOW VISION PERSONS.

WHEN THE MARGIN REACHES THE CENTRE

Acts of resistance in the BlindWiki project of Antoni Abad

Valentino Catricalà*

Social, net, innovation, video, relation, internet, post-internet... art. Definitely "art". Many, too many intersections and overlaps in the work of Abad. For this reason it's restless and disturbing. And this confuses: "con-fuses", fuses, unites, always finds new relationships.

Where to place a project like BlindWiki? In which category? And, accordingly, what is the best place of an exhibition to actually accommodate these works? But, even more, can we be sure that the meaning of the "work", as understood by a long aesthetic tradition, can still have meaning when dealing with these practices? And as such, these practices require - require us - the ones who make contributions, to find new modes of expression: to think about the act of contributing itself at the time we are contributing to something complex.

Beginnings

"It all began in 2003," said to me Antoni Abad one evening, in one of the typical and colourful Roman restaurants. It may seem odd to write it in a critical article, but there is a deep similarity between food and art and, even more, in a Roman restaurant, famous for breaking the barriers between one table and the other: no more separation in respect to the continuous sharing of ideas and thoughts inspired by the typical food of the place. It's exactly this act of sharing that stimulated the major ideas that would emerge. An act of sharing that seems to recall the technological sharing allowed by the work of Abad.

But let's proceed one step at a time. 2003, a "watershed date". A date that stands out as a first step on a continuous path of an artist. It is in 2003 that Abad thinks about using mobile technologies to create communities which he describes as "marginalized".

Dates, and as such, deficient and often inaccurate. Working backwards, in fact, the z.exe project seems to be another important step. If in 1999 Abad was invited to the Venice Biennial - the one hosted by the great Harald Szeemann - as a video artist and was recognized internationally as such, with the z.exe project he falls into what was then called net. art. As Roc Parés explains very well, "Zwas a project based on the conceptualization, design and development of a computer program called z.exe that worked on any personal computer it was installed on. Z was a piece of art software which is still conceptually valid today: it works with a tailor-made program that manifests itself visually and socially as a fly [...] But Abad's fly was more than just a "gimmick" designed to subvert the interactivity of the computer; anyone who had installed the fly would get access to a communication channel by connecting to another z.exe user, finding himself involved in a community".

Net.art - Videoart: this is the liason. How much "video" and how much "net" are in the work of Abad? This is a fundamental question that emerges in this sequence: a historic transition - the turn of the century, from 1998 to 2003 - an expressive passage - the aforementioned - and, finally, conceptual - a new way of thinking about technology and its use.

While most video artists develop new expressive possibilities of the image in an era in which technology - video, computers, camcorders - was experiencing a connective development transition, making the web the engine of that connection, Abad was already sensing a fundamental shift in technological advancement: the image, any image, is no longer distant from its sharing capabilities. There is no video art without net-art. There is no longer a setup to be seen in a museum, no longer an audio-visual image to be seen in a white cube, a moving picture, a primary poetic expression of the author's poetry. But, rather, a work that builds gradually through the interaction and involvement of more people, something which is never still, fixed and concluded: a performance where each single user is part of a larger project, something eluding the artist himself and creating "amazement", that sense of wonder of being part of the work he created but unrelated at the same time. "He who feels a sense of doubt and wonder [thaumazon] acknowledges he knows nothing"[2]. This is the feeling that emerges when being in front of many works of art. A feeling emerges not so much from making contact with the work - because you cannot just talk about the work - but from being involved in the process itself. A continuous process of interaction through mobile technologies in the creation of communities of marginalized interacting individuals. Just like food, I would say, Abad builds a reticular universe that constantly eludes his will. From his sensitivity and poetics. The artwork is not in the dish, but in the process of energies activated by the always open totality of behaviours that emerge from that dish.

Stratifications & Processes

Rome has an incredibly deep historical-cultural stratification. A stratification that is never either only historical, or just cultural. The stratification is, in fact, mental, psychological, poetic and philosophical as it acts and shapes the behaviour, language, and vision of the inhabitants. It is exactly within this context - in Rome - the BlindWiki project was developed. Precisely this immersion into those plots and layers which happened while walking and talking with Abad in the historic Roman streets, has been the reason why some interesting connections have emerged.

The peculiarity of the Abad's project can also be found in its stratification. Like Rome, the BlindWiki is a layered project, a project which is also composed of ruins, technological and civilization archaeology in which their adaptation to the development of the media are be-lieved to be more or less civilized, from the stories created by the interpretations of the past. You cannot really understand BlindWiki if you do not try to understand it in connection with the previous megafone.net. Only like this can we understand where it comes from - the layering, relational, past conceptual technology - and where it's heading - BlindWiki is becoming more layered, the project extends to Rome, Sydney...

Similar to megafone.net, we have stated that BlindWiki is not a single work, but a "process." As we know, the process is something that characterizes much of the contemporary art and has characterized much net.art. The novelty of Abad's work lies in the fact that it has been structured not just as a single process, as in the classic works that use interacting communities, but, as a whole, a multitude of stratified processes, which create a network of "processes".

What is, in fact, BlindWiki? BlindWiki gives the blind the instruments to navigate differently the place they find themselves in. Participants use a preconceived platform to post obstacles that they encounter every day on their way. Tools designed by the artist to be structured as a "process" when they are used by the participants: the artist no longer has control over the operation, voluntarily giving a freedom of structuring to the mapping according to the action of the participants. Once the workshop is finished, the participants can continue to use the application: this is something that remains, something useful, where participants can make an input each time in a different way depending on each individual's thoughts, ideas. That's how you create an autonomous and self-generating universe which is kept alive by the participants. Thus, the artist manages to create another universe in another location of the world: another separate BlindWiki project which is yet connected to the previous one.

Just like megafone.net, over the years BlindWiki will produce a stratification of parallel universes, technologies, thoughts, stories, sensory and non-sensory experiences, universes that intertwine, connect on the general visible map on the site. Therefore, what we see is a layering of "processes": technologies get older, communities grow larger and the map of the world changes perspective. A collective design emerges that places a different geography before our eyes: the geography of those who do not see, those who we too often ignore.

The map is an imaginary place, the place where we preserve the representation of the world and our home: a representation that today is more and more present and technological. As well explained by De Certau, the walk is the act, the action that makes us become aware of the map during its process. The walk is the instrument which connects the "imaginary" place of the map with the "physical" body and the environment around us.

As it has been repeatedly highlighted, the map has always been a question of strength. From this point of view, BlindWiki is an act of endurance that allows blind people to design their geography, consisting of narratives in which we - the sighted - can be part of it. Our imagination is thus stimulated to fight the imaginary geography created by dominant mapping.

Abad makes us stop from our daily walk, raise your eyes, and think about what was there but we had never seen... who are the real blind?

BlindWiki - WikiBlind

So, what is BlindWiki?

We see the keywords that emerge when you read the description of the project written by Abad himself. We have picked up a few comments:

– "BlindWiki is an interactive community project based on the use of smartphones that urges the blind and visually impaired

to share experiences and difficulties of their daily lives";
– "The project does not only provide information on barriers and impediments, but is presented as a place for storytelling, an archive of posts that tell stories";
– "The free application for smartphones allows participants to instantly publish geolocated audio recordings to the BlindWiki Internet server";
– 'Towards an international network citizen. The BlindWiki website is organized as a city based network that allows participants to map and comment on the accessibility of the city in which they live. The site also allows participants (individuals and organizations) to actively organize and connect into a network to get more and better structures that facilitate orientation."

These phrases provide a few keywords immediately:

"Interactive community", "narrative", "archive", "public sensory cartography", "instant publishing and sharing", "cell phone", "geolocated audio recordings", "international city based network", "self-organization".

To better understand these keywords which are apparently different, we must explain what this work/process actually is.

First of all BlindWiki starts from the body. The artistic structure of workshops will teach participants to use the application, know each other and begin to create a community. Abad says that the communities are not only virtual, but they primary seed a relationship between physical contact and virtual contact. Thus, the artist thus immerses himself between the prospective participants, he touches them, speaks to them, understands their difficulties, gets his hands dirty. Beyond the net, the art and the work of Abad are to return among the people, to understand their shortcomings and mingle among them: he teaches and learns with them.

Thanks to this first act of immersion, participants have incorporated the tools and thus are able to start posting content using the "mobile phone" on the platform initially created by the artist with the help of the information technology. The platform is also characterized by the presence of the map, which will structure any inserted content based on the geographical position. The artist has adapted the classic map of Open Street Map to a unique design with black and yellow dominances. From the white of Open Street Map to the black of Abad, the map is characterized as the photographic negative of the classical geographic image we see every day: a negative representing which is enduring, the unseen which is the background to the visible things which are seen every day.

This is where a power vacuum is created. The tools are in the hands of the blind. They have the opportunity to redesign the world from their point of view through "instantaneous publishing and sharing" of the obstacles they encounter in the city.

To create a true "interactive community"[1] operating between the physical and the virtual world. The application is strictly designed for the blind. They have the possibility to enter the contents through "geolocated audio recordings". The totality of the sounds, words, noises of the road, creates audio files which are structured as a nonlinear "narrative": a rhizomatic narrative open to many connections and listening options; an "archive" of stories frozen in the act of registration: thoughts, ideas, narratives, where anyone can freely navigate and discover a usually unclear world.

This is the "public sensory cartography" which emerges. A map which is open to anyone who wants to discover it, sighted and blind, but also open to everyone, sighted or blind, who wants to participate in its construction. A public mapping seen from the outside by Abad: the great demiurge who gave the general input to the process.

In one of many meetings with him, this is the moment of the explanation when I am urged to spontaneously exclaim: "But then, what is art?!" And soon after, "and what is the role of the artist today?".

At that moment, seeing Abad swallow the mouthful he was chewing with indifference and, soon after, raising his shoulders, as if to say here ends the field of my interest, I knew I had to start writing this text.

[1] Roc Parés, megafone.net/2004-2014 Turner, Barcelona 2014.

[2] He who feels a sense of doubt and wonder [thaumazon] acknowledges he knows nothing", states Aristotle

------

* Valentino Catricalà, contemporary art critic and curator, PhD researcher at the Communication and Spectacle Department at Roma Tre University. New Media coordinator at Fondazione Mondo Digitale and Media Art Festival's director in Rome.

Joan Espasa

[Madrid, 1976]

After obtaining a Degree in Classics and Indo-European Linguistics from Universidad Complutense de Madrid and the qualification of clarinet teacher (Ferraz Conservatory), he extended his studies to the Sorbonne (Paris IV), where he did doctorate courses and obtained a Master of Advanced Studies in Greek Literature. Subsequently, he went on to study Drama at the Real Escuela Superior de Arte Dramático, graduating in 2006.

He has published poems and stories in the magazines Abenzoares and República de las letras, as well as the works, "*El corazón de Ofelia: últimas horas de Macbeth en el bosque desnudo de Birnam*" and "*La noche del millón de mundos*" (Ed. Fundamentos 2005 and 2007).

He is a founding member of the Teatro Rabúo group, with which he has written and directed the work "Códigos", selected for the Festival La Alternativa 2004, in Triángulo de Madrid, and with which he has also participated as a musician and playwright in the theatre productions: "*El último canto de la cigarra de Avilés*", "*Cancro*" (both works by José Manuel Mora), and "*El corazón de Ofelia*". He has also written the work "*Medea: usted decide*" for the Dekómikos company, represented in the Lagrada theatre in Madrid, and the adaptation of the short story Tommaso Landolfi "*La moglie di Gogol*", together with Lucía Vilanova, staged in the church of San Nicolás de Segovia on the night of the full moon in 2008.

He has completed courses in writing with Michel Azama and Eduardo Ladrón de Guevara and forms part of the group writing project "*La playa*" directed by Enzo Cormann and Juan Mayorga. He is also responsible for the version of "*The Colour of Justice*" by Richard Norton-Taylor and the translation of the work "*Stoning Mary*" by Debbie Tucker Green, both works for the Ciclo al Autor 2008, in Pradillo.

At present, he is a clarinet teacher in various music schools in Madrid, a member of the free improvisation group, maDam, and of the Perro Flaco programme on Radio Vallekas, and he collaborates in the digital fanzine Klof.

TIEMPO MUERTO BY JOAN ESPASA

Lucía Vilanova*

It is particularly fun and stimulating when you read the work of someone you know well, to discover the autobiographical details present in all writers the world over. In *Tiempo Muerto*, Yuka, one of the protagonists, loses a notebook, the diary in which she writes her thoughts and experiences. I was immediately reminded of that small black notebook that Juan used to write those heartfelt and complex reflections of his in (I always admired them) that he lost forever in Warsaw, where we had travelled together for a theatre competition. I remember the dismayed look in his eyes. Naturally. But above all I remember the resigned elegance with which he accepted it. Juan is not one of those guys who weighs you down with his troubles.

I can't say that my beautiful friendship with Juan is one of those mentioned in his novel, with that fair and fabulous way he has with words bursting through on every page, when he declares "that faith in well woven childhood friendships", alluding to the type of unconditional friendship forged in infancy. Ours is a relatively recent one, though carefully chosen, created on the basis of affinities and very intense experiences.

I met Joan Espasa in the year 2002. We were two of the twelve students who had passed the entrance exams to study drama in the RESAD that year. I remember my first conversation with him. We spoke of our pasts and, also of what we expected of those drama studies. What impacted me was the confidence and conviction with which he told me he was a writer and that he had been writing since he had had use of reason. There was a weight in him, a depth, a maturity that impressed me in spite of his youth. Joan is not a person who erupts into your life right from the beginning. Always friendly, self-assured, reserved, he spares his words. He is not one of those people who speak for the sake of it or those who like to gratuitously be the centre of attention. Nor does he boast of his intellectual superiority. So it was bit by bit that I discovered he was someone who embodied that concept of multidisciplinary artist that is so in vogue nowadays. He had studied classics at the Universidad Complutense in Madrid, he had done doctoral courses at the Sorbonne in Paris, he was a qualified clarinet teacher, he had written poems and short stories, he earned a living doing translations from English, French and Catalan, we had created a weekly radio programme, he practices creative cooking, he made incredibly personal and funny drawings to illustrate his works, he loved singing and had a baritone voice that was perfectly in tune.

Inevitably, he was soon hooked on the drama drug. He created a company with other colleagues, directed his works in it and collaborated in others as a musician, direction assistant, lights technician, stage director and adaptor. Of all his works, I particularly remember the first: *Códigos*, which I admired for the minimalism of his writing, as well as the absurd and existential world that is always present in his works of theatre. Also *"El corazón de Ofelia"*, an evocative stage game involving a mix of Shakespearian characters, and he used them to experiment with the rhythm of the language, thus applying his musical training to the writing.

Tiempo Muerto is a dystopia. A serious and discerning dystopia. I say this because there are no pretensions in it to shock with a future inhabited by crafty robots or macrocephalic and dwarf sized aliens. The plot of his story, like the atmosphere and the society it reflects, is extremely believable and denotes that the person writing it hurts when they look around, with a penetrating eye, at their environment, and imagine a reality that could be just around the corner. Joan shows us a humanity in which things have gotten worse and which is, in short, a result of ours. A scenario in which the drones rest, as if it were the most normal thing in the world, on our windowsills, in which the citizens comfortably wear implants used to locate them from the moment of their birth, in which the consumption of laboratory drugs proliferates. Telo is a drug which serves as an escape for the weary, while also being used by those in power as an instrument of submission among those who are against the system. It has also fostered the appearance of opponents of this oppressed humanity: the Invisible Brigades who live in catacombs in the underground and have chosen terrorism as the only possible weapon against the exploitation of the weak by an elite sector that governs from the shadows. A world which we feel close by, hostile and highly disturbing

In *Tiempo Muerto* we penetrate a society that has succeeded in delaying ageing to the age of 300, by means of a complex operation called Regeneración Celular Completa (RCC), commonly called "getting the chromo done". When the work begins, the RCC is generalised across all the population that can afford it to the extent that deciding not to get it done is considered exceptional. That is: that current trend to worship youth and a beautiful physical appearance that exists in our world has already become a dogma of faith. Although this dogma only implies the body and there is absolutely no underlying idea of a longer life to achieve more wisdom or personal and social evolution. On the contrary.

Through the four main characters of the story we witness four different ways of approaching the dilemma of whether to get the chromo or not, and the consequences this decision leads to. In the case of Yuka, a cello student, and the young heroine of the novel, an event will mark her decision making: her mother's suicide after having the operation done. This ghost also hovers over Didier, the widower and Yuka's father. Didier is a very famous surgeon, specialised in RCC operations, already regenerated and convinced of the excellences of the intervention. The struggle that takes place between Didier and his daughter in their opposite stances on the procedure, in reality, reflects a disagreement in their radically opposite ways of seeing the world. I believe that Yuka will not have to fall out of love with her father. She almost doesn't even remember having him on a pedestal. Yuka, at least, will never have to kill her father to attempt to be what she wants to be.

The third and fourth main characters that make up the quartet are George and Clara, a magnificent description of the hells a couple can sink into and an eloquent portrait of a relationship that has become poisoned by unexpressed feelings which, ultimately, rot. Like Didier and Yuka, George and Clara will also have opposite views of the operation.

Thus, we find ourselves with four different perspectives, fuelled by life situations and characters, that are also very different, and are splendidly dissected by the writer. I think that what he does is, in short, reflect and discover himself through his characters, in turn inviting us to reflect and discover ourselves, asking himself and asking ourselves what to do in such a situation. And, perhaps, giving himself or giving ourselves a heads up in the sense that nothing is worth an exterior change if that is not accompanied by a profound inner change. Because Yuka, Didier, George and Clara, so different to each other, nonetheless share a common denominator: unhappiness in life. And the fact is that the result of this generation of body regenerates, though not soul regenerates, is weariness and depression that is more or less covered up, but which is an underlying presence in all four of the work's characters. They are all victims of a society that has anaesthetised their incapacity to love. It could be said that the suicide of Yuka's mother that I mentioned before, in reality affects all the characters in such a way that the thought of suicide is, at some point, present in each one of them.

I referred to Yuka as a heroine and I did using the genuine meaning of the word. It is clear in the work that the author drinks of the fountain of the Greek tragedy he knows and loves so well. Presided by the admonitory voice of the mother who, present throughout the work, obsesses Yuka, I believe there is an authentic tragic conflict in the novel made clear in the characters of Yuka and George. We will also bear witness to that journey that every hero undertakes, driven by their uncertainties, aspirations and yearning for answers. Yuka's spirit of rebelliousness suggested a sort of Antigone to me. Yuka is disobedient to society and to her own father, small and fatuous Creon, even in the knowledge that her decision to elude the operation will condemn her forever to social exclusion. This unsolvable antagonism, which the tragedy is based upon, and in which Yuka is immersed drives her closeness to George. The fond friendship that surfaces between them is one of those that occur between equals who attract each other. George, a blind black man who earns his living as a Telo dealer, is also a character with mythical reminiscences whose blindness allows him to see beyond the obvious. I believe that it is in him rather than any other character that we see that ever so pure definition of tragic by Kierkegaard: *The tragic is the suffering contradiction.* The conflict between duty and will that divides George and threatens to break his integrity. His direct antagonist is Clara. A conventional and neurotic woman with little mental peace as denoted by her small-minded and anxious ruminations.

Not only does the author hit the nail on the head with the content of the work and his magnificent scrutiny of the characters' psychology, he also gets it right in the way he chooses to present it to us. Although I know that Joan enjoys experimenting with form, the structure of this novel, though contemporary in its fragmentation, in general abides by the classic norms. The plot, which does not run out of steam at any point, unfolds with perfect progression and within a linear timeline. As I said before, I feel that Joan reflects his personal uncertainties in the text and wishes to transmit them clearly to the reader. Above all else, he aims not to confuse matters with vanguard pirouettes to ensure that we never lose the thread of either the plot or the motivations and existential doubts the characters go through. This is why he decided to take on the mantle of the omniscient narrator who knows every last thought of the characters. Like a tell-tale child, he is constantly revealing what the characters want to hide, revealing how much they lie to themselves and to others. I think that Joan has decided to play the trump card of his wonderful, expressive writing. Hence, occasionally the language he uses is cultured, high-brow, complex, lyrical and metaphysical, and others, scathing, with that sense of humour so uniquely his, so dark and so serious.

Among the narrative passages, I found the grotesque portrait of Didier's regenerated physique wonderful. Another fragment of a high poetic standard is when Yuka plays the cello for George, succeeding in imbuing him with an energy long forgotten. Also, the description of the hallucinogenic "trips" given by the Telo (I suspect that there is also an allusion to the Greek world in the name), in which Joan enjoys and lets enjoy by allowing his particular oneiric universe out. Likewise, the tenderness, the nostalgia and the everyday flavour exuded by the passages narrating memories of Yuka's infancy, with her mother and her grandmother. And, undoubtedly, the part in which Yuka's diary is transcribed, where for once, the author hands over the point of view to her so that she can vomit, in the style of an inner monologue, her deepest intimacies and the disgust the society she has to live in makes her feel.

In *Tiempo Muerto* there is also the peculiarity that the strictly narrative passages are combined with passages of dialogue. In fact, dialogue fulfils an outstanding function in the work, as there are numerous moments in which the author withdraws, leaving use of the word to the characters. This dialogue provokes (or at least this is what happened to me) a stimulating twist in the reception of the reader who, all of a sudden, will hear how these characters that the author appears to have let loose express themselves, without his arbitration.

I have already said that there is a journey in the novel. A journey with numerous adventures which, for various reasons, the characters will embark on. This will take us, in the second part of the novel, to an indeterminate African country, former French colony, where we are submerged in the atmosphere, customs and mentality of its inhabitants. New and succulent characters emerge, among whom I would highlight the brilliant sketch of Mouna drawn by the author. She is George's sister, distrustful, dour, resentful and intuitive. This journey will serve as a stimulant or attempt to regain a vital intensity for each one of them and will turn out to be a journey of initiation for Yuka and George. Given its heroic nature, to them it will not be a simple journey in space, but will be transforming.

In the final pages, there is a leap in time. Years have gone by and now we are witnessing the different paths the characters have taken. I admit that I was dying to know what had become of Yuka, Didier, George and Clara. Joan had managed to weave strong bonds between me and them. I think you will feel the same longing and that, like me, you will find the ending worthy, and that it does not detract from the high standard maintained throughout the work. I also imagine that you will feel the impact I felt when I read it. It leaves a bittersweet taste but it is, above all, an ode to human dignity.

I said before that *Tiempo Muerto* is linear, through that was not entirely truthful. It was not in the form of the novel that the author wished to show us a distortion in time. You will see how in the final pages we bear witness to a veritable "pirouette in time". The ending is overwhelming.

---

*   Lucía Vilanova, actress and playwright. Has presented her play at the Teatro de la Abadía in Madrid and the Centro Dramático Nacional (National Drama Center)

María Cristina García González

[Oviedo, 1967]

She is an architecture graduate from Escuela Técnica Superior de Arquitectura de Madrid (1993) and doctor of architecture from Universidad Politécnica de Madrid in 2011, where she obtained the Extraordinary Doctorate Award for her doctoral thesis written in the Department of Urban Planning and ordnance of the Territorio de la ETSAM under the supervision of Professor José María Ezquiaga. She has been giving classes in the Architecture degree course at Universidad de Alicante since 2005. She obtained the qualification of lecturer, associate professor and private university lecturer from the Agencia Nacional de Evaluación de la Calidad y Acreditación (ANECA) in 2012.

Her field of specialisation is urban history as a tool for the study of the processes and dynamics that characterise contemporary town planning. She has taken part in various research projects and her findings have been presented at international scientific congresses, such as those organised, among others, by the International Planning History Society in Chicago (2008), Istanbul (2010) and Lisbon (2013), Universidad Politécnica de Cataluña (2010) and Universidad de Navarra (2010 y 2012), and published in specialised magazines, such as Ci[ur]. Cuadernos de Investigación Urbanística, in the artícle "César Cort y la cultura urbanística de su tiempo: Las redes internacionales y los canales de difusión del urbanismo en el período europeo de entreguerras"(2013); Journal of Urban History, with the article "The National Federation of Town Planning and Housing, 1939-1954: a network for town planners and architects in Franco's Spain" (2014); and monographs such as La sede del Centro Superior de Estudios de la Defensa Nacional: la vida de un edificio (2013) and Redes internacionales de la cultura española, 1914-1939 (2014). Furthermore, she has formed part of various teaching innovation projects on how to teach town planning in the Architecture degree programme and has taken part in international town planning workshops on urban design.

The research project undertaken during her stay at the Real Academia de España en Roma studies the Roman town planning culture in the period between the wars, as a preamble to the symbolic construction of the Third Rome by Mussolini and his architects. Through this project, she aims to verify and display the links that existed between the Italian and Spanish town planning cultures during the decade of the thirties in the XX century as part of the international town planning networks.

ROME CIRCA 1930: HOC OPUS, HIC LABOR[1]
María Cristina García González

This is a synthetic view on certain aspects of the complex urban processes and conflicting territorial dynamics which took place in Rome circa 1930, seen through the eyes of an intern interested in urban history at the Academy of Spain in Rome.

The first fact to establish given such an approach is the consideration of the *genius loci* (protective spirit) of the metropolis. The *carattere* (character) of Rome lies not only in its fascinating architectural and monumental wealth, amassed over the centuries, but also in its setting and its irregular topography, with its legendary seven hills feigning distances and perspectives, where everywhere water flows in the countless fountains and through the winding course of the River Tiber, and whose rural verdure caresses the city both inside and outside its walls.

The starting point of this study is the 12th International Federation for Housing and Town Planning (IFHTP) congress,[2] which was held in Rome in July 1929. The sessions featured two of the leading exponents of the city's urban history in the twentieth century, both involved in tumultuous and disparate relationships: the renowned architect, engineer and historian Gustavo Giovannoni (1873-1947), and the once maligned and then acclaimed architect, just like *olio di ricino*, (castor oil) as Francesco Dal Co once said,[3] Marcello Piacentini (1881-1960), both professors at the Rome School of Architecture, one of the cardinal centres of knowledge on Roman architecture and urban planning since its foundation in 1919. The choice of Rome as the host city seemed to indicate a certain complacency of the IFHTP with the fascist regime. In this regard, we should not lose sight of its official line.

The congress was divided into two sections, each subdivided in two themed blocks. Urban planning issues focussed mainly on historic cities, as could only be expected in the case of Rome. Meanwhile, housing-related issues focussed on the analysis of construction styles and funding policies, as had been customary at previous congresses, whilst also leaving some room for technical aspects.

A photograph showing the model of the city of Rome under Emperor Constantine was the first and most unique of the images reproduced in the book of congress proceedings.[4] It represented Imperial Rome. Second Rome was represented in the proposal prepared for the eternal city by Pope Sixtus V in the late sixteenth century, which Gaston Bardet said "launches contemporary town planning, performing with Cartesian spirit a programme which for the first time proposed the joining of multiple existing centres".[5] And Third Rome was represented in the analysis of the city that Il Duce [Benito Mussolini] constantly repeated in his official speeches about need and grandeur, both based on solving the acute housing problem and freeing up iconic monuments of the imperial past - also as a fundamental aspect of opening up Rome to the sea, which would serve as a model for the urban development of the modern city. In fact, Il Duce, besides playing an active role in many of the projects, had been carrying out a remarkable seduction of architects and engineers, the professionals bearing the responsibility of urban planning in Italy and to whom he granted a great deal of commissions based on "hard and silent tenacity".

Marcello Piacentini described Rome as a city of "a picturesque and not grandiose nature. Its monuments are grandiose, as are St. Peter's and the Colosseum, but the layout of the city is not: there is no way it could be given its vertical alignment [...]. To preserve a city, it is not just a question of saving its monuments and palaces, isolating and adapting them to a whole new environment; the ancient setting, with which they are intimately connected, must also be saved".

The urban plan was to play a key role in recovering the lost urban unity. The old city and its new extension, each with its own demands and specific character, had to coexist. In fact, the problems of renovating the old town and designing the new part were formulated in different ways, so in practice they came into conflict. In Italy it was impossible to homogenise a generic urban proposal due to the wealth and variety of its cities, conceived as individual by the Italian speakers, including a young Luigi Piccinato, Cesar Chiodi, Marcello Piacentini and Gustavo Giovannoni.

The *Geddesian survey,* revered in the 1929 Regional Plan of New York and its Environs and advocated by Gwilym Gibbon and Patrick Abercrombie in their respective speeches, proved a mainstay of archaeological studies in Rome. Professionals such as Antonio Muñoz, Inspector General of Antichità e Belle Arti del Governatorato, and the historian Corrado Ricci, justified, on the marble remains of the Forma Urbis, the more or less imaginative re-creations of possible realities of Roman past, which were accompanied by other urban resources that emphasised the uniquely Roman essence of *romanità.*

Three specific reasons were given to launch urban development projects in the old town: artistic, sanitary and, mainly, transport. And this development, *diradamento* (thinning out), as Gustavo Giovannoni would say, inevitably entailed major *sventramento* (demolition) operations, which was nothing new in Rome. Suffice it to mention the example of the Via Giulia, started in 1500 at the initiative of Pope Julius II and studied by Manfredo Tafuri, or the later Corso Vittorio Emanuele II, which was praised for its curved path designed not to destroy too much of the Rinascimento quarter, built in the late nineteenth century.

In the second half of the 1920s and principally in the 1930s, developments included: the opening of the Via dell'Impero, the grand boulevard for gloating over victories and weeping over failures, which linked - through the Imperial Forums - the Colosseum to the Palazzo Venezia, where the office of Il Duce was, and whose route would continue on to the Via del Mare; development in Piazza Venezia; the proposed systematisation of the Campidoglio Hill, the Bocca della Verita and the Teatro di Marcello, opening up the exit route, towards Via Ostense, to the Tyrrhenian Sea; the *isolamento* (isolation) of the Mausoleo di Augusto to mark its two thousandth anniversary in 1937; the *sventramento* of the Via Barberini and the Largo Argentina; and the rectification of the Via del Corso Rinascimento and the Via della Conziliazione at the expense of the Vatican Spina di Borgo.[6] Some developments would generate a new need, such as providing housing for the displaced population as a result of demolishing the compact mass of the precarious Roman residential network that was concealing monuments, which had to be exposed and were standing in the way of the new urban planning. These *sventramento* and *isolamento* operations provided many of the inhabitants of the newly-built *Borgate Ufficiali di Roma* (official housing estates).

The questions which attracted the interest of Roman urban planning at the time were regional planning and the relationship between city and country. Attention was being given to the decentralised growth of the city based on satellite towns on the outskirts and "cities within the city" within the urban core. And Rome was on the ball.[7] In fact, from 1911 onwards, following the Exposizione Internazionale di Belle Arti designed by Marcello Piacentini in Valle Giulia, Rome became a "city of art", with the Galleria d'Arte Moderna, the School of Architecture and many of the foreign schools, such as the British and Romanian ones.

In 1928, the sketches for the Foro Mussolini were presented.8 This was conceived as a city of sport and youth in the style of a classical forum, under the design of Enrico Debbio and, later, Luigi Moretti. The project was then extended with a new bridge over the River Tiber, with the Mussolini obelisk as a landmark at the entrance. Its venues included the symmetrical Accademia Fascista di Educazione block, the huge Stadio dei Marmi, the Stadio dei Cipressi, indoor and outdoor swimming pools, the Accademia di Scherma and some outbuildings.

On 4 April 1932, the fascist government formed a consortium for the construction of the University City of Rome, with Il Duce inaugurating the complex three years later. Il Duce had designated project management to Marcello Piacentini, who - as a significant gesture - drafted in young architects to design the buildings.

The famous Cinecittà film studios, whose origin lies in the creation in 1924 of the Istituto Luce (L'Unione Cinematografica Educativa) as a propaganda unit following the fascist maxim of "la cinematografia è l'arma più forte" ("film is the most powerful weapon"), saw the light in 1937. In fact, the *Giornale Istituto Luce,* a newsreel which began operations in 1927, filmed members of parliament walking down the steps of the new and systematised Campidoglio at the opening session of the congress.

The proposals for Rome presented at the Mostra Nazionale dell'Abitacione e dei Piani Regolatori (National Exhibition of Housing and Regulatory Plans) by two teams of architects certainly stirred up controversy. The surprising proposal given by the La Burbera[9] group led by Gustavo Giovannoni divided the historic centre with a cardo (north-south oriented road) parallel to the Corso and a decumanus (east-west oriented road), generating a kind of Babylonian-Assyrian centre at their junction, ventilated and diffused by the eloquent perspectives of the architect Alessandro Limongelli. It was harshly criticised by Marcello Piacentini in the media. More surprising still was the proposal by GUR (Gruppo di Urbanista Romani),[10] which was headed by Luigi Piacentini, with a new centre to decongest the historic city featuring a main thoroughfare, the so-called Via Mussolini, of enormous dimensions which outlined a huge area of growth for the city. The GUR also offered a proposal of territorial decentralisation that influenced the issue of communications and presented the idea of rural *borghi* (settlements). For Donatella Calabi,[11] regulating the direction of growth of Italian cities at the time was a question of purely administrative annexation, where regional planning merely entailed the reorganisation of roads and thoroughfares, whilst the city and its centre were conceived as a point within an efficient transport system.

Faced with these highly unrealistic proposals for the capital, the Governatorato had its own. As Vanna Fraticelli reported at the time,[12] with the 1929 Mostra the aspiration of Roman architects to be the ruling class of fascism, whilst also retaining their own autonomy as they did with initiatives like the First National Congress of Architects in 1928, would change thereafter: it would no longer be possible for them to play more than one role, that of intellectuals of the regime and for the regime. Although there seems to have been a general glorification of fascist intervention in Italian cities, the intentions present at the Mostra regarding Roma were unclear.

The aspirations of the Governatorato were presented at the Mostra through its expansion plan, La Variante 1925-1926, which was far more technical and viable than the proposals by La Bulbera

and GUR. The reason may have been the pluralistic approach of the organising committee, but also an attempt to show the determination of local authorities and public bodies to manage and plan cities as opposed to the utopian visions of architects. The congress thus became proof of the inability of architectural culture, albeit from different viewpoints, to develop truly plausible proposals for the city. In fact, La Variante 1925-1926 gained more clout and was ultimately fully incorporated into the 1931 Plan. According to Giorgio Ciucci,[13] Mussolini appointed himself as the ultimate decision-maker on questions of disagreement between Giovannoni, Piacentini and Brasini in the 1931 Commission on Town Planning, which was - without any significant urban progress - the only logical and possible solution.

On this point, the congress spoke favourably about the opportunity of directing the flow of population from the city to smaller towns or to the countryside, as promoted by the state. This aspect, which Gustavo Giovanonni called "anti-urbanisation", was considered so important that it was proposed as a priority issue to be addressed at future congresses. What is more, Italy had already started working on counter-urbanisation as a major experiment, both socially and territorially.

The most immediate precedent was the set of agricultural changes introduced from the pre-fascist era by the Opera Nazionale Combattenti, a state-funded organisation set up to compensate World War I veterans, promising them agricultural land in order to rebuild their lives. It was relaunched by the fascist economist and politician Arrigo Serpieri, an expert in agriculture who drafted the 1923 Serpieri Act and was the forefather of the *bonifica integrale* (land reclamation) concept. This entailed preparing rural land across the country for agricultural production by reclaiming marshland, infertile land or uncultivated areas.

This also gave rise to the Agro Pontino programme, located to the southeast of Rome on a plot of 60,000 hectares between the former Via Apia and the Tyrrhenian Sea, which ultimately became the Opera Nazionale Combattenti.[14] Part marshland and infested by malaria, the land was drained and trees were cut down, leaving the area prepared for cultivation and equipped with roads, hydraulic infrastructure and energy supply, with the first settlers already living there by 1932.

The settlement was styled around the farm-village-city relationship, which structured and hierarchised the territory. Each farm covered 15 hectares, although the area sometimes varied depending on the productivity of the land, and was provided with a house for the settlers and a series of outbuildings. Around one hundred properties made up the village, with facilities for the farms and for the rural population. The largest settlements were organised into towns of between 3,000 and 5,000 inhabitants, all with administrative, healthcare, retail, educational, sporting and recreational facilities carefully sized to fit the projected population for the municipality. The first town built was Littoria (Latina), founded in 1932. Over the next seven years, tenders were offered to Italian architects for projects in Sabaudia, founded in 1933 and followed by others such as Pontinia, Aprilia, Pomezia and Guidonia, designed to house the military and civilian personnel linked to the Monte Celio aerodrome.

The propaganda machine of the Fascist regime was very effective. Issues of the Quadrante journal, run by the critic Pietro Maria Bardi, showed suggestive images of the new towns, proposed by young and enthusiastic architects. The Agro Pontino experience was also analysed at the CIAM and in 1933 was referenced in the Spanish journal *AC. Documentos de Actividad Contemporánea*. Years later, in the early days of Francoism, the Spanish Home Secretary Ramón Serrano Suñer, who was responsible for Spanish reconstruction, travelled to Italy (June 1939) and visited the cities of Littoria (Latina) and Sabaudia in Agro Pontino, declaring in awe that "this alone justifies the regime".

At that time, there was an ideological conception in Italy of housing as a means of promotion-integration of the working classes, with its development and public management in the hands of the Istituto per le Case Popolare[15] (later the Istituto Fascista per le Case Popolare), an autonomous municipal organisation for affordable housing founded - in the case of Rome - in 1903. These institutions presented their proposals at the Mostra Nazionale dell'Abitacione e dei Piani Regolatori. Thus, the Istituto per le Case Popolare in Rome, led in 1929 by the two-man team of Alberto Calza-Bini, gifted with great political skills, and the engineer Innocenzo Costantini, with extensive organisational skills, would become a major laboratory of social education and housing, as well as a premise and a synonym of order, decorum, health, responsibility and ultimately happiness. All of this was cloaked with social paternalism, a preferred behaviour of totalitarian regimes (or aspiring totalitarian regimes).

Given the impossibility of expanding the Italian capital as a garden city with houses, the Istituto had managed to ignore the spurious *palazzina*[16] (apartment block) prototype, reshaping it as a border element between public and private land and giving the blocks an urban character by solving the disintegration of the urban fabric that this prototype entailed. The moment was particularly intense, architecturally speaking, as the shift from the *villino* (detached house) to the *palazzina* was also a shift from "barocchetto romano" to the rationalism of Libera, Moretti and Terragni. The *palazzina* emerged triumphant at the Piano Regolatori in 1931 and became the type of building with which the emerging middle class of Rome wanted to be associated.

As a display of Roman practice in the field of social housing, aimed at international experts attending the congress, the Istituto took on the construction of a small group of affordable homes. The site chosen for this project was the Garbatella district, the construction of which began in 1920 as a small garden city designed by Gustavo Giovanonni and Maximum Piacentini, one of just two garden cities (the other being Aniene) in Rome, as well as the one in Ostia.

The architect of the Istituto, Plinio Marconi, was commissioned to conduct the general mapping of *lotto* number 24 of Garbatella and to propose the amenities and public services for the houses. The *palazzina* design was chosen and the total number of homes planned was fifty-two. IFHTP congresses would always typically include a tour of groups of single housing units, but this was the first time that a decision was taken to build new units as an exhibit. The successful Weissenhof exhibition of model houses in Stuttgart in 1927, with a similar number of properties, probably inspired the project developers, bridging the gap between the two operations.

The housing problem was acute in Rome. In fact, in the ten years from 1921 to 1931, the city had gone from 691,661 to 1,008,083 inhabitants, in other words, a growth of over 45%. This led to a surge in the number of *barrache*, the substandard houses that formed true pockets of misery in the city and its outskirts. The immigration of the twenties and thirties, the rent release programme of 1928 and the major *sventramento* operations in the city centre created the need to implement urgent measures to respond to the demand for social housing.

So, in the context of the fascist policy of *sfollare la città* (evacuating the city), and promoted by the Istituto per le Case Popolari di Roma, new *borgate ufficiali*[17] *appeared*, isolated and peripheral settlements not included in the 1931 plan.[18] The estates were built very quickly and using the economy of means, with two- or three-storey blocks of identical homes, which in later *borgate* would rise to four or five storeys, with a rigid organisational structure. Located between the major Roman radial roads and with a socially homogeneous occupancy, they were "a subspecies of a town: a fragment of the city dropped in the middle of the countryside, which is not really one thing or the other", as Italo Insolera would write in his famous essay on Modern Rome.[19] Using the name proposed by Patrick Abercrombie at the Rome congress, here we are looking at dormitory satellite towns.

A study on Rome circa 1930 cannot overlook the urban operation known as the EUR, a unique project launched in 1937 to host the 1942 World's Fair,[20] which was organised to coincide with the Ventennale dell'Era Fascista (twentieth anniversary of the Fascist era). The idea behind its construction was to create an ideal city[21] that would somehow synthesise all the urban planning virtues of fascism, including proposals for a new model of housing.

The proposed location would convert the EUR into a major business centre between Rome and the sea. The idea of opening up Rome to the sea was not new. The land chosen for its construction was located on the road to Ostia, on the left-hand side of the River Tiber and the Via del Mare, in a typical area of the Roman countryside with hardly any existing development, which cut costs given the required expropriations. In 1938, the Governatorato of Rome expropriated, through the independent management agency of the EUR, around 400 hectares, belonging partly to the Tre Fontane abbey and to the land improvement zone, including eucalyptus forests, which were intended to reduce cases of malaria. The idea was also to sort out the problem of dispersed *barrache*, which was solved by demolishing them and sending families to the *borgate ufficiale rapidissime* (hurriedly built housing estates). The beautiful scenery was not a significant factor for Il Duce.

In 1938, the initial project was transformed by Marcello Piacentini and the EUR technical office. At the same time, modifications were made to the 1931 Piano Regolatore, which proposed a non-directional growth, to include La Variante of 1942, drafted by a commission formed by Piacentini, Giovannoni and Testa, amongst others, who by contrast proposed major directionality in the growth of the city.

Started in 1940, the course of the Second World War halted construction of the imperious EUR project, which over the years became an "exquisite corpse" of Italian fascism. This was testified by the appearance of the unique "Colosseo Quadrato"(Square Colosseum) in the background of a scene from the film *Roma, Città Aperta* (Rome, Open City).

[1] "This is the hard work, this is the toil", in Gustavo Giovannoni, "Questione Urbanistiche", *L'Ingegnere*, Vol. II, no. 1, 1928, p.10.

[2] The official languages of the congress were English, German, French and Italian.

[3] Francesco Dal Co, "Architettura e olio di ricino. Vita e opere di Marcello Piacentini", *Casabella*, no. 826, 2013, pp. 94-103.

4   Model by Paul Bigot made on the occasion of the archaeological exhibit of the Baths of Diocletian, organised by Rodolfo Lanciani for the 1911 International Exhibition. Not to be confused with the model by Guismondi exhibited at the Museo della Civilittà Romana.

5   Jean-Louis Cohen, "Gaston Bardet and La Roma di Mussolini, *Zodiac*, no. 17, 1997, pp. 70-86.

6   Antonio Cederna, *Mussolini urbanista*, Venice, Corte del Fonteco, 2006.

7   Piero Ostilio Rossi, *Roma. Guida all'architettura moderna, 1909-2011*, Rome, Laterza, 2011.

8   Paolo Nicoloso, *Mussolini architetto. Propaganda e paesaggio urbano nell'Italia fascista*, Turin, Einaudi, 2011.

9   Formed by Gustavo Giovannoni, Vicenzo Fasolo, Alessandro Limongelli, Ghino Venturi, Pietro Aschieri, Arnaldo Foschini, Giacomo Giobbe, Giuseppe Boni, Enrico Del Debbio and Felipe Nori.

10   Formed by Marcello Piacentini, Luigi Piccinato, Gino Cancellotti. Eugenio Fuselli, Leni, Nicolosi, Scalpelli, Dabbeni, Lavagnino and Valle

11   Donatella Calabi, *Storia dell'urbanistica europea*, Rome, Bruno Mondadori, 2004.

12   Vanna Fraticelli, *Roma 1914-1929. La città e gli architetti tra la guerra e il fascismo*, Rome, Officina Edizioni, 1982.

13   Giorgio Ciucci, «La Roma di Marcello Piacentini, 1916-1929», *Rassegna di Arquitettura e Urbanistica*, no. 130-131, 2010, pp. 21-50.

14   María Martone, *Segni e disegni dell'Agro Pontino. Architettura, città, territorio*, Rome, Aracne, 2012.

15   Cristina Cocchioni and Mario de Grassi, *La casa popolare a Roma. Trent'anni di attività dell'I. C. P.*, Rome, Kappa, 1984.

16   Carlo Mezzeni (ed.), *Il disegno della palazzina romana*, Rome, Kappa, 2007.

17   Twelve according to Manfredo Panizza's classification: Primavalle, Trullo, Tor Marancio, Gordiani, Quarticiolo, Prenestina, Tor Marancia, Piedralata, San Basilio, Tufello, Val Melaina and Acilia Don Bosco, Tiburtino and Valco San Paolo are *borgate* built later and financed by the Marshall Plan.

18   Luciano Villani, *Le borgate del fascismo. Storia urbana, politica e sociale della periferia romana*, Milan, Ledizioni, 2012.

19   Italo Insolera, *Roma moderna*, Turin, Einaudi, 2011.

20   Vittorio Vidotto (ed.), *Esposizione Universale Roma. Una città nuova dal fascismo agli anni '60*, Rome, De Luca Editori d'Arte, 2015.

21   Unlike the EUR, the International Exhibition held in Rome in 1911 to mark the fiftieth anniversary of the unification of Italy was used to intervene in the existing city. As a result, the Mostra Regionale ed Etnografica was held in the Piazza d'Armi, on the right bank of the River Tiber, for which Stübben made some proposals, joined by the Ponte Flaminio to the Exposizione Internazionale di Belle Arti in Valle Giulia, on the left bank. Completed interventions included the monument to Vittorio Emanuele, the Risorgimento and Vittorio Emanuele bridges and the archaeological La Passeiggata.

ITALY, SEEN —IN 1929 AND 1935— FROM SPAIN

Carlos Sambricio*

If for a good while the history of urbanism was understood to be the history of cities, understanding this knowledge to be the sum of cases and examples, nowadays urban history seeks to comprehend the processes of change. It is true that monographic articles on specific situations are necessary, but it is also true that it is hard to understand, for instance, what the peripheral extension districts of nineteenth-century Spain were without first understanding questions such as the way the new bourgeois class sought to control management of the city in France, Germany, England or Italy, or without questioning the proposal of defining a city which, for the first time ever, broke away from a "natural" growth of the urban nucleus to suggest (in the fashion of dialectic negation, as Manuel de Solà-Morales pointed out) a new urban extension concept. If this happened in the 19th century, in the same way, on studying the transformation of the major cities at the start of our contemporaneity (that is, in the 20's and 30's of the 20th century) it is necessary to assess and take into consideration the experiences across the main European countries, to understand that they were the economic homes and what the policy applied to access these consisted of, or as a new form of understanding that it must have been the city management that determined the passage from the medium to the large urban scale. However, I believe it is necessary to specify one aspect: the times do not exactly coincide in terms of what happened in the different cities and that becomes evident when we compare what happened in Italy in the Fascist period to the Spanish reality of those same years.

Between 1860 and 1926, from the first theoretical proposals of Cerdá to the approved conclusions in the First National Congress on Urbanism, Spain experienced a moment that was basically defined by the guidelines set down in 1885 by Cánovas del Castillo in his Law on Town Improvement and Sanitation. This law stipulated that the Government would cede the capacity to intervene in the existent urban nucleuses to the private sector, drawing up internal refurbishment projects if and when said private capital carried out the corresponding demolitions and accepted the execution of the proposal, receiving in exchange —as compensation— a façade line of 50m depth. The desire to build "the capital of the capital" (new interpretation of the "liberal city") marked the actions of an entire generation, reflecting the new mentality in the comments made by César Cort (first professor of Urbanology at the School of Architecture of Madrid) on stating that… *to urbanise is a good business* and on suggesting numerous proposals for the outskirts of Madrid to Núñez Granés, understanding this area to be a continuation of the suburban development without ever raising the question of a need for new zoning. Almost at the same time, García Mercadal pointed out how modern urbanism …*was officially born in Spain on the day the Municipal Statute was approved*, dating the consequence of the same in 1924, without understanding that the municipal policy of Primo de Rivera —consisting of ceding the urban competences to the councils so that they, in turn, could transfer them to the private sector— did not change the previous situation in any way.

Mercadal believed it was sufficient to foster the private sector initiative in order to alter the existent reality, but based on two facts: the lack of economic resources of the councils, as well as the lack of technicians capable of proposing and projecting those projects. It is true that Montoliu, Lacasa, Mercadal or Giralt Casadesús had recently published studies on German urbanism and many held forth on their opinions of how to manage the reconstruction of the cities destroyed in the First World War. It is also true that the National Congress on Urbanism held in 1926 imposed —as a conclusion— that all Spanish cities with a population of over 50,000 inhabitants must draw up an urban extension plan[1]. Nonetheless, given the non-existent response capacity of the municipal technicians, it was necessary to propose a dual strategy: convene public urbanism competitions in which Spanish architects frequently collaborated with technicians from other countries and, secondly, to foster the creation of "societies of study" made up of both urbanism professionals and certain Banks, with the objective of detecting and providing a response to urbanistic problems in the main Spanish cities. An anecdote that serves to show this practice is that Secundino Zuazo even went so far as to announce his "Society" in the advertising pages of the Madrid-based magazine *Arquitectura* acknowledging later on in his *Memories* that, given the impossibility of carrying out his proposals, he decided to give up the role of draftsman, in order to become an executor. He openly admitted that *…there was an international society of studies in which some Spanish Banks intervened… founded before the creation of the Republic… which had requested general help programmes for Barcelona, Madrid or Valencia, in order to resolve their growth difficulties, investments in waterworks and housing construction services with capital loans and supplies of materials not manufactured in Spain. I had some guidance about the plans to be drawn up in relation to these two major operations that Madrid needed to resolve: the extension of the Castellana avenue and the interior refurbishment Plan.* The reason for this association between urbanism professionals and the bank was clear: from 1925 on —as he himself would state— *…the legislative difficulties took priority in all technical studies* which was why in the urban proposals *…the reason for the urban economy that was never considered took precedence as a previous issue. The refurbishments were simply a regulatory means to render the transformation and growth possible, but re-establishment of the trust of the capitals invested in the works was obligatory*[2].

At the end of the century the urban model changed, disrupted like never before in the small, medium and large scale modus operandi. Internal refurbishments in the old centre were proposed, not to facilitate speculation, but rather in order to improve impoverished areas, like for instance replacing housing without the correct hygienic conditions with others more in line with the German and Austrian experiences; the outskirts were assessed not from the perspective of extending the periphery, but in an attempt to transfer the future urban centre to it and, for the first time ever, the large scale was a reflection of both an urban planning process in which industrial, residential or leisure areas were projected according to specific characteristics while at the same time a transport policy was defined making it possible to link those nucleuses with the metropolis.

If at the start of the decade of the 20's, the problem of cheap housing had been dealt with by building unconnected garden cities in the outskirts, at the end of the decade the option chosen was to build high-density buildings at the end of the city extension that put an end to the "cheap housing" policy. In this sense, what might the Spaniards have seen in 1929 when they attended the XII International Federation for Housing and Town Planning Congress held in Rome and, at the same time, what did they contribute? If the cultural information on what has happening in Italy from 1923 was important, the comments on its architecture, the news about the urban planning projects implemented were generally limited to informing of the Bonifica del Agro Pontino. Obviously, under the Directorate of Primo de Rivera (in light of the failure of the law on internal colonisation introduced by Antonio Maura in 1907) who was interested in the development of drainage basins, the references to interior colonisation were of unique importance. In spite of everything, although from the early stages of the new Fascist State, certain Spanish press entities (*El Debate*, for example) applauded the measures taken by the Mussolini government (specifically, the simplification of the rental laws approved in the same year[3], in reality the news published by the Spanish media on Italian urban planning was limited. Nor did the architects living in Rome (these were Mercadal or Balbuena) did not get their opinions right either and it was only in 1928 that Giménez Caballero returned to the comments made first by Anasagasti and then by Zamacois on Marinetti, publishing —on the occasion of the visit he made to Barcelona and Bilbao— in *La Gaceta Literaria* news on futurism and film[4]). Very little had been published in the specialised Spanish press, on the Italian avant-garde architecture, with the near exception of a note that appeared on the work of Alberto Sartoris. Which is why it's no surprise that the participants in the XII Congress held in Rome were López Valencia and Cort, the former a civil servant of the Social Reforms Institute and the latter was chairman of the future municipalist nucleus *Unión Patriótica*.

1929, a date to remember, it was the year in which the Second International Modern Architecture Congress was held in Frankfurt in order to almost exclusively talk about the minimal dwelling. If Rome was attended by Social Reforms Institute civil servants or architect-politicians linked to Calvo Sotelo and Gascón y Marín, in Frankfurt, Amós Salvador presented various Spanish housing projects that fit with what was debated there. In Rome, López Valencia concentrated his speech on the Spanish cheap housing legislation without realising that it was old news, and that what had been interesting in 1923 was no longer interesting in 1929, and that furthermore it made very little difference to emphasise what had quantitatively been done in Barcelona, Bilbao, Valencia or Madrid because the debate on housing in the CIAM focused on aspects as diverse as minimal spaces, industrialisation of the home or the policy enabling access to the same[5].

In 1930, the newspaper *El Debate* —in line with the grassroots politicians of the Unión Patriótica (the members of the *Cuerpo de Arquitectos Municipales de España*)[6]— continued to express its concern about the problem of rents in Italy, ignoring the debate on housing which at that moment Zuazo had initiated with his proposal for the extension of Madrid, pinpointing one same area for housing for the upper class, middle classes and working classes. I understand that each of those dwellings was to have a different programme of needs (according to its surface area), and the working-class houses were examples of minimal dwellings. While this was happening in the city, at the same time Fonseca was dealing with the study of the "rural dwelling" in Spain, analysing the Italian experience of the Agro Pontino, a subject dealt with in both the *ABC*[7] newspaper, and the AC. That Italian experience served as a starting point for some of the solutions submitted to the public bid for the construction of eight towns in the irrigated zone of the rivers Guadalquivir and Guadalmellato. While in *El Debate* they defended the opinion of those who, like Sainz de los Terrenos, understood that modern architecture (and, therefore, modern town planning) was just the pretext for questioning a traditional way of life calling for a "Christian home"), Fonseca —partici-

pant not only in the Urbanology Seminar organised by Cort in the School of Architecture[8] was also an activist of the Falange Española— accepted the idea of a new modernity in popular architecture, calling for a policy of internal colonisation that would involve both the organisation of small municipalities and the characteristics of rural dwellings. Close to Pagano in his *Architettura rurale*, his approach differed from those put forward by Adolfo Blanco for the rural dwelling, who focused his interest on the constructive characteristics of that dwelling, while Fonseca broached the subject from the desire to establish guidelines on the internal colonisation, sharing the idea expressed by Fernando Albi when he stated that the time had come to create... *a Fascist art of daring modernity*[9].

But in the early years of the Republic, the refurbishment projects for Rome drawn up by Antonio Muñoz were of little interest in Spain, in spite of the fact that in May 1933 he personally presented his "Piano regulatore" in Madrid, just as the various news items published about the urban planning promoted by Mussolini failed to awaken much interest, whereas on the contrary, the works of the Ciudad Universitaria, by Piacentini[10] did awaken interest. While *AC* or *Nuevas Formas* provided information on the work of Del Debbio or Figini and Pollini, there were few references to the Italian architecture of those years. Which is why in September of 1935, when the XIII International Architecture Congress, organised by the National Fascist Syndicate of Architects was celebrated in Rome, the situation was not the same as that of the early years of the Republic. When Gil Robles came into government, he changed the urban policy promoted by Indalecio Prieto in the same way that there was also another housing policy, the minister Federico Salmón —his pretext for alleviating the working class unemployment— opted for the building of middle class housing, abandoning the project of building cheap dwellings.

The matters discussed at the XIII Congress were published in various magazines[11] though again Spanish participation did not revolve around urban debates or questioning construction methods, but rather on the contrary, it concentrated on the "need to establish professional information centres".

In 1935, the Spanish architectural avant-garde was moving in very different directions: in Barcelona, as Josep Lluís Sert had abandoned the city, moving to Paris, GATCPAC found itself in a leaderless situation, without any specific guidelines. The urban dream outlined in 1930 declined in 1934 and the Grupo's magazine focused its activity on the publication of works on architecture, without commenting on what the new city image should be. For the same reason, in Madrid the government of the CEDA blocked Zuazo's major project to take the city centre towards the north of the Castellana avenue and this decision represented a stop to the proposals of the socialist councillors (Muiño and Saborit) who wanted the rehabilitation of the south side of the city.

While in the decade of the 30's, numerous architects had travelled to Germany (Prieto-Moreno, Cort, Pérez-Mínguez, Moreno Barberá…) bringing back news of the social-nationalist architecture, only the odd pensioner described what was happening there in the years prior to 1936. Thus, Italy was the unquestioned point of reference for Sánchez Mazas, Montes or so many others: but few took that architectural experience as a reference for a new way of seeing and understanding the city.

1   *La Construcción Moderna*, 1926, pp. 353-357.

2   Secundino Zuazo Ugalde, *Madrid y sus anhelos urbanísticos. Memorias inéditas de Secundino Zuazo, 1919-1940*, Madrid, Consejería de Obras Públicas, Urbanismo y Transportes de la Comunidad de Madrid, 2003.

3   *El Eco Patronal*, 1 of March 1923, p. 7.

4   «Marinetti en Barcelona», *La Gaceta Literaria*, 29, 1 of March 1928; «El futurismo y el cinema», *La Gaceta Literaria*, 44, 15 of October 1928; «Marinetti en Bilbao. Conferencia en el Ateneo el 23 febrero 1928», *El Liberal*, 24 of February 1928, p. 1.

5   About the XII International Federation for Housing and Town Planning Congress see *El Sol*, 10 of September 1929, p. 3; Federico López Valencia, *Quién debe construir las casas baratas*, Madrid, Ministerio de Trabajo y Previsión, 1929; *El Hogar Propio*, August-September 1929, pp. 47-48.

6   «El problema de los alquileres». *El Hogar Propio*, November 1930, p. 10.

7   *ABC*, 22 of July 1934, p. 1; *AC*, 12, fourth quarter of 1933, pp. 41-42.

8   *Arquitectura*, 9, 1935, pp. 334-337; *Boletín del Colegio Oficial de Arquitectos de Madrid*, 101, of December 1935, p. 6.

9   Fernando Albi, «Roma de hoy: una pequeña definición del urbanismo fascista», Administración y Progreso, December 1935, pp. 737-746.

10   «La Ciudad Universitaria. Roma (Italia)», Obras, 44, December 1935, p. 302-309; «La nueva Roma», Revista de Obras Públicas, 1933, p. 31.

11   About the XIII International Architecture Congress see Re-Co, July 1935, pp. 6-7; about the participation of López Otero see El Sol, 2 of August 1935, p. 4; about the organization of the Congress see Boletín del Colegio Oficial de Arquitectos de Cataluña y Baleares, 42, 1935, p. 479.

*   Carlos Ambricio, chair of History of Architecture and Urbanism at the Escuela Técnica Superior de Arquitectura in the Universidad Politécnica de Madrid.

Miriam Isasi

Vitoria-Gasteiz, 1981]

Is a Doctor of Fine Art from the EHU/UPV, having completed her international residence in the JNAM in Mexico D.F.

She has participated in workshops and seminars given by artists such as: Antoni Muntadas, Francesc Torres or Isidoro Valcárcel Medin, among others. Apart from the aforementioned academic studies, she has received a grant for the production of different projects by the: Basque Government, Diputación Foral de Bizkaia, Instituto Vasco Etxepare, Fundación Bilbaoarte Fundazioa, MAEC-AECID, or the Centro-Museo de Arte Contemporáneo ARTIUM de Vitoria-Gasteiz.

Her work revolves around building a bridge between the procedural and the experimental. Her projects are normally defined by a specific place, in which she intervenes through action. The territory and its specificities are constant themes in her work.

From a contemporary positioning, she generates a discourse built on subtle allusions to anthropology, history, activism, parasitism, the landscape and memory as a source of nourishment. Seeking legal vacuums and borderline spaces, with an ironic and absurd tone. In which she deals with the direct relationship between the author and the space, through the installation. Unifying the most experience-related aspect of the creative act.

In recent years, she has completed various residence programmes in: Buenos Aires, Rome, Mexico D.F., Hendaya, Pamplona, Bilbao and Peking, which have given her the opportunity to undertake different projects and exhibitions.

(Im)material memory.

Anthropological cartographies that give rise to erratic steel alliances in the mountains of Italy. Kilometres journeyed in an archaeological search of death objects turned aesthetic bodies, whose value lies in memory and meaning. Conceptual jewels that house history on the inside of shrines. Mutated residue, of a value far removed from cut diamonds, close to the inestimable value of the history that has moulded us. Just like the blacksmith forges shrapnel, in a chemical act, to create this meaningless object. Portable Mini-Monuments.

Leyre Goikoetxea*

*   Leyre Goikoetxea Martínez, contemporary art curator and critic, graduated from Art History and Research.

SCRAP AND MEMORY
Julio Llamazares*

I met Miriam Isasi at the petrol station o Boñar, a place completely lacking in romanti cism but suitable for a date with someone wh wants you to guide them to the only Republica guerilla fighter shelters in all of Spain that re main exactly as they were when their builder and occupants left them forever, almost seven ty years ago. From the service station of Boña to the town entrance, the mountains of Leó around the river Porma open up like a fan just couple of kilometres away, giving the visitor a idea of their grandeur.

And of their beauty. Because the Cordiller Cantábrica, the mountain system they form par of, wrapped around the river Porma, the embank ment of which caused my home town to disappear rises grey and calcareous, with woods runnin down its slopes, on a blue horizon that allows you mind to wander, especially in the summer, whe nature shines like a diamond, just like the moun tain in question. And it was in these mountain that so many tough battles were fought betwee Spaniards in the last civil war, and in its nook and crannies numerous traces of the violence an bloodshed still remain. Like the caves of Vozmedi ano, two subterranean refuges that sheltered th group of guerilla fighters that hid in those moun tains after the fall of the Northern front and which given the impossibility of moving into the zon still controlled by the Republican government o of escaping to France or Portugal, that lay hun dreds of kilometres away, would end up ambushe for years, built them with the wisdom of miner -the profession of the majority of these men-, s that seventy years later they remain intact, as their builders were about to come back any minut to re-occupy them and bring them to life. Thes shelters (and the echo around them of an er which, though mythologized, is gradually fadin from the Spanish mind) were the ones the artist Miriam Isasi, had come in search of that day I me her and acted as her *Sherpa* for a few hours.

It is up to her to say whether she enjoyed the excursion or not (there were other people with us), but I can deduce that she found it useful from the fact that she extended it afterwards to other areas (of the Basque Country, which is where she's from, and the outskirts of Rome, where she lived for a while as a guest of the Academia de España, that artist refuge installed on the Gianicolo hill which I have also had the privilege to enjoy, though in my case for just three days) and that she continued with her initial idea of metabolising the war in our memory by converting the remains of it, whether material or not, into works of art; an idea for which war scrap from the Spanish guerrilla fighters, the Italian partisans or escapees from anywhere, takes on a significant role, as any viewer of Isasi's work exhibited in the Real Academia de Bellas Artes de San Fernando in Madrid along with that of other Spanish artists invited by the Real Academia de España en Roma in recent years, can see for themselves. Although rather than war scrap, rather than the rust of events that still echo throughout Europe, what stands out about Isasi's works lies in their interior: how time and memory, even the most painful, can become dreams depending on the artistic treatment they receive.

The work of Miriam Isasi revolves around that initial idea and evolves as she develops it towards another conceptually more metaphysical and more interesting one, at least for the author of this article. What Miriam Isasi, consciously or subconsciously, suggests to the viewer of her works is, apart from converting the remains of various wars into objects, their absorption of these same objects. That is, that the rust of the shrapnel, of the tins of preserves abandoned by those who ate them, of the belt buckles and the stray bullets semi-hidden among the weeds, of those unexploded hand grenades that are constantly appearing in the mountains of Spain and Europe or that forest fires suddenly cause to explode (an explosion in the middle of the night), should go on to become part of the viewer's spirit, thus transforming into essence and a new memory of the old story, the one that accompanies us everywhere, transformed in turn into entity.

I am not an art critic, just another viewer, and it is not my intention to influence others with my opinion of a certain work -that of Miriam Isasi, in this case-, so I will abstain from considering it within a greater art context, but I would go so far as to say that it's a unique work that offers an extremely novel perspective of something that has been on everybody's lips for a god while now: the famous historic memory, that has been and continues to be the source of so much controversy among many Spanish people almost seventy years after our civil war and the immediate post-war period. What Isasi's objects propose is a new way of looking at these periods and a serene incorporation of them into our present, which is the time they belong to. Because although the materials might be old and weighed down with a burden of sentimentality and history, the objects and jewels that Isasi has made with them correspond to a modern view, the view of an artist who is creating and making art at this moment in time. In this respect, they remind me of the jewels of the ancient civilizations that can be seen in museums, but the other way around: while these pertain to the past even if we are seeing them in real time (a real time that will soon be past too), those designed by Miriam Isasi belong to the present, even if they are fed by history and the dead materials that have survived to our days. That is, the rust of the years that covers everything with a light dust, dream and imagination combined.

---

*   Julio Llamazares, writer.

Yann Leto

[Bordeaux, 1979]

French artist, resident in Spain for the last 10 years.

His main medium is painting in which he constructs spaces in which various typographic elements converse in the shape of a collage with the aim of attaining expressionist body-language. The encounters between the elements of the work are so clear that the gaps and the "paint-free" planes disappear from the painting. This rule-free closeness of the protagonists makes an emotional visual circle possible that positions the protagonists in a society marked by unease and immediacy.

Yann Leto also works with installation. In fact, beside each painting there are always neon lights, flags or sculptural elements to be seen. Thus, the pictorial work distances itself from the classic position of the classic contemporary shows and participates in a discourse in which the viewer is the protagonist and takes part in the reflection of the artist himself.

The art critic, Chus Tudelilla describes the painter's work as follows: "In the paintings of Yann Leto everything is dramatic and dramatized and ambiguous. His view is not that of a painter of modern life, that of Baudelaire's stroller, but rather it's the painting of someone who feels closer to the figure of the vagabond; perhaps that's why his paintings are episodes with no past or future other than uncertainty. The artist goes out onto the street and paints the explosions of those who protest against political space that is self-protected by a complex system of social and individual control, rebelling with the roars and feverish and uncontrolled agitation of their actions and expressions; everything plunges headlong into the most deranged delirium. The grotesque aired by multiple flags becomes hermetic."

He has worked with galleries and institutional spaces as prestigious as Luis Adelantado, Cámara Oscura, Matadero de Huesca, Anouk Le Bourdiec or the Mulherin & Pollard gallery in New York. At present, he works with the T20 gallery (Murcia), Carolina Rojo (Zaragoza) and Ada Gallery (Richmond). He has participated in fairs such as Arco, Artbo, Maco, Art Amsterdam, Artissima or Art Shangai.

Apart from participating in the next biennial of Valencia and preparing his second solo show in the T20, the artist is now preparing a very large work called "Mother of all battles", in fact the largest work in Spanish art expected to be exhibited in 2016.

SPAGHETTI, NEON LIGHTS, CARDINALS AND PETROL STATIONS. YANN LETO IN ROME

Ángel Calvo Ulloa

Yann Leto asked me to sit down and analyse some of the paintings that came out of his passage through the Academia de España en Roma. In these canvases I see an interest in politics, because of how political religion is. Yet, with every minute I spend in front of these paintings, the accumulation of references that he himself is incapable of escaping from too becomes more and more clear. I can see a clear leaning towards chronicle painting, telling and idealising an episode, recounting a series of facts to his peers and the future generations off his own initiative, he has not allowed them to fall into oblivion.

Slavoj Zizek, uses the example of different types of European toilets and jokes about the fundamental ideas that characterise the people, societies and their eras as constituents of the ideologies. *In the typical French toilet the hole is located at the back, and so the objective is for the poo to disappear as quickly as possible*[1]. Hence, he very ironically justifies this theoretical tendency towards *revolutionary hastiness* among the French people, not for nothing were they the inventors of the guillotine.

And speaking of French, there is no doubt that Leto's painting is of a revolutionary, hasty nature, thrown at the viewer willing to be torn to pieces or raised up on high, but never expecting to go unnoticed. Yet, there is a clear tendency towards the pathos that Spanish art has been reflecting non-stop from the times of Goya to the current day. I can't help thinking of the degrading tales that Félix Romeo placed in the Rif War or in the roadside clubs of Monegros. I speak to Yann about it and of course he is familiar with Romeo's works, from the period in which he used to frequent his bar in Zaragoza. The painter appears to have found a thread that connects with a sordid reality to be found just around the corner in this city.

The painting of Yann Leto borrows from the place in which the images that unfold in it occur. Hence, it is understandable that the work done in Rome speaks to us of religion, history and painting; and it is perhaps in the latter, in painting, that the most interesting part of this work is hidden, the part that fuses apparently forgotten themes with a desire for the meta-pictorial that places the spectator face to face with a sort of catalogue of proper nouns. So what does Leto mean when he speaks of iconophobia? The rejection he professes for all the political or religious content it expresses; or perhaps that list of painters that has led him to paint the way he paints? Leto's painting is so polysemic that it ends up snatching a meaning from many of the parts that comprise it. This is why an excessively repeated symbol loses its meaning in the same way that an everyday word becomes strange when we pronounce it a number of times consecutively. The same occurs when instead of one sole symbol, we overlap a series of images and their dissuasive powers face each other down to the point of neutralising them, in such a way that as a whole they do not trigger the effect we would have expected of them separately.

This is why, apart from this Spanish or French edge, in the work of Yann Leto we discover a drive towards the accumulation of models, achieving these clear losses of meaning, yet at the same time patently showing an interest in involving the spectator in his direct influences. The same underpants that Kippenberger portrayed himself wearing, in emulation of Picasso, showing a profound physical deterioration, constitute in *Blonde cross followers* –one of the paintings that make up the *Iconofobia* series – an emergency remedy to cover the genitals for the ecclesiastical authority whose habit has been raised. Whether intentional or not, this is an exercise that also brings to mind the episode experienced by Michelangelo when Pope Paul IV asked him to make his Final Judgement more decent by covering the sex of the figures represented. The painter responded: *Tell the Pope that it is a petty detail and it is easy to make it decent: let him make the world a decent place and then painting will be too.* On Michelangelo's death, it was Daniele da Volterra, since known as Il Braghettone (the Breeches Maker), who was responsible for carrying out the unworthy task of rendering the mural decent.

Nudes everywhere, another of the canvases in this series, shows a series of characters who prudishly cover each over up, in a highly evocative gesture when one of the female figures puts her foot into a tin of paint, emphasising the lascivious nature of the scene which in spite of being torn from an ad seen in Rome, somehow brings to mind *Les Demoiselles d'Avignon*. The four prostitutes, one less than in Picasso's painting, are guarded by blokes who fit the prototypical bill of the industrial estate strip club client. It is all more modern, more crude and more true.

Yann Leto's figures evaporate in their movement, in the same way as *Innocent X* in the hands of Francis Bacon or the bathers by Carlos Alcolea. These faces that melt, sketched in a way that does not allow the brush to be lifted, are falsely expressive faces that have no more privilege than that of being painted in the same way they could have been erased. They turn artificial glances, in the style of the gossip magazine family posing in front of their mansion made decent, for a crowd dying to emulate their idols, however superficial these are. This is why there is no intention to give the subject an expression that would mirror their inner self, but rather to show a plastic, emotionally empty, being.

While edging towards ex-communication, there doesn't seem to be any moral dilemma in presenting David de Bernini behind a golf course wall that perhaps precedes a River Styx, or maybe a final judgement invaded by naked figures running aimlessly around. Attention is focused on this hole that the game hinges on. *INRI*, the painting described, recreates a sort of *Garden of Earthly Delights* adapted to the current-day interpretation of Paradise. Vast enclosed fields for the enjoyment of the stuffy well-to-do, watered with litres of diverted water and titanic operations. Possibly, the way in which the religious imagery shows the scenes of condemnation is not effective for certain individuals who, apparently convinced of their beliefs, don't seem to fear this divine justice that will put everyone in their place, without any distinctions.

The dog used by the General Italian Oil Company –Agip-, reconverted into a she-wolf to breastfeed Romulus and Remus; vanitas, the Bible or the Holy Shroud abandoned between the legs of two naked women; a large wooden cross covered with a long, blonde wig, the hair of which is clutched by a squadron of dazed cardinals or the bust of Lucious Brutus strung up un a chaotic wooden structure covered in spaghetti. It is impossible not to compare the painting of Yann Leto with that of Manuel Ocampo, particularly when religion makes an appearance. The way in which Ocampo connects the swastika with the cross; the habits of the brotherhoods in Easter Week in their similarity to those of the Ku Klux Klan; or the image of Jesus Christ in dialogue with cartoon characters. This was how Ocampo defined his repertoire in an interview in 2011: *We are living in a very chaotic and confusing period. I believe an ironic attitude is necessary in order to survive, that is one of the biggest excuses, the need to survive. Politics are also present in the irony, which is why I find it so important to uphold this attitude.*

Subtlety cannot be said to be Leto's greatest virtue because he is not trying to fool anybody, but rather to generate horror by placing us before an image that lashes out against what's moral and against what has been presented to us as recommendable. His paintings brim with symbols brutally and humiliatingly attacked. In spite of the power of these icons and their excessive exposure, we still feel a certain leaning towards the iconoclastic, to feeling offended by the images and our instinctive reaction is to destroy them against this theoretical attack. In 2008, during an exhibition in Bolzano, Benedict XVI stated that the work *Fred the Frog*, by Martin Kippenberger, wounded *the religious feelings of so many people who see in the cross the symbol of God's love*. His cross, made of the wood used to make canvas stretchers, may have been a parody of the artists' own life, of the miseries and *bad habits* that surround his existence. But the decision to parody the crucifixion would not have been random by any means, Kippenberger knew exactly what he was doing and proof of this lies in the Vatican reaction, which came ten years after his death. Months later, Silvio Berlusconi was hit on his way out of a rally with a miniature Milan cathedral souvenir. Either of the two news items reflects the power the icon retains in the eyes of the spectator, even when literally used to stir up a reaction.

On 8 July 1874, Pier Paolo Pasolini wrote an open letter to Italo Calvino: *La Italieta is petit bourgeois, fascist, demochristian; it is provincial and it is on the fringes of history; its culture is a schoolboy, formal and vulgar humanism. How could I miss all of this? As far as I am concerned, this Italieta was a country of guards that detained me, processed me, persecuted me, tormented me and lynched me for almost two decades*[2]. In these last lines, I try to concentrate some of those proper nouns that have somehow assailed me while going through each of the Horror Vacui that Yann Leto presents in this exhibition. What trace of Pasolini or even Rainer Fassbinder is there in Leto's painting? Perhaps that taste for sordidness that Kippenberger also showed. It is not a question of placing a series of topics on the table, but rather of putting a finger in the wound as all three did incessantly. They, literally stoned by society, somehow symbolise this icon beaten into destruction. Iconophobia is nothing more than the irrational fear of images and people continue to systematically reject all things unknown. Only thus can we understand how an institution such as the Catholic church has retained such persuasive power over the masses.

[1] ZIZEK, Slavoj. El acoso de las fantasías, Siglo XXI Editores, Mexico, 1999.

[2] PASOLINI, Pier Paolo. Limitación de la historia e inmensidad del mundo campesino (Carta abierta a Italo Calvino: P.: Lo que añoro), en Escritos Corsarios, Ediciones del Oriente y del Mediterráneo, Madrid, 2009.

---

* Ángel Calvo Ulloa, exhibitions curator, writes and talks to artists.

Almudena Lobera

[Madrid, 1984]

www.almudenalobera.com

Visual artist. Fine Art graduate and Master's Degree in Art Creation and Research from Universidad Complutense de Madrid. She studied for two years at Universität der Künste Berlin and is currently a resident artist in HISK Higher Institute for Fine Arts and Advanced Studies in Visual Arts, Ghent, Belgium. She has completed artist residence programmes at UCL Slade School of Fine Art, London, UK (2010), FAAP São Paulo, Brazil (2011), Casa de Velázquez - Académie de France à Madrid (2013), Foundation B.a.d, Rotterdam, the Netherlands (2013), Real Academia de España en Roma (2014-2015) and Les Recollets, Paris (2015).

Of the awards she has received, mention should be made of the following: Premio Generación 2012 from Obra Social Caja Madrid; Circuitos 2011 from the Region of Madrid; Premio INJUVE Creación Joven-Proyectos 2011, the FIBArt 2011 scholarship, Premio Del Plano al Cubo 2012 CCE_Mexico, Ayuda a la Producción en Artes Plásticas 2012 from the Region of Madrid and Premio Museo ABC Proyecto-Sala-4 2013.

Her work has been exhibited in various international group exhibits: VI Moscow Biennial – Special Projects (2015); Faena Art Miami Beach (2015); Bronx Museum of the Arts, New York (2014); Fabra i Coats, Barcelona (2014); La Conservera, Murcia (2014); Foundation B.a.d. Rotterdam (2013); Matadero, Madrid (2012); Pivô, São Paulo (2012); 3+1 Arte Contemporânea, Lisbon (2012); Galerie Suvi Lehtinen, Berlin (2012); Mole Vanvitelliana, Ancona, Italy (2012); Tabacalera, Madrid (2011); Galería Vermelho, São Paulo (2011); among others.

Her solo shows include: "Una revelación latente" Galería Max Estrella (2016), Madrid; "Instrumentos visionarios" ECCO Cádiz (2015); "Un reclamo particular a la verdad" Galería Arróniz, Mexico (2015); "Lectura superficial" Museo ABC - ARCO (2013); "Portadores" Galería Diablo Rosso, Panama (2012) and Centro Cultural de España, Mexico (2013); "Lugar entre", Galería Eva Ruiz, Madrid (2012); among others.

She forms part of the artist platform Oral Memories and of the Archivo de Creadores Matadero Madrid, and has collaborated with the Reina Sofía Museum, where in the summer of 2011 she gave the workshop "Reinventing Space with Almudena Lobera".

TYPING IMAGES
Matteo Lucchetti

We spend a good part of our time obsessively touching screens. Our fingers are constantly scrolling through images, flowing in front of our eyes until we feel an addictive numbness. We know we're living in theage of a visual information overload, but we rarely stop to think about the effects of quickly switching between pictures and reality, which is becoming ever faster, to the point where it is reversing the emphasis we place on real life and the way it is represented. The various surfaces reflecting, transmitting and reproducing reality end up dominating our daily lives and forcing new models and untested structures of the ways we interact daily. Never before has the power of images had such a widespread influence on our behaviours. It is almost as though we have lost any distance between ourselves and the images that narrate and build on our experiences. This loss of distance is deeply central to the work of Almudena Lobera, whose artistic research interprets this sphere as an environment which expands and contracts in both format and style, to investigate the current value of image production, by moving inside a Camera Lucida in which she can consider new hierarchies and connections which have been impossible throughout history, through the stratification of the various ways of seeing the world throughout the history of art and the images which have been created from it.

In the performance "Space is What Arrests the Gaze", a man is placed in front of the window of the artist's current studio in Ghent, and his eyes are met with a blurred vision of the landscape below, created by panes of frosted glass in the window. This seemingly insignificant gesture alludes to the condition used by most painters since 1600 to create a type of dark room where frosted glass was used alongside a system of mirrors and a hood in order to darken the space where the image they sought to create was projected. Lobera's work consists of a series of four drawings emphasising the individual elements which make up the situation that the performance creates. This includes the frame of the installation's grid, indicating the surface through which the viewer's gaze was able to expand and was forced to stop. The theme of a border outlining and giving structure to what we see is also central to a series entitled "Beyond the Grid", which presents three studies based around another window, this time the studio of the Spanish Academy in Rome, where Lobera resided in the year 2014/2015. Beyond the lattices framing the glass, recurring in all the compositions, the artist has created several image production and reproduction devices, represented in the moment before a retinal image is formed: a video that is about to play, a photoshop file with its background layer, the aperture of a lens which could focus on any of the elements present. In each of these, a different perspective of the huge window takes shape, as though it were a digital image lacking any of the depth printed images have, instead ending up being one with the landscape it frames, becoming a screen on which she has left her mark.

With the repeated obsessive gesture of scrolling through interfaces with our fingers on the screens of smartphones, tablets or other devices, we are unknowingly giving new meaning to the word that defines the digital age. As the South Korean philosopher Byung-Chul Han points out in his essay *In the Swarm. Visions of the digital* (Nottetempo, 2015), "the word 'digital' comes from the Latin 'Digitus' (finger), used - mainly - for counting. (…) The digital man plays with his fingers to count and to calculate constantly: the digital overtakes numbering and counting. (…) The narrative loses much of its significance: today, everything becomes something which can be counted, so it can be translated into the language of service and of efficiency. Thus, everything which is not countable ceases to exist." The images become reduced to their purely binary, numerical essence, treated as the spectrum they are, while in the analogue world, as Roland Barthes said, photography was suffering from its support dying out, as evidenced by the decline in the impression it made, which echoes the death of other media. In the works of

Almudena Lobera, handcrafted images reveal the computing that produced them and the ability to talk about cultural stratification which made certain signs and conventions symbols and meaningful forms of our visual culture at the same time. This happens, among other works, in "Bodily Images" in which there is a transubstantiation in which the reef of the first photograph undergoes a transformation of its state through invisible geometrical rules and becomes polygon-shaped. Or in "La regla que corrige la emocion", a series of other irregular shapes are gathered in their 'good forms', i.e. the basic structures though which we perceive them. Can a visual rule correct the emotion that an image creates? Is feeling the result of an instinctive and incalculable sphere or is it the product of a careful observation of reality and the rules by which we decode it into more simple and digestible fragments, as much for our eyes as for our most unconscious feelings?

A possible symbolic synthesis between the enumeration that is hidden behind the digital image and the story of all those historical and cultural superstructures on the basis of which we actually see, the production of which can make an artist obsessed, is the work "Secret Code PHI". In the simplicity of a carving filled with gold on a piece of white marble, there is much of Almudena Lobera's poetry. That which looks like the letter 'phi' of the Greek alphabet, with an ellipses crossed perpendicularly to the centre by a vertical bar line, can actually be read as the crossing point of the digits 1 and 0, the basic units of the binary code that is behind the operation of almost all the devices we use to reproduce images. Another easily recognisable embodiment of this is that of the golden ratio, the formula of aesthetic proportions, perfected over centuries in works of art and present in nature, representing the perfect ratio between parts. Number and form coexist in a piece that looks like a relic, able to speak simultaneously of the most important code of our times and draw our gaze to the sacredness of the sum of many empirical efforts that have given shape to so many different conceptions of reality.

What dialogue can exist between the contemporary voracious consumption of images and the creation of spaces where the visual production might lead to other ways to experience reality? In the textures of this dialogue, Almudena Lobera's work expands to occupy new positions and affirm the need for an open outlook to the variety inherent in a single glance.

———————

*   Matteo Lucchetti, is an art historian, independent curator, and critic. He is co-curator of the Visible Project, a biennial research award on socially engaged artistic practices, initiated and supported by Pistoletto Foundation and Fondazione Zegna.

Joan Morey

[Madrid, 1984]

www.joanmorey.com

Bachelor's Degree and Diploma of Advanced Studies in Fine Art from Universidad de Barcelona. He has participated in numerous exhibitions in museums, art centres, galleries and other public or private institutions. His projects propose alternatives to the exhibition through a series of confrontations between the work of art and the audience.

In his artistic practice, he mainly explores the language of performance by generating events (through actors), *mise-en-scènes* (through aspects inherent to theatre or cinematographic production) or specific interventions (born of the space or context that houses the work) which constitute the origin of works deriving from different mediums and formats. The backbone element of his discourse is the unorthodox "Master/ Slave" relationship –that goes from the master's dialectic to the slave's in Hegel, to the sub-cultural "BSDM" practices – in an approach to power devices with a review to resuscitating these on an art level.

DROMOLOGIES OF STILLNESS

Roberto Fratini*

> *Sunt lacrimae rerum et mentem mortalia tangunt.*
> Virgilio

> *I warn you to be careful of those with a noble glint in their eyes, those Greek cultists, Those priests of the new rhythm, the exotics, the illuminated, who celebrate the hermaphroditic God with their black masses. These people will never let up in their hunt for you.*
> Jakob Wassermann

> *Delirio, Arsenio, d'immobilità.*
> Eugenio Montale

Rather than performances, Joan Morey signs dromologies. Joan Morey would say performative production machinery: no longer the design of a happening, but of the self-referential devices that allow both the animated and inanimate elements involved in them to produce their own happening. For years, these designs of powerful action have encountered in protocol a wonderful opportunity to demobilise the structural and secret *raison d'être* of the thing-called-*performance* since the transformation of this term by the critics into the *passe-partout* of all post-modern aesthetics; demobilising, in my opinion, a certain exhibitionism not exempt from hysterical overtures that has contributed to configuring the *performance* as the formal, par excellence, of the *psi* era, and the inherent theory as a depressing coven of all the victimologies the *psi* era has been pleased to produce.

I don't know of any artist who, on travelling the glorious map of somatic abjections and redesigning the liturgies of desire, the black mass of the driving consensus in times of spectacular totalitarianism, has so capably managed to avoid the ideological traps, the egolatric temptations (literally the *scandals*) of leaflet-bound body art and refute the organic pietisms of the digestive *performance*.

Il Linguaggio del Corpo makes no exception: its circle is once again a perfect crime. Because far from expressing the political and aesthetic agenda of a new Constitutent Power (which was and still is the fantasy of all self-proclaimed dissident art), it exerts -to use the words of Agamben- an unlimited Destituent Power. The rhythmic form of a climax. The traitorous *jouissance* making use of the bodies, in silence and with no witnesses, sent to the bodies themselves.

Let's imagine we're in the territory of that *bio-sculpture* that seduced the arts back in the fifties which was joined in its candour of intentions by dance with a symptomatic delay in the eighties. *Bio-sculpture*: the good old living statues of childhood games, that the second vanguards agreed to rechristen as long as they became a clear apologue on the aesthetic implications of all bio-political paradigms, without even suspecting that precisely this new catchphrase, *bio-sculpture* (complying with this paradigm), would in a flash go on to become a quite obvious and terrible first name of a series of practices inherent to plastic surgery, that is, the improvement, redefinition and restoration of a desperately consensual and not at all sensual body (of a body that the ideology had worked on sufficiently to allow the blade to complete its formatting work).

Examined up close, bio-sculpture which was met with enthusiasm within post-modern dance nonetheless witnessed a marmoreal loyalty to programmes and intentions transformed into the modern dance ideology (contributing to its creation) from the end of the 19th century, when the "statue poses" of Geneviève Stebbins, an implacable representative of American Delsartism and secret source of much of the Greek hysterics' that Isadora Duncan professed left, right and centre in the Europe of the early 20th century, accustomed two generations of Yankees to believe that the naturally harmonious nature of the immanent body could be the product of re-education, of formatting; to believing, moreover, that no formatting was as effective as inducing the body to reproduce the best achievements of classic art; that this *in-duction* of an ideal-type surface authorised the body agent to literally *put on*, in an attempt to capture ideas that was alternative to the traditional *deduction* of contents and depths innate to the thinking mind, and that to copy external and artificial models was the best way of fostering this mythical natural interior already prepared to constitute the pretext and the talking-point of the entire new century. Since then dance has never ceased to fuel, together with the conviction that experience and action have an intuitively absolute value, a surreptitiously fascist de-authorisation of abstract and deductive thinking. Undoubtedly the fault of Winckelmann, for having made us believe that the ancient statues were the phenomenal theatre of this longed-for combination of Idea and Nature. The fault of Nietzsche, of course, for dismantling the philosophic myth of the transcendence solely to proceed towards a no less mythical deification of immanence. And our fault for having glimpsed a substitute of organic truthfulness and dynamic honour in the nudity of the ancient statues, which on the contrary, have always been astonishingly deceitful and gloriously inorganic -impossible, unliveable-; the ancient statues, that all together constituted an irrepressible ancestry of diluted exaggerations, dense with a ghostly and terminal carnality that consisted of the thousand impossibilities, of the thousand arrogances of the living flesh: aristocratic immobility that allowed the potentially explosive, critical mass of an unthinkable retention of energies, desires, wishes, agonies and pressures, to be hatched in all of them; of a suspended spasm that no body, in the phenomenal world, would tolerate without falling out of place.

In the antipodes of all harmonist dreaming, the last poetic adventure of Joan Morey opens up an enigmatic debate on all of these impossibilities, inscribing them all in a transaction, a chiasmus between the beatitude of marble and the martyrdom of the flesh; between the stable sacredness of the body turned phenomenon and the slippery sainthood of the phenomenon turned body, installed in the paganism of an invalid statuary imitation like the martyrs, formerly in Rome, were installed in the proto-Christianity of an invalid *imitatio Christi*: oozing, dripping, pumping —blood and moods,

water and sweat (blood and water like the side of Christ; moods and sweat like the performers which, here, bear the sublime fuss of the Berninian rivers)— that has always been their destiny, their common expression: the mortal spontaneity, the irrepressible bleeding that drastically transforms all copies into an original. There is all the water from all the fountains in Rome (many of them were seen to by the popes) to wash the conscience of the show; to re-baptise it like a promise of permanent vitality (like the blood of the martyr re-baptised in every victim, bringing a spectacular promise of eternal life). Chiasmus then, between the resistances of art (the statues) and an Art of Resistance, the technical name of which, Endurance Art, referred less to the faculty of the *body artists* to resist "like martyrs" the storm of a physiological abjection than the factual or symbolic petrification through which this resistance is exercised. *Enduring* (from the Latin *durus*, meaning hard) the situation; working the phenomenologic membrane between the tough obedience of stone and the tender disobedience of the flesh, set on *releasing* the most anti-discursive of assertions: a *liquidity* found to be the more abysmal, textural, vibrational the more crystalline and implacably superficial or vectorial the form, the syntax, the discourse, the script, the protocol it is subjected to (torture, martyrdom, masochistic submission and, why not, artistic pose, dance, sport, hard labour); we will call this arrhythmia in which the last slovenliness of the flesh subjected to the secret immobility of the rhythm trembles, sweat, blood, urine, shit, snot, humour (*rythmos*, in Greek, designated the static pose *of the* statue, its inscription of the space and *in* the space).

If we accept the diagnosis of Warburg, who analysed in iconic statuary genealogy the history of permanence and transversal nature of some *Pathosformeln* or formulae of pathos, we will instead call *pathos of the formula*, in the living replicas by Joan Morey, this point of fusion and diffusion, nocturnal enuresis in which the organic denies his agenda, his script of stillness. And we admit for once and for all that, in its ideological blindness, modern dance, so committed to distributing its economy of effort between *contraction* and release, forgot that between contraction and *release* there was a conceptually medium and physiologically extreme term for the *relâche*: laxitude, exudation, segregation, liquation -all the blurred, paradoxical vitality of the already dead and the mortality of the still alive, precisely as occurs in enuresis, where the activity of the out of step dream wets the boy's bed, expressing for him a sort of lax dissidence against the education that decrees that the supine position be a place of suspension, stillness and retention. The dialectic that the sculpture puts forward to conjure this radical arrhythmia (evoking it, no, forcing it to show itself) is not therefore based on simple immobility, but on hyperimmobility, something like negative hysteria. The fountain sculptures (and sculpture-fountains) of the Baroque period merely rendered a pathology inscribed in the "sources" of sculpture for centuries allegorically explicit. In prototypes like the Belvedere torso, destined to contract just once and *suckle* for eternity on the uncontainable font of profusion, of the imitation. Pissing on all its gesticulations, variations, possible expressions since the depths of time.

Prototypes, in short, with a concentration that never aimed for that calm synthesis of diachrony that Lessing theorised about, because in them temporariness was not the object of a contention, but rather the subject of an "incontinence". The flow of impermanence is not that which the statue succeeds in crystallising, but rather that which pours out all of its cracks. The "hair-thin cracks" described by László Földényi and already evoked by Joan Morey in *Misa Negra* are already, in the marble of the statues, the messengers of an imperfection, of an eruptive potential, of a randomness: they subliminally bear witness, all of them, to an incalculable time in which the marble was a liquid, a red-hot viscosity, inhuman enough to be transformed, *a posteriori*, into the reminder of it all, the statues themselves, still *too human*. Sinister *retour du refoulé* that transforms each vain into *vein*, and reconfigures in the stillness of the statue, according to Didi-Huberman, the lividity of the supine posture of the sleeping, lying, immobilised, *pro-stitute* ("placed before" a medusa-type eye immobilising it, objectifying it, preparing

to buy it) flesh: worked for a very specific death, called desire, from which -to its chagrin- it sweats and trembles. Living flesh *sullied to make it seem a statue*, because the forced stillness ends up producing symptoms very similar to those dictated by terror: the flesh *desists from its resistance*, trembling, *coming* through a thousand ways out.

While we were holding it together is the title of an emblematic choreography by Ivana Müller in which, pinned by the eye of the public to one sole pose held for the hour the show lasts -while each spins a paradoxical tale of travel-, five actors complete the piece shaken by the uncontrollable trembling of muscles obliged not to move for an excessively long period. Having exhausted the desire potential produced by its narratives along a traditional axis between motion and emotion (and which has made modern dance the most anerotic of all time) the storyless enchantment unfolds a *sex appeal* of the inorganic suspended between *ecstasy and metastasis*, between concentration and profusion.

If, then, the objective is to announce the perversely static nature of the ecstatic protocols (of the saint, the beatified, the allegory, glowing all of them, in the Bramantian temple, with clarity) it makes sense to consider the operation as a whole a dual gesture: *hypostasis* on the one hand (the absolute of the prototype *descended* into the relative of the person), *epokhé* on the other (the relative of the person *ascended* to the absolute of the *exemplum* —raised up to a pedestal the way one is raised up to the sky— or to a gallows). Of course this chiasmus, conjured by Joan Morey, between horizontal and vertical instances that mutually cancel each other out, is strong enough to express its own hysteresis, the closed cycle of a terrible self-sufficiency. It is logical for it to take place in the absence of any spectator, and that its sole presence be the literal *operators* (cameramen, cleaning people, body transporters, installers of those volumes that make it possible to underpin the pose of the extras; all people whose *manoeuvres* and whose *opus* constantly watch out to ensure the inaction of a *work* at all times).

It makes sense that the only witnesses should precisely be those who neither pick nor pick up the statues, but rather the organic lapse (cleaning their urine, isolating the details of their flesh, containing with a rolled up towel, with a bottle of water, with a soft mat all sorts of falls, of a sinking of the members). It makes sense to mutilate the paradigm of the vision of an era in which the living statue has become, par excellence, an exercise in classist voyeurism and themed tourism. Whereas, the eros of the human sculpture, perpetrated by Morey in the closure of the circle of presence, is also the most terminal of narcissisms: to be the naked image which, like a statue, has lost the awareness of being looked at. Think of that *Mirror Dance* in which the American, Loïe Fuller spun blindly, the twirling of her veils enclosed in a mirrored device surrounding her on all sides, so that she never knew at any time *if* she had a public or *where* this public was.

It is no surprise that Mallarmé should allegorically summarise the meaning of this *for-clusión* of an epiphany of itself comparing Fuller to a water lily: the flower which, floating on its own reflection, has obtained a total dissolution of the original; the strange dignity of the serial copy made prototype, the brilliance of which is to achieve the maximum presence in the maximum disappearance ("*l'absente de tout bouquet*").

And that on an analogous base, Lacan should elaborate, a few decades later, the cyclic protocol of this *mirror phase* (the self-reflected emergency of the *self* as *another*), which is paradoxical not only because it sets a feedback cycle between identity and alienation, but because it inscribes the dizzying modes of this short circuit on the scenario of total immobility of the *self* alone before the reflected *self* that completes it in the personal self. In Lacan's autoscopic theatre, identity occurs, in all senses, through *segregation* (and through *secretion*).

Let us return then, to the potential secret of circularity and circularisation of the triads (the fundamental triad, of the divine people, which also occurs in the orbit of three different *hypostases* of the Judeo-Christian god, that had already seduced Morey, with its diabolical verses, converses and reverses in the Dantean tangencies of other projects). The project carried out by the artist in the spaces of the Real Academia de España en Roma is once again *triadic* in more than one aspect. First of all, almost unwillingly, on reconfiguring the "extra's" field of competences by triple de-negation or ab-negation of their traditional statutes (only dancer, only model or only statue), he ended up reflecting a sufficiently liminal performative mode, that was sufficiently dynamic in its effort at immobility, to be reminiscent of that *Kunstfigur*, the indefinition of which Oskar Schlemmer (inventor, naturally, of a *Triadische Ballett* in 1922 that punished the organic passions of the new dance) placed at the centre of his poetic programme. Secondly, intuitively, the self-referential nature of the project (its autism, or perhaps preferably, its autoerotism) is closely wrapped around different chronic, spatial and semantic triads.

Morey initially breaks it down into three action formats, three dromologies, each assigned to different spaces in the Real Academia de España en Roma; each space is marked, in turn, by different quotients of institutional visibility, from the church of San Pietro in Montorio (which, in turn, is blatantly circular, *self-inclusive* of the spaces, and the most unconditionally open to the public, the city), to the rooms of the exhibition (access to which is legally conditioned by the cultural guide of the visit) to the totally interior and almost exclusive Portrait Salon (that at the same time represents the decision-making nucleus of the powers granted to the Academy as synecdoche of the Spanish State in Rome). The second of these settings (which occupies a sufficiently umbilical position for the water cycle, the self-sufficiency of the water Lily to find its most direct formulation) is, in turn, expressed in three adjoining spaces. An analogous triad that affects the inside of each dromology: the almost stroboscopic cycle of three statuary poses of the Berninian block on the inside of the temple, in a certain sense, pre-announces all the other phases of the project, which hence configures itself once again on a strange *law of three*: altars (where what over-determines the determination of the statue comes from above), fountains (where what under-determines the determination comes from below), excavations (the Belvedere Torso is just a fragment of something that was dug up, it is the paradigm of a contraction that the abdomen dictates to itself *from the inside*). From the veiled-revealed-revealing body (of the beatified Ludovica Albertoni, Saint Teresa of Avila, of Truth), to the naked body (Fiumi, Marforio, Triton), to the mutilated body that is the Belvedere torso. And again, in the last room, the funereal protocol that expresses the variations on the Belvedere Torso in a constant cycle of position-exposition-deposition. This last part in the portrait salon is also the final mystery -and the most astonishing- of all those included in the Joan Morey project: the subtle analogy between the restrained expression with which the women *lay down* the living variations of the archetypical spasm that was the torso, and the care of the Women, protagonists of all *Depositions*, given to the most textual body (or the most iconic cadaver) of the Holy Story -the day the myth of mortality died-, and that they began to retell it in a thousand contortions, a thousand histrionic twists of the statues. *Dis-torting themselves.*

* Roberto Fratini, playwright and dance theorist. Professor of Dance Theory at the Institut del Teatre in Barcelona. Collaborates as playwright along with several international theater companies such as Caterina Sagna, Roger Bernat, Philippe Saire, La Veronal, Sol Picó, Germana Civera, amongst others.

IL LINGUAGGIO DEL CORPO
Joan Morey

Le silence est notre langue maternelle.
Samuel Beckett

Il Linguaggio del Corpo is a project by Joan Morey —developed in the Real Academia de España en Roma thanks to the MAEC-AECID production grant— focused on the study of the body in the classic sculpture and its transferral to the live medium of performance. Building conceptual bridges between classic antiquity, modernity and post-modernity, the project avoids the use of historiographic parameters and adopts a critical attitude to the (re)presentation of the body.

Taking as a starting point "No Manifesto" by Yvonne Rainer (with which the American dancer, choreographer and *film-maker* aimed to revolutionise dance and hone it down to its essential elements in 1965), the artist defines a series of constrictions that prevent him from controlling the execution processes of the work. Working closely with the Italian dancer and choreographer Marta Ciappina, a standardised work methodology is generated for three *performances* in which the performers and those responsible for documenting the work are the sole spectators.

By means of a selection of sculptures or sculptural groups from various periods, all located in Rome, three working blocks are articulated around the idea of a body in the sculpture. Each block triggers a performance lasting one hour executed "behind closed doors" in a location within the Real Academia de España en Roma. The first, *BERNINIANA* (Temple of Bramante), corresponds to a sequence of movements based on the representation of the female body in three sculptures by Gian Lorenzo Bernini —*La Verità* (1646-1652), *la Transverberazione di santa Teresa d'Avila* (1647-1652) and *L'Estasi della beata Ludovica Albertoni* (1674); in second place, *LE FONTANE* (Exhibition rooms) proposes a study of the male nude in relation to the cyclic movement of water from the sculptures that make up three fountains—*Fontana di Marforio* (siglos I-II d.C.), *Fontana dei Tritoni* (1610) and *Fontana dei Quattro Fiumi* (1651)— and, finally, *BELVEDERE* (Hall of Portraits) deals with the contraction of the body and its fragmentation through five free variations of the *Torso del Belvedere* (I Century B.C.).

In each performance, a number of dancers are subjected to a rigid system of rules and instructions (motor limitations, muscular and choreographic memory, resistance exercises...) with the goal to translating the forms of an inert sculptural body (which has impregnated history) into a real body (that now breathes and moves). In this way, the production pattern of *Il Linguaggio del Corpo* uses the body of the *performer*, as if it were a body-material, positioning it in the forefront with the intention of changing the conventional way of understanding the sculpture.

Adrián Silvestre

[Valencia, 1981]

www.adriansilvestre.com

Degree in Audiovisual Communication from Universidad Complutense de Madrid, Degree in Film Direction from Escuela de Cine y Audiovisual de Madrid (ECAM), and Master's Degree in the History of Contemporary Art and Visual Culture from Universidad Autónoma de Madrid and Museo Nacional Centro de Arte Reina Sofía.

He has also completed a specialisation in Film and TV Project Development and another in the Curatorship of Film Festivals at the Escuela Internacional de Cine y Televisión de San Antonio de los Baños (EICTV), Cuba.

He was recently awarded a scholarship from the Real Academia de España en Roma and the Academia de Francia / Casa de Velázquez.

In his cinematographic projects, he explores the limits between reality and fiction, placing professional actresses alongside real people in his scenes.

He approaches art practice from the analysis of the everyday experience. His films tend to be preceded by a process of close collaboration with specific communities. They are participative processes, in which a dialogue is created, the gender perspective is transversally implemented and the empowerment of the participants is fostered.

One of his most outstanding projects is Exit, Un Corto a la Carta; a fiction film inspired by real experiences, developed with the stage director, Beatriz Santiago and a group of 30 immigrant women, living in Madrid. Exit uses an interactive exhibition format, as its narrative development is determined by the viewer. Each viewing has 8 possible dénouements, that define the different social, cultural and economic realities of the women who participated in the film.

The project was created with the support of the Obra Social La Caixa foundation and the Intermedia-E - Matadero de Madrid space, and released in the Cineteca, in 2012.

In 2012, he travelled to Cuba on a grant for young artists from the Madrid Region, where he directed the documentary Natalia Nikolaevna, about a Sovietic lyric soprano who has survived by singing on the streets of Cienfuegos for the last two decades. Natalia lives in the CEN, a nearby urban point where what was to be the first electronuclear plant in Cuba should have been built; a Project abandoned in 1991, with the fall of the Communist mega-state.

The documentary was released in the official documentary section of the Malaga Festival. Spanish Film, in 2014.

At present, he has just finished Los Objetos Amorosos, his first fictional feature film. The starting point of the film is the study of female migration in the city of Rome. The production was preceded by a three-month research process, in which he organised a series of workshops for the migrant women living in three European cities to exchange experiences: Rome, Madrid and Germersheim. It is set to be released in 2016.

THE CAMERA THAT LISTENS. SPEAKING OF "LOS OBJETOS AMOROSOS" BY ADRIÁN SILVESTRE

Jordi Costa

"My sister caught me off guard, all of a sudden. I was studying in Peru, at University. Everything. One day my sister came along and said to me: do you want to go to Italy? Italy? I'm going, but I didn't know where". Thus begins the monologue of a Peruvian emigrant in front of the camera, a static shot, in the first section of "Los objetos amorosos", the first feature film by Adrián Silvestre in which professional actresses coexist, converse and interact with non-professional presences in one of those strategies that blurs the boundaries between fiction and reality which, in recent years, define the most stimulating directions of contemporary film.

The Peruvian is Aurora Silva and she is playing herself. The person she is speaking to, her reverse angle, is a professional actress, Laura Rojas Godoy, who in the film plays a Colombian woman who, leaving behind a two-year old child in her country of origin, has travelled to Rome for purely survival reasons. Without dramatizing or affectations, with three interior spotlights that emerge from her lively expression and disarming smile, Aurora tells her own story, her personal odyssey which, on a false passport, took her from Peru to Bolivia and from there to Chile, before ending up crossing the European border at Turin, right in front of some customs officers who stamped her entrance in spite of detecting the illegal immigrant beneath the inconsistent façade of the tourist travelling, in summer, with a case stuffed with old winter clothes. "I was lucky. Really lucky", concludes Aurora after ten minutes of good-humoured confidences on a subject that, bit by bit, has been reaffirmed in the brief film career of Adrián Silvestre as a recurrent theme destined to be further developed on a more ambitious scale yet refined with delicacy in this work which marks the conquest of a voice of his own.

Aurora's confession is the precise moment in which this critic fell irrevocably in love with this film, which alludes to love right from its title and which, apart from its context of migratory transits and communities forged in a scenario of complete defencelessness in Europe, ends up telling an unorthodox, intense and heartrendingly provisional love story. The story of the relationship between a Colombian emigrant (Laura Rojas Gody) and a Chillean emigrant (Nicole Costa) in a Rome which, to a large extent, is the de-glamourised B-side of that Rome which, in its day, was discovered by Gregory Peck and Audrey Hepburn on the back of a Vespa and, also, the Rome which, far more recently, set the context for the cynical and decadent decline of that privileged witness of a vast fallen beauty, Jep Gambardella. The scene with Aurora –a secondary character in the film as a whole- appears before the spectator like an early indicator of the level of truth enclosed in a film affirming its identity in this borderline territory between the testimonial and the contrived which, in fact, simply serves to modulate the inherently paradoxical essence of film.

In his lucid and clarifying prologue to the Spanish edition of the essential "Movie Mutations" (Errata Naturae) by Jonathan Rosenbaum and Adrian Martin (coord.), Pere Portabella referred precisely to this conciliation of an old discourse, which perhaps had never actually been such, on drawing the reader's attention to some of the latest symptoms of the contemporary image: "We have to think, perhaps now more so than ever, about what's happening on the screens: (…) how the documentary and fiction relate to each other, how they each stop becoming a different thing, or how, now it could be said that we have suddenly discovered that they have always been one and the same thing". In its September 2014 edition, the British magazine, Sight & Sound, organised a survey among over 300 film-makers and critics to come up with a list of the best documentaries in the history of film: the most provocative contribution was by James Benning, whose sole vote went to "Titanic" (1997) by James Cameron, "an amazing document of bad acting", claimed the director, before concluding: "And, I have to add that all films are fictions". We could also reply to Benning with the claim that, at the same time, all films are also documentaries: records of the working death, as Jean Cocteau would say, or documentaries of one's own experience, according to Jacques Rivette. In any case, film's eruption into modernity serves, in a certain way, to resolve that form of understanding film based on the coexistence of -and the tension between- two antithetical forces: record and artifice, realism (Lumière) and dream (Méliès). The decontextualisation of Ingrid Bergman's stellar face in the hostile lands of Stromboli made by Roberto Rossellini definitively opens the door to a future in which the dividing line between fiction and non-fiction becomes blurred to foster incessant leaps from one side to the other. Indeed, the two opposite poles of film have always been the same.

On this battle field (or perhaps, more a play area or land of fertile questioning and uncertainty) there have been numerous radical gestures in recent years in which fiction film takes on the strategies of the documentary and this, in turn, milks its theoretical opposite: from the controversial constructed *mise-en-scéne* to force a hair-raising truth out by Joshua Oppenheimer in "The Act of Killing" (2012) to the life-sized reconstruction of a cutting, personal and collective memory, undertaken by Rithy Panh in "The Missing Picture" (2013).

It would be impossible to provide a complete list, but allow me to bring to mind two particularly remarkable cases which, for different reasons, could be linked to what Adrián Silvestre proposes in "Los objetos amorosos": the cases, so different to each other, yet so closely paired based on their common synthesis between truth and artifice, are by the Iranian, Jafar Panahi and the Austrian, Ulrich Seidl. In "This is not a film" (2011), made by Panahi while under house arrest, the film-maker interrupted his account on the cinematographic project the Iranian government had prevented him from making to formulate a short theory of film, referring to scenes from his previous works, "Crimson Gold" (2003) and "The Circle" (2000). What would be the point of making films if they could be narrated? The director asked himself before illustrating his conception of this medium as the creative friction between a space (real) and a presence (not professional), factors capable of amplifying or contributing nuances and meaning to this fiction which, yes, could be narrated,

but only after being transubstantiated and converted into a non-negotiable form, indissoluble identity between the creator's intentions and the meddling of chance and reality.

Steely-eyed and uncomfortably neutral documentary maker, the Austrian Ulrich Seidl switched to fiction in "Dog Days" (2001), a film set in a Viennese suburb under the harsh summer sun with an excessive dose of the morbid that offered a false clue about his future works in this context, such as "Import/Export" (2007) and his trilogy "Paradise" (2012-13), both based on the ethical and aesthetic reactions triggered on contemplating non-professional actors playing themselves (or a close version of themselves) in real scenes commonly governed by sordidness and defencelessness. "Import/Export" spoke of the migratory flows from a far more cruel and merciless perspective than that used by Adrián Silvestre in "Los objetos amorosos": the metaphor behind Seidl's film was to consider his characters -a Ucranian who emigrates to Vienna in search of a better life (that she won't find) and a Viennese guy who travels to Eastern Europe to help his stepfather in a dark slot machine business- as mere pawns on the circuits of a globalised economy seen as the latest and crepuscular suppuration of a capitalist system in its death throes. In spite of everything, Seidl's eyes apparently empty of any empathy, could not avoid hints of vulnerable humanity emerging at the bottom of the barrel, laying the way for that mosaic of fragilities that the "Paradise" triptych was built on, the chronological order of which –"Paradise: Love" (2012), "Paradise: Faith" (2012) and "Paradise: Hope" (2013)- appeared to trace a torturous path from iciness to a strange form of humanity. With his fixed camera shots and his mid-distance full shots, Seidl tends to film his actors as if they were fish in an aquarium —or reptiles in a terrarium-, preventing any emotional manipulation from coming between the spectator and the screen. In some scenes from "Los objetos amorosos", Silvestre appears to show a taste for the symmetrical composition that could evoke Seidl's formal strategies, but the look in his eye is completely different: Silvestre does not see pawns, but individuals and he does not contemplate his characters like othernesses in a terrarium, but rather he conceives and constructs his fiction as a collective, democratic and participative process. In other words: he does not observe, he dialogues. Thus, in the track record of the creator of "Los objetos amorosos" there is a stimulating beat between artifice and truth, as well as a progressive interest in exploring the tension between space and presence that makes it possible to hazard that apparently brave affinity with the models of Panahi and Seidl.

In Adrián Silvestre's short creative journey, before making "Los objetos amorosos" a stimulating determination to question himself is detected, to accept risky references and place them in quarantine in the search for his own vision which, finally, has gradually taken on a shape that is moving towards a plain-speaking style with a view to rendering artifice invisible or subterranean. In "Dacyl" (2009) -fictional short film made in the heart of the ECAM following a period of learning, the fruit of which, punctuated by occasional discoveries in the acting sector, did not yet allow us to glimpse an identity, and so to speak, a creative programme-, Adrián Silvestre used the tone of the comic strips by Daniel Clowes as his point of reference to tell a cruel story, a tale of isolation and group brutality in a school of art that were also reminiscent of the first part of *Storytelling* (2001) by Todd Solondz, a film-maker who had turned, precisely, to the creator of "Like a Velvet Glove Cast in Iron" to come up with a poster for his fundamental film "Happiness" (1998). "Storytelling" was a film Split in two, the segments of which responded to the names of "Fiction" and "Non Fiction" as if they were casting their own particular spell over the future of Silvestre, who would explicitly absorb the influence of this film-maker from New Jersey in his subsequent and ambitious project: "Exit, un corto a la carta" (2012), a garden of paths that split into sixteen audio-visual pieces to create a consistent interactive experience based on the different narrative (and existential) possibilities that open up to the immigrant arriving in our country with all the unknown aspects of how to survive ahead of them. Silvestre emulated the structural dynamics of book-games for younger readers from the "Choose your own adventure" series cre-

ated by Bantam Books in the Anglo-Saxon market in 1979, and he took over a device Solodnz had developed in depth in his radical "Palindromes" (2004) through a play on dualities suggested by Luis Buñuel in "That Obscure Object of Desire" (*Cet obscur objet du désir*, 1977) when he recruited two actresses – Ángela Molina and Carole Bouquet- to personify the opposing facets of one same character, the torrid/icy Conchita. Solondz had used seven actresses with different physiques and ages and a young actor to bring the protagonist of "Palindromes" to life, a thirteen-year-old girl gets pregnant and challenges her mother's abortionist advice. In "Exit, un corto a la carta", every decision that presents itself to the immigrant, Oti, will transform his body into that of another actor, and on top of that: this experience will nourish the body's real experience along with the identity he temporarily inhabits. Oti is, therefore, one and many. The spectator does choose their own adventure, but each actress formulates their own discourse in such a way that their performance is based on their own experience. Nothing can appear more artificial than the arboreal structure of "Exit, un corto a la carta", yet the mechanism is placed at the service of the testimonial. A titanic work, fruit of over two years of preparation invested in communication and social integration workshops, "Exit, un corto a la carta" subordinates its hypertextual strategy to the discourse of its actors, proposing a fragile but highly accomplished balance between the artifice and the porosity of the participative and democratic process that governed the project. The feminist commitment of the co-script writer and producer, Beatriz Santiago, would also become a decisive identifying trait within a proposal that finds a -laborious and not at all obvious- solution to the problem of dealing with a multi-faceted issue, susceptible to generating multiple variables through a narrative that was crying out for an open character, protected from any temptation to formulate a hasty and one-way message. In a certain sense, Silvestre and Santiago found the way to instrumentalize a narrative game that could be based on the original model of "Life on a Thread" (1945) by Edgar Neville, to endow it with a true political significance in both its form and its content.

Following this outstanding offering, Silvestre travelled to Cuba on a grant from the Ministry for Culture, and that is where his next project came from: on the surface, a very nudist miniature but, in reality, just a tip of the iceberg, the story of a mystery which, in turn, is a survival odyssey between two fallen universes -two phantasmagorias- and a surprising journey through an invisible Cuba by the hand of a character who occupies a sort of existential limbo. "Natalia Nikolaevna" is a pure documentary –if such a statement makes any sense in light of the discourse of my previous paragraphs- that captures the vital resistance -and the light- of its protagonist: a Kazakh woman who travelled to Cuba to join her husband and ended up in no man's land, between emotional collapse -her divorce-, professional snubs –the lack of recognition of her professional status as a lyrical singer by the Cuban government-, protocols of exclusion -the official diagnosis of paranoid schizophrenia- and geopolitical twilight hours –the disintegration of the USSR, the arrival of the obscure Special Period in Cuba-. Natalia Nikolaevna's husband works in the construction of the Nuclear City, an urbanistic project of Fidel Castro to provide homes for the 20,000 operators of what was going to be -but never was- the island's first nuclear plant. The landscape of this ruin gradually builds a discourse on the decline of the utopias below the musicality of the protagonist's voice and her obstinate journey through the fringes of a world that never welcomed her with open arms, but did not defeat her either. The image of the scales the protagonist used to survive in the toughest moments of the Special Period -Natalia's fate, like that of Blanche DuBois, lies in the hands of the kindness of strangers, of the tourists who weighed themselves on this rickety instrument or agreed to be occasional spectators of her opera arias- thus becomes an icon of a perseverant individual struggle when all opportunities to be integrated into (or accepted by) the group have failed. The modesty and profound respect with which Silvestre listens to and films the monologues of his object of affection, indeed, of his loving object: the naturalness

that this documentary exudes renders it inappropriate to speak of an object of study- clearly show the ethical perspective used in this work. In one of its moments, Natalia embarks on a paranoid discourse in which she sees conspiracies everywhere with one of her friends and neighbours who, having discreetly questioned her statements, leaves the room to enter the kitchen, but Silvestre's camera does not leave with her. It stays there. And what's more important: at Natalia's level, sitting on the floor while speaking of psychic espionage.

This ability to listen -perhaps one of the least frequent virtues of film-makers- was essential in the preparatory phase of "Los objetos amorosos", fuit of Adrián Silvestre's nine-month sojourn at the Real Academia de España in Rome: the film-maker occupied his first three months of this period with a laborious fieldwork phase, that put him in touch with various communities of immigrant women from Eastern Europe, Africa and Latin America. Through the organisation of a series of workshops for the exchange of experiences with immigrant women living in Madrid, Rome and Germesheim, Silvestre undertook the task of capturing gestures, linguistic turns of phrase, but also memory and experience –voiced in written or filmed accounts- which, bit by bit, he used to define and sculpt the plot of "Los objetos amorosos". The film, like "Natalia Nikolaevna", also speaks of individual resistances but ends up telling a story of complicity -which is born between Luz, the Colombian, and Fran, the Chilean- within the framework of that other Europe inhabited by immigrant women capable of reformulating the defencelessness of their situation through warm charitable bonds or a cheeky survivor who takes on the mantles of vital activism with the sole reasonable horizon of saving the day (given that all predictions of the future would be illusionary).

A fiction supported by real presences and experiences, on first glance "Los objetos amorosos" may appear to be a more conservative gesture than the starkness of "Natalia Nikolaevna", because of its directed view, because of the absorption of the existential into a formal context presided by two professional actresses -but with a steely and outstanding naturalness- and set in scenarios that are not real spaces, but rather the hyper-realistic emulation of the same, yet in reality, it is a crucial refinement of Silvestre's strategy that succeeds in rendering the question of where reality ends and fiction begins irrelevant. "Los objetos amorosos" achieves something very elusive: it makes a story of fragile and unlikely love believable and true, it communicates its entire condition of emotional life jacket in the heart of desperation, and also all of its carnality, its overwhelming desire and it converts it into an act of transgression and a political gesture when the usual discourses take it for granted that a filthy mattress in a *Posto Letto* is a home.

---

* Jordi Costa, professor at the UCJC's Cinema Bachelors' Degree and at the Escuela de Escritores. Journalist and film critic for El País and Fotogramas.

Álvaro Ortiz

[Zaragoza, 1983]

www.adriansilvestre.com

He studied graphic design in the Escuela Superior de Diseño de Aragón and illustration at Escola Massana de Barcelona. Having won various comic competitions -including the Premio Injuve in 2003-, he participated in group albums and self-editions. In 2005, he published Julia y el Verano Muerto, followed in 2009 by Julia y la Voz de la Ballena, both published by Edicions de Ponent; and for the latter he was named best revelation author at the Salón del Cómic de Barcelona in 2010. At the end of that same year, he returned to self-edition with Fjorden, drawn during his stay in the artist residence Messen de Alvik, in Norway (the digital version of which can be downloaded from www.veranomuerto.blogspot.com), before embarking on his most ambitious project until then, *Cenizas*, a comic made between 2011 and 2012 thanks to the comic scholarship received from Alhóndiga Bilbao in Maison des Auteurs de Angoulême. *Cenizas* is published in Spain by Astiberri, in France by Editions Rackham and in Germany by Egmont. At the end of 2014, his latest comic was published, Murderabilia, for the moment in Spain and France.

For the last two books he will be nominated for the best work at the Salón del Cómic de Barcelona, and they will form part of the official selection at French festivals such as Salon du livre et de la presse jeunesse de Montreuil or Festival Quai des Bulles de Saint-Malo.

The book created with this scholarship, Rituales, was recently published in Spain and will be edited in France in the spring of 2016 by Astiberri and Rackham respectively.

ÁLVARO ORTIZ: FROM UTOPIA TO HOME

Santiago García*

"This is how the story begins, with three friends who haven't seen each other for almost five years, arguing in a car. With seven days travelling and countless kilometres ahead... to an unknown dot marked on a map".

These are the opening words to *Cenizas* (2012), the work that put the illustrator Álvaro Ortiz (Zaragoza, 1983) on the map (and I use that expression deliberately). It was not the precocious Aragonese author's first comic, though at the age of twenty he had already published a number of short strips and a couple of albums (*Julia y el verano muerto* in 2005; *Julia y la voz de la ballena* in 2009), but it was the one that decidedly marked a turning-point in his career. On the one hand, he was embarking on a graphic novel of considerable magnitude, and he was doing so within a publishing house that had defined the entire movement in Spain, Astiberri. On the other, he was defining a series of narrative and aesthetic characteristics that he has continued to finetune to the present day, proving himself to be an author with an unmistakeable personality within the latest wave of comics in our country. Ortiz connects with the visual and thematic horizon of the modern, international graphic novel, but he does so using traits that are very decidedly his own, both in the design elements and the storyline and graphic parts: the accumulation of vignettes like particles that densify the page, characters that are barely sketched yet palpably alive, pastel and friendly colours, and very peculiarly, the staging of a world that is melting. The characters created by Álvaro Ortiz and the scenarios they inhabit appear to be made of a clay that is dissolving before our very eyes, and perhaps that malleability is no coincidence. On his dripping surfaces we see the hand of an author who seems to be constantly about to make a different decision to the one he has made. An author who enjoys surprising himself and therefore prefers not to overcook his characters.

In any case, it is necessary to have a very clear view in order to follow the route map drawn up by Álvaro Ortiz in *Cenizas*, because to seek "an unknown dot on a map" is another way of saying *getting lost*. And the characters in *Cenizas* are lost in the same way as the characters from the Paul Auster novels: on the plain of his own inner desert, in the knowledge that it's pointless to search for a way out, yet always surprised to discover that, in reality, if we wander aimlessly enough and we truly lose ourselves, we will end up finding a final station. In *Cenizas*, Ortiz refers to *Brooklyn Follies*, and the characters ultimately find their utopia. Like that of Tomás Moro, it is an island kingdom. We don't know where it really is, because it is not in this world. Ortiz doesn't know either, but he dreams of its existence precisely because he has not gone out in search of it.

On the contrary, the unlikely Malmö Rodríguez, protagonist of *Murderabilia* (2014) loses himself in the same way as the protagonist of *Moon Palace*, in a terrifying labyrinth made of his own vanity. Malmö wants to be a writer, but doesn't know how to be one, as he is only equipped with four topics and sterile textbook recipes: "Write about what you know". The problem is that Malmö doesn't know anything. The character's very name reveals his conflictive identity. Ortiz relies on borrowed references, his stories unfold on spectral stages that imitate what he has seen in other stories. If Malmö Rodríguez is a name that accepts its own absurdity without any complexes, the place in which *Murderabilia* is set is simply a blob, something inexpressible, an abstinence of names. We suspect that it's some rural place in the United States, but Ortiz suggests this to us with a lack of conviction, as if he himself accepted that his imagination has been trapped in a strange limbo between his here and their there.

The prologue to *Cenizas* is a fragment of the lyrics of *Vamos*, the first memorable song by the Pixies, one of the initial Nothern American indie groups of the 90's. It is significant that the fragment chosen by Ortiz was precisely the one in which Black Francis sings in a confused, mixed-up, false Spanish, a borrowed Spanish that is obviously not his mother tongue, but rather *something he has heard*:

Estaba pensando
sobre viviendo
con mi sister en New Jersey,
ella me dijo
que es una vida buena allá;
bien rica
¡bien chévere!
¡Y voy!

Musically, the Pixies refined the art of radical contrast: sweet melodies on wounding guitars, oases of peace followed by deafening discharges. It is a bipolar model on which his masterful races of electric waves were built, such as Mogwai or Godspeed You! Black Emperor. In Ortiz, this noise-serenity alternation translates into the opposition between sweetness and atrocity, tacky and macabre. Nothing represents it better than the cute little man-eating kittens in *Murderabilia*. This contrast is more than just a cosmetic detail. Catherine Bell describes the ritual as "a type of critical expression within which pairs of opposite social or cultural forces are joined". Looking at it like that, it is no surprise that Ortiz has made opposites his fundamental creative mechanism, as all of his works either contain or make rituals. In *Cenizas*, obviously, it is a funerary rite that symbolically acts as a rite of passage, even though as is the case in all classic rituals, this function is beyond the comprehension of its practitioners. In *Murderabilia*, the festival of the hunt emerges as an express ritual in a small anonymous town, but like in the case of the film *The Wicker Man* (Robin Hardy, 1973), the true executor of the rite is the foreigner who will be obliged to perform his own personal exorcism.

Yet undoubtedly, Álvaro Ortiz's most powerful ritual lies in his last book, which in fact is called *Rituales* (2015), and also his most complex and accomplished work so far.

Rituales is a project created with a grant from the Academia de Roma, departing from an idea already present in *Cenizas* and *Murderabilia*, that of uniting the whole through micro-stories. But on this occasion, Ortiz takes the tapestry of different stories beyond the resource category, to transform it into a true narrative project. Finally, *the story are the stories*, without further ado.

Some of these stories —the episodes of Caravaggio and the Order of Malta, for instance— comprise a condensed biography of the Milanese painter, and the specificity of the data imposed by the historic documents obliges Ortiz to take a step further in the specification of the other interwoven stories in *Rituales*. We are no longer in cities with blurred names and characters as ostentatious as Malmö Rodríguez, nor are we driving along an imprecise American highway that looks like a set by the Coen brothers. All of a sudden we are in Naples, but also in Cornwall and Stockholm, and moreover here we are accompanied by none other than a certain Ernesto Álvarez, from Móstoles. And above all, we are in Barcelona and we are in Zaragoza, and we are with twenty-year-olds called Lorenzo and Manuel sharing a flat, and they are studying Fine Art, for instance.

In other words, in *Rituales*, Ortiz finally comes home and discovers his own universe of fiction. "Write about what you know", as Malmö would say, him who didn't know anything.

To reach this destination, Ortiz had to invoke one final ritual: the ritual of the gift. In *Rituales*, a mysterious cosmic statuette rolls from hand to hand. As the classic anthropology book *The Gift* (1950), by Marcel Mauss, showed, the gift is an instrument of social cohesion. There are no free gifts, and through the obligations generated by each gift society's structure is woven. The fertility alluded to by the hyper-phallicism of the statuette is, on the other hand, a domestic virtue, a family glue, and family is home. Thus, it is no surprise that *Rituales* ends with a family united in its home under the apotropaic mantle of the stellar fetish. Following two books lodged in hotels, these distant non-places in which we are only passing through, the characters of Ortiz finally emerge in their own home, and the author allows them the control over their own story.

Hence, the journey from *Cenizas* to *Rituales* is the journey from utopia (a place in which it is not possible to live) to home, with a stopover on the desert island of *Murderabilia* (the place where he is shipwrecked).

And what's interesting is that, now finally Álvaro Ortiz has come home, he will have to leave it at some point. And I'm looking forward to seeing where he goes.

---

*   Santiago García, comic artist, coauthor with Javier Olivares of "Las meninas", granted with the National Comic Award in 2015. He is also the autor of "La novela gráfica".

Giuseppe Vigolo

[Vicenza, 1979]

Antonella Zerbinati

[Vicenza, 1982]

He is a Visual and Stage Arts graduate from the Graphic Arts section of the Academia de Bellas Artes de Venecia. He has completed residence programmes in places like the Fine Arts Academy of Warsaw (2010).

He was won important awards such as first prize in the "Premic Internazionale Biennale di Incisione di Monsummano Terme Tributo a Andy Warhol e Giorgio Morandi" (2009), "Premio Arte 2006" at the Palazzo della Permanente Milano.

Among his solo and group shows, the following stand out: "Dolomiti Contemporanee: Et un'oseliera et non vi è" (2013) in Castillo de Andraz – Belluno, "Giuseppe Vigolo" (2014) in GAMeC– Bergamo, "Estaciòn XV" (2014) in the Academia San Fernando – Madrid.

She is a Painting graduate from the Academia de Bellas Artes de Venecia. She has completed artist residence programmes in places such as the Fine Arts Academy of Warsaw (2010).

Among her solo exhibitions, the following stand out "Inside 7b" (2010) on the 10th anniversary of the Reolez Fei World Cup in Italy, "Erotismo quotidiano" (2013) in the Galería Pramantha Contemporarygallery in Lamezia Terme, "Photissima Art Fair & Festival" (2015) Chiostri dei Frari, Venice.

SANTOS DÍAS
Giuseppe Vigolo and Antonella Zerbinati

The aim of the Santos Días project is to create an engraving that produces a dialogue on different levels, encompassing the Spanish engraving tradition, by reinterpreting the themes of Francisco Goya's *The Disasters of War*, the tradition of the Catholic faith represented by the Vatican worldwide and its vast iconography, and the relationship between contemporary society and major social issues such as war.

The decision to choose Francisco Goya's engraving as a starting point is a natural one, for the similarity of his technique and the effectiveness with which his message is conveyed.

While in *The Disasters of War* Goya was a direct witness of the facts, and depicted them like a reporter via the media channels of his day in the form of engravings and printing, in our case we are approaching the issue of war in a more symbolic manner. We are producing icons that counteract the action of censorship or a trivial approach, which is often and deliberately utilized by the media, an outlet to which we are addicted, apathetic and indifferent spectators.

The reasons for this research are grounded in our geographical origins. We were both born in and live close to Vicenza, a city that has suffered the constant influence of the American military presence of the US Army Southern European Task Force, which is active in the area with three Nato bases of the Ederle Barracks, Dal Molin Airport and Sito Pluto. It is from these sites that the American missions depart for conflict zones and here that weapons and ammunition are produced.

This forced coexistence between civil society and a military reality leads us to understand how it is that history repeats itself, and motivates the connection between our research and the modernity of *The Disasters of War*, which is kept at the Academy of San Fernando in Madrid.

The work consists of 366 engravings, depicting effigies of saints on a number of bullets that each represents a day in the calendar year.

Given the massive US presence in global conflicts, the decisions to work on bullets - deliberately purchased from American manufacturers via Italian suppliers - was an intentional one, as bullets represent a clear icon of war. By engraving them with an image of a Saint, the bullets are transformed into paradoxical and symbolic images.

The choice of iconography is motivated by our Catholic origins and is attributed to the Saints because it is to them that we knowingly or unknowingly entrust most of our decisions and actions. The life of a Catholic is closely influenced by their faith.

While originally serving as harbingers of death that were designed to kill, these bullets bear the effigies of salvation, and thereby become instruments to exorcise death and, at the same time, to reflect on the value of life day after day.

The bullet, ordained with the figure of a Saint, therefore becomes a tragically ironic icon, as it is the symbol of both Salvation and Martyrdom.

PROFESSIONAL AND TECHNICAL EXHIBITION OF THE PROJECT:

The first phase of the project consisted of a substantial task in identifying the Saints days for every day of the year, by consulting the official Roman Martyrology of the Catholic Church. This was then followed by study of the iconography and iconology of the Saints, by using museum archives and visiting Churches and ancient and modern art collections.

This investigative phase was completed by selecting the appropriate paintings, sculptures and drawings, and converting them into "designs for engravings" through sketches in order to produce the engraving.

Subsequently, engravings were made on calibre 50 military bullets, retrieved directly from army supplies.

The bullets were purchased in a raw condition, and were given new life thanks to the polishing carried out by the Master Goldsmith Renato Festa, with whom we worked during various technical design phases of the project. We had initially planned to carry out the 366 engravings by using the burin and etching technique, but through out intuition we later opted for a "mezzotint" method, using more modern techniques rather than the old Berceau. In this way, the icon produces an immediate impact and is recognisable in just a few seconds.

Finally, the bullets were coated with a protective film in order to fully prevent oxidation.

Santos Días consists of 365 bullets - plus one for a leap year - where every single item is catalogued with the details about the Saint and the artwork chosen to depict the Saint in a digital archive.

The exhibition format was also reconsidered subsequent to the initial idea. In the end we opted for a classic wooden transport case, which may seem a controversial choice; but the unfurnished and humble container contrasts sharply with the value of its contents, and is reminiscent of the typical dispatch cases in which munitions are sent to military bases around the world. Lying on its side and protected by a clear Plexiglas cover, it allows the viewer to approach it closely, in contrast to the distance that would have been created by the original idea of a traditional shrine display.

The aim of Santos Días is to engender a natural reflection in the viewer: be they Catholic, secular or of a different faith.

SANTOS DÌAS

sacred bullets, war of being

what it art, though, if not a subtle projectile of meaning, and truly effective in its adding, contrary to the instantaneous cartridge, that is only capable of removing.

and, despite its malleable scale relativity (definitive but plastic, and in this offensive inertia, here is the intent of our projectile: to do, do again: nothing is already set), fast or slow, the range is the same and different: undermining reflected by the brain, propulsive oasis of thought and feeling, breaks locks, moves space.

thus the artist is a fighter, not a peacemaker.

the uproars of the art resonate powerfully, since man began to erect the first buildings - complex - of his own conscience, spiritual and rational, launching it towards the land and skies.

violent explosions of art are sometimes extreme

elsewhere, quiet landscapes stretch out over the tracks of reality, over its senses and ancestry, its rubble and organs, to the chorionic membranes.

the new forms of thoughts - eternal or archetypical cycles - coincide with the refusal of judgment, blind, and thus with an essential renewal.

so, every renewal is cataclysmic: an overflow of presence, care, sense.

sometimes quiet landscapes, as we have stated. quiet in appearance, but always moving.

because if art is something else, it's this movement, firmness.

the movement of that which is stationary. the necessary firmness in the cultivation of space, here it is.

the movement of the mountain, for example, which is almost eternally solid, in this tiny perspective of the contemplative, passive man - the paresis of expression is not firmness, the balance is not motionless.

the mountain is not a powder to come from a water that was.

this is what the prodigious sciences tell us. they do not know, however, how to jump ditches, and that partial marvel often only creates the cage.

but, again, where the wonder has expanded in its integrity, and not just one of its faint glimmers, it's like an assault song, and the mine that gives, and jumping is precisely the cage.

it's like an explosion which is yet still, even if not intended - and it's never intended - to define means closing, but opening is asking.

art cannot, nor should it, generate atrophic peace treaties, static intervals, aesthetic consolations, which give the illusion of man, certainly this epidermal, papillary man of today.

it's the day, against the night of Destouches and it's the trip on the day of the world, a journey that is entirely imaginary: hence its force, which passes from life to death. men, beasts, cities and things: it's all invented (l.f.c.,voyage, bout nuit) .

in addition : by knowing it - it's necessary to always invent everything - otherwise everything would be given forever - but this is not possible, even if the story is known.

therefore:
if art is a research which precedes sense, understanding it makes it already contain it, liquid, as we have stated, in the cataclysmic potential of its rescue.

the meaning is never at rest, but the confrontation is a friction of opposite parts, making the holes, hunting for well-springs.

nothing simply exists, except for the simple things: everything that seems simple is the result of a pitched battle of serious complexity: making life easier means giving up life, that's art, that's Flaubert.

the simplest things are the translated masks of the abnormal, incomprehensible, a complexity of everything, lost in the classic desert.

if therefore, in order not to stop, opposites have to be made to resonate, collected in a jar and shaken, the ashes have to be mixed and lit. this is what saints can and SHOULD do, namely, be on the bullets, and in fact always be inside them, projecting their sense outwards.

there is nothing in this statement that refers to brutality, in the brisk sense of acceptance of brutality: it means fighting that which is empty.

we do not like war! Né Merope.

the blood that oozes is the appetite of man, his carnal compulsion, the biologism is of no interest to us now: we are speaking here about the hunger and churning of the concept and being, in the form of reality of thought.

thus: a clean and simple light wood box is the box altar which holds the armed calendar of the saints, the representations of 366 saints of the soul, transparent scratches, in an iconic highlight, in a berceau urn.

the saints are life, their positive charge is transposed by the explosion vector, used to remove, destroy, dismember.

the war, attention and scrutiny, depicted on the smooth lathed case (which closes in pieces): the coincidence of inverse attitudes, which generates critical poignant contrast (the Mezzotint, biting into the slab, extolling the barbs of light).

here, the theory of bullets which no longer go on the bandolier and are the ammunition of the machine guns, instead stand side by side, straight as testimonial spindles to tell the story of a culture, the history of mankind, which is created by giving and taking, creating and destroying, the love for God and the rest, and killing in the name of God.

the holy warriors, vigilant guardians who are always awake, overlooking the threshold, bastion, loading the howitzer, and in reality contained in the narrow room of the flare, without louvers, which is not their refuge but rather the watchtower, ready to fire (they being themselves a prelude to the spark). They stand with their feet firmly positioned in the ignition powder, which they themselves actually are, to be able to move. the powder myths (the saints).

and the opulence of the support. the net of the black on gold. the gold of God's saints is the ancient tradition of the icon, the battle, the dialectic unleashing of opposites, applied on hard venerable forms of the smooth precious surfaces of the convex safe blades of war.

lit raging gold, prodigious wealth of lined up missiles, the ballistic potential of the detached order, with transhuman and human potential, which is the art, which turns on, lights up and arms, the mind that seeks, and can handle the technique of the old masters, with the synaptic fractures of new men, who are now and again in history, fixing the atoms, digging roots, giving them the perfect forms of the missile, which is the sharp thought that wants to go straight, full and strong, which penetrates the solemnity wall of the atrophic concept; always exploding lights in the sky. each sky is a big blind range. every sky is in a dark box. it is clear how these holy bullet have wide, open, curved, multiple, circular, returning trajectories.

they are not made to be thrown at a single target. they return: are there, persistent, reflecting.

the holy shots, the war of being there, and saying.

gianluca d'incà levis, borca di cadore, 5 January 2016

ART'S INEVITABILITY OF BEING REAL
Raffaele Gavarro*

It's been now some time now since I've written that if there is today something capable of surprising me, it's certainly the reality. As for what surrounds us, where we are, it's a consequence of our own actions, the surprise is undoubtedly the result of an illusory separateness between ourselves and indeed the reality. A separation evidently caused by a latent schizophrenia that, in most cases, is resolved by the need to operate in the same reality to assure some form of survival.

Asked why art today has a decisive sense in its politics, its necessity, I say that both politics and art have an obvious fundamental relationship to reality. Both have the ability and the capacity to modify it, leading to its reconsideration that involves the inevitable change of our own condition and its modification from inside. Their fatal convergence is therefore determined by the common destiny of the consequences of their doing. The relationship between the two appears unilateral, art versus politics. The effects of the latter as a result of the elaboration of the first, although invisible in the present, are deep and decisive for the formulation of its future, and ours.

Santos Días is a work that concentrates in itself a whole series of elements regarding the condition of reality we live in and the levels of meaning that traverse it, including a time and historical dimension, specifically induced by the technique of engraving, and by the linguistic choice, which characterizes part of the work. So let us resolve the various aspects from its composition.

366, 50-caliber bullets neatly arranged in a box-shrine. On its the surface are etched the images of 365 + 1 saints of the Catholic tradition, one for each day of the year, plus one for the leap year. The iconography of the Saints is taken mostly from *Martyrologium Romanum*, a 16th-century liturgical text which forms the basis of calendars which determine the religious festivals each year. This research has been added to the iconographic research of paintings and sculptures in Italian and

Spanish churches and museums. The decision to use the technique of engraving leads directly to 82 engravings of the *Los desastres de la guerra* series created by Francisco Goya between 1810 and 1815. The theme of war and its relationship with religion is thus addressed directly, I would even say it's brutal. The parade of bullets with images of saints, shiny and perfect in their form which brings death, does not disappoint at all as a result of its aesthetics. It rather leads immediately to the paradox of the overlap between men's violence and peace of religious sanctity.

Of course it's easy to associate *Santos Días* with the terrible facts of our days, violence and death brought in the name of God by the Muslim Jihadists of Is, but the direction of this work is primarily due to the experience lived by Joseph Van and Antonella Zerbinati, which is cultural and existential. Both are in fact Catholics and both were born and raised near Vicenza, a city that suffers the strong conditioning of the US military presence, the US Army Southern European Task Force, with the presence of Camp Ederle, the Dal Molin and Site Pluto airports, from which missions to war zones are dispatched in the quadrant of Southeast Asia, and which shelter weapons and bullets also manufactured here. Remember that the 50 calibre was in fact created initially for the Browning Machine Gun, an American heavy machine gun, designed just after the end of World War I by John Browning. The selection of this particular projectile is thus directly attributable to the American military presence which persists in the territory of origin of the artists.

Santos Días triggers an overturning of the political sense from the present day, prompting the inevitable reflection on primary responsibilities by the West on the on-going war, to which the religious and cultural war is evidently added, which is not less political.

As I said at the beginning, art cannot have consequences in reality, adding real elements within itself and thus perturbing morphology and meaning. It can only do that by acting in the political dimension which of course acts in reality in no less categorical way.

Santos Días takes the form of an illustration of our responsibilities, in a direct and symbolic way, using the tangible character of its own being as an unforgettable physical object, which is perceptible and transmissible also as an image. An action implemented by the multiplicity of contemporary direct and metaphorical meanings that change inevitably our ability to understand the reality and therefore the world.

If not for this, what other purpose would art serve?

"Only the artwork which can only be experienced as a way of acting has its *raison d'<ê<tre*. Art is not only a substitute of a better practice than the one which has dominated to date, but also a criticism of practices dominated by an inner brutal self-preservation and the sake of force." (page 18 of the Italian Edition, Einaudi, 2009). These are Theodor W. Adorno's words, and taken from the unfinished *Aesthetic Theory*, published posthumously in 1970, and will no doubt remain decisive for the attempt, now more than ever necessary to understand the meaning of the concrete dimension of art in reality.

---

*   Raffaele Gavarro, writer, art critic and curator.

Samuel Leví

[Vigo, 1982]

http://samuellevi.es

His musical training began in the Conservatorio de Música Mayeusis in Vigo. Years later, he moved to Madrid where he pursued his studies in the Universidad Complutense de Madrid. There, he published his letter of musical introduction, a book-album entitled; "Con mis propias manos". He has shared the stage with some of the main singer-songwriters of the so-called "new generation"; Pedro Guerra or Javier Álvarez among others, and received classes from Quique González. He published his first album as author, singer and producer; "Turno de noche", which sold out its 1st edition of over one thousand copies.

He transferred to the Instituto Superior de Arte de La Habana (Cuba) where he resided for a year, and was the first Spaniard to act in the refurbished Centro Hispanoamericano de la Cultura, having also participated in the Festival Longina de la Trova, and Teatro América, among others.

On his return to Vigo, he directed a charitable, youth culture programme in collaboration with Amnesty International, called "La Tanda, that had a weekly programme of emerging local artists. His project, "Concierto en las aulas" took him to various education centres in Galicia, and he was also responsible for cycles of concerts, festivals and events which he combined with his participation in various radio programmes by Radio Ecca and Radio Voz, and the cultural magazine, Dot.

With over 350 concerts at his back, he has formed part of cultural programmes such as; "Vai de Camiño" along the Way of St. James; live music network in Galicia; culture plan in the Council of Pontevedra. Awarded in 2009 by the Instituto de la Juventud Española as the best novel artist of Spanish songs within the "Singer-songwriter" section, he was the first artist from Vigo to perform in the Auditorio Mar de Vigo in his city.

In recent years, he has studied to be a professional musician in the Escuela de Música de Buenos Aires (Argentina), having published his 2nd album "Y tú más!", that was equally acclaimed by both the public and the critics.

In 2015, he moved to the Real Academia de España en Roma (Italy) to work on his 3rd album, released in the summer of 2015 with a tour of concerts and "cultural pilgrimage" between Rome and Santiago de Compostela, which will be completed with a documentary "making of" film as well as video-clips of the theme on the album. Along with his musicians, known by the nickname of "los niños perdidos", he aims to bring his music to all the pilgrims he meets along his way.

A FEW LINES ON THE ALBUM… "FILIAS Y FOBIAS"

Samuel Leví shows his "Filias y Fobias" (*philias and phobias*) in his latest musical work, an album recorded in Forward Studios in Rome, that has seen emblematic voices of the Italian music industry such as Andrea Bocelli, Lucio Dalla, Francesco di Gregori or Humberto Gattica pass through its doors. It has been produced by Danilo Pao and Stefano Quarta.

Leví is once again accompanied by "*niños perdidos*", a group of musicians trained in benchmark schools and conservatories in Spain (Conservatorio del Liceu y Taller de Músics de Barcelona, Ateneo Jazz y Escuela de Música Creativa de Madrid), and also in international centres (Escuela Nacional de Arte de La Habana, Escuela de Música de Buenos Aires, Escola Superior de Música de Porto y Lisboa).

Two bonus tracks are included on the album to emphasise its Cosmopolitan air; one sung completely in *Gallego*, the language spoken in Galicia, and another on which the Italian singer Erika Savastani from the Desert Rosso group collaborates. And to top it all off, with the special collaboration of Luis Eduardo Aute, --one of the most outstanding references in Spanish singer-song writing --, with whom he sings a duet.

Madrid, La Habana, Buenos Aires, Rome, and his native Vigo, are some of the cities that Levi has lived in over the last 17 years of his career, with over 400 concerts at his back, wwwhich are reflected in his most passionate album, the most committed to his audience, yet.

The producer, Casa de Tolos (owned by Segundo Grandío Ex–Siniestro Total) is responsible for making a documentary film on the stay of Leví and his Niños Perdidos in Rome.